Galardones concedidos a
Mi vida con los santos

Uno de los mejores libros del año según
Publishers Weekly, 2006

"Unas sobresalientes, y a menudo divertidas, memorias de la relación de un hombre con los santos de la tradición católico romana".

Ganador de uno de los premios
Christopher Award, 2007

Un libro que "afirma los valores supremos del espíritu humano".

Ganador del primer premio
Catholic Press Association Award, 2007

Categoría de libros de espiritualidad, edición de tapas duras.

Elogios de líderes hispanos para
Mi vida con los santos

Todos buscamos personas que puedan ser nuestros modelos, que nos aconsejen, que sean nuestros héroes; buscamos personas que nos guíen en nuestro caminar hacia Dios. Para nosotros, los latinos, estas personas son los santos, tanto los canonizados oficialmente como aquellos familiares que nos han afectado con sus vidas santas. El padre James Martin, SJ, nos presenta, de una manera viva y llena de amor, a estos extraordinarios hombres y mujeres como guías en nuestro caminar spiritual hacia Dios.

—Monseñor Richard J. García
Obispo de la Diócesis de Monterey, CA
Presidente del Subcomité para Asuntos Hispanos
Conferencia de Obispos Católicos de

La veneración de los santos es una de las características más fuertes de la religión y cultura latinas. Esta excelente traducción de las memorias del padre James Martin entreteje las historias de sus santos favoritos con su propia vida y lo hace de una manera viva, inspiradora y entretenida. Tal vez, sin darse cuenta, esta edición del libro del padre Martin construye un puente de experiencia y significado mutuos entre su cultura y la cultura latina.

—ALLAN FIGUEROA DECK, SJ
   Director ejecutivo
   Secretariado de Diversidad Cultural en la Iglesia
   Conferencia de Obispos Católicos de los Estados Unidos

Este libro nos ofrece las biografías de varias personas santas desde la experiencia de conocimiento, solidaridad y relación del sacerdote jesuita James Martin. No todos estos "santos" han sido canonizados, pero en todos el P. Martin descubre la acción transformadora de Dios. Sin dejar de ser ellos mismos, se han acercado a Dios y han sido transformados por Él, reflejando así cada uno la imagen de su Creador y Redentor.

A través de todo el libro se van revelando y enfatizando aquellas cualidades que hacen al santo cercano a Dios, humano, accesible y atrayente para el lector. Y también se revela la posibilidad y lo apropiado que es pedir su intercesión dada nuestra solidaridad en la Comunión de los Santos.

La lectura de este libro puede acercarnos más a Dios y hacernos sentir a los santos como compañeros de viaje que descubrieron el sentido y la meta de sus vidas, la unión con Dios. Además de recibir inspiración al conocer sus vidas, podemos contar con su intercesión. Así lo hace el P. Martin.

—MONSEÑOR RUTILIO J. DEL RIEGO
OBISPO AUXILIAR DE SAN BERNARDINO, CA

La obediencia y la escucha a Dios, la entrega absoluta a Dios siguiendo a una vocación específica, la confianza, el estar en el mundo o la búsqueda de la verdadera identidad personal, entre otras características de la espiritualidad cristiana, aparecen en este libro reflejadas en las historias concretas y encarnadas de los santos con los que camina el autor.

Más allá de las biografías tradicionales de santos, esta obra del padre Martin, de fácil y emocionante lectura, proporciona una bella manera de acercamiento a quienes, para los hispanos, son como miembros de la familia, modelos a imitar, protectores e intercesores poderosos en el camino de la vida. El libro refleja no sólo a los santos favoritos del autor, sino que revela su propia espiritualidad, pero los ejemplos de santos ofrecidos en este precioso volumen presentan a la vez un modelo de cómo encontrar las virtudes que nos inspiran y nos mueven al seguimiento de Cristo en otros muchos amigos fuertes de Dios familiares a nosotros. Se ofrece aquí, por tanto, un valioso servicio de guía espiritual que, a la vez, despierta la sed de leer, profundizar y aplicar a la propia experiencia, las vidas de nuestros santos favoritos.

—Carmen Aguinaco
Presidenta del Consejo Nacional Católico para el Ministerio Hispano (NCCHM)
Fundadora del Centro de Recursos para el Ministerio Hispano

En nuestra búsqueda de la santidad no caminamos solos. ¡Los santos, nuestros amigos celestiales, nos acompañan! Este maravilloso libro es una buena noticia para los latinos que aman a los santos y se relacionan con ellos de una manera muy íntima. Las sencillas historias que narra el P. Martin acerca de sus amigos santos entretienen, inspiran e instruyen. Y lo mejor de todo, ¡los amigos del P. Martin también son nuestros amigos! Y como decían a menudo nuestras abuelitas: "Dime con quién andas y te diré quién eres".

—Arturo Chàvez, Ph.D.
Presidente y CEO
Mexican American Catholic College (MACC), TX
Miembro de The President's Advisory Council on Faith-Based and Neighborhood Partnerships

Otros libros de Jim Martin, SJ

My Life with the Saints
(edición en inglés)

A Jesuit Off-Broadway

Lourdes Diary

In Good Company:
The Fast Track from the Corporate World to Poverty

Chastity and Obedience

This Our Exile:
A Spiritual Journey with the Refugees of East Africa

Awake My Soul
(editor)

Celebrating Good Liturgy
(editor)

Mi vida con los santos

Mi vida con los
santos

James Martin, SJ

Traducido por
Anabel Cañón

LOYOLA PRESS.
UN MINISTERIO JESUITA
Chicago

LOYOLA PRESS.
UN MINISTERIO JESUITA

3441 N. Ashland Avenue
Chicago, Illinois 60657
(800) 621-1008
www.loyolapress.com

Imprimi Potest: Thomas J. Reagan, SJ

Título original: My Life with the Saints. Publicado por Loyola Press, 2006.
Traducción al español de Anabel Cañón
Editado por Santiago Cortés-Sjöberg

Este libro se publicó anteriormente en español (a excepción de la introducción a esta
edición) en 2008 por Editorial Distribuidora Lumen SRL. Grupo Editorial Lumen.
Buenos Aires, República Argentina. http://lumen.com.ar

Diseño de portada: Judine O'Shea, Loyola Press
Ilustración de la portada: Robert Casilla
Diseño interior: Kathryn Seckman Kirsch, Loyola Press

Library of Congress Cataloging-in-Publication Data
Martin, James, S.J.
  [My life with the saints. Spanish]
  Mi vida con los santos / James Martin ; [traducción al español de Anabel Cañón].
    p. cm.
  ISBN-13: 978-0-8294-3117-9
  ISBN-10: 0-8294-3117-9
  1. Christian saints--Biography. 2. Martin, James, S.J. I. Title.
  BX4651.3.M2718 2010
  235'.2--dc22
                                                          2009044964

Impreso en los Estados Unidos de América
10 11 12 13 14 15 16 Bang 10 9 8 7 6 5 4 3 2 1

Fratribus carissimis in Societate Jesu.

Para mí, ser santo significa ser yo mismo.
THOMAS MERTON

ÍNDICE

El lenguaje de los santos... xiii
Introducción a la edición en español

1. El santo del cajón de los calcetines 1
Una introducción

2. Hija de Dios 11
Juana de Arco

3. Drama interior... 27
Teresa de Lisieux

4. El verdadero ser 41
Thomas Merton

5. *Ad Majorem Dei Gloriam*.. *71*
Ignacio de Loyola

6. Más que nunca 101
Pedro Arrupe

7. En la gruta de Massabieille 123
Bernardita Soubirous

8. Compartan esta alegría con todos los que encuentren 149
   Madre Teresa de Calcuta

9. Vicario de Cristo 175
   Papa Juan XXIII

10. Vivir en su mundo 205
    Dorothy Day

11. Porque soy un pecador 225
    Pedro

12. *Fides Quaerens Intellectum* 249
    Tomás de Aquino

13. Locos por Cristo 267
    Francisco de Asís

14. Vidas ocultas 293
    José

15. Quien en Dios confía 309
    Mártires de Uganda

16. Mi posesión más querida 327
    Luis Gonzaga

17. Llena de gracia 341
    María

18. Santos de manera diferente 367
    Conclusión

Sugerencia de lecturas 387

Agradecimientos 401

El lenguaje de los santos
Introducción a la edición en español

¡Bienvenidos! Estoy encantado de poderles presentar esta nueva edición de *Mi vida con los santos,* dirigida específicamente a los lectores de habla hispana. La versión original de este libro, *My Life with the Saints*, se ha convertido en algo así como un *best seller* y esta traducción al español, que hará que muchos más lectores tengan acceso al libro, es la respuesta a mis oraciones: desde su publicación he deseado que hubiera una edición en español.

Mi experiencia como cristiano ha sido moldeada de tal manera por mi relación con la cultura latina que casi no me puedo imaginar quién sería yo sin esta. Lo mismo sucede con la Iglesia de los Estados Unidos. ¿Quién se la podría imaginar sin la contribución viva y sentida de los hispanohablantes?

Como leerán en los capítulos de este libro, cuando estaba en séptimo grado de la escuela primaria tomé una gran decisión, una decisión con la que ustedes a lo mejor. . . ¡no están de acuerdo! Cuando me dieron la opción de comenzar a estudiar francés o español decidí elegir francés. Lo hice principalmente porque el libro de texto para la clase de español era mucho más gordo y por lo tanto me pareció que sería mucho más difícil aprenderlo.

Pero mi padre casi dominaba el español (tenía mucha facilidad para los idiomas y amigos en el trabajo que hablaban español) y muchos de mis compañeros de la escuela lo estaban estudiando. Por eso al año siguiente, además de seguir estudiando francés, me matriculé también en la clase de español. Mi maestro fue Mr. Joe, a quien por supuesto llamábamos: "Señor José" (El maestro del año siguiente tenía un nombre que no sonaba tan bien en español. Era el "Señor Doyle").

Nada más comenzar a estudiar español me enamoré del idioma: el sonido de las palabras en sí, lo claras que se pronuncian las consonantes y especialmente cómo hacen vibrar las erres (en lugar de pronunciarlas guturalmente como lo hacen los franceses). Deseaba poder llegar a hablarlo tan bien como mi padre.

Aquellas clases que tomé en la escuela me vinieron bien diez años más tarde cuando, en 1988, ingresé en el noviciado jesuita. Durante los meses de verano los novicios teníamos que aprender español ya que todos los jesuitas estadounidenses tienen que estudiarlo. No se preocupen si no saben lo que es un jesuita, el noviciado o un novicio. ¡Pronto lo sabrán!

De esta forma, a lo largo de un verano caluroso y húmedo, en el sótano de una iglesia anglicana en Cambridge, Massachusetts, repasé todo el vocabulario, gramática y sintaxis que había aprendido una década atrás en la escuela secundaria. Y me volví a enamorar del idioma español.

Pero esta vez mi amor era más profundo y sentido. Esta vez no era simplemente cuestión del idioma o incluso de la cultura latina. Era cuestión del testimonio cristiano. Una de las experiencias más profundas que tuve durante mi noviciado fue el martirio, en 1989, de seis jesuitas de la Universidad de San Salvador, de su cocinera y de la hija de ésta. Su labor en favor de los pobres llevó a estos jesuitas a quedarse junto a sus hermanos salvadoreños en lugar de abandonar el país y a morir con ellos durante el conflicto civil que vivía El Salvador.

Aquel terrible acontecimiento me hizo entender de verdad y por primera vez que el ser cristiano conlleva un precio; que el martirio no es algo que sucedió sólo durante los primeros siglos de la Iglesia. La historia de los santos continúa hoy en día. Me cuesta expresar lo mucho que la muerte de aquellos ocho mártires significó para mi vida como cristiano.

Fue al reflexionar sobre aquel dramático acontecimiento cuando entré en contacto por primera vez con la rica historia del cristianismo en América Latina. Los mártires salvadoreños despertaron en mí un interés por la Iglesia de aquel país en concreto y ello me llevó a ver la película "Romero", la cual narra la historia del martirizado Arzobispo de San Salvador.

Oscar Arnulfo Romero había sido, en un principio, indiferente a la apremiante situación de los pobres. Su nombramiento como arzobispo de la capital de El Salvador en 1977 fue una decepción para quienes esperaban que se nombrara a alguien que estuviera del lado de los pobres. Romero era un sólido partidario de los ricos y los poderosos. Pero cuando su buen amigo, el padre jesuita Rutilio Grande, fue asesinado por promover la justicia social, Romero comenzó a ver las injusticias que clamaban ser corregidas. Había comenzado su conversión.

El Arzobispo se convirtió en un incansable defensor de los pobres, emitiendo por la radio sus homilías semanales para que las pudiera escuchar todo el país. Las amenazas de muerte que recibió no le disuadieron de continuar su labor. "Si me matan", dijo, "resucitaré en el pueblo salvadoreño". En 1980, el arzobispo Romero fue asesinado mientras celebraba misa. Se convertía así en el primer obispo en ser asesinado en el altar desde Santo Tomás Becket, en el siglo XII. Romero se convertía, de esta manera, en un gran héroe para mí. Él continúa animándonos a todos a proclamar el Evangelio sin tener en cuenta lo que nos pueda costar.

La historia de Oscar Romero me mostró la senda que me habría de dirigir a las historias de otros hombres y mujeres santos del mundo de habla hispana. Este camino me llevó de Romero a Juan Diego, a Teresa de Ávila, a Juan de la Cruz, a Martín de Porres y a Junípero Serra. Así son los santos: cada uno te guía hacia otro, al igual que un amigo te presenta a otro amigo. Y cada uno de ellos nos lleva a Dios.

Y aquel camino me llevó de nuevo hasta San Ignacio de Loyola, aquel español del siglo XVI que fundó la Compañía de Jesús y cuya biografía había empezado a estudiar desde el primer día de mi noviciado. Su extraordinaria historia es una de las dos vidas de santos de habla hispana que aparecen en este libro. La otra es la de Pedro Arrupe, también español y también Superior General de los Jesuitas, pero esta vez del siglo XX.

Durante mi segundo año del noviciado me resultó fácil responder cuando me preguntaron en dónde me gustaría pasar lo que llamamos nuestra "experiencia larga": cuatro meses sirviendo a tiempo completo en una institución jesuita. Mi deseo de entender más la cultura latina me llevó al Nativity Mission Center en el barrio Lower East Side de la ciudad de Nueva York. Este centro jesuita era una escuela primaria que educaba principalmente a muchachos hispanos de familias necesitadas. La estructura de la escuela, que ahora han reproducido por todo el país, era la siguiente: salones con pocos estudiantes, atención individualizada y programas para después de la escuela para niños de bajos recursos.

El primer día que puse pie en aquella escuela me encontré rodeado de una mezcla increíble de culturas latinas. Había muchachos de México, la República Dominicana, Puerto Rico, El Salvador, Guatemala, Ecuador, Perú… de toda América Latina.

Pero los estudiantes no fueron los únicos que me enseñaron acerca de estas culturas con las que no estaba familiarizado. Sus madres, padres y especialmente sus abuelitas estaban también allí, ayudando en la oficina del director de la escuela y en la cocina, donde cocinaban comidas riquísimas para sus hijos y nietos. La secretaria de la escuela, una apasionada mujer llamada Paulita, cocinaba almuerzos de arroz con pollo usando su sofrito casero. Aquel plato era tan memorable que le rogué que me diera la receta para poder cocinarlo yo cuando regresara al noviciado (y sí lo cociné, aunque nunca supo tan rico como el de ella). Paulita, quien era mi tutora informal de español y "espanglish", me llamaba cariñosamente "Martincito" o "Padrecito".

Fue una inmersión instantánea en las culturas latinas y una introducción muy diferente de la que había aprendido de los libros de texto de español en la secundaria. Las misas en español en la vecina parroquia de la Natividad estaban llenas de gente de todas las edades que entonaban alegres cantos que llegué a aprenderme bien. Hoy, cada vez que escucho "Pescador de hombres" o "De colores", son aquellas misas las que inmediatamente me vienen a la cabeza. Las ruidosas fiestas de quinceañeras duraban hasta bien entrada la noche en el patio que estaba directamente debajo de la ventana de mi dormitorio en la residencia jesuita (he de admitir que mi afecto por las fiestas de quinceañeras era puesto a prueba cuando me mantenían despierto ¡hasta las tres de la madrugada!). Los días de fiesta que celebraban los católicos de cada país, como la fiesta en honor de Nuestra Señora de Altagracia de los dominicanos, eran celebraciones comunitarias a las que simplemente no podía faltar.

También fue en aquel entonces cuando descubrí a la Virgen de Guadalupe. Como me había criado en una parroquia de las afueras de Filadelfia nunca antes había tenido contacto alguno con su historia. Pero a los pies de la escalera de la entrada principal del Nativity Mission Center había una estatua de unos 60 centímetros de alto, de colores muy vivos, de nuestra Señora de Guadalupe. Estaba rodeada de una enorme aura del sol hecha de metal, cuyos rayos dorados eran tan puntiagudos que te podías pinchar fácilmente el dedo, lo que me ocurrió la primera vez que los toqué.

Nuestra Señora observaba pacientemente a todos: a los estudiantes que subían y bajaban corriendo las escaleras gritando y riendo, a las madres y abuelitas que subían laboriosamente a la cocina, al profesor que silencioso y con cara de reproche seguía escaleras abajo a un estudiante que se estaba portando mal e incluso me observaba a mí cuando me dirigía a realizar mi simple tarea de maestro asistente. Nuestra Señora de Guadalupe fue una presencia palpable durante mis cuatro meses en la escuela y con cada día que pasaba crecía mi amor por ella y por su historia.

Desde entonces la cultura latina se ha convertido en parte de mi vida. A lo largo de los años he servido a y con latinos en toda clase de contextos: parroquias, hospitales, centros de retiro e incluso como capellán en una cárcel. Pero aún sigo aprendiendo. Recientemente, por ejemplo, me han invitado frecuentemente a dar conferencias en Los Ángeles, donde los feligreses hispanos dan a las parroquias de la ciudad un espíritu muy diferente del de la parroquia de mi infancia a las afueras de Filadelfia. Durante un viaje a Santa Fe un amigo me llevó al santuario de Chimayo, un destino de peregrinaciones al que a menudo llaman el "Lourdes de América" (la historia del Lourdes original, en Francia, la narro en un capítulo más adelante). Y hoy trabajo en una revista semanal donde el español es tan frecuente como el inglés entre el personal administrativo, así que puedo seguir practicando el español que aprendí en la escuela secundaria.

Por eso cuando pienso en mi primer encuentro con la cultura latina en aquella pequeña escuela de Nueva York, donde también "aprendí" de verdad el español, pienso en el gran don que todo aquello fue para mí. De hecho, pienso en ello de una manera más específica; lo hago con una frase de Thomas Merton, el monje trapense a quién conocerán en las páginas de este libro. Merton dijo que leer la historia de Santa Teresa de Lisieux, la monja carmelita francesa del siglo XIX, fue "un gran don en el ámbito de la gracia". Así es como entiendo la bienvenida que me han dado a sus vidas, a lo largo de los años, mis muchos amigos de habla hispana. Su bienvenida ha sido "un gran don en el ámbito de la gracia".

Ahora me gustaría devolverles ese gran regalo que me dieron dándoles la bienvenida a este libro. Es, esencialmente, la historia de mi relación con mis santos favoritos. Algunos de ellos es posible que ustedes ya los conozcan, como San Pedro, San Francisco de Asís, Santa Juana de Arco y, por supuesto, la Virgen María y San José. Puede que algunos les resulten familiares. Y otros quizá sean totalmente nuevos. Pero sean quienes sean, me gustaría presentárselos, o volvérselos a presentar, contándoles sus historias y cómo han influido en mi vida, a menudo de maneras sorprendentes. De esta forma intentaré corresponder a todos mis amigos de habla hispana que me presentaron a lo largo de los años tantos aspectos de su cultura latina. Al darles a ustedes la bienvenida a mi vida espero corresponder a quienes me dieron la bienvenida a la suya.

A pesar de que comencé a estudiar español hace más de 30 años sigo siendo un aprendiz, lo que explica el porqué otra persona tradujo este libro. Y sigo siendo un aprendiz también en lo que se refiere a los santos. Parece como si cada día aprendiese acerca de un santo nuevo.

En cualquier caso, en lo que se refiere a Dios, todos somos aprendices. Estamos aprendiendo el "lenguaje" de Dios, el cual Dios ha comunicado de muchas maneras. Dios habló primero mediante las maravillas de la creación. Después, mediante los grandes hombres y mujeres del Antiguo Testamento. Dios habló de la forma más clara a través de la historia de Jesucristo y continúa hablando mediante el Espíritu Santo. Pero hay otra manera mediante la que Dios habla: a través de los santos. Y una manera de aprender el lenguaje de Dios es leyendo las historias de los santos. Las vidas de los santos nos comunican el lenguaje de su amor por nosotros.

Este lenguaje es por supuesto algo que ninguno de nosotros habla perfectamente. Cometemos errores, no lo practicamos lo suficiente e incluso se nos olvidan las cosas. Pero, como sucede con cualquier lenguaje o idioma, si escuchamos cuidadosamente a quienes lo hablan pronto nos daremos cuenta de que no es tan difícil de entender. Y al escuchar a estar personas nos damos cuenta de que nosotros lo podemos hablar con más facilidad.

Y ahora, amigos míos, escuchemos juntos el lenguaje de Dios de las voces de quienes lo hablan perfectamente: los santos.

James Martin, SJ
Sábado Santo, 2009

El santo del cajón de calcetines

Una introducción

Cuando tenía nueve años, el placer más grande de mi vida era comprar cosas por correo. Todas las cajas de cereal que llenaban los estantes de nuestra cocina exhibían pequeños cupones en la parte de atrás; yo siempre los cortaba, los rellenaba con mi dirección y enviaba junto con uno o dos dólares. Unas semanas más tarde, dejaban en nuestro buzón un paquete envuelto en papel marrón a mi nombre. Nada me ilusionaba más.

Los anuncios más atractivos aparecían normalmente en revistas de historietas, pero rara vez guardaban similitud con lo que finalmente entregaba el cartero. El "Aterrador fantasma volador" que aparecía en la contratapa de una historieta del Hombre Araña resultaba ser una bola de plástico barata, una banda de goma y un trozo de papel de seda blanco. El "Vómito falso" no se parecía en nada a un vómito verdadero y la "Tarántula monstruosa" no era monstruosa en absoluto.

Lo peor de todo eran los *Sea Monkeys*. Los coloridos anuncios mostraban figuras acuáticas sonrientes (la más grande llevaba una corona dorada), brincando felizmente en una especie de ciudad acuática. Lamentablemente, mi espera de seis semanas tuvo un final decepcionante: los *Sea Monkeys* resultaron ser un paquete de huevos de renacuajo. Y aunque finalmente eclosionaron en una pecera, eran tan pequeños que resultaban casi invisibles y ninguno, hasta donde pude comprobar, llevaba corona. (La ciudad acuática de los *Sea Monkeys* estuvo a punto de ser destruida cuando estornudé accidentalmente sobre ella durante mi resfriado invernal de todos los años).

Otras compras resultaron más exitosas. Mi juguete del Tigre Tony nadador, cuya adquisición requirió que comiera varias cajas de cereales para poder juntar las tapas de cartón suficientes, sorprendió incluso a mis padres con sus habilidades natatorias. El tigre naranja y negro de plástico tenía brazos giratorios y patas que se movían locamente, y era capaz de avanzar en las aguas encrespadas del fregadero de la cocina. Un día, Tony, húmedo después de un baño, se escurrió entre mis dedos y cayó sobre el suelo de linóleo. Sus dos brazos se desprendieron, marcando el final de su corta carrera como nadador. Guardé al tigre sin brazos en la pecera de los *Sea Monkeys*, a quienes no pareció molestarles la compañía.

Pero, incluso teniendo en cuenta mi fascinación con las compras por correo, me resultaría difícil explicar qué me llevó a concentrar mis deseos infantiles en una estatua plástica de San Judas que había descubierto en una revista. No recuerdo de qué revista se trataba, ya que mis padres no tenían la costumbre de dejar abandonadas por la casa publicaciones católicas, pero, aparentemente, la fotografía de la imagen era lo suficientemente atractiva como para convencerme de poner $3,50 en un sobre. Esa suma no sólo representaba más de tres semanas de ahorro, sino que implicaba renunciar a una revista de historietas de "Archie", un verdadero sacrificio en aquel momento.

Definitivamente no fue el interés de mi familia ni ningún conocimiento sobre San Judas lo que me atrajo hacia la imagen. No sabía nada sobre él, excepto lo que decía la revista: que era el santo patrono de las causas imposibles. Incluso si me hubiera interesado leer sobre él, no habría encontrado mucho material; a pesar de su popularidad,

Judas sigue siendo una figura misteriosa. Aunque lo nombran como uno de los doce apóstoles de Jesús, sólo se lo menciona brevemente en todo el Nuevo Testamento. De hecho, hay dos listas de apóstoles que directamente lo excluyen; en su lugar, mencionan a un cierto "Tadeo", lo que dio origen al nombre de "San Judas Tadeo". Y para confundir aún más las cosas, también se nombra a un Judas como hermano de Jesús en el Evangelio de Marcos. Y aunque ciertas antiguas leyendas mencionan su trabajo en Mesopotamia, la Enciclopedia del Catolicismo declara con claridad: "No contamos con información confiable sobre esta oscura figura".

Pero a mí no me importaba la historia de Judas. Lo que más me atraía era su posición como santo patrono de las causas imposibles. ¿Quién sabía la clase de ayuda que alguien como él podía prestarme? Una cosa era un tigre que podía nadar en el fregadero, y otra muy distinta un santo que podía ayudarme a conseguir todo lo que yo quisiera. Eso sin duda valía $3,50.

Pocas semanas más tarde, recibí un pequeño paquete que contenía una imagen de 23 centímetros color beige acompañada de un librito de oraciones para dirigirle a mi nuevo patrono. San Judas el Beige, que sostenía un garrote y llevaba una especie de escudo con un rostro grabado (supuestamente se trataba del rostro de Jesús, aunque no era fácil distinguirlo), recibió de inmediato el lugar de honor sobre el tocador de mi dormitorio.

En aquel tiempo, yo rezaba a Dios de vez en cuando, y sólo para pedirle cosas como "Por favor, concédeme un 10 en mi próximo examen"; "Haz que juegue bien en la Liga de béisbol este año"; "Que me desaparezca el acné antes de la fotografía escolar". Consideraba que Dios era el Gran Solucionador de Problemas, el que arreglaba todo si yo rezaba lo suficiente, decía las oraciones correctas y rezaba de la manera adecuada. Pero cuando Dios no podía arreglar las cosas (lo que ocurría con más frecuencia de la que yo hubiese deseado), entonces recurría a San Judas. Me figuraba que si Dios no podía hacer nada al respecto, seguramente se trataba de una causa perdida y era el momento de llamar a San Judas.

Por fortuna, el librito que venía con la imagen de San Judas incluía numerosas oraciones adecuadas, e incluso una en latín que comenzaba con las palabras *"Tantum ergo sacramentum.."*. Esa oración la reservaba para las causas imposibles más importantes: exámenes finales y cosas por el estilo. Cuando realmente quería conseguir algo, rezaba tres veces *"Tantum ergo sacramentum"* de rodillas.

San Judas permaneció pacientemente sobre mi tocador hasta la escuela secundaria. Cuando mis amigos venían a casa, a menudo querían ver mi habitación (teníamos una extraordinaria curiosidad por saber cómo eran las habitaciones de los demás). Y, aunque para entonces ya le tenía mucho cariño a San Judas, no quería imaginar lo que pensarían mis amigos si descubrían la extraña imagen de plástico sobre mi tocador. Así que San Judas fue relegado al cajón de los calcetines y expuesto sólo en ocasiones especiales.

Mi fe fue otra de las cosas que, podríamos decir, fue relegada al cajón de los calcetines durante varios años. Durante la secundaria iba a misa más o menos todas las semanas; pero más tarde, en la universidad, lo hacía sólo de manera ocasional (aunque seguía rezándole al Gran Solucionador de Problemas). A medida que mi fe se volvía más y más débil, mi afinidad con San Judas comenzó a parecerme un poco infantil: tonta, supersticiosa y algo embarazosa.

Todo eso cambió cuando tenía veintiséis años. Insatisfecho con mi vida en el ambiente empresarial, empecé a pensar en hacer algo distinto (aunque en aquella época no tenía mucha idea de en qué podía consistir ser "algo distinto"). Lo único que sabía era que después de cinco años trabajando en el mundo empresarial estadounidense me sentía desgraciado y quería cambiar. A partir de ese sentimiento algo banal, sin embargo, Dios se puso manos a la obra. El Gran Solucionador de Problemas comenzó a trabajar con un problema que yo apenas percibía. En el momento apropiado, Dios me dio una respuesta para la pregunta que yo ni siquiera había formulado.

Una tarde, después de un largo día de trabajo, encendí la televisión al llegar a casa. La emisora local estaba pasando un documental acerca de un sacerdote católico llamado Thomas Merton. Aunque nunca lo había oído nombrar, en el programa aparecía toda clase de personas famosas contando la enorme influencia que Merton había tenido en sus vidas. A los pocos minutos de ver el programa, ya me había hecho la idea de que Thomas Merton había sido brillante, divertido, santo y completamente único. El documental fue tan interesante que me impulsó a buscar, comprar y leer su autobiografía, *La montaña de los siete círculos*, que cuenta la historia de su viaje, que lo llevó de joven sin rumbo a monje trapense. Me cautivó como pocos libros en toda mi vida.

Los siguientes dos años, cada vez que pensaba seriamente en mi futuro, la única opción que parecía tener sentido era entrar a una orden religiosa. Tuve, por supuesto, algunas dudas, algunos comienzos en falso, algunas indecisiones y preocupaciones de ponerme en ridículo; pero finalmente decidí renunciar a mi trabajo y, a los veintiocho años, entré a la Compañía de Jesús, una orden religiosa más conocida como los Jesuitas. Ha sido, por cierto, la mejor decisión que he tomado en mi vida.

Al iniciar mi noviciado con los jesuitas, me sorprendió descubrir que la mayoría de mis compañeros novicios tenían fuertes "devociones", como solían llamarlas, a un santo u otro. Hablaban con evidente cariño de sus santos preferidos, casi como si los conocieran personalmente. Un novicio, por ejemplo, tenía mucho cariño por Dorothy Day, y la citaba libremente en nuestras reuniones comunitarias semanales. Otro mencionaba mucho a Santa Teresa de Lisieux. Pero aunque mis hermanos novicios eran sinceros en su devoción, y me relataban pacientemente las vidas de sus héroes y heroínas, la idea de rezar a los santos me parecía absolutamente supersticiosa. ¿Por qué hacerlo? Si Dios escucha nuestras oraciones, ¿para qué necesitamos rezar a los santos?

Esas preguntas fueron respondidas cuando descubrí una colección de biografías de santos que llenaba los chirriantes estantes de madera de la biblioteca de los novicios.

Hice mi primera elección como consecuencia de las serias recomendaciones de un novicio: "Tienes que leer *Historia de un alma*", me decía (más bien, me presionaba). "Entonces entenderás por qué me gusta tanto Santa Teresita".

En aquel momento sabía muy poco sobre la "pequeña flor", como se la conoce, y la imaginaba como una violeta marchita: tímida, nerviosa y aburrida. Así que me sorprendí mucho cuando su biografía me reveló a una mujer llena de vida, inteligente y tenaz, alguien a quien me hubiera gustado conocer. Leer su historia me llevó a buscar otras biografías de santos, algunos muy conocidos, otros no tanto: San Estanislao Kostka, quien, a pesar de las encendidas protestas de su familia, caminó 720 kilómetros para entrar al noviciado jesuita. Santo Tomás Moore, cuyo magnífico intelecto y amor por su país no lo cegaron a la centralidad de Dios en su vida. Santa Teresa de Ávila, que decidió, para sorpresa de la mayoría y disgusto de muchos, reformar la Orden Carmelita. Y el papa Juan XXIII, quien, me complació descubrir, no era sólo compasivo e innovador, sino también ingenioso.

Poco a poco comencé a sentir cariño y ternura por esos santos. Comencé a verlos como modelos de santidad importantes para los creyentes de nuestro tiempo y a comprender la manera extraordinaria en que Dios actúa en la vida de las personas. Cada santo lo fue a su manera, lo que nos revela cómo Dios celebra la individualidad. Como escribe C. S. Lewis en *Mero cristianismo*: "Cuán monótonamente iguales han sido todos los grandes tiranos y conquistadores; cuán gloriosamente diferentes han sido todos los santos".

Eso me proporcionó un enorme consuelo, porque me di cuenta de que ninguno de nosotros está llamado a ser otra Teresa de Lisieux, otro Juan XXIII u otro Tomás Moro. Estamos llamados a ser nosotros mismos, y a permitir que Dios trabaje en y a través de nuestra propia individualidad, nuestra propia humanidad. Como dijo Santo Tomás de Aquino: la gracia supone la naturaleza.

Además, entre los santos encontré compañeros, amigos a los que recurrir cuando necesitaba ayuda. Mi director de noviciado me dijo que él consideraba a los santos como hermanos mayores a los que podía acudir cuando necesitaba consejo. En su libro *The Meaning of Saints* [El significado de los santos], el teólogo católico Lawrence S. Cunningham sugiere que los santos también actúan como nuestros "testigos proféticos", animándonos a vivir más plenamente como discípulos cristianos. Por supuesto, algunos podrán afirmar (y lo hacen) que sólo necesitamos a Jesús. Y eso es cierto: Jesús lo es todo, y los santos entendieron eso mejor que nadie.

Pero Dios, en su sabiduría, también nos dio a estos compañeros de Jesús para que caminen con nosotros; así que, ¿por qué no aceptar el regalo de su amistad y su aliento? Y no hay razones para sentir que nuestra devoción a los santos nos distrae de la devoción a Jesús: todo lo que los santos dicen y hacen está centrado en Jesús y nos encaminan en su dirección. Un día, durante la misa en la capilla del noviciado, escuché (como si fuera la primera vez) una plegaria de acción de gracias a Dios por los santos: "Tú renuevas a la Iglesia en cada edad, suscitando hombres y mujeres santos, testigos vivos de tu amor inmutable. Ellos nos inspiran con sus vidas heroicas y nos ayudan con sus constantes oraciones a ser el signo viviente de tu poder salvador". Y pensé: *Sí*.

Al leer las vidas de los santos también descubrí que en sus historias muchas veces podía reconocerme o reconocer partes mías. Ése es el aspecto de sus vidas que más me gusta: ellos lucharon con las mismas debilidades humanas que tenemos todos. Saber eso, a su vez, me anima a pedirles ayuda en determinados momentos y para determinadas necesidades. Sé que Thomas Merton luchó intensamente contra el orgullo y el egoísmo, así que, cuando yo también los combato, pido su intercesión.

Cuando estoy enfermo suelo rezarle a Teresa de Lisieux; ella entendía lo que era batallar con la autocompasión y el aburrimiento en la enfermedad. Para conseguir valor le rezo a Juana de Arco. Para la compasión, a Luis Gonzaga. Para tener mejor sentido del humor y poder apreciar las tonterías de la vida, le rezo al papa Juan XXIII.

Sorprendentemente, pasé de ser una persona que se avergonzaba por su cariño a los santos a otra que los considera una de las alegrías de la vida. Incluso después del noviciado, mientras continuaba con mi formación como jesuita, seguía leyendo sobre los santos y disfrutaba cuando descubría uno nuevo. Los buenos amigos nunca son demasiados.

Ahora estoy presentando a mis santos favoritos y, así, me presento a mí mismo. Es curioso, pero la manera en que descubrimos a un santo a menudo es similar a cómo descubrimos un nuevo amigo. Quizás escuchamos un comentario admirable acerca de alguien y pensamos: *Me gustaría conocer a esa persona*, como me ocurrió cuando comencé a leer sobre la historia católica inglesa y supe que quería conocer a Tomás Moro. Quizás alguien que sabe que disfrutaremos con la compañía de determinada persona nos la presente, como hizo aquel novicio con Teresita. O quizás nos encontremos con alguien totalmente al azar durante nuestra vida cotidiana. Leí las *Confesiones* de San Agustín recién durante mis estudios de filosofía como jesuita, y me enamoré de sus escritos y su manera de hablar sobre Dios.

Eso es este libro: una introducción personal a algunos de mis santos favoritos, personas y compañeros santos (técnicamente, un "santo" es alguien que ha sido canonizado o reconocido oficialmente por la Iglesia como una persona que ha llevado una vida santa, que disfruta de la vida eterna en el paraíso con Dios y que es digna de ser venerada públicamente por los fieles). En los últimos años, cada vez que me sentí particularmente cerca de un santo, dediqué un tiempo a escribir sobre las cosas que me atraían de él. Algunos de estos ensayos reflejan una devoción basada en las acciones públicas y en los escritos conocidos de un santo; otros surgen de una reacción más personal frente a la parte menos conocida de sus vidas: un suceso pequeño, casi desapercibido de sus vidas que me afectó profundamente.

Este libro está organizado cronológicamente: presento a los santos siguiendo más o menos el orden en que los encontré. De esta manera espero que, mientras lean sus vidas, puedan seguir el progreso de mi propio viaje espiritual. Un sólo capítulo puede abarcar años e incluso décadas. Por ejemplo, conocí a Santa Bernardita durante el noviciado, pero fue recién quince años más tarde, durante una peregrinación a Lourdes, cuando profundicé más íntimamente en su historia.

Estas reflexiones no pretenden ser biografías completas y eruditas de estos héroes espirituales. Son, más bien, meditaciones sobre la manera en que un cristiano se relaciona con estas personas santas: cómo los conocí, qué es lo que me inspira de sus historias y qué repercusión han tenido en mi propia vida.

Al comienzo de este ensayo dije que no estaba seguro de qué motivó mi afinidad con San Judas. Pero, cuanto más lo pienso, sé que fue Dios quién la causó. Dios actúa de muchas maneras extrañas, y motivar a un niño para que comience una vida de devoción a los santos a través del anuncio en una revista es sólo una de ellas. Pero la gracia es gracia y cuando reflexiono sobre mi vida, doy gracias por haberme encontrado con tantos santos maravillosos que rezan por mí, me consuelan, me dan ejemplos de discipulado y me ayudan a lo largo del camino.

Todo esto, me gusta pensar, se lo debo a San Judas, que durante todos aquellos años, guardado dentro del cajón de los calcetines, rezó por un niño que ni siguiera sabía que rezaban por él.

2

Hija de Dios

Juana de Arco

P. ¿Cómo sabe que son Santa Margarita y Santa Catalina
las que le hablan?
R. Ya les he dicho muchas veces que son Santa Margarita
y Santa Catalina. Créanme si les parece.

Transcripción del
juicio de Juana de Arco

A los doce años tuve que tomar una importante decisión: ¿francés
o español? En nuestro colegio, el programa de idiomas comenzaba en séptimo grado; la idea era que los estudiantes continuaran con
su formación durante la secundaria y que adquirieran una fluidez que
les permitiera cambiar su puesto en el consejo de estudiantes por otro
en las Naciones Unidas. En la actualidad, la decisión sería más fácil,
pero en la década de los setenta el español aún no se había convertido
en el segundo idioma de los Estados Unidos. Fue muy complicado,
mi primera decisión "adulta" y una que, pensaba, tendría posiblemente consecuencias drásticas que podrían incluso llegar a cambiar
mi vida.

"Lo que tú quieras", dijo mi madre, ex profesora de francés que
solía cantarnos canciones francesas a mi hermana y a mí mientras
cocinaba (yo sabía de qué lado estaba). Mi padre, por otro lado,

hablaba español con fluidez y en la época de mi gran decisión comenzó a mencionar a todas las personas de su oficina con las que conversaba en español.

Me gustaría decir que elegí francés porque parecía más misterioso, o más elegante, o más internacional, o, mejor aún, porque tenía la intuición de que muchos de los santos que llegaría a amar serían franceses, y que incluso de adolescente albergaba esperanzas de poder viajar algún día a Lourdes o leer la autobiografía de Teresa de Lisieux en su idioma materno. Pero todo eso sería una mentira. Elegí francés porque vi uno de los libros de texto de ese idioma y me pareció más delgado, y por lo tanto más fácil, que el de español.

Así que pasé los siguientes tres años en Plymouth Junior High School con el señor Sherman, nuestro ultra delgado y elegantísimo profesor de francés, que llevaba barba de chivo e insistía en que siempre lo llamáramos "*monsieur* Sherman".

El primer día de clase los alumnos de séptimo grado recibimos nuestros nombres franceses. Monsieur Sherman recorrió los pasillos preguntando nuestros nombres y bautizándonos con nombres nuevos. La mayoría eran traducciones directas: yo me convertí en Jacques Martin y mi amiga Peggy en Marguerite. Mi amiga Jeanne conservó su nombre, pero con una pronunciación más agradable: *Shaann*, en lugar de *Sheenee*.

Aprender un nuevo idioma era un placer. Atornillar mis labios para pronunciar *u* y tragarme la lengua para la *r* era novedoso, diferente y divertido. Y a los doce años, mi mente todavía era capaz de memorizar largas columnas de *vocabulaire* y páginas repletas de conjugaciones verbales. Mis compañeros y yo pasamos los siguientes tres años con *monsieur* Sherman, haciendo dictados, mejorando nuestro *vocabulaire*, completando oraciones, analizando ensayos, representando pequeñas obras, dando discursos y mirando películas antiguas (de 1950) sobre Francia y la cultura francesa.

Los libros de texto y películas, sin embargo, hacían que me preguntara por qué los franceses tenían conversaciones como la siguiente:

Marie-Anne: Hola.
Le professeur: Hola.
Marie-Anne: ¿Cómo está?
Le professeur: Bien, gracias.
Marie-Anne: ¿Dónde está el libro?
Le professeur: El libro está en la biblioteca.
Marie-Anne: Gracias.
Le professeur: De nada.
Marie-Anne: Adiós.
Le professeur: Adiós.

Francia parecía un lugar aburrido. Aparentemente, los franceses no tenían mucho de que hablar. "¿Dónde está el libro?" no es una pregunta que estimule una conversación. No me sorprendía que Marie-Anne decidiera marcharse. A propósito, Marie-Anne era la estrella de nuestro libro de texto, *Je Parle Français* [Yo hablo francés], y pasaba la mayor parte de sus días pidiendo libros, haciendo extensos comentarios acerca del clima y enumerando a sus amigos con todo detalle cada una de las prendas que planeaba llevar para las vacaciones. "¡Aquí está mi camisa!" solía exclamar. "¡Y aquí está mi sombrero!"

Como les sucede a muchos estudiantes de idiomas extranjeros, todavía recuerdo casi perfectamente una sorprendente cantidad de conversaciones artificiales de los libros y películas, ya que fueron las primeras en dejar huella en mi mente de doce años.

Al terminar el primer año, *monsieur* Sherman nos mostró su preciada colección de diapositivas, con fotografías que había sacado durante su último viaje a su amada Francia. Por lo que recuerdo, había pasado mucho tiempo cerca del Louvre y entrando y saliendo del metro de París. Una de las diapositivas mostraba a una joven a lomos de un reluciente caballo en otra ciudad francesa.

—Jeanne d'Arc —dijo. Pero antes de que pudiera preguntarle quién era… *click,* estábamos en Chartres.

Después de los tres años con *monsieur* Sherman, mis compañeros y yo pasamos al colegio secundario, y la misma cohorte tuvo clases con *madame* Paulos y *madame* Ramsey. *Madame* Paulos tenía un particular interés en la filosofía francesa, así que sus alumnos de décimo curso leían mucho a Jean-Paul Sartre; es probable que hayamos sido los únicos existencialistas de quince años en toda la región. Gracias a sus esfuerzos, cuando comencé la universidad no sólo podía conjugar el *plus-que-parfait* (algo que no era capaz de hacer en inglés), sino que también pude, cuando mi compañero de habitación me dijo orgullosamente que estaba leyendo a Sartre, exclamar con arrogancia pero con sinceridad: "Sí, yo lo leí en décimo curso. ¡La versión original!"

En la universidad estudié economía en la facultad Wharton. Y aunque nos quedaba poco tiempo para materias optativas, sabía que quería continuar con francés. Durante el primer año me anoté en un curso de "Gramática francesa intermedia". Pero como las clases incluían temas que yo ya había aprendido en la secundaria, decidí que quería desafíos más grandes. Así que me anoté en "Conversación avanzada en francés", seguro de que podría mantener conversaciones sobre algo más que libros, bibliotecas y prendas de vestir.

Por desgracia, no me di cuenta de que en una clase de conversación francesa en una universidad grande es más que probable que los participantes no hayan aprendido el idioma en su colegio suburbano de Filadelfia, como yo, sino en Francia, donde crecieron. Mi clase estaba completamente poblada por nativos franceses cuya conversación resultó en verdad avanzada.

Después de todo aquel francés, ardía de impaciencia por probarlo más allá de un salón de clases. Así que, después de mi graduación, decidí viajar a Europa.

A pesar de mis gastos universitarios, había logrado ahorrar algo de dinero. Y para cerrar el trato, mis padres me hicieron el regalo de graduación perfecto: el dinero necesario para comprar un *Eurailpass* de un mes. Y, felizmente, una de mis amigas del colegio secundario, Jeanne, o *Shaann*, quiso unirse al recorrido por el Viejo Continente.

Fue un viaje despreocupado (la primera vez que viajaba al extranjero) que nos llevó a Londres, París, Roma, Florencia, Venecia, Viena y nuevamente a Londres. Visitamos todos los lugares tradicionales, incluyendo un gran número de catedrales. Jeanne había sido criada como cuáquera en Filadelfia, así que yo pude actuar como si lo supiera todo sobre iglesias católicas (lo que por supuesto no era verdad). Durante nuestra estancia en Florencia me puse furioso cuando nos impidieron entrar a la magnífica catedral renacentista debido a nuestro atuendo inapropiado: pantalones vaqueros cortos y camisetas. Lleno de injusta indignación, le dije a Jeanne (con palabras que recuerdo avergonzado):

—Le doy un dólar a la Iglesia cada vez que voy a misa. ¡*Merezco* que me dejen entrar!

A pesar de nuestros años de francés, a Jeanne y a mí nos costó hacernos entender en París. En un café, reunimos nuestra mejor pronunciación, con muchas *r* y *u* que habrían hecho sentir orgulloso a *monsieur* Sherman, y pedimos un plato de *fruits* (frutas): en lugar de eso, obtuvimos un pato de grasosas *frites* (papas fritas). Pero fuimos capaces de movernos por la ciudad y disfrutar de los lugares más importantes. En Notre Dame pasé tanto tiempo en la tienda de recuerdos como en la misma catedral, comprando un costoso rosario de cuentas negras.

En un momento dado, pasamos frente a una estatua dorada de Santa Juana de Arco, montada a caballo, reluciente en la luz matinal de la Place des Pyramides.

—Tu santa patrona —le dije a Jeanne.

Irónicamente, nos hizo acordarnos de nuestro hogar: hay una copia de la misma estatua en Filadelfia, no lejos del museo de arte de la ciudad. Allí se ve a la orgullosa y resuelta Juana sobre su corcel dorado, sosteniendo desafiante un estandarte en medio de los automóviles y autobuses que pasan velozmente a su lado, camino a la ciudad.

Mientras sacábamos fotos de la estatua, Jeanne me preguntó qué sabía de Juana de Arco. Avergonzado, admití que no mucho. Recordaba vagamente que *monsieur* Sherman la había mencionado en la clase de francés. Era una mujer joven (¿qué tan joven?), que oía voces (¿de quién?), que dirigió al ejercito francés a la victoria (¿contra quiénes?), murió quemada en la hoguera (¿por qué exactamente?) y fue declarada santa (¿cuándo?).

De vuelta en casa, decidí que regresaría a Europa. Quería ver muchas más cosas. Ya había gastado todos mis ahorros, pero decidí que volvería en cuanto juntara el dinero necesario en mi nuevo trabajo en General Electric.

Tres años más tarde y más rico, invité a viajar a otra amiga de la secundaria, Peggy, o *Marguerite*. En aquel momento, Peggy y yo estábamos absortos en la literatura de la Primera Guerra Mundial. Éramos admiradores del libro *The Great War and Modern Memory* [La gran guerra y la memoria moderna], escrito por Paul Fussell, uno de nuestros profesores en Penn. Su libro, un estudio de cómo aquella guerra influenció a toda una generación de escritores, me había lanzado en un recorrido literario que incluía la autobiográfica *Adiós a todo eso*, de Robert Graves, *Memorias de un oficial de infantería*, de Siegfried Sassoon, y la poesía de Edmund Blunden, Rupert Brooke y Wilfred Owen.

La verdad es que no era un interés que Peggy y yo pudiéramos compartir fácilmente con muchos otros: la literatura de la Primera Guerra Mundial no es la clase de tema que surge en cócteles y fiestas.

Peggy sugirió que hiciéramos un viaje de dos semanas para visitar los principales campos de batalla de la Primera Guerra Mundial en Bélgica, el norte de Francia, Ypres, Passendale y Verdún.

Discutimos nuestros planes una noche, en casa de mis padres, con un viejo mapa Michelin desplegado sobre la mesa de la cocina. Pero cuanto más hablábamos de nuestros planes, más morbosa parecía nuestra pequeña odisea. Y cuanto más analizábamos nuestro recorrido por los fantasmales campos de batalla (que, después de todo, eran cementerios), más atraída se veía nuestra atención por otros lugares cercanos muy diferentes: Chartres y Reims, la región de Champagne en Francia y, sobre todo, los castillos del valle del Loira.

Y ahí fue donde terminamos. Cambiamos nuestro interés de conocer más sobre los horrores de la Primera Guerra Mundial por otro igualmente apasionado de ver la belleza de los antiguos viñedos, las catedrales medievales y los *châteaux* renacentistas de Francia.

Al igual que en el primer viaje, disfrutamos de unas semanas maravillosas. Alquilamos un auto en París y nos dirigimos hacia el sur, de ciudad en ciudad y castillo en castillo, deteniéndonos dónde y cuándo nos parecía. Nuestra destreza con el francés pareció regresar milagrosamente y los habitantes del valle de Loira fueron más compasivos que los parisinos con nuestra pronunciación de la secundaria.

Pero todavía se producían errores en el sistema. Una tarde, yo decidí que viajaría a Chartres en tren, mientras Peggy lo haría en auto desde París. Cuando salía de la ciudad, se perdió y se detuvo para pedir indicaciones.

Por desgracia, confundió el verbo *chercher* (buscar) con *trouver* (encontrar). Condujo por París, bajando la ventanilla del auto cada pocos minutos para decir: "Je trouve la rue de Chartres" ("Encuentro la carretera a Chartres"). No hace falta decir que la mayoría de los parisinos recibieron la noticia del descubrimiento de Peggy con un indiferente encogimiento de hombros. Un hombre le dijo: "Felicitaciones".

—*Monsieur* Sherman se habría horrorizado —me dijo al día siguiente.

Hacia la mitad de nuestro viaje, el 1.º de noviembre, Fiesta de Todos los Santos, Peggy y yo llegamos a Orleáns. La ciudad se alzaba en medio de castillos que nos interesaban: Chenonceaux, Chambord y Chinon. Agotados, llegamos a última hora de la tarde y buscamos habitaciones y una buena cena en una pequeña pensión llamada Hotel de Berry, cerca del centro de la ciudad. Planeábamos pasar el día siguiente recorriendo los castillos cercanos antes de seguir viaje rumbo a Reims.

A la mañana siguiente abrimos nuestra guía y leímos la sección dedicada a Orléans. Yo no sabía prácticamente nada sobre la ciudad, excepto que tenía alguna vaga conexión con Juana de Arco. La guía contaba su historia.

·····························

Nacida durante la Guerra de los Cien Años, en una época de conflicto entre las casas de Orleáns y Borgoña, la joven campesina Juana oía las voces de tres santos (Miguel, Margarita y Catalina) que la instaban a salvar Francia. Al principio, pocos prestaron atención a las afirmaciones de Juana acerca de su misión. Pero después de predecir con éxito ciertas derrotas, ser recibida por el príncipe heredero (conocido como "el Delfín") y ser cuidadosamente examinada por un grupo de importantes teólogos, se decidió que debía unirse a la batalla contra los ingleses.

En abril de 1429, Juana pidió y recibió apoyo militar para liberar la capturada Orleáns, sitiada por los ingleses desde octubre del año anterior. Después de convencer al Delfín de que le proporcionara tropas, ella misma dirigió el ejército, enfundada en una armadura blanca y blandiendo un estandarte con la imagen de la Trinidad y la leyenda "Jesús, María". A pesar de que ella fue alcanzada en el hombro por una flecha inglesa, el ejército de Juana liberó a la ciudad el 8 de mayo. Las tropas inglesas abandonaron la ciudad y los fuertes ingleses cercanos fueron capturados. Desde 1430, se conmemora la victoria en Orleáns. Y de ahí viene el título de Juana: "Doncella de Orleáns".

Después de otra campaña militar, Juana fue orgulloso testigo de la coronación del Delfín como Carlos VII, Rey de Francia, en la catedral de

Reims. A ella, sin embargo, la hicieron a un lado de manera grosera los cortesanos reales y los cada vez más celosos miembros del ejército (todos varones). En una batalla siguiente, la Doncella fue capturada por tropas borgoñesas que la vendieron a sus aliados británicos. El nuevo Rey, sugestivamente, no intervino. Juana fue enviada a prisión durante un año e interrogada por una corte eclesial que simpatizaba con sus enemigos, y una corte eclesial inglesa intentó condenarla por los cargos de brujería y herejía. (Su negativa a vestir ropas de mujer enfurecía a los jueces).

El 21 de febrero de 1431, Juana compareció ante una corte eclesial presidida por el obispo de Beauvais, un hombre llamado Cauchon, que obedecía a los ingleses. Después de un extenso interrogatorio en Rouen que abarcó seis audiencias públicas y nueve privadas, se confeccionó un inexacto resumen de las declaraciones de Juana y se presentó a los jueces y funcionarios de la Universidad de París. Juana se había reafirmado en su historia sobre las voces y la guía divina pero, como escribe Richard McBrien en su *Lives of the Saints* [Vidas de los santos], "su falta de sofisticación teológica la llevó a cometer errores perjudiciales". Fue denunciada como hereje.

Aunque amenazada con la tortura, Juana se negó a retractar ninguna de sus declaraciones. Pero más tarde, enfrentada a una enorme multitud para ser sentenciada, se sintió intimidada e hizo una especie de retractación (cuyos detalles todavía se debaten). De regreso en su celda, sin embargo, recuperó la confianza y revocó su declaración: volvió a aparecer desafiantemente vestida con ropas de hombre y declaró su convicción de que era Dios quién la enviaba. El 29 de mayo fue condenada como hereje reincidente y entregada a las autoridades seculares. Juana fue quemada en la hoguera al día siguiente. Sus últimas palabras fueron "Jesús, Jesús".

Sus cenizas, como se indica en el *Vidas de los santos* de Butler, "fueron arrojadas con desprecio al río Sena".

Después de leer la escueta historia en la guía, de pasar tiempo en la ciudad que ella había liberado y de observar la simple estatua de bronce en la plaza frente al Hotel Groslot en Orleáns (Juana está con la cabeza inclinada, con una mirada afligida en su rostro mechado por la herrumbre), me sentí ansioso por saber más sobre ella.

·············
·············

Cuando regresé a casa, decidí leer más sobre su vida. Como consecuencia de esa decisión, Juana fue la primera santa que se convirtió en algo más que en una imagen en una vidriera de colores o un nombre sobre la puerta de una iglesia. Después de investigar un poco, adquirí un ejemplar de *Santa Juana de Arco,* la biografía bellamente escrita por Vita Sackville-West en 1936, que ofrece una perspectiva comprensiva de la santa y de los complicados tiempos en los que vivió.

Poco después de terminar de leer el libro, me enteré de que daban por televisión *Juana de Arco*, la película de Victor Fleming. Después de verla, mi imagen mental de una Juana de rostro triste en medio de la plaza de Orleáns fue reemplazada por Ingrid Bergman: vestida con una brillante armadura plateada, montada en su caballo blanco, su silueta recortada contra un cielo de un azul imposible característico de los escenarios de Hollywood. O arrodillada frente al Delfín, representado por José Ferrer, que observa a la estrella con arrogancia por sobre su portentosa nariz. O atada con cuerdas en la hoguera, mientras le acercan a los labios una delgada cruz de madera para un último beso. Esa Juana era hermosa, luminosa, romántica.

Lo más probable es que se trate de una imagen idealizada. Después de analizar las evidencias, Vita Sackville-West escribe en su biografía: "Podemos suponer, por lo tanto, que se trataba de una joven fuerte, saludable, sencilla y robusta". Esa simpleza, podemos adivinar leyendo entre líneas, fue posiblemente una de las características que evitó que Juana fuera objeto del inevitable deseo sexual de sus compañeros soldados durante las largas campañas. No hace mucho, el descubrimiento de la armadura de Juana (perforada en los lugares correspondientes a sus heridas) dejó en claro que, aunque probablemente robusta, era una mujer pequeña. Después de todo, sólo tenía dieciséis años cuando se presentó ante el Delfín. Ciertamente, no se parecía a Ingrid Bergman. Quizás por su estatura se pareciera más a la *Santa Juana* de Jean Seberg.

En el Museo Metropolitano de Arte de Nueva York se encuentra un cuadro de Juana, pintado a finales del siglo XIX por Jules Bastien-Lepage. El museo se encontraba a pocas manzanas de mi nuevo apartamento en Manhattan y después de mi viaje a Orleáns comencé a visitarlo con frecuencia.

Me sentí cada vez más atraído por este hermoso cuadro. Juana escucha atentamente las voces de los santos, que aparecen como entretejidos en el denso follaje de árboles en el jardín de la casa de sus padres en Domrémy. San Miguel, con su armadura, flota sobre un árbol y sostiene su espada. Santa Catalina, con una guirnalda de flores blancas en sus cabellos, reza. Santa Margarita es apenas visible. Juana aparece en el lado derecho del cuadro, con sus enormes ojos grises brillando y su brazo izquierdo extendido, como si esperara órdenes. Esta Juana de cabellos oscuros es escultural, terrena y esplendorosa.

Pero no eran tanto estas potentes imágenes visuales como la maravillosa falta de lógica de su historia lo que me atraía. Jehanne la Pucelle, una joven campesina (que no sabía ni leer ni escribir y, más tarde, no pudo firmar su confesión: en lugar de eso, garabateó una cruz), oye las voces no de uno sino de tres santos que le ordenan que comande al ejército francés para obtener la victoria sobre los ingleses. Los santos le dicen que se vista como un hombre, como un soldado. Ella lo hace. Viaja para conocer al Delfín y, enfrentada a una irritante demostración de frivolidad real, lo reconoce entre todos los cortesanos, se arrodilla a sus pies y le cuenta cierto secreto, un secreto tan importante (y todavía desconocido) que convence de inmediato al joven y débil príncipe sobre la rectitud de la causa de Juana. Después (agregado como una ocurrencia de último momento en algunos displicentes relatos sobre su vida), *conduce* al ejército a la victoria. Reza a Santa Catalina para que cambie el viento durante la batalla en Orleáns. El viento cambia. El Delfín es coronado como el rey Carlos VII en Reims. Todo como Juana había dicho.

Pero el viento vuelve a cambiar. El nuevo rey resulta inconstante y decide no prolongar la increíble cadena de victorias militares de Juana. Como recompensa por sus logros es excomulgada por la Iglesia, que siempre había sospechado de su confianza en "voces". Los ingleses queman a la Doncella como si fuera una bruja (la leyenda dice que, sin embargo, su fuerte corazón no fue consumido por las llamas).

Cada santo tiene un atractivo particular para los creyentes. ¿Cuál es el de Juana? ¿Su juventud? ¿Su valor militar? ¿Su valentía al enfrentarse a sus críticos y verdugos? Para muchos, es su voluntad de ser, según las palabras de San Pablo, una tonta por Cristo. A pesar de las muchas veces que hayamos oído su historia, la audacia de su plan, basado en indicaciones de voces celestiales, sigue siendo impresionante siglos más tarde.

Veinte años después de mi descubrimiento de Juana, comencé a dirigir un club mensual de lectura para jóvenes en una parroquia jesuita en la ciudad de Nueva York. El grupo estaba formado por jóvenes de veintitantos años, varones y mujeres, que se reunían para discutir libros de interés para jóvenes católicos. Una tarde por semana nos reuníamos para comer una pizza y luego pasábamos una hora hablando sobre lo que habíamos leído durante ese mes.

Me aficioné rápidamente a estas reuniones. Eran una manera sencilla para que los jóvenes de la parroquia conocieran toda clase de libros y autores. Leímos obras de espiritualidad, teología, ficción, biografías, historia y autobiografías; y, cada Navidad, uno de los cuatro Evangelios. A lo largo de los años vimos a Thomas Merton, Walker

Percy, Willa Cather, Flannery O'Connor, Henri Nouwen, Dorothy Day, Andre Dubus, Ron Hansen y Kathleen Norris y también escritores menos conocidos pero con no menos talento. Y en una ciudad a menudo solitaria, las reuniones también eran un lugar en el que los jóvenes podían encontrar una comunidad de forma natural. A mí me complacía estar con el grupo, y ofrecía ocasionalmente mis propias perspectivas sobre los libros pero sobre todo escuchaba sus discusiones acerca de lo que significaba ser católico para ellos mismos.

Las reuniones también eran fuente de un humor involuntario. Después de una larga discusión acerca del Evangelio de Marcos, noté que una joven, normalmente muy conversadora, permanecía en silencio. Cuando le pregunté qué le había parecido el evangelio de Marcos, me contestó que prefería no contestar porque temía ofenderme.

Aunque le aseguré que muy pocas cosas que pudiera decir me ofenderían, no cambio de opinión.

—No te preocupes —le dije—. Estoy seguro de que a esta altura ya lo he oído todo. ¿Qué te pareció el Evangelio?

—Bueno —dijo ella—. ¡No me gustó mucho *Jesús*!

Todos se echaron a reír (algunos escandalizados). Pero cuando le aseguré que era normal tener reacciones fuertes frente a Jesús (le había parecido excesivamente duro en algunos pasajes), sus tajantes comentarios desembocaron en una honesta discusión acerca de las reacciones que los contemporáneos de Jesús pudieron haber tenido con él.

Un mes, seleccioné la pequeña biografía *Juana de Arco* escrita por la novelista católica Mary Gordon. Su libro presenta a Juana como una especie de santa feminista. Para muchos de los participantes, aquella fue la primera introducción seria a Juana. Imaginé que sabían tan poco de ella como yo cuando contemplé por primera vez su estatua en París.

Durante la discusión, la misma joven parecía inquieta. Finalmente habló.

—Me gustaría que me aclarara algo —dijo—. Juana de Arco fue un soldado que dirigió batallas. ¿Por qué entonces es una santa?

Su pregunta merecía una cuidadosa respuesta. Quería explicarle que Juana estaba entregada a Jesucristo, a la oración, a los sacramentos, a la Iglesia y a sus santos. Que creía en Dios incluso cuando Dios le pidió que llevara a cabo algo aparentemente imposible. Que perseveró durante circunstancias extremas y, finalmente, *logró* lo imposible. Que inspiró la confianza de príncipes, soldados y campesinos por igual. Que sufrió privaciones físicas en nombre de su causa: liberar a los cautivos. Que siguió amando a la Iglesia incluso cuando era perseguida por ella. Que fue lo suficientemente humana como para vacilar delante de sus jueces, pero lo suficientemente fuerte (y humilde) como para retractarse. Que murió mártir con el nombre de Jesús en los labios.

Antes de que pudiera ofrecer mi explicación, uno de los jóvenes dio una explicación diferente, más simple y sabia. Una respuesta que satisfizo a quien había hecho la pregunta y me silenció como imagino que Juana debió haber silenciado a sus jueces hace cinco siglos.

—Juana era santa —contestó— porqué confió.

Una respuesta excelente. Pero, para mí, Juana es una santa cuyo misterioso atractivo va más allá de su notable confianza. A menudo me pregunto por qué me siento tan atraído por ella. Puede que una de las razones sea que es la primera santa que realmente "conocí", y su historia quedó grabada de manera imborrable en mi alma, como aquellas palabras francesas que aprendí en séptimo curso quedaron en mi memoria. Y como mi introducción al idioma francés en el colegio, la historia de Juana también me introdujo a un nuevo lenguaje: el lenguaje especial de los santos, compuesto por verbos tales como *creer, rezar, atestiguar* y los sustantivos de sus acciones: *humildad, caridad, ardor.* Juana de Arco tiene un lugar único en mi vida espiritual por ser la primera santa que conocí. A menudo, lo que aprendemos primero es lo que mejor recordamos.

Sin embargo, Juana me confunde tanto como me atrae. Actúa como una joven loca, oye voces, deja a su familia, va a la guerra y muere en nombre de alguien a quien no puede ver. Su historia es más profundamente *distinta* que la historia de casi cualquier otro santo en este libro (y eso ya es bastante decir, como verán). Incluso San Francisco de Asís iría mejor con el mundo de hoy que Juana. Para mucha gente, Francisco parecería mucho más atractivo e irresistible, como la Madre Teresa. A Juana, sin embargo, probablemente se la consideraría loca.

Pero mi deseo de seguir a Dios estaba recién comenzando a tomar forma cuando vi la estatua de Juana en Orleáns. En aquel momento, iba a misa habitualmente y prestaba atención a los evangelios. Mi vida parecía un poco loca, y yo me sentía un poco como Juana: no oía voces, por supuesto, pero mi atracción por la religión era algo loco en lo que tenía que confiar de todos modos. La fe era algo razonable y absurdo al mismo tiempo. Juana encontró su camino hacia Dios oyendo un lenguaje que nadie más podía oír, y por eso es el modelo perfecto para alguien que se encuentra al comienzo de un viaje de fe. Ella no tenía idea de qué camino debía tomar para llegar a su destino, y yo tampoco lo tenía entonces.

Pero, como mi amiga Peggy descubrió cuando se perdió rumbo a Chartres, el camino que buscamos es, a menudo, el camino que ya hemos encontrado.

3

Drama interior

Teresa de Lisieux

Para mí, la oración es el impulso del corazón, una mirada
sencilla hacia el cielo. Es un grito de agradecimiento y de
amor, desde las profundidades tanto de la prueba como de
la alegría. Finalmente, es algo enorme, supernatural, que
expande mi alma y me une a Jesús.

TERESA DE LISIEUX
HISTORIA DE UN ALMA

Desde que puedo recordar he sido un fanático de las películas.
De todos los regalos que me han hecho mis padres, mi favorito
fue que me llevaran a ver *La novicia rebelde* cuando hice la Primera
Comunión (lo que parecía más que justo teniendo en cuenta todo
el tiempo que había pasado en la escuela dominical aprendiendo de
memoria el Acto de Contrición). Cuando estaba en la escuela secundaria, las noches de los viernes y sábados significaban una sola cosa
para mis amigos y para mí: películas. Así que el verano después de mi
primer año en la secundaria me llenó de emoción conseguir trabajo
como acomodador en el cine local, cuyo nombre prometía dos racio-
nes de diversión suburbana: Cine del Centro Comercial.

Mi trabajo era abrir el cine por las tardes, cerrarlo por las noches
y controlar las entradas, pero yo me agregué rápidamente otras

responsabilidades. Éstas incluían conversar incesantemente con las chicas que vendían caramelos, comer caramelos con ellas (es decir, abrir las cajas, vaciarlas de su contenido y volver a ponerlas en su lugar), dejar entrar gratis a todos mis amigos, comer más caramelos y conversar un poco más.

Por desgracia, el gerente del Cine del Centro Comercial, un hombre de expresión amarga llamado Donald, evaluó mi rendimiento laboral y me agregó una responsabilidad más: hacer palomitas de maíz en una pequeña habitación sin ventilación ubicada en el ático del cine. Aunque el cartel de las palomitas del Cine del Centro Comercial decía "¡Frescas!", en realidad se preparaban en un enorme cubo metálico del tamaño de una bañera con varias semanas de anticipación. Mi trabajo semanal era calentar la "mantequilla" (grasa animal, por si les interesa) en un pequeño horno, mezclar una pesada bolsa de granos, agregarles polvo fluorescente amarillo, hacer las palomitas, volcar las nuevas y esponjosas palomitas en la bañera metálica, separar los granos que no se habían hecho y guardar todo el producto en una bolsa de basura de plástico.

Eso lo hacía en turnos de diez horas. Lo único que evitaba que me volviera loco en aquella calurosa habitación blanca era una radio; todavía recuerdo las letras de cada una de las canciones de éxito de aquel verano. Un día, durante la pausa para el almuerzo, fui al McDonald's que había en el centro comercial, donde permanecí un buen rato con expresión ausente y el cerebro dormido tratando de decidir qué grasosa hamburguesa pedir. Cerca de mí, una mujer le dijo a su amiga:

—Helen, ¿no hueles a *palomitas de maíz*?

Su amiga inspiró.

—¡Sí! ¿De dónde viene? ¡Es como si estuviéramos en el *cine*!

Pero ni siquiera los largos períodos de preparación de palomitas podían deprimir mi espíritu. Me sentía aliviado de no tener que enfrentarme a los desafíos de mis trabajos de verano anteriores: lavar platos, atender mesas, ser *cady* de golfistas y cortar el césped. Y, sobre todo, estaba encantado de poder ver gratis todas las películas que quisiera. La selección, por supuesto, era muy limitada ya que, a comienzos de los setenta, la misma película se pasaba durante semanas e incluso meses. Y la valoración que uno podía hacer de películas como *El gato en el espacio exterior* no se profundizaba después de verla repetidas veces.

Mi amor por las películas continuó durante la universidad. Cuando mis ahorros para el fin de semana eran escasos (lo que sucedía a menudo), siempre encontraba una antigua película en el campus por pocos dólares. Durante esa época conocí el mundo de lo que más tarde se llamarían "películas independientes" y de las películas extranjeras. Leer subtítulos me hacía sentir inmensamente sofisticado y agradecido de poder emplear el francés que había aprendido en la secundaria. Mi compañero de cuarto durante el primer año universitario, Brad, era enérgico y entusiasta y me llevó a ver docenas de filmes ("No son películas, decía Brad, son *filmes*"). Vimos filmes que yo nunca hubiera elegido por mí mismo: *Jules et Jim, Los 400 golpes, El perro andaluz, El gabinete del Dr. Caligari* y *Rashomon*, pero que me fascinaron.

Tras mi graduación, y después de tres años de trabajo con General Electric en Nueva York, empecé a trabajar en Stamford, Connecticut. Y aunque me daba pena dejar una ciudad donde parecía haber un cine en cada esquina, me dio gusto saber que acababan de abrir un cine nuevo en Stamford que se especializaba en filmes experimentales, independientes y clásicos.

Una semana, un cartel poco común en el cine atrajo mi atención. Era una fascinante fotografía en blanco y negro del rostro de una mujer encima de una sola palabra: *Thérèse*. Aunque no estaba muy seguro de qué se trataba el filme (parecía algo vagamente religioso), convencí a un compañero de trabajo para que me acompañara a verla.

El filme, dirigido por Alain Cavalier, era una mirada audaz y sencilla a la vida de Teresa de Lisieux, la santa francesa del siglo XIX de la que yo no sabía absolutamente nada. La ausencia casi completa de decorados hacía que el filme se concentrara en las silenciosas interacciones de unos pocos personajes. La narrativa progresaba mediante una simple secuencia de viñetas: Teresa entra al monasterio, a Teresa la "visten" con el hábito, Teresa realiza las simples tareas de la comunidad, Teresa es humillada por otras hermanas, Teresa enferma, Teresa muere.

El filme, con su sencillez y fuerza, me resultó cautivador y su protagonista, fascinante. Hacia el final, tenía lágrimas en los ojos.

Cuando salíamos del cine, me sequé los ojos para que mi amigo no lo notara.

De pronto, me miró.

—¡Qué desperdicio de vida! —exclamó—. ¡Tanto sufrimiento para nada!

Sus comentarios me impresionaron. Era la primera vez que me daba cuenta de que mis sentimientos respecto de la religión podían no ser los mismos que otros experimentaban.

Lo que también me sorprendió fue la sensación de que debía defender a Teresa. Entablé una discusión acalorada con mi compañero, aunque un poco confusa, sobre la religión, el valor del sacrificio, el papel de la fe y el ejemplo de la persona cuya vida acabábamos de ver. No entendía por qué me había impresionado tanto la película. Pero lo había hecho.

Como aficionado a las películas, no me sorprende que mi introducción a Teresa de Lisieux haya sido un cine, en lugar de una biografía académica. En sus ocasionales representaciones de vidas de santos, las películas cumplen el mismo propósito que los murales o los frescos en siglos anteriores: pintar la historia de un santo a grandes pinceladas, ampliar algunos detalles, evitar otros y, en general, transmitir la esencia de su vida. El grupo de frescos de San Francisco en la basílica de Asís, que lo representa despojándose de sus ropas, esforzándose por reconstruir la Iglesia, predicando a las aves y en su lecho de muerte, parece un guión gráfico para la versión fílmica de su vida. En el caso de unos pocos santos, prefiero las películas de sus vidas antes que cualquiera de sus biografías. Creo que la mejor manera de conocer a

Santo Tomás Moro es ver *Un hombre para la eternidad*. La biografía filmada *Romero* es también una hermosa ventana hacia la vida del obispo martirizado de San Salvador, Oscar Romero.

Dos años después de ver *Thérèse*, volví a encontrarme con ella. Al inicio de mi segundo año como jesuita, nuestra comunidad de novicios en Boston recibió a tres novicios de primero ("primi", como solíamos llamarlos); uno de ellos se llamaba David. Elocuente y enérgico, David había trabajado algunos años como arquitecto en Boston antes de entrar a los jesuitas. También había sido criado por una familia muy católica, así que entró al noviciado con una impresionante formación religiosa y un gusto educado por la oración, la misa y los santos.

Como yo había pasado poco tiempo con católicos devotos antes de entrar a los jesuitas, conocía poca gente como David. Él fue la primera persona que conocí a la que podría describir como "piadosa". Aunque su manera de ver la vida era nueva para mí, su espiritualidad me parecía atractiva y nuestra amistad fue creciendo.

Un día, David me contó sobre su "devoción" por Teresa de Lisieux: cómo disfrutaba leyendo sobre ella, cómo lo alentaba su ejemplo y cómo le pedía su intercesión en la oración. Hablaba de ella con gran entusiasmo y, de vez en cuando, también con emoción. Por desgracia, yo no tenía ni idea de a quién se refería David.

Mientras él hablaba, yo pensaba: *Teresa de Lisieux… Teresa de Lisieux… ¿Cuál es?*

Lo miré con cara de confusión. Entonces, David buscó su Biblia en la mesilla de noche y sacó de ella una estampita. Tenía la fotografía en blanco y negro de una joven monja con su hábito, arrodillada.

Algo me resultó familiar.

—¡Sí! —dije por fin—. Creo que vi una película sobre ella hace mucho tiempo.

David me mostró un usado ejemplar de *Historia de un alma* de la biblioteca del noviciado.

—Lee esto —me dijo—. Entonces entenderás por qué me gusta tanto Teresa.

Su devoción y mi lejano recuerdo de la película me hicieron comenzar a leer el libro aquella misma noche. Y así se inició mi segunda presentación a la mujer conocida popularmente como "la florecita".

····························

Marie-Françoise-Thérèse Martin nació en Alençon, Francia, el 2 de enero de 1873. Era hija de Louis y Zélie Martin, dos devotos católicos. Louis, un relojero, había querido entrar de joven a un monasterio, pero había sido rechazado por su falta de conocimiento del latín. Zélie también había sido rechazada por una congregación local de monjas llamadas las Hermanas del Hotel Dieu; entonces, se dedicó a confeccionar encajes. Pero la pareja transmitió su intenso amor por el catolicismo y la vida religiosa a sus hijos.

Cuando Teresa tenía cuatro años, su madre murió. Poco después, la familia se trasladó de Alençon a Lisieux. De niña, Teresa tuvo una vida mimada bajo la amorosa atención de su devoto padre y los tiernos cuidados de sus cuatro hermanas mayores. Según la mayoría de las biografías, Teresa era la favorita de su padre y muchos la describen como una niña consentida.

Quizás debido a ese ambiente de tantos cuidados, Teresa era una niña alegre y naturalmente religiosa. "Amaba mucho a Dios", escribiría más tarde, "y le ofrecía a menudo mi corazón". Se sentía atraída por casi todas las expresiones de religiosidad: describe la primera comunión de su hermana Celina como "uno de los días más hermosos de mi vida".

Ya a los nueve años descubrió en su interior el deseo de hacerse religiosa. Cuando dos de sus hermanas entraron al monasterio carmelita en Lisieux, se intensificó su deseo de ingresar en una orden religiosa. Frente a la perspectiva de tener que esperar hasta los dieciséis años para entrar al monasterio, la Thérèse adolescente aprovechó un providencial viaje a Roma para pedirle al papa León XIII una dispensa especial para entrar a la orden carmelita antes de esa edad. A pesar del entusiasmo de la joven francesa, el Papa fue evasivo. "Entrarás si es voluntad de Dios", le dijo.

Pero su resolución no pasó desapercibida por las autoridades eclesiásticas en Francia. Su petición fue concedida pocos meses después por el obispo local y Teresa entró al monasterio carmelita, o el Carmelo, el 9 de abril de 1888, a los quince años.

Su vida dentro de los muros del monasterio fue corta y sin mayores acontecimientos, sin "drama exterior", como señala Robert Ellsberg en su libro *Todos los santos*. Al año de entrar recibió el hábito. Al año siguiente, entró oficialmente al noviciado y se le asignó la atención del refectorio y la limpieza de los corredores. En 1890 hizo su profesión con los votos de pobreza, castidad y obediencia. En 1891 fue nombrada ayudante de sacristía. En 1893 pintó un fresco en el oratorio y fue designada "segunda portera", es decir, ayudante de la portera.

En 1896, la mañana del Viernes Santo, Teresa despertó con la boca llena de sangre. Y aunque había estado rezando ardientemente para ser aceptada como misionera en Vietnam, se alegró al saber que pronto estaría en el cielo.

Sin embargo, no resultó un viaje rápido ni indoloro. El año siguiente fue de intenso sufrimiento físico.

El mismo año que contrajo tuberculosis, su superiora le pidió que escribiera lo que se convertiría en su testamento espiritual. Teresa lo llamó "Historia primaveral de una florcita blanca, escrita por ella misma y dedicada a la Reverenda Madre María Inés de Jesús".

Sería ese notable libro el que llevaría a millones de creyentes hasta Jesús. La vida que carecía de drama exterior resultó estar llena de dramas interiores. Sorprendentemente, Teresa describía una poderosa llamada al sacerdocio: "Me gustaría realizar las obras más heroicas. Siento que tengo el valor de un Cruzado. Me gustaría morir en el campo de batalla en defensa de la Iglesia. ¡Si sólo fuera sacerdote!".

Teresa se dedicó a la oración y al servicio de Dios en el monasterio. Rezaba en especial por los sacerdotes misioneros; como resultado, esa monja de clausura es una de los dos patronos de las misiones, junto con el viajero San Francisco Javier.

Su autobiografía también muestra cómo la vida conventual cambió a Teresa hasta transformarla en lo que una biógrafa, Kathryn Harrison, llama la "genia de las mortificaciones secretas". Convencida de que nunca estaría a la altura de sus santos héroes, Teresa aceptaba las pequeñas dificultades cotidianas como un examen y un regalo de Dios. Ése sería su camino personal a la santidad. "Me dedico a practicar las pequeñas virtudes, ya que no tengo la capacidad para practicar las grandes". Sufría pequeñas humillaciones por parte de sus hermanas y luchaba por ser tan generosa como le fuera posible, incluso durante su enfermedad. Teresa trataba de amar más a las hermanas del convento que menos amables se mostraban con ella; durante el recreo, elegía sentarse junto a la hermana más molesta y desagradable.

La hermana Teresa hacía todo eso sin esperar recompensa en el convento. "Debido a mi falta de virtud", escribió, "estas pequeñas prácticas me cuestan mucho y debo consolarme con el pensamiento de que el día del juicio final todo será revelado. He notado esto: cuando uno realiza su tarea sin excusarse nunca, nadie lo nota; por el contrario, las imperfecciones aparecen de inmediato".

A lo largo de su vida, Teresa intentó ofrecer esos esfuerzos "chiquitos" al Dios del que se había enamorado cuando era niña. Su autobiografía es un testimonio de la alegría y el dolor que acompañaron su vida de fe. A medida que Teresa escribía, su condición física se deterioraba. Los últimos capítulos fueron redactados durante un período de sufrimiento extremo. Murió el 30 de septiembre de 1897, a los veinticuatro años. Sus últimas palabras fueron: "Lo amo… Dios mío, te amo".

Pero incluso al morir, la incansable discípula consideró que su trabajo estaba sin terminar. Había mucho más por hacer, intercediendo por aquellos que dejaba atrás: "Después de mi muerte, haré caer una lluvia de rosas. Pasaré mi cielo haciendo el bien en la tierra".

Un año después de su muerte, su autobiografía espiritual se publicó en una versión editada por sus hermanas bajo el título *Historia de un alma*. El escrito circuló primero de forma privada entre los conventos carmelitas, pero finalmente llegó al mundo exterior, donde su éxito sorprendió casi a todos. Como resultado de su "Historia primaveral", Teresa se convirtió en una de las santas más populares de la Iglesia: su historia era fascinante, su ejemplo, inspirador y su "Caminito" resulta accesible para incontables creyentes.

En 1925, sólo veintiocho años después de su muerte, fue canonizada. Y en 1997, el papa Juan Pablo II la declaró doctora de la Iglesia, es decir, una eminente maestra de fe. Es una de las tres mujeres que han sido nombradas doctoras de la Iglesia, junto con Catalina de Siena y Teresa de Ávila.

En su autobiografía, *Historia de un alma*, Teresa habla con frecuencia de su amor de toda la vida por las flores y los jardines. En este pasaje, emplea la imagen del jardín para ilustrar la idea de su Caminito hacia Dios.

Jesús ha querido darme luz acerca de este misterio. Puso ante mis ojos el libro de la naturaleza y comprendí que todas las flores que Él ha creado son hermosas, y que el esplendor de la rosa y la blancura del lirio no le quitan a la humilde violeta su perfume ni a la margarita su encantadora sencillez. Comprendí que si todas las flores quisieran ser rosas, la naturaleza perdería su gala primaveral y los campos ya no se verían esmaltados de florecillas.

Eso mismo sucede en el mundo de las almas, que es el jardín de Jesús. Él ha querido crear grandes santos, que pueden compararse a los lirios y a las rosas; pero ha creado también otros más pequeños, y éstos han de conformarse con ser margaritas o violetas destinadas a recrear los ojos de Dios cuando mira a sus pies. La perfección consiste en hacer su voluntad, en ser lo que Él quiere que seamos...

Así como el sol ilumina a la vez a los cedros y a cada florecilla, como si sólo ella existiese en la tierra, del mismo modo se ocupa también Nuestro Señor de cada alma personalmente, como si no hubiera más que ella. Y así como en la naturaleza todas las estaciones están ordenadas de tal modo que en el momento preciso se abre hasta la más humilde margarita, de la misma manera todo está ordenado al bien de cada alma.

Su profunda humildad convirtió a Teresa de Lisieux en un modelo potente y accesible para cristianos de todo el mundo. Después de todo, ¿quién no ha sido humillado alguna vez? ¿Quién no ha experimentado las propias limitaciones? ¿Quién no se ha sentido "pequeño" comparado con los demás? ¿Quién no ha sufrido? Teresa es una persona con la que cualquiera puede hablar. La gente se siente cómoda con la Florecita.

Su sobrenombre está tomado de su autobiografía. Teresa protestaba diciendo que en el jardín de Dios ella era sólo una "florecita", una margarita pequeña comparada con las magníficas rosas que veía a su alrededor. Se llamaba a sí misma *la petite Thérèse*, Teresita, para distinguirse de Teresa de Ávila, su antecesora carmelita. Lo que se conoce como su "Caminito" es una espiritualidad flexible y duradera que consiste en hacer pequeñas cosas por amor a Dios, un camino de discipulado que acentúa la humildad alegre ante el Creador y la voluntad de aceptar el sufrimiento.

Pero considerar a Teresa de Lisieux sólo una flor delicada es pasar por alto la enorme resolución que se escondía bajo sus delicados pétalos. Albino Luciani, el papa Juan Pablo I, la llamó una vez "barra de acero". Se trata, después de todo, de una persona que a los quince años se negó a permitir que algo secundario como la ley de la Iglesia se interpusiera en su entrada al monasterio: directamente llevó su caso al Vaticano. Incluso en medio de una dolorosa enfermedad terminal continuó rezando y teniendo fe.

Por su resolución cristiana y su confianza serena, Teresa se parece más que a nadie a su gran heroína y paisana Juana de Arco, a quien Teresa representó una vez en un desfile en el Carmelo, disfrazándose como la Doncella de Orleáns con una improvisada armadura de papel. Una de sus hermanas carmelitas la fotografió con su disfraz. Una Teresa de ojos tristes y trenzas negras que le enmarcan el rostro mira al observador. En su mano tiene una espada sobre la que aparece apoyarse, como si fuera una muleta.

La espiritualidad de Teresa de Lisieux suele quedar ilustrada en la negación de sí misma y en la voluntad de aceptar los desaires de sus hermanas en el convento. Pero ésa es una visión demasiado estrecha de Teresa, que no llegó a santa por los sufrimientos de su cuerpo sino por las actividades de su corazón. "No deseo más sufrimientos ni la muerte, pero sin embargo los amo a los dos; es el *amor* el que me atrae", escribe en *Historia de un alma*.

Inspirada por San Pablo, que comparó a la comunidad cristiana con un cuerpo con muchos miembros, Teresa declaró audazmente que ella sería el corazón. Su espiritualidad asceta y, particularmente, su visión de la enfermedad pueden parecer extrañas a los lectores modernos; cuando la enfermedad la llevaba a pensar que moriría, decía que su alma estaba "inundada de gozo". Pero sus austeridades surgían de su apasionado amor a Dios y su deseo de ofrecerse a Jesús.

Unas palabras acerca de su reacción frente a la enfermedad: aproximadamente al inicio, Teresa, que había sentido la presencia de Dios desde su infancia, comenzó a experimentar la aplastante sensación de su ausencia durante la oración (lo que San Juan de la Cruz llama la "noche oscura"). Lo ocultó a sus hermanas para no agobiarlas con su tormento;

sólo confesó a unas pocas cómo se sentía. "¡Si supieras en qué oscuridad me encuentro!", admitió a una hermana. A veces incluso acariciaba la idea del suicidio, y señaló a una de sus hermanas carmelitas que no deberían dejarse medicinas cerca de la cama de un enfermo.

Steven Payne, sacerdote y estudioso carmelita, señala que muchos expertos creen que la prueba espiritual de Teresa tiene que ver esencialmente con su confianza en el cielo y en la vida eterna, y no con las dudas sobre la existencia de Dios. "Por supuesto", me escribió en una carta, "es difícil saberlo por lo que ella dice, porque es posible que no lo haya pensado a fondo y, además, trataba de proteger a las otras hermanas de esa carga. Pero si se lee el texto con mucha atención, ella habla de que al otro lado de la muerte no hay otra cosa que la nada absoluta. Ésa habría sido una prueba particularmente difícil para Teresa, porque la confianza en la realidad del cielo siempre había sido muy fuerte y poderosa en ella".

Sin embargo, aunque luchó, lloró y protestó, continuó *creyendo*, alimentándose de un profundo pozo de confianza que se llenaba en el manantial de su amistad de toda su vida con Dios. Como escribe Kathryn Harrison en *Santa Teresa de Lisieux*, es posible que la "noche oscura" de Teresa sea el aspecto más conmovedor de su vida, el punto en el que muchas vidas se cruzan con la suya. "Finalmente ocupó su lugar entre nosotros", escribe Harrison, "revelando no sólo su humanidad sino su propio ser desnudo que caía en picado a la tierra como recién nacido, mojado, nuevo y aterrorizado. Si le hemos permitido llegar a santa, si creemos en ella, es porque finalmente, en ese momento, alcanzó la mortalidad".

::::::::::::::::::::

En la actualidad podemos encontrar a Santa Teresa de Lisieux o, según el nombre que eligió para su profesión de votos, Teresa del Niño Jesús y la Santa Faz, en estampitas desde donde nos mira con franqueza, vestida con su hábito carmelita marrón y blanco, sosteniendo la mayoría de las veces un ramo de flores multicolores y un crucifijo. Podemos encontrarla en iglesias grandes y pequeñas de todo el mundo, en idéntica pose silenciosa como estatua de yeso policromado, como figura en un vidrio de brillantes colores o en un fresco descolorido. Podemos encontrarla en los millones de ejemplares de su autobiografía, en innumerables idiomas y ediciones, repartida por hogares, apartamentos, rectorías y comunidades religiosas. Y podemos encontrarla en los corazones de aquellos que sienten que, sobre casi todos los santos, ella es la que comprendió mejor lo que significa ser un ser humano que sufre *y* se alegra cada día de la vida.

Su vida simple y compleja, clara y opaca, infantil y madura, humilde y audaz, alegre y triste, ha conmovido a millones de personas. Conmovió a mi amigo David. Y me conmovió a mí, desde el primer momento que la conocí en aquel pequeño cine de Connecticut.

Aunque hay partes de su historia que me resultan difíciles de aceptar (su religiosidad infantil puede parecer pretenciosa, afectada e incluso un poco neurótica, y sus esfuerzos por negarse a sí misma a veces se acercan al masoquismo), y aunque me resulta embarazoso admitir que una de mis santas preferidas es una de las más infantiles y empalagosas, es finalmente la mujer misma la que me fascina. Como todos los otros santos, Thérèse Martin fue el producto de su tiempo, criada en el recalentado ambiente de una familia súper religiosa y educada en la piedad de la vida conventual de la Francia del siglo XIX. Así que no resulta sorprendente que sus palabras y acciones a menudo nos desconcierten. Pero desde esa piedad del siglo XIX brilla, como un brote claro que se abre paso a través de la tierra oscura, su personalidad sorprendentemente original, la de una persona que, a pesar de las dificultades, nos recuerda su Caminito y nos dice una sola cosa: *Amor.*

Para mí, Teresa es una presencia compañera, una hermana alegre, una mujer paciente y una creyente de toda la vida. Si la hubiera conocido personalmente, su compañía me habría hecho un cristiano mejor.

Sobre todo, ella me recuerda a todos aquellos hombres y mujeres que he conocido a lo largo de mi vida que son (empleando una palabra en desuso) amables. Por eso, Teresa es alguien sobre quien me gusta leer, con quien me gusta rezar y a quien me gusta rezar.

Algunos días, cuando rezo a Teresa, recuerdo la manera original en que la conocí y los mordaces comentarios de mi amigo. Todavía me conmocionan. "Una vida desperdiciada", dijo. "Todo ese sufrimiento para nada". Y me siento casi avergonzado por ella.

Pero Teresa Martin oyó comentarios similares en el monasterio de parte de hermanas celosas de su juventud, confundidas por su santidad y desconcertadas por su caridad. Esos malentendidos eran parte de su vida.

Y me imagino a Teresa en el cielo, sonriendo ante esos malentendidos. Sonriendo a todos aquellos que todavía la consideran demasiado ingenua, demasiado humilde o demasiado piadosa. Sonriendo a aquellos que subestiman el poder de su Caminito. Sonriendo a toda esa gente. Y rezando por ellos, también.

4

El verdadero ser

Thomas Merton

> Para mí, ser santo significa ser yo mismo. Por lo tanto,
> el problema de la santidad y de la salvación es, en ver-
> dad, el problema de saber quién soy y de descubrir mi
> verdadero ser.
>
> THOMAS MERTON
> *NUEVAS SEMILLAS DE CONTEMPLACIÓN*

Leí por primera vez a Walt Whitman durante un curso de Poesía estadounidense en la universidad. Nuestra joven profesora era una especie de devota y erudita sobre Whitman: había escrito una biografía del poeta que había recibido buenas críticas. Un día nos dijo, que, si alguna vez nos acusaban de contradecirnos a nosotros mismos, debíamos citar los siguientes versos de *Canto a mí mismo*:

> ¿Me contradigo a mí mismo?
> Pues, entonces, me contradigo a mí mismo,
> (soy inmenso, contengo multitudes).

Con esas líneas Whitman podría fácilmente haber estado hablando de Thomas Merton, otro poeta y místico, monje, artista, activista por la paz, sacerdote, maestro espiritual, ecumenista, practicante de Zen y un santo.

Las contradicciones de Merton son su característica más entrañable. Un hombre enamorado del mundo que lo rodea elige convertirse en monje de clausura: un trapense, el padre M. Louis, OCSO (que significa Orden de los Cistercienses de Estricta Observancia). Un hombre extravagante y empedernido viajero que hace votos de estabilidad y elige permanecer en la Abadía de Nuestra Señora de Getsemaní, en las solitarias colinas de Kentucky. Un hombre que hace voto de obediencia pero que pasa la mayor parte de su vida religiosa enfrentándose a las órdenes de sus superiores. Un hombre enamorado de su vocación pero que nunca dejó de cuestionarla. Un converso católico devoto fascinado con las religiones orientales. Un escritor famoso que odia (o intenta convencerse a sí mismo de que odia) los ornamentos y el "negocio" de la fama. Un hombre capaz de escribir un día que no deseaba volver a escribir una sola frase, y unos días más tarde escribir sobre la alegría que le producía ver publicado otro de sus libros. (En una memorable nota en su diario revela una satisfacción apenas disimulada porque la arpillera de la tapa de su nuevo libro es la misma que usaba uno de los clubs más elegantes de Manhattan).

Esas paradojas, esas multitudes Whitmanescas, contribuyeron a que Thomas Merton se convirtiera en una de las figuras del catolicismo del siglo XX. Su abierta y honesta autobiografía de 1948, *La montaña de los siete círculos*, que describe su viaje al monasterio trapense, fue un fenómeno editorial que ni siquiera el inteligente Merton había sido capaz de predecir. La obra introdujo a millones de lectores a la oración contemplativa y abrió el camino para una renovación monástica en los Estados Unidos después de la guerra. Sus escritos sobre la paz presagiaron la encíclica *Pacem in Terris* [Paz en la tierra] del papa Juan XXIII. Su continuo entusiasmo por la vida contribuyó a renovar el cristianismo en un país hastiado.

Su libro también contribuyó a mi propia renovación.

No es exagerado decir que *La montaña de los siete círculos* cambió mi vida. Pero para entender cómo, es necesario que conozcan algo de mi vida antes de mi encuentro con Thomas Merton.

A los diecisiete años comencé mis estudios en la Facultad Wharton de Ciencias Empresariales, en la Universidad de Pensilvania. Mi decisión de estudiar empresariales es difícil de explicar, y mientras lo escribo resulta extraño incluso para mí.

La explicación más simple es ésta: durante mis años en la escuela secundaria no estaba seguro de qué era lo que quería hacer en la vida. Disfrutaba estudiando muchas materias (inglés, historia francesa, arte) pero ninguna parecía práctica como para elegirla como carrera. Me encantaba el francés, por ejemplo, pero no se me ocurría qué hacer con él.

Entonces se me ocurrió la idea de estudiar Ciencias Empresariales. En aquel tiempo, tenía la vaga idea de que hacer una diplomatura en empresariales me conseguiría un trabajo importante en el "mundo de los negocios" de diversas áreas, como el "mundo de los negocios" del inglés (como editor) o el "mundo de los negocios" del arte (como director de una galería o un museo). En el último de los casos, un título en economía me abriría las puertas a un trabajo con buen sueldo después de la graduación y eso, razoné, me haría feliz.

En ese punto, todos (mi familia, amigos, mi consejero escolar) estuvieron de acuerdo.

El problema era que cuando pensaba en cómo "ganarme la vida", consideraba la parte de "ganar" y omitía la de "vida". No tenía la menor idea de lo que significaba trabajar en el mundo de los negocios. ¿Me haría sentir realizado? ¿Lo disfrutaría? ¿Podría hacer buen uso de mis habilidades? ¿Era algo que realmente quería hacer? Eran preguntas que, comprensiblemente, pasé por alto a los diecisiete años.

Finalmente, decidí estudiar empresariales en la universidad: recursos financieros, para ser exacto.

Aunque no puedo decir que disfruté de los estudios en Wharton de la misma manera en que disfrutaba viendo una buena película o tomando cervezas con amigos, conseguí dominar algunas materias: contabilidad, por ejemplo. Además de tener algunos excelentes profesores en esa materia, me gustaba que en la contabilidad cada cosa tuviera su lugar: como una especie de rompecabezas difícil pero definitivamente satisfactorio cuando cada pieza encaja con otra, ordenada y razonablemente. Aun así, ocuparme de balances y de revisar declaraciones de ingresos no era precisamente una actividad que me interesara llevar a cabo en mi tiempo libre.

Por otra parte, había algunas materias en Wharton que detestaba. Mi profesor de Probabilidad y Estadística, sin dudas el profesor más aburrido que he tenido nunca, empleó siempre el mismo ejemplo a lo largo de todo el semestre para ilustrar uno de sus teoremas de probabilidad:

—Imaginen dos urnas —decía con su monótona voz nasal, al frente de su clase de cien estudiantes de empresariales de ojos vidriosos—. Una contiene bolas verdes y la otra contiene bolas rojas, elegimos una bola de cada urna y...

Soy incapaz de recordar el motivo pedagógico que tenían las urnas y las bolas, ya que por lo general estaba casi desmayado sobre mi mesa, somnoliento y haciendo garabatos en mi cuaderno. Durante buena parte del semestre, simplemente no tuve idea de qué pasaba con las probabilidades. Así que después de años de ser el primero de la clase, durante la primaria y la secundaria, y de considerar con horror un simple 9, recibí por primera vez un 7. Esa vez no pude sentirme horrorizado. Cuando abrí mi tarjeta de calificaciones, le confesé a mi compañero de habitación:

—Merezco este 7. En realidad, me merezco un 6.

Hice una nota mental de que no debía solicitar un trabajo relacionado con la industria de las probabilidades.

Afortunadamente, Probabilidades fue la excepción y, en general, me fue bien en la universidad. Y para cuando llegó la época de las entrevistas, casi al final del último año, estaba preparado para arrancar frutos jugosos del árbol del trabajo.

La reputación de Wharton en el mundo empresarial hacía que encontrar trabajo fuera ridículamente sencillo. A comienzos del último año, cientos de reclutadores acudían a la facultad para realizar entrevistas. En pocos meses ya había recibido varias propuestas excelentes. Después de reducirlas a tres o cuatro, me decidí por un programa de práctica empresarial de General Electric en la ciudad de Nueva York.

Una vez más, mi decisión prácticamente no implicó ningún tipo de reflexión. Para usar la terminología de contabilidad, me guié por los "principios de aceptación general". Por ejemplo, ¿qué debía hacer uno al finalizar la facultad? Tener entrevistas de trabajo. ¿Qué oferta de trabajo debía aceptar? La que ofrecía mayor salario. Las preguntas más importantes eran las que nadie me hizo, o, mejor dicho, las que yo no pensé en preguntar. ¿Qué deseas en la vida? ¿Y qué desea Dios para ti?

⸰⸰⸰⸰⸰⸰⸰⸰⸰⸰⸰⸰⸰⸰⸰⸰⸰

Es difícil decir cuándo, exactamente, comprendí que estaba en el lugar equivocado. Cuando miro hacia atrás, me doy cuenta de que fue un proceso gradual, a medida que la alegría se me escapaba lentamente. Después de algunos años en el mundo empresarial, me encontré trabajando sin descanso, presenciando diariamente ejemplos de comportamiento insensible por parte de los jefes y descubrí que estaba en un camino tedioso que parecía tener una única meta: ganar dinero.

Al final me di cuenta de que mi vida de duro trabajo no tenía sentido. Pero tenía un problema todavía mayor: no le veía salida.

Una noche, después de un largo día, llegué a casa y encendí la televisión. Lo recuerdo con todo detalle. En aquel tiempo compartía apartamento con otros dos empleados de la empresa. Eran casi las nueve de la noche y estaba agotado después de un día horrible. Puse unas sobras de pasta en el microondas y me desplomé en el gastado sofá beige frente a nuestra televisión.

Cambié lánguidamente de canal, entre aburridas comedias, películas viejas y repeticiones lamentables, hasta que descubrí un documental de la televisión pública llamado *Merton: Una biografía documental*. En la pantalla aparecieron varias personas, a muchas de las cuales conocía y a muchas otras no, que hablaban sobre el efecto que un hombre había tenido en su vida. Aparentemente había sido un monje católico, más específicamente un "trapense" (no tenía idea de lo que quería decir eso), que había abandonado su estilo de vida (fuera el que fuera) y había escrito una influyente autobiografía (que yo nunca había oído nombrar). Aunque sólo pude ver los últimos minutos del programa, algo en esos comentarios despertó mi interés por conocer más sobre Thomas Merton. Hubo algo más que me atrajo: su mirada en las fotografías que aparecieron en el programa. Parecía irradiar paz.

Al día siguiente busqué su autobiografía, *La montaña de los siete círculos*, en una librería cercana. Comencé a leerla aquella misma noche. En pocas páginas, me cautivo como ningún otro libro lo había logrado antes ni lo lograría después. Thomas Merton me pareció una persona que me habría gustado conocer: brillante, gracioso, creativo, un hombre que hubiera sido un buen amigo. Luchaba contra las mismas cosas que yo: orgullo, ambición, egoísmo. Y se hacía las mismas preguntas: ¿Para qué fuimos creados? ¿Quién es Dios? ¿Cuál es el propósito de la vida? Merton parecía lleno de maravillosas contradicciones: un hombre que quería alcanzar la humildad mientras luchaba con un ego muy arrogante; un hombre enamorado del mundo que decidió, en cierto sentido, huir de él. Para mí, las contradicciones de Merton, sus "multitudes," como las llamaría Whitman, revelaban su profunda humanidad. Mientras leía el libro, su búsqueda se convirtió en la mía, y me intrigaba saber adónde lo conduciría su vida.

·····:::::::::::::::::::::::::·····
·····:::::::::::::::::::::::::·····

El 31 de enero de 1915, en una pequeña ciudad en los Pirineos franceses llamada Prades, nacía Thomas Merton. Su padre, Owen, neozelandés, era un pintor de cierto renombre. "Mi padre pintaba como Cézanne," escribió Merton con orgullo evidente, "y captaba el paisaje del sur de

Francia como Cézanne". Ruth, la madre estadounidense de Merton, también era artista: sus padres se conocieron en un estudio en París.

Merton siempre tuvo en gran estima la cultura, idioma y arte franceses. Escribió sentidamente sobre Francia en las primeras páginas de *La montaña de los siete círculos*, describiéndola como "el marco para las mejores catedrales, las ciudades más interesantes… y las universidades de mayor excelencia".

De muchas maneras, Francia siempre representó el hogar para el joven y desarraigado Merton. Años después de abandonar el país, regresó de modo indirecto al unirse a los trapenses, la Orden del Cister de la Estricta Observancia, una orden religiosa fundada en Cîteaux, Francia. (La palabra "cisterciense" es una versión del nombre original en latín de la ciudad: Cistercium). Su formación también tuvo aplicaciones prácticas: cuando era un joven monje en Getsemaní, a Merton se le encargó la traducción de numerosos documentos para la sede de la Orden en Francia.

Pero durante la mayor parte de su juventud, Thomas Merton no tuvo un hogar verdadero: su infancia fue, según la mayoría de las fuentes, triste. Su madre murió cuando él tenía seis años. Después de eso, su padre comenzó a mudarse con su familia de lugar en lugar, de ciudad en ciudad y de país en país, siguiendo su carrera artística. Durante un tiempo, la familia (que incluía a John Paul, el hermano menor de Thomas) vivió en Douglaston, Nueva York, con la familia de Ruth; y más tarde en Bermuda. Durante la estancia en Bermuda, Owen, con la esperanza de vender algunos de sus cuadros en Nueva York, dejó a Tom con una autora que acababa de conocer (todavía me parece increíble que su padre lo dejara con una persona que apenas conocía). Más tarde, Tom, Owen y John Paul regresaron a Francia y se instalaron en una ciudad llamada Saint-Antonin, y Merton se inscribió en la escuela secundaria local.

Un verano, mientras su padre estaba nuevamente de viaje, Merton se hospedó con los Privat, una familia católica de Murat. Esta experiencia resultó una "gracia enorme" para el joven. Tom Merton se sintió conmovido por el afecto con que lo trataron esta pareja de ancianos y su joven sobrino, que se convirtió en su amigo. Los pasajes de su autobiografía en los que describe su estancia con los Privat se encuentran entre los de mayor ternura que ha escrito. "Debo muchas gracias a sus oraciones", escribe, "y quizás, también, la gracia de mi conversión e incluso de mi vocación religiosa. ¿Quién sabe? Yo lo sabré algún día, y es bueno sentir la confianza de que volveré a verlos y podré darles las gracias".

En 1929, Merton fue enviado como interno a un colegio llamado Oakham, en Rutland, Inglaterra. Lo odió. (El capítulo en el que cuenta sus experiencias allí se titula "El horrendo infierno"). En esa época, su padre enfermó debido a los efectos de un tumor cerebral. Cuando lo visitó durante las vacaciones de verano, Tom se asustó al encontrar la cama de su padre en el hospital de Londres cubierta con dibujos "que nada tenían que ver con lo que había hecho hasta ese momento: dibujos de pequeños santos furibundos de apariencia bizantina, con barbas y grandes aureolas". En 1931, pocos días antes de que Tom cumpliera dieciséis años, su padre murió.

Merton, un joven brillante y elocuente, obtuvo una beca para Clare College, en Cambridge, y comenzó sus estudios universitarios. Pero el lugar le resultó aún menos agradable que Oakham; en su autobiografía describe la "atmósfera oscura y siniestra" de la universidad. Tom pasa gran parte del día bebiendo con, cómo él mismo los describe, "un grupo alegre que llevaba bufandas multicolores y que podría haber ladrado toda la noche… si no lo hubieran obligado a regresar a casa para acostarse a cierta hora".

Durante su estancia en Inglaterra, y de acuerdo con biógrafos posteriores, el disoluto Tom tuvo un hijo. Muchos años más tarde, cuando Merton estaba por entrar con los trapenses, su tutor emprendió la poca exitosa búsqueda de la mujer y el niño. Pero, aparentemente, ambos murieron en los bombardeos aéreos durante la Segunda Guerra Mundial. Algunas fuentes sostienen que los censores trapenses encargados de aprobar los manuscritos de Merton eliminaron ese episodio de *La montaña de los siete círculos* para no ofender las presumiblemente delicadas sensibilidades de aquellos tiempos. Cuando leí la biografía de Merton, sin conocer esa parte de su vida, me sentía a menudo intrigado por sus frecuentes expresiones de repugnancia para consigo mismo y el miedo de que su pasado fuera un impedimento para entrar a la vida religiosa. Biógrafos posteriores proporcionarían un resumen más detallado sobre ese difícil capítulo en la vida de Merton.

La infancia y adolescencia descritas en *La montaña de los siete círculos* son solitarias y sin rumbo, y en ellas Tom no logró hacer amigos íntimos. Sufrió por haber sido separado de su único hermano, extrañaba profundamente a sus padres y tenía actitudes que a él mismo le desagradaban: bebía, fumaba, iba a fiestas y alardeaba constantemente. Daba la impresión de estar permanentemente buscando algo, pero sin ser consciente de lo que buscaba. Es fácil recordar la revoltosa juventud de San Agustín, tal cómo él mismo la describe en sus *Confesiones*, y la descripción que hace Dorothy Day, muchos siglos más tarde, de su "larga soledad".

Después de analizar las experiencias de Tom en Inglaterra, su tutor le sugirió que regresara a los Estados Unidos para continuar su educación. Merton aceptó su consejo con entusiasmo: "No me llevó ni cinco minutos aceptar su recomendación".

Las universidades de Columbia y de la ciudad de Nueva York resultaron más adecuadas para Merton. Hizo muchos amigos (aunque le llevó más tiempo establecer relaciones sanas con mujeres), con los que siguió tratándose el resto de su vida. Disfrutaba de sus estudios. También se vio influenciado por el popular profesor inglés Mark Van Doren, a quien Merton admiraba por su sentido de "vocación" y su mente "profundamente académica" que prepararon a Merton para recibir la "buena semilla de la filosofía académica". Con su característica actitud de concentrarse en él mismo, Merton concluye: "Veo que la Providencia lo utilizó como instrumento de modo más directo de lo que él comprendía". Eso es cierto, por supuesto, pero así contado parece que la única razón por la que el profesor Van Doren fue enviado a la tierra fue para contribuir a que Thomas Merton entendiera a Tomás de Aquino.

Un pasaje de la autobiografía de Merton sobre sus años universitarios me dejó sin palabras. Casi como una nota al margen, Merton comenta que trabajó como dibujante y, más tarde, como editor de la revista de humor de la universidad, *Jester*. Tuve que leerlo dos veces para asegurarme que no se trataba de un error. Mi única actividad extracurricular en la facultad (aparte de fumar marihuana y beber cerveza) fue la de dibujante y, más tarde, editor de arte de la revista de humor de la universidad, *Punch Bowl*. Se trataba de una pequeña coincidencia, pero ¿cuántos editores de revistas de humor de las universidades más prestigiosas puede haber? Leer esa información fortaleció mi conexión con Tom Merton: durante el resto de su historia, estuve de su parte.

Su autobiografía deja claro que Merton no pasó desapercibido en Columbia. Hace pocos años, recibí la confirmación. Por aquel tiempo dirigía un club de lectura en una parroquia jesuita en Nueva York, y un mes leímos *La montaña de los siete círculos*. Al terminar nuestra reunión, una mujer mayor que había permanecido en silencio durante la animada discusión de aquella tarde quiso hablar conmigo. Me dijo que su esposo había conocido a Merton en Columbia.

—Mi esposo se sorprendió muchísimo al leer el libro —me dijo—. Lo único que recuerda de él es que siempre estaba dispuesto para salir a beber o ir a fiestas. Mi esposo dice que no puede creer lo que pasaba dentro de Merton.

El primer párrafo de este extracto del libro de Merton *Los hombres no son islas* cambió mi vida. Cuando lo leí por primera vez, a los veintiséis años, hizo que me detuviera en seco y comenzara a transitar un camino que me conduciría a los jesuitas:

> ¿Por qué tenemos que pasar nuestras vidas luchando por ser algo que nunca querríamos ser, en lugar de descubrir lo que queremos? ¿Por qué malgastamos nuestro tiempo en cosas que, si nos detuviéramos por un instante a pensarlo, son exactamente lo opuesto a aquello para lo que fuimos hechos?
>
> No podemos ser nosotros mismos a menos que sepamos quiénes somos. Pero el conocimiento de uno mismo es imposible de alcanzar cuando la actividad irreflexiva y automática mantiene nuestra alma confundida. Para conocernos a nosotros mismos no es necesario detener toda la actividad y pensar en nosotros. Eso sería inútil, y probablemente nos causaría mucho daño. Pero debemos reducir nuestra actividad hasta el punto en que podamos pensar calmada y razonablemente sobre nuestras acciones. No podemos comenzar a conocernos hasta que comprendamos las verdaderas razones por las que hacemos las cosas que hacemos, y no podemos ser nosotros mismos hasta que nuestras acciones se correspondan con nuestras intenciones, y nuestras intenciones sean las apropiadas para nuestra propia situación. Pero eso es suficiente. No es necesario que tengamos éxito en todo. Un hombre puede ser perfecto y aún así no obtener frutos de su trabajo, y puede pasar que un hombre que logra pocos objetivos sea una persona más realizada que otra que parece conseguir mucho más.

Lo que pasaba dentro de Merton era el lento proceso de la conversión: del viejo estilo de vida a uno nuevo, o, más específicamente, de no tener ninguna creencia religiosa en particular a abrazar con todo el corazón el catolicismo. Su autobiografía revela que la transformación se realizó por diferentes caminos. El primero fue una especie de progresión intelectual gradual, mientras Merton buscaba un sistema de creencias que satisficiera su curiosidad natural. El profesor Van Doren preparó bien su mente para el escolasticismo, de modo que cuando Merton encontró un texto llamado *El espíritu de la filosofía medieval*, de Étienne Gilson, su enfoque académico sobre la pregunta de la existencia de Dios tuvo en Merton una "profunda impresión". Así que el primer camino de Merton a Dios fue a través del intelecto.

El segundo camino hacia la conversión de Merton fue a través de los sentidos y, especialmente, a través del arte. Eso también ocurrió de manera gradual. Como hijo de dos artistas, Merton era plenamente consciente de su entorno, y durante su juventud Dios le habló a través del mundo físico; Merton fue gradualmente *consciente* de que Dios le hablaba. Cuando era niño, por ejemplo, hojeó un libro con fotos de monasterios y, cautivado por su belleza, se vio "invadido por una especie de nostalgia". Años más tarde, durante un largo viaje por Europa, se sintió "fascinado" por los mosaicos bizantinos y el arte religioso en Roma. Dios lo acercó a él también de esta manera. "Y así, sin que yo me diera cuenta de nada", escribió, "me convertí en un peregrino. Visitaba de forma inconsciente e inintencionada todos aquellos grandes santuarios de Roma, y los buscaba con la ansiedad y avidez de un verdadero peregrino, aunque no por la razón correcta".

Finalmente, Dios atrajo hacia sí a Merton a través de sus emociones. Desde su relación con los Privat, a sus plegarias furtivas en una Iglesia de Roma y al sorprendente momento junto a la cama de su abuelo agonizante, cuando sintió el impulso de arrodillarse y rezar, Merton era inexorablemente atraído hacia Dios a través del funcionamiento íntimo de su vida emocional.

La conversión de Thomas Merton ocurrió de forma gradual; sin embargo, durante mi primera lectura de su libro, me pareció que todo sucedió a la vez: Merton descubrió la filosofía escolástica, asistió a misa en una iglesia cercana y, ¡*bang!*, unas páginas después, era bautizado como católico romano en la iglesia de Corpus Christi cerca de la

Universidad de Columbia. En lo que consideré un modo honesto de cambiar su vida, Merton me conmovió inmensamente. Desesperado como estaba en aquel momento por escapar de mi vida en el mundo corporativo, encontré en Merton a alguien que supo qué hacer y que fue capaz de hacerlo con rapidez.

Su vida cambió aún más rápida y decisivamente en los años que siguieron a su bautismo. Cuando se graduó de Columbia y comenzó a trabajar en su maestría en Lengua Inglesa, comenzó a considerar también la vocación al sacerdocio. Evaluó algunas órdenes religiosas: los dominicos fueron descartados porque dormían en dormitorios comunes, los benedictinos porque "podría significar que debería estar atado a un escritorio en una elegante escuela de New Hampshire para el resto de mi vida", y los jesuitas porque "estaban inclinados a una actividad intensa y a una rutina militar que resultaban incompatibles con mis propias necesidades". La ironía de esas afirmaciones es que su entrada con los trapenses supondría que durmiera en dormitorios comunes, mucho más primitivos que los de las casas dominicas, ser "atado" a un mismo lugar durante más tiempo que la mayoría de los benedictinos, y vivir una actividad intensa y una rutina militar que aventaja a la de la mayoría de los jesuitas.

Sólo la Regla de San Francisco atraía a Tom. De manera providencial, su amigo Dan Walsh conocía a los franciscanos del colegio St. Bonaventure en Olean, una ciudad en el norte de Nueva York. Así que, después de terminar su maestría en Columbia, Tom aceptó un trabajo como maestro en el colegio y, en noviembre de 1939, solicitó entrar a la Orden Franciscana. Su solicitud, sin embargo, fue rechazada en junio siguiente.

En la magnífica biografía de Michael Mott, *Las siete montañas de Thomas Merton*, Mott hace conjeturas sobre el rechazo de los franciscanos a Merton: pudo haber sido porque Merton tenía un hijo, por su reciente conversión y, quizás, por "la sensación de su propia falta de idoneidad". Sea cual sea la razón, el desconsolado Tom buscó refugio en el confesionario de una iglesia capuchina en Manhattan.

Su confesor fue excesivamente duro. "El sacerdote, suponiendo probablemente que yo era una persona emocional, inestable y estúpida, comenzó a decirme con términos fuertes que ciertamente yo no encajaba en el monasterio y mucho menos en el sacerdocio y, de hecho, me dio a entender que estaba simplemente malgastando su tiempo e insultado el Sacramento de la Penitencia al dejarme invadir por la autocompasión en su confesionario". Merton emergió de su traumática experiencia entre lágrimas.

Sin embargo, con sorprendente ecuanimidad y libertad poco característica, Merton aceptó la decisión de los franciscanos y decidió regresar a St. Bonaventure para trabajar con los frailes. Se estableció como maestro y, a pesar del rechazo de los franciscanos, se sintió cada vez más atraído por vivir como si perteneciera a una orden religiosa: rezaba con regularidad, daba clases y vivía de manera sencilla. Pocos meses más tarde, mientras buscaba un lugar donde realizar un retiro de Pascua, Tom recordó un comentario de Dan Walsh sobre un monasterio trapense en las colinas de Kentucky llamado Nuestra Señora de Getsemaní.

En ese punto de la historia, mi pulso se aceleró: tuve que contenerme para no adelantarme en el libro. Merton parecía estar a punto de encontrar lo que hacía mucho que buscaba. Me pregunté por qué sentiría que yo había hecho lo mismo.

Merton llegó a Getsemaní una noche tarde y fue recibido por el hermano portero del monasterio.

—¿Has venido para quedarte? —le preguntó el directo hermano trapense.

"La pregunta me aterrorizó" escribió Merton. "Sonaba como si fuera la voz de mi propia conciencia".

—¿Qué sucede? —dijo el portero—. ¿Por qué no puedes quedarte? ¿Estás casado o algo así?

—No —contestó Merton—, tengo un trabajo.

Pero en cuanto Merton entró al vestíbulo del monasterio, fue evidente a dónde había llegado. "Sentí el profundo, profundo silencio de la noche" escribió,

> y de la paz, y de una santidad que me envolvió como si fuera amor, como si fuera seguridad.
>
> ¡Ese abrazo, ese silencio! Había penetrado en una soledad que era una fortaleza impenetrable. Y ese silencio me envolvió, me habló, y habló más fuerte y de forma más elocuente que ninguna otra voz, en medio de aquella habitación silenciosa que olía a limpio, mientras la luna derramaba su paz a través de la ventana abierta, en el cálido aire nocturno, comprendí verdaderamente de quién era aquella casa, ¡oh gloriosa Madre de Dios!

Merton había llegado a casa.

Le llevó algunos meses decidirse a entrar en la Orden. Para él, el monasterio era el "centro de toda la vitalidad de los Estados Unidos", y ejercía sobre él una atracción inmediata e irresistible.

Regresó a St. Bonaventure, aturdido por la fuerza de su visita a Getsemaní, y comenzó a llevar una vida aún más parecida a la de una comunidad religiosa. Se levantaba temprano por la mañana, rezaba durante tres cuartos de hora, iba a misa y hacía mucha "lectura espiritual". Por ese tiempo, recibió un "gran regalo… de gracia". Conoció, a través de sus escritos, a Santa Teresa de Lisieux. Y descubrió que "la Florecita era realmente una santa, no sólo una muñequita piadosa en la imaginación de muchas ancianas sentimentales. Y no sólo era una santa, sino una gran santa, una de las más grandes: ¡tremenda! Le debo toda clase de disculpas públicas y reparaciones por haber ignorado su grandeza".

En un estallido de entusiasmo, agregó: "Es una maravillosa experiencia descubrir un nuevo santo. Porque Dios resulta aún más magnífico y maravilloso en cada uno de sus santos: diferente en cada uno de ellos".

Resultaba casi cómico leer esto mientras yo descubría a Merton.

En este punto, Merton tenía pocas dudas sobre lo que tenía que hacer. Pero aún faltaba una consideración final. Unos meses antes Merton había sido rechazado por la oficina militar de reclutamient por problemas de salud (de joven había tenido muchos problemas con sus dientes). Sin embargo, como la guerra estaba cada vez más cerca, las reglas se suavizaron y Merton recibió una nueva carta de la oficina de reclutamiento. Como escribe Michael Mott en su biografía: "Si Getsemaní no lo acepta, Merton está resignado a entrar en el ejército. Está decidido acerca de una cosa: no matará, pero servirá". Merton también está resignado a acatar la voluntad de Dios. Si Dios quiere que entre en la vida religiosa, lo hará. Si no es así, se unirá al ejército. Merton había renunciado a sus propios planes para su vida y prefería los de Dios.

Finalmente, y para sorpresa de sus amigos, renunció a su puesto en St. Bonaventure e ingresó en la orden trapense el 10 de diciembre de 1941.

La última parte de *La montaña de los siete círculos* detalla su vida en el monasterio. Resumiendo, Merton recibió su hábito de novicio; aprendió la Regla trapense; hizo sus votos temporales de pobreza, castidad y obediencia; escribió poesía; participó en la rica vida litúrgica del monasterio; comenzó a explorar el mundo de la oración contemplativa y, en el proceso, descubrió la paz que había deseado toda la vida. "Los meses han pasado", le escribe a Dios al final del libro, "y Tú no has disminuido ninguno de esos deseos; en cambio, me has dado paz, y estoy comenzando a ver qué es todo esto. Estoy comenzando a entender".

La montaña de los siete círculos es un hermoso libro y cerca del final comencé a disfrutar un poco de la paz que Merton había sentido. Sin dejar nada atrás, sin olvidar nada, sentí como si hubiera llegado a casa. Cuando terminé el libro tarde una noche y lo dejé en mi mesilla de noche, supe con certeza que eso era lo que quería hacer con mi vida: quizás no exactamente como Merton lo había hecho, y quizás no como monje trapense o ni siquiera en un monasterio, pero algo muy parecido a todo eso.

Para mí, la descripción de la vida religiosa que hace Thomas Merton es una invitación a una nueva vida. El mundo monástico parecía un mundo perfecto: pacífico, sereno, lleno de sentido y oración. Pero, incluso en aquel momento, sospeché que se trataba de una descripción idealizada (el propio Merton lo admitiría más tarde). Y comprendí que, como estaba buscando desesperadamente una vía de escape para mi situación, cualquier alternativa tendría un cierto atractivo. Pero también sabía que, por alguna razón, la vida que describía Merton ejercía una clara fascinación en mi corazón.

Ésa fue la "llamada" para mí. En la actualidad, mucha gente, incluso creyentes, creen que la llamada al sacerdocio o la vida religiosa es una especie de experiencia de otro mundo: que se oyen voces o se tienen visiones. Pero para mí fue simplemente una sencilla atracción, un deseo profundo, una especie de fascinación emocional… y la feliz incapacidad de pensar en cualquier otra cosa. Y cuando empecé a transitar ese camino y me permití hacerme las preguntas que debería haberme hecho años atrás, todo cambió.

Al considerar aquellas preguntas, que habían permanecido largo tiempo adormecidas en mi alma, aparecieron sorprendentemente nuevas respuestas y, dos años después de leer *La montaña de los siete círculos*, entré al noviciado jesuita.

Cuando siento que el desánimo se cierne sobre mis días (un signo seguro de que se necesita ayuda en la vida espiritual), recurro a menudo a este hermoso pasaje de *Los hombres no son islas*, de un capítulo llamado "Misericordia".

¡Qué cerca de nosotros está Dios cuando comenzamos a reconocer y aceptar nuestra bajeza y le encomendamos completamente nuestro cuidado! Contra toda expectativa humana, Él nos sostiene cuando necesitamos ser sostenidos y nos ayuda a llevar a cabo lo que parecía imposible. Aprendemos a conocerlo, no en la "presencia" que se experimenta en la consideración abstracta (una presencia en la que lo revestimos con nuestra propia finura), sino en el vacío de una esperanza que se acerca más a la desesperanza. Porque la esperanza perfecta se alcanza al borde de la desesperación cuando, en lugar de dejarnos caer, descubrimos que estamos caminando por el aire. La esperanza siempre está a punto de convertirse en desesperanza pero nunca lo hace, porque en el momento de la crisis suprema el poder perfecto de Dios de repente aparece perfecto en nuestra debilidad. Así aprendemos a esperar su misericordia con más calma en los momentos de mayor peligro, a buscarlo silenciosamente con la seguridad de que Él no puede fallarnos aunque recibamos la desaprobación del justo y el rechazo de aquellos que afirman tener evidencia de Su amor.

Descubrí los aspectos característicos que Merton describía sobre sus años posteriores en el libro *El signo de Jonás*. En ciertos aspectos, se trata de una obra más agradable que *La montaña de los siete círculos*, ya que el fervor inicial ha desaparecido y Merton puede ver con más claridad la realidad de la vida religiosa. Los extractos de sus diarios cuentan la historia de los primeros años después de su entrada al monasterio hasta su ordenación, que él describe como "el gran secreto para el que había nacido."

Durante el resto de su vida Thomas Merton (ahora padre M. Louis, OCSO) escribió numerosos libros sobre la vida contemplativa, la no violencia, la vida cisterciense, la doctrina cristiana y el Zen y se convirtió en guía espiritual para millones de personas en todo el mundo. Llenó volúmenes con su poesía. Mantuvo una extensa correspondencia con escritores, activistas, poetas, artistas, sacerdotes, religiosas, religiosos, músicos y todos aquellos que simplemente apreciaban su perspectiva sobre el mundo moderno. Se enamoró profundamente de una mujer (una enfermera que conoció mientras se recuperaba en un hospital local), pero eligió cortar la relación y permanecer como monje. Finalmente obtuvo permiso para convertirse en eremita y vivir en una pequeña cabaña dentro de los terrenos del monasterio.

Y, por supuesto, exploró continuamente su vida interior y profundizó su relación con Dios.

Thomas Merton siguió siendo un hombre de contradicciones y fueron esas contradicciones las que me acercaron a él. Uno puede decir: "Sí, ese hombre de opuestos, ese monje orgulloso y fanfarrón, que a veces no quería recibir consejos, a veces abiertamente ensimismado, a veces abiertamente rencoroso, también era santo. Estaba dedicado a Dios y a la Iglesia; ayudó a muchos; fue generoso con su talento, su tiempo y sus oraciones; y deseaba la paz a todos aquellos con los que se encontraba". Ver que alguien tan humano también puede ser santo me da mucha esperanza. En Merton, de manera especial, es fácil ver tanto los pecados como la santidad. Y me pregunto si no es algo así lo que Dios ve en nosotros.

Una última paradoja: en 1968, después de años de darse cabezazos con sus superiores religiosos, a Merton se le concedió permiso para dejar el monasterio y realizar un largo viaje por Asia. Durante el camino se detuvo en un lugar llamado Polonnaruwa, en Ceilán (la actual Sri Lanka), dónde se detuvo frente a unas inmensas estatuas del Buda. Entonces se sintió abrumado por un sentimiento de gracia y de alegría como nunca antes había experimentado. "Mirando aquellas figuras", escribió más tarde, "me sentí de pronto, casi por la fuerza, despojado de la habitual visión a medias de las cosas, y con una claridad interior que, como si saliera de las túnicas, resultaba evidente y obvia". El devoto monje católico había tenido una experiencia mística frente a una estatua del Buda.

Unas semanas más tarde, el 10 de diciembre de 1968, cuando se encontraba en Bangkok para una conferencia ecuménica, Merton resbaló mientras se bañaba, se aferró a un ventilador eléctrico y murió electrocutado.

Y así, el hombre que hizo votos de estabilidad en un monasterio de Kentucky murió a miles de kilómetros de distancia en Bangkok, llamado a volver a casa por Aquel a quien buscó en las contradicciones.

* * *

Desde la primera vez que leí *La montaña de los siete círculos* esperaba poder visitar algún día la Abadía de Getsemaní. La oportunidad se presentó hace algunos años, a través de un inesperado giro de acontecimientos.

En mayo, un amigo jesuita llamado Kevin me comentó que pasaría el verano en un curso de prácticas para directores espirituales. El programa de cinco semanas, en una casa de retiros de Ohio, sonaba ideal: una oportunidad para dirigir a personas que realizaban retiros a través de los Ejercicios Espirituales, así como para estudiar el texto de San Ignacio.

—¿Por qué no lo miras? —me dijo.

A la mañana siguiente llamé a Bill, jesuita y uno de los directores del curso, que me dijo que todavía había lugar. Y me dijo que otro de mis buenos amigos, Dave, participaría en el curso. Después de completar una breve solicitud, también yo fui aceptado. Parecía que Dios quería que fuera; al menos, me estaba poniendo las cosas muy fáciles.

Cuando me subí al avión hacia Cincinnati, me di cuenta de que pasaría el verano en algún lugar cerca de Kentucky. Pero, ¿qué tan cerca? En el aeropuerto me esperaban Dave y la hermana Martha, una religiosa ursulina que también dirigía el programa. Martha dijo que era de Louisville, y aunque yo no sabía exactamente dónde estaba eso, sabía que era en Kentucky y posiblemente cerca de Getsemaní.

—¿Estamos cerca de… Kentucky? —pregunté.

Martha se echó a reír.

—¡Estamos *en* Kentucky! —dijo, mientras pasábamos junto a un cartel donde se podía leer: Aeropuerto de Cincinnati y norte de Kentucky.

Las siguientes dos semanas en la casa de retiros jesuita en Milford, Ohio, fueron muy ajetreadas. Kevin, Dave y yo pasábamos las mañanas con Martha y Bill en clases sobre los *Ejercicios Espirituales*, el ministerio de los retiros y la dirección espiritual. Las "reuniones de grupo" con los otros directores tenían lugar al mediodía. Después venía el apresurado almuerzo (típica comida lamentable de las casas de retiro), y luego tres o cuatro horas de dirección espiritual. La misa era a las 5 de la tarde y algunos días se nos pedía que nos encargáramos de la homilía.

Después de cenar teníamos tiempo libre; Kevin, Dave y yo pasábamos el tiempo felices mirando películas (aquel verano las vimos todas, incluso las más cursis), alquilando vídeos y comiendo una exorbitante cantidad de helado en un local de Cincinnati llamado Graeter's, que con toda justicia era famoso. Kevin y Dave eran la compañía perfecta para el verano: inteligentes, de mucha oración, muy trabajadores y divertidos.

Si por las noches podíamos relajarnos, los días eran de intensa actividad. Una mañana, Bill dijo en tono solemne que para ser buenos directores espirituales era necesario que fuéramos contemplativos. Más tarde, después de tragar nuestro almuerzo, Kevin, Dave y yo corrimos a reunirnos con las personas que estaban de retiro. Mientras volábamos por el corredor, Kevin se echó a reír.

—¡Esto sí que es *contemplativo*!

A la mañana siguiente le comenté a Bill, medio en broma, que estaba ansioso por regresar a Nueva York, donde la vida era más tranquila.

A mitad de nuestros Ejercicios Espirituales, los participantes del retiro tuvieron un día libre, algo que San Ignacio contempló para el retiro sabiendo que treinta días seguidos de oración silenciosa resultan agotadores incluso para los más dedicados atletas espirituales. Felizmente, eso significaba que los practicantes también teníamos nuestro tiempo libre. Así que Kevin, Dave y yo decidimos viajar a la cercana Getsemaní. Después de ponernos de acuerdo para pasar allí una noche, me ofrecí a hacer los arreglos necesarios.

El hospedero de la abadía, sin embargo, dijo que no era posible que nos quedáramos en el monasterio sólo una noche durante el fin de semana. El monasterio estaba dando un retiro de tres días, y no podíamos ocupar habitaciones que podían destinarse a personas interesadas en quedarse todo el fin de semana. ¿Quizás, preguntó, estaríamos interesados en permanecer allí los tres días? Eso sería mucho más sencillo.

—Bueno, ¿qué significa *eso*? ¿Vamos a hacer un retiro? ¿Podremos *hablar*? —preguntó Dave, expresando en voz alta las mismas preocupaciones que teníamos Kevin y yo.

Nuestro día libre del retiro se parecía cada vez más a *otro* retiro. Finalmente, decidimos que iríamos de todos modos, confiando en que, fuera lo que fuera que nos esperaba en Getsemaní (retiro, descanso, escapada de fin de semana) era lo que Dios quería para nosotros.

Ésta es mi oración favorita de Merton, de su libro *Pensamientos en la soledad*; y he descubierto que todos pueden rezarla:

Mi Señor Dios, no tengo idea de adónde voy. No veo el camino frente a mí. No puedo saber con certeza dónde acabará. Tampoco me conozco realmente a mí mismo, y el hecho de que crea que estoy acatando tu voluntad no significa que realmente lo esté haciendo. Pero creo que el deseo de complacerte te complace verdaderamente. Y espero tener

ese deseo en todo lo que estoy haciendo. Espero no hacer
nunca ninguna otra cosa que no esté dictada por ese deseo.
Y sé que si hago esto, me conducirás por el camino correcto,
aunque yo no me dé cuenta. Por lo tanto, siempre confiaré
en ti aunque parezca que estoy perdido y a la sombra de la
muerte. No temeré porque siempre estás conmigo, y nunca
me dejarás enfrentarme solo a mis peligros.

Una semana más tarde, nos amontonamos en el viejo coche de Bill y
rezamos a Nuestra Señora del Camino antes de ponernos en marcha
(nuestra piedad se incrementaba con cada día de retiro). El viaje nos
llevó por Louisville y los campos de Kentucky donde pastan caballos.
En pocas horas nos encontrábamos en lo que se conoce como la región
"de las protuberancias" de Kentucky, debido a las colinas que salpican
el paisaje.

Pocos kilómetros después de Bardstown apareció sobre los campos verdes la alta aguja de la Abadía de Nuestra Señora de Getsemaní,
como si fuera el mástil de un barco sobre un océano. La abadía estaba
rodeada de un muro gris bajo que, a su vez, estaba rodeado de hermosos campos que se extendían hasta el horizonte.

Cuando salimos del coche nos sentimos aplastados por el calor.
Recordé un pasaje de *El signo de Jonás* en el que Thomas Merton habla
sobre el verano en el monasterio. En un pasaje del 8 de agosto de
1947 escribe: "Clima caluroso y pegajoso. Fiebre miliar. Aparecen
manchas rojas en el cuello y los hombros. Todo produce bochorno.
¡*Paenitentiam agite!* Es mejor que una camisa de pelo."

Llevamos nuestro equipaje a la hospedería del monasterio. Sobre
el dintel había escrita una sola palabra en grandes mayúsculas esculpidas en la piedra: *Pax.* Frente a la entrada, al otro lado de una plaza,
estaba la entrada a la clausura del monasterio. También había una
frase grabada: "Sólo Dios". En el interior de la hospedería había una

temperatura refrescante; parecía poco probable que alguien pudiera contraer fiebre miliar allí dentro. Detrás del escritorio estaba sentado el hospedero, con el tradicional hábito trapense blanco con escapulario negro, que para mí es una especie de reliquia. No importa cuántas veces lo vea: siempre me llena de una especie de alegría, como si me acercara a la posibilidad de una vida de pura contemplación y más conectado al Thomas Merton de la vida real. Pero, por el momento, sólo estábamos registrándonos.

El portero del monasterio sacó una lista de huéspedes.

—Veamos —dijo—. Padre Martin, usted está en esta habitación.

Señaló una habitación en el último piso de la residencia del monasterio, y me entregó una llave.

—Padre Dave —dijo después.

Dave nos hizo una mueca a Kevin y a mí. Aún no había sido ordenado, pero era demasiado amable como para corregir al portero.

—Usted está aquí, también en el monasterio.

—Y padre Kevin —agregó—, no había más habitaciones en el monasterio mismo, así que lo hemos ubicado en la hospedería, que está justo al lado. Allí tiene aire acondicionado.

Dave y yo nos miramos. Eso significaba que en nuestras habitaciones *no* había aire acondicionado.

—La hospedería es muy agradable —dijo el portero—. También tiene baño privado.

—Las Vísperas son a las 5:30 de la tarde —dijo—, y la cena es a las 6. El resto del horario está colgado fuera de la capilla. ¿Querría alguno de ustedes concelebrar misa?

Fue entonces cuando Kevin y Dave informaron al portero que yo era el único sacerdote del grupo. Yo agregué que me encantaría concelebrar al día siguiente.

—La misa es a las 6:15 de la mañana —nos dijo—. Sólo tiene que completar la tarjeta que encontrará en el comedor y mañana tendrá preparada el alba y la estola.

Kevin, Dave y yo acordamos dejar las maletas en nuestras habitaciones y reunirnos en la hospedería.

Mi espartano alojamiento era como la mayoría de habitaciones en las casas de retiro (tenía una cama, un escritorio de madera y un lavabo) con una excepción: debido al opresivo calor, también tenía un enorme ventilador de techo que no cesaba de girar a toda velocidad, como la hélice de un avión; cuando abrí la puerta, me recibió una ráfaga de aire caliente.

Al reunirnos en la hospedería, Kevin tenía una sorpresa para mí.

—Quiero que te quedes con mi habitación —me dijo—. Es muy bonita y tiene aire acondicionado. Has esperado tanto para venir aquí que deberías dormir ahí.

Me sentí emocionado por su ofrecimiento, y agradecido por tener tantos amigos generosos. Pero inmediatamente pensé: *Hmm... ¿qué habría hecho Thomas Merton?* La opción más caritativa era dejarle la habitación a Kevin. Y quizás, Dios quería que yo me alojara en la habitación que me habían asignado por alguna razón todavía imprevista. Así que decidí renunciar a la habitación de Kevin, como si se tratara de una prueba de ascetismo.

—No, duerme tú en ella —le contesté, sintiéndome súper santo.

—No, *tú* deberías dormir ahí.

—No, quédatela *tú*.

Dave puso los ojos en blanco.

—¡Si no dejan de comportarse como dos santurrones ya mismo, *yo* me quedaré con ella!

Finalmente Kevin durmió en su habitación. (Semanas después, nos confesó que mientras Dave y yo permanecíamos despiertos por el calor, él tampoco dormía porque no pudo ajustar el aire acondicionado y la habitación estaba demasiado fría).

Después de nuestro prolongado discernimiento habitacional, visitamos la capilla. Era un edificio largo y angosto, con un diseño sencillo y un techo impresionantemente alto. La capilla original de la abadía había estado muy ornamentada, pero después del Concilio Vaticano II la comunidad contrató al arquitecto Marcel Breuer para que simplificara su apariencia. Breuer quitó las columnas y cornisas decorativas para que quedara expuesto el ladrillo desnudo, ahora pintado de blanco, y las vigas de madera oscura que entrecruzaban el techo y sostenían las paredes detrás del altar.

Cerca de la entrada de la capilla había una pequeña área para que se sentaran los huéspedes, limitada por una reja baja. Detrás de ella, se alineaban contra las paredes los asientos de madera para los monjes. En el extremo más lejano del suelo de piedra, sencillas sillas metálicas rodeaban un simple altar de madera. El ambiente era maravillosamente fresco, olía a incienso y, aunque parecía poco probable, a alfombras nuevas. Miré con atención hacia el sagrario e imaginé a Thomas Merton arrodillado ante su abad, pronunciando sus votos, tendido en el suelo, durante la larga ceremonia de ordenación.

Después de nuestra visita a la capilla paseamos desde la hospedería hasta el cementerio. Había filas y más filas de cruces de metal, pintadas de blanco que salpicaban la hierba. Después de pocos minutos, encontramos lo que yo esperaba ver. En la placa de bronce se podría leer: "P. Louis Merton. Murió el 10 de dic. de 1968".

De pie, bajo el agobiante sol, pensé en todos los monjes que se habían reunido en ese mismo lugar décadas atrás, probablemente meditando sobre la contradictoria vida de Merton y su muerte extraña y casi literaria. (Merton, que murió electrocutado por accidente, había terminado *La montaña de los siete círculos* con las siguientes palabras: "Que llegues a ser hermano de Dios y aprendas a conocer al Cristo de los hombres quemados"). Pensé también cómo mi vocación jesuita había comenzado, en realidad, en Getsemaní.

Era casi la hora de Vísperas, así que nos dirigimos a la capilla y recogimos un pequeño libro de fotocopias con las oraciones. En poco tiempo, unas veinte personas se ubicaron en las sillas junto a nosotros. Sonó una campana y los monjes aparecieron por las puertas laterales. A medida que entraban, hundían sus dedos en la pila de agua bendita y hacían lentamente la señal de la cruz. Ver a tantos monjes trapenses con su hábito distintivo, en la iglesia en la que Merton había pasado tanto tiempo, me conmovió sorprendentemente. Después de haber leído tanto sobre su vida y sobre aquel lugar, no podía creer que finalmente estuviera allí.

Las oraciones fueron una sorpresa. Yo esperaba una especie de CD con cantos gregorianos: una imponente polifonía de voces bien entrenadas, acompañadas, quizás, por las profundas notas de un órgano. En lugar de eso, oímos algo mucho más simple: el sonido de sesenta y seis hombres, muchos de ellos ancianos, cantando de forma sencilla los salmos. ("Sí", dijo Martha cuando regresamos, "los benedictinos cantan mucho mejor que los trapenses"). Pero aun así fue hermoso, y quedé maravillado al pensar que los monjes rezaban de esta manera desde mucho antes de que yo naciera, y seguirían haciéndolo mucho después de que yo hubiese muerto.

En el jardín fuera de la capilla, miramos los horarios para las oraciones del sábado:

Vigilia	3:15 am
Laudes	5:45 am
Tercia	7:30 am
Sexta	12:15 pm
Nona	2:15 pm
Vísperas	5:30 pm
Completas	7:30 pm
Misa	6:15 pm

A continuación de Vísperas tuvimos la cena. Había dos comedores para las personas que estaban de retiro: el principal, donde se guardaba silencio, y uno más pequeño donde la gente podía hablar. Los tres atletas espirituales elegimos el comedor silencioso. Después de la comida insípida en la casa de retiros jesuita, me sentí deleitado por la fantástica cocina de la abadía: verduras frescas, un pan maravilloso y, ya que era viernes, enormes cantidades de pescado. Y el mejor queso que había probado en mi vida: directo de la granja. En sus diarios, Thomas Merton se burla de la "industria quesera" de Getsemaní. Por una vez, no estuve de acuerdo con él.

Después de cenar hubo una conferencia para los participantes en el retiro, y nos sentimos sorprendidos y halagados al oír a un monje anciano recitar versos del poeta jesuita Gerard Manley Hopkins y hablar con mucho sentimiento de su poesía y su vida. Luego fue la hora de Completas, la última oración del día (llamada así porque "completa" el día). Al finalizar Completas, tanto los monjes como los participantes del retiro, recibimos la bendición del abad para la noche. Al salir, Kevin, Dave y yo bromeamos sobre quién se levantaría al día siguiente para la primera oración, Maitines, a las 3:15 (sólo lo hizo Dave y, según él, se debió a que tanto calor no lo dejaba dormir).

Me di una ducha, hice mis propias oraciones y decidí volver a visitar la capilla. Cuando mis ojos se acostumbraron a la penumbra, me encantó descubrir que estaba vacía y en completo silencio. Me arrodillé junto a la verja de los huéspedes, con la idea de hacer unas cortas oraciones antes de irme a la cama; estaba cansado después del largo día. Pero, de pronto, pensé en la dirección que había tomado mi vida. ¿Cómo había sido atraído a la vida religiosa? Mirando atrás, parecía que me habían apartado por la fuerza de una vida de infelicidad para ubicarme en otra de alegría. Me maravillé ante los modos en que Dios había obrado en mi vida, llevándome a lugares a los que nunca podría haber llegado solo. Pensé en lo feliz que me sentía por estar allí, por poder pasar el verano haciendo algo que amaba, con grandes amigos jesuitas que me ayudaban a ser honesto, compartían sus oraciones conmigo y me hacían reír. Me sentí lleno de gratitud por ser jesuita. La felicidad parecía demasiada como para que mi corazón pudiera contenerla, y lloré durante unos momentos en la capilla, agradecido pero incapaz de expresar esa gratitud.

A la mañana temprano, después de Laudes, caminé por la espaciosa sacristía, donde un monje me entregó una suave alba blanca y una estola dorada hecha con una arrugada seda cruda. Durante la misa, cuando no escuchaba al sacerdote, mis ojos buscaban el lugar donde fue ordenado Merton. Lo conocía de memoria por fotografías.

El desayuno del sábado fue maravilloso. Además de tener el mejor queso, la abadía también dispone de la mejor avena que había comido nunca. Kevin, Dave y yo paseamos por los campos al otro lado de la carretera después del desayuno. Les dije cuánto estaba disfrutando todo aquello. Kevin se echó a reír:

—¿Vamos a tener que dejarte aquí?

Aquel día faltamos a nuestro retiro y fuimos a la cercana Bardstown, donde se establecieron muchos católicos a comienzos de 1800 escapando de la persecución religiosa del este. Como consecuencia, en el centro de Kentucky, las ciudades tienen nombres evidentemente católicos: St. Mary, St. Francis, Loretto. Incluso los jesuitas llegaron a Bardstown y fundaron el Colegio St. Joseph en medio de la ciudad. (Fueron los mismos jesuitas que más tarde se mudaron a Nueva York para iniciar la Universidad Fordham).

Volvimos apresuradamente a la abadía para Vísperas y la cena. Decidimos que esa noche cenaríamos en el comedor donde se podía hablar, aunque temíamos hacer quedar mal a los jesuitas.

—¿Quién se va a enterar? —pregunté.

Tuve que tragarme mis palabras junto con la comida. Dos de los monjes cenaban también en ese comedor.

—Perfecto —susurró Kevin—. Ahora les dirán a los otros monjes que los jesuitas no pudieron permanecer en silencio durante dos días.

Después de la cena tuvimos otra conferencia y luego Completas.

Al final de nuestros tres días, después de haber seguido el ritmo de los trapenses, comencé a pensar que probablemente la vida de monje no fuera para mí. Daba la impresión de que estábamos constantemente en la capilla (lo que, por supuesto, era la idea). Como solía pasarme durante mis retiros, mi aprecio por el valor de la vida "activa" había crecido.

A la mañana siguiente, después de Laudes a las 6:45, llevamos nuestras maletas hasta la hospedería. Antes de partir, recordé que aún me quedaba una cosa por hacer o, mejor dicho, por decir. Algo que había olvidado. Corrí hacia la tumba de Merton, en uno de los costados del monasterio.

Observé la brillante hierba verde y pensé en la extraña, complicada y contradictoria vida de Merton, y en mis líneas preferidas de Walt Whitman, las que aparecen casi al final de "Canto a mí mismo":

Me entrego a la tierra para crecer desde la hierba que amo.
Si me quieres de nuevo, búscame bajo las suelas de tus botas.

Pensé en todo lo que me gustaría decirle a Thomas Merton: que no había otra persona, excepto Jesús, que hubiera influido tanto en mi vocación. Que, gracias a sus escritos, guardaba en mi interior la fascinación por la vida monástica en medio de un mundo activo. Que su vida de contradicciones y complejidades me había ayudado a ver que todos nosotros, sin importar lo locas que parezcan nuestras vidas, podemos ser santos. Que me ayudó a comprender lo que él llamaba mi "verdadero ser", la persona que soy delante de Dios y la persona que estoy llamada a ser. Y que, aunque obviamente imperfecto, seguía siendo uno de mis grandes héroes.

Pero nada parecía adecuado. Así que simplemente dije "Gracias", confiando en que él lo entendería. Y volví corriendo a reunirme con mis amigos.

5

Ad Majorem Dei Gloriam

Ignacio de Loyola

Hasta los veintiséis años, fue un hombre entregado a las
vanidades del mundo.

SAN IGNACIO DE LOYOLA
AUTOBIOGRAFÍA

Una de las grandes alegrías de abandonar el mundo corporativo e
ingresar en el noviciado de los jesuitas en Boston fue el cambio de
ritmo en mi vida. Había pasado los últimos seis años trabajando la mayor
parte de los días, noches y fines de semana, así que mi inmersión en el
horario cotidiano, u *ordo*, del noviciado, fue un cambio bienvenido.

Eso no quiere decir que la vida de un novicio jesuita no esté llena de
actividad. Los novicios de primer año teníamos que pasar quince horas
semanales en nuestros "ministerios" fuera del noviciado: yo trabajaba en
un hospital católico local que se especializaba en pacientes muy enfermos. Los novicios también teníamos que cocinar una vez a la semana
para la comunidad (compuesta por quince jesuitas), asistir a misa todos
los días (incluidos domingos, por supuesto), rezar al menos una hora
diaria (sin contar la oración comunitaria, a las 7 de la mañana), ocuparse
de las "tareas de la casa" (la mía era limpiar la cocina), participar en la
dirección espiritual semanal (es decir, analizar nuestra oración con uno
de los encargados del noviciado) y acudir a las reuniones para "compartir

la fe" todos los domingos por la tarde (en las que describíamos nuestra vida espiritual a los otros novicios). Finalmente, se esperaba que participáramos en la *manualia* semanal, una especie de limpieza comunitaria de la casa los sábados. Parecía que a mí siempre me tocaban los inodoros.

Pero aunque había muchas cosas que hacer, era una vida mucho más razonable que la que había llevado mientras trabajaba en General Electric. Más humana. Por eso le estaba instantáneamente agradecido a Dios.

Otro requisito para los novicios era la "conferencia" diaria, una clase que duraba una hora y era presidida por el director del noviciado y su asistente. Todos los días, a las 8 de la mañana, nos reuníamos alrededor de una enorme mesa de roble en la biblioteca para oír una introducción a la historia y espiritualidad de la Compañía de Jesús. Parte importante del primer año era aprender sobre el fundador de los jesuitas, San Ignacio de Loyola, acerca de los primeros jesuitas y sobre la espiritualidad jesuita e ignaciana (la "espiritualidad ignaciana" se refiere al punto de vista espiritual del santo, mientras que "espiritualidad jesuita" incluye también la espiritualidad de la Orden jesuita, basada en sus constituciones, su gobierno y lo que se conoce como "modo de proceder").

Teniendo en cuenta estas metas educativas, no me sorprendió que el director del noviciado nos encargara leer *El primer jesuita*, una biografía de San Ignacio escrita por la historiadora Mary Purcell, y la *Autobiografía de San Ignacio de Loyola*.

Lo que sí me sorprendió fue que al terminar esos dos libros (que a mi mente de novicio le parecieron un poco extensos) nos pidió que leyéramos otra biografía: *San Ignacio de Loyola: solo y a pie*, de José Ignacio Tellechea Idígoras.

Y luego otro: *Ignacio de Loyola: fundador de los jesuitas*, de Cándido de Dalmases, SJ.

Finalmente, y en caso de que no hubiéramos prestado atención a los cuatro primeros libros, tuvimos que leer *Amigos en el Señor*, de Javier Osuna, SJ, dedicado a San Ignacio y a los primeros jesuitas.

También se nos animó (en caso de que tuviéramos algún tiempo libre) a leer *Ignacio de Loyola y la fundación de la Compañía de Jesús* de André Ravier, SJ y *Jesuitas: su doctrina y práctica espiritual*, de Joseph de Guibert, SJ. Los novicios tampoco debíamos pasar por alto *Cartas de San Ignacio de Loyola*, seleccionadas y traducidas por William J. Young, SJ.

Por suerte, éste último, aunque tenía unas considerables 450 páginas, representaba sólo una pequeña fracción de las *6.813* cartas del santo. La cubierta del libro llama orgullosamente a Ignacio "uno de los escritores de cartas más asiduos de su época o de cualquier otra". En números, sus cartas son el doble de las cartas existentes de Erasmo, Lutero y, "casi" (afirmaba la cubierta, con un cierto aire de decepción), de Juan Calvino.

En cualquier caso, no les sorprenderá saber que, para el final de mi primer año de noviciado, podía recitar de memoria la historia de San Ignacio.

Íñigo de Loyola nació en 1491 en el País Vasco, en el norte de España. De niño fue escudero en la corte de un noble local y más tarde se distinguió como un valiente soldado. En su corta autobiografía se describe a sí mismo como "un hombre dado a las vanidades del mundo", especialmente en lo que tenía que ver con su apariencia física. Parece que también fue muy dado a las mujeres. Al menos, así se veía a sí mismo. No hay dudas de que llevaba una vida disoluta. Se rumorea incluso que tuvo un hijo ilegítimo (hay pruebas que lo apoyan, aunque ninguna es concluyente). Y es posible que sea el único santo canonizado que ostenta antecedentes policiales por pelea nocturna con intento de causar serios daños.

Durante su carrera como soldado, Íñigo fue herido en la pierna con una bala de cañón en una batalla en Pamplona, en 1521. Este incidente pivotal, que podría haber resultado meramente trágico para otra persona, marcó el comienzo de una nueva vida para Íñigo. Es también una de las escenas más representadas en murales y mosaicos sobre la vida del santo. Sobre el altar principal de la iglesia de San Ignacio de Loyola en Nueva York, se encuentra un mosaico de brillantes colores sobre la batalla de Pamplona. En los parapetos de un castillo medieval, el herido Iñigo, vistiendo aún la armadura sobre un jubón azul cielo, está reclinado en brazos de sus compañeros soldados. Mientras la batalla continúa y los otros soldados escalan los muros del castillo por tambaleantes escaleras de madera, Iñigo contempla plácidamente al cielo, como si ya anticipara algo nuevo de parte de Dios.

Después de la batalla lo trasladaron a la casa de su hermano mayor, el ancestral castillo familiar de Loyola, para que se recuperara. El hueso de su pierna no quedó bien e Iñigo, "dado a las vanidades del mundo", quería que su pierna luciera elegante con las calzas de caballero así que se sometió a horribles y dolorosas operaciones. La pierna nunca quedó como antes e Iñigo cojeó el resto de su vida.

Confinado a su lecho de enfermo, Iñigo le pidió a una de sus familiares que le llevara algunos libros. Lo único que ésta tenía para ofrecerle eran lecturas piadosas, que él aceptó a regañadientes. Para su gran sorpresa, el soldado descubrió que se sentía atraído por las vidas de santos y comenzó a pensar: *Si San Francisco o Santo Domingo pudieron hacer esto y aquello, quizás yo también pueda hacer grandes cosas*. También notó que después de pensar en hacer grandes cosas por Dios, sentía una gran paz; una sensación a la que llamó "consolación". Por otra parte, después de imaginarse exitoso como soldado o impresionando a una mujer, y aunque al principio se sentía lleno de entusiasmo, le quedaba una sensación de "desolación".

Lentamente, comenzó a reconocer que tales sensaciones de desolación y consolación eran las maneras en que Dios lo conducía a seguir un camino de servicio. Percibió que la sensación de paz era la manera en que Dios lo acercaba más a Él. Ese reconocimiento marcó también el comienzo de su comprensión del "discernimiento" en la vida espiritual, una manera de buscar la voluntad de Dios para la propia vida y uno de los conceptos esenciales de la espiritualidad ignaciana.

Iñigo decidió que después de su recuperación se convertiría en peregrino y caminaría a Tierra Santa para descubrir qué podía hacer allí al servicio de Dios. Primero peregrinó a un monasterio muy conocido de España, en Montserrat, donde confesó sus pecados, dejó su armadura de caballero y vistió las sencillas ropas de un peregrino. Desde Montserrat, Iñigo viajó a una pequeña ciudad cercana llamada Manresa, donde llevó la vida de un pobre peregrino rezando, ayunando continuamente y pidiendo limosna.

Durante el tiempo que permaneció en Manresa, su oración se intensificó y experimentó grandes variaciones emocionales en su vida espiritual que fueron desde una desolación casi suicida hasta la sensación de una unión mística con Dios. Al final, su oración le hizo sentir con seguridad que Dios lo estaba llamando a seguirlo más de cerca. Iñigo pasó varios meses recluido en Manresa, experimentando cómo su oración se volvía más profunda, y luego comenzó su viaje a Jerusalén.

Después de una serie de percances en Jerusalén y en otros lugares, Iñigo comprendió que para conseguir cualquier cosa en la Iglesia de su tiempo necesitaría más educación y hasta, incluso, ordenarse sacerdote. Así que el antiguo soldado se prometió recomenzar su educación, un arduo proceso que lo llevó a las ciudades universitarias de Alcalá, Salamanca y, finalmente, París. Y como su conocimiento de latín era escaso, tuvo que asistir a clases (a los treinta años) con los niños pequeños que aprendían sus lecciones.

Incluso la tercera y cuarta vez que leí la historia del santo, me pareció que ese capítulo de la vida de Ignacio es impresionante y conmovedor. Siempre vuelve a mi memoria la imagen del hombre de treinta años sentado en una mesa demasiado pequeña, encorvado sobre sus libros. El orgulloso cortesano que había deseado impresionar a los hombres influyentes y las mujeres de rancia estirpe fue capaz, sin embargo, de encontrar la humildad necesaria para admitir que, en muchos aspectos, no sabía más que un niño.

Mientras estudiaba en París, Iñigo llamaba la atención debido a su tendencia asceta a vestir con las ropas más pobres, a pedir limosna, ayudar a los pobres y acompañar a los otros estudiantes en la oración. En París también completó lo que más tarde se conocería como *Ejercicios Espirituales*, un libro de prácticas sobre la oración, la condición humana, el amor de Dios y sobre la vida de Jesús; todo diseñado para ayudar a que otras personas se acercaran a Dios. Iñigo también orientó a su nuevo compañero de habitación, Francisco Javier, con estos ejercicios. Su amigo sería conocido, más tarde por supuesto, como San Francisco Javier, uno de los grandes misioneros de la Iglesia. En esa época en París, Iñigo, por razones que todavía hoy se desconocen, cambió su nombre por el más familiar de Ignacio.

Gradualmente, Ignacio reunió a su alrededor un unido grupo de seis hombres que decidieron que trabajarían juntos al servicio de Dios.

Pero, ¿haciendo qué? En primer lugar decidieron ir a Jerusalén, como tantos otros cristianos habían hecho antes. Si eso no era posible, se presentarían directamente frente al Papa quien, debido a su conocimiento acerca de las necesidades de la Iglesia universal, podría discernir mejor una dirección para el grupo. Finalmente, los hombres decidieron formar una Compañía de Jesús, o *Societas Jesu* en latín, con el propósito de "ayudar a las almas".

Al principio, Ignacio tuvo muchos problemas para conseguir la aceptación formal de su Compañía. Algunos miembros de la jerarquía eclesial, por ejemplo, encontraban molesto que no fundaran una orden religiosa más tradicional, con el énfasis en la oración común y una vida comunitaria estricta, incluso enclaustrada. Pero los hombres de Ignacio (llamados con sorna "jesuitas" por sus críticos), querían *trabajar en el mundo*. Ignacio, siempre lleno de recursos, logró astutamente la ayuda de varios hombres poderosos de la Iglesia para que hablaran a favor de la compañía.

Éstos fueron los humildes comienzos de la Compañía de Jesús. Después de instalarse en Roma y de obtener la aprobación papal para su nueva orden, Ignacio se embarcó en la difícil tarea de escribir las constituciones de los jesuitas y diseñar los planes de trabajo para sus miembros. En todas estas tareas, Ignacio se mostró tanto ambicioso como perseverante. Al mismo tiempo, era flexible y estaba siempre preparado para hacer la voluntad de Dios. Luchó por la Compañía cada vez que un funcionario de la Iglesia presentaba una objeción sobre la nueva orden. Sin embargo, solía decir que si el Papa hubiese ordenado una sola vez que los jesuitas se separaran, él hubiera necesitado sólo quince minutos de oración para serenarse, habría obedecido y habría seguido su camino.

En el noviciado nos presentaban a San Ignacio como el modelo jesuita: inteligente, hombre de oración y *disponible*: preparado para hacer la voluntad de Dios. Tenía la ambición de hacer grandes cosas *ad majorem Dei gloriam*, para mayor gloria de Dios. Otra manera de expresar eso es la tradición jesuita del *magis*: lo mejor, lo más alto, lo "más" para Dios. Se afirma que fue una suerte para la Iglesia católica que Ignacio transformara sus ambiciones mundanas en ambiciones para la Iglesia. Su encanto de cortesano, su tenacidad de soldado y su temperamento incondicional lo convirtieron en un formidable primer superior de los jesuitas. (Recuerdo que durante el noviciado solía pensar que a Ignacio no le hubiera ido tan mal en el mundo empresarial).

<hr />

A pesar de su vida notablemente fascinante e innegablemente inspiradora, San Ignacio no despierta la clase de afecto generalizado destinado a santos como Teresa de Lisieux o Francisco de Asís. Las descripciones de Ignacio a menudo emplean términos como *intelectual, serio, austero, místico,* los cuales lo convierten en un santo respetado pero una figura distante.

Y aunque los jesuitas reverencian a su fundador, más de uno mantiene al padre Ignacio a distancia. Un anciano jesuita del Boston College (la Universidad jesuita de Boston) me dijo una vez acerca de su juicio en el cielo:

—No tengo problemas con que Jesús me juzgue. ¡Es San Ignacio el que me preocupa!

Es cierto que, a diferencia de Francisco de Asís, Ignacio es raramente caracterizado como entrañablemente tonto (aunque le gustaba bailar repentinas danzas vascas para los jesuitas melancólicos) o insensato (aunque poco después de su conversión le pidió a su mula que decidiese qué camino tomar, para saber así si debía perseguir o no a un hombre que acababa de insultar a la Virgen María). Y, es cierto, no era un escritor inspirado con instinto para la frase justa, como lo eran su compatriota Santa Teresa de Ávila o San Benito.

Su *Autobiografía*, que dictó a regañadientes sólo después de que se lo pidieran, resulta ocasionalmente emocionante por las francas descripciones de sus experiencias místicas, pero también es lamentablemente árida. Incluso la más grande contribución de Ignacio a la espiritualidad cristiana, los *Ejercicios Espirituales*, no es un compendio de cálidas reflexiones sobre el amor de Dios. En cambio, es una serie de instrucciones claras y prácticas (un manual para directores de retiros), que se aprecia más al ponerlo en práctica que al leerlo. El joven Thomas Merton "hizo" una vez los Ejercicios Espirituales por su cuenta, sentado con las piernas cruzadas en el suelo de su apartamento en el Greenwich Village, a finales de la década de 1930. Fue una experiencia encontrada para Merton, algo que le pareció un intento de psicoanalizarse.

Pero las dos obras que Ignacio escribió con el corazón y el alma, los *Ejercicios Espirituales* y las *Constituciones* de la Compañía de Jesús, funcionan, y lo han hecho durante más de 450 años. Porque Ignacio de Loyola era fundamentalmente práctico. Después de discernir la voluntad de Dios para su vida, se dedicó resueltamente a cumplirla.

Corrigió su vida. Abandonó la carrera militar. Regresó al colegio. Reunió a sus amigos. Se puso a disposición de Dios y del Papa. Organizó, dirigió e inspiró lo que llamó su "mínima" Compañía de Jesús. Escribió las constituciones, abrió escuelas y envió misioneros.

Sin embargo, en el centro de lo que puede parecer una frenética actividad había una íntima relación con Dios, que Ignacio a menudo encontraba difícil de explicar con palabras. Sus diarios personales muestran minúsculas anotaciones amontonadas junto a las menciones de las misas diarias. Los eruditos han concluido que dichas anotaciones indican, entre otras cosas, las veces que lloraba durante la misa, abrumado por el amor de Dios. Ignacio encontraba a Dios *en todas partes*: en los pobres, en la oración, en misa, en sus compañeros jesuitas, en el trabajo y, de manera más conmovedora, en el balcón de la casa jesuita en Roma, desde dónde le encantaba contemplar las estrellas durante la noche. En esas ocasiones, le caían lágrimas a causa del asombro y la adoración. Sus respuestas emocionales en presencia de Dios echan por tierra el estereotipo del santo frío.

Ignacio fue un místico que amó a Dios con una rara intensidad, incluso para los santos. No fue un erudito renombrado como Agustín o Tomás de Aquino, ni un mártir como Pedro o Pablo, ni un gran escritor como Teresa de Ávila o Benito, ni tampoco, quizás, una personalidad tan querida como Francisco o Teresa de Lisieux. Pero amó a Dios y amó al mundo, y esas dos cosas las hizo muy bien.

Los mejores directores espirituales son aquellos que nos ayudan a discernir dónde obra Dios en nuestra vida, y cuáles son los momentos en los que podemos sentir la tentación de actuar en contra de Su voluntad. En su *Autobiografía*, Ignacio describe la primera vez que comprendió la manera en la que Dios actuaba en él, acercándolo suavemente a través de sus emociones y deseos. Esa percepción fundamental sería más tarde la base de los *Ejercicios Espirituales*.

En ese pasaje, Ignacio yace en su lecho de enfermo, convaleciente después de haber recibido una grave herida en batalla, no mucho antes de que decidiera dedicarse al servicio de Dios. En su autobiografía, dictada a su amigo Luis Gonçalves da Câmara, Ignacio siempre se refiere a sí mismo como "él" o "el peregrino".

Mientras leía la vida de Nuestro Señor y la de los santos, se detuvo a pensar, razonando con él mismo: ¿Y si yo debiera hacer lo mismo que hicieron San Francisco y Santo Domingo? Entonces meditó sobre muchas cosas que consideraba buenas, siempre proponiéndose aquello que consideraba más difícil y serio, y, mientras se las proponía, comenzaron a parecerle fáciles de alcanzar. Lo único en que pensaba era: "Santo Domingo hizo esto, por lo tanto yo también tengo que hacerlo. San Francisco hizo esto, entonces yo también tengo que hacerlo". Esos pensamientos le duraron mucho tiempo, pero cuando intervinieron otros problemas, los pensamientos mundanos... regresaron, y también le ocuparon mucho tiempo. Esa sucesión de pensamientos tan diversos, tanto de las obras de este mundo que deseaba alcanzar como las obras de Dios que venían a su imaginación, duraban mucho tiempo; y siempre meditaba mucho en ellos, hasta que se cansaba y los hacía a un lado para dedicarse a otros problemas.

Sin embargo, había una diferencia. Cuando pensaba en las cosas de este mundo, sentía una gran alegría; pero cuando se cansaba y hacía esos pensamientos a un lado, descubría que se sentía árido y descontento. Pero cuando pensaba en ir a Jerusalén, descalzo, comiendo sólo hierbas y sufriendo los rigores que los santos habían sufrido, no sólo se sentía consolado por esos pensamientos, sino que incluso después de dejar de pensar en ellos, seguía contento y feliz. No tuvo dudas, entonces, ni se detuvo a reflexionar sobre la diferencia, hasta que sus ojos se abrieron un poco y comenzó a maravillarse por la diferencia, y a meditar en ella; y comprendió por su experiencia que algunos pensamientos lo dejaban triste y otros, contento. Poco a poco, reconoció la

diferencia entre los espíritus que lo agitaban: uno del ene-
migo, y el otro de Dios.

Mi propia afinidad con San Ignacio no tiene que ver con un gran
afecto personal. Incluso después de tantos años como jesuita, veo a
Ignacio como una figura comprensiva pero algo distante, lejos de la
esfera de los hombres y mujeres comunes. Exigente. Incluso severo. Sin
embargo, mi gratitud hacia él se ha hecho más profunda a lo largo de
mi vida como jesuita, hasta convertirlo en uno de mis santos preferidos. Es la clase de gratitud que uno podría sentir por un tío ahorrativo
y taciturno que ha suministrado en secreto los fondos para nuestra
educación sin que nosotros lo supiéramos. En esencia, mi gratitud
es la gratitud por su espiritualidad y su manera de ver al mundo y a
Dios. Fue su marca de espiritualidad la que cambió mi vida y definió
la forma en que veo el mundo hoy.

En el fondo, la espiritualidad ignaciana fluye de la obra más famosa
del santo: *Ejercicios Espirituales*, que Ignacio escribió en el curso de
varios años; fue el fruto de su oración y de su experiencia en ayudar
a otros a rezar. Toda posible comprensión de la espiritualidad de San
Ignacio y de su orden jesuita comienza con esta pequeña obra. Lo que
ha sido llamado su regalo más grande para la Iglesia ha permitido a
miles de hombres y mujeres (jesuitas, sacerdotes, religiosas, religiosos,
laicos) de casi todas las denominaciones cristianas experimentar una
intimidad más profunda con Dios. No es exagerado decir que los
Ejercicios Espirituales han cambiado vidas.

Esencialmente, los *Ejercicios Espirituales* son un manual para
realizar un retiro en cuatro semanas. Durante ese tiempo, los participantes reflexionan sobre el amor de Dios, rezan para discernir la
decisión de seguir a Cristo, contemplan acontecimientos de la vida
de Jesús de Nazaret y experimentan la actividad creadora de Dios

en todas las cosas. Los Ejercicios están pensados para ayudarnos a conocer más íntimamente a Jesús, a experimentar una libertad cada vez mayor y a comprender cómo tomar decisiones de acuerdo con la gracia de Dios.

Aunque los Ejercicios se dividen tradicionalmente en cuatro "Semanas", en la práctica lleva más de siete días completar cada "Semana". Para aumentar la confusión, los jesuitas también se refieren a los Ejercicios como el "retiro de treinta días" o, por razones obvias, el "retiro largo". Un jesuita realiza el retiro largo dos veces en su vida: una como novicio, y la otra a final de su formación como jesuita, durante la etapa llamada "Tercera Probación".

:::::::::::::::::::::::::

Después de unas observaciones preliminares, los *Ejercicios Espirituales* comienzan con el famoso "Principio y Fundamento" de Ignacio, que define a grandes trazos su visión religiosa del mundo: "Los seres humanos son creados para alabar, reverenciar y servir a Dios nuestro Señor, y de esa manera salvar sus almas". Con ese fin deberíamos usar aquellas cosas de la tierra que nos permitan lograrlo, y liberarnos de todo lo que nos lo impidiera. Deberíamos ser, para emplear una de las expresiones ignacianas favoritas: "indiferentes a todas las cosas de la creación".

Debido, en parte, a la palabra que eligió Ignacio ("indiferencia"), y al modo en que la emplea, dicho concepto es generalmente malinterpretado. No significa que debemos considerar que las cosas (o las personas) no tienen valor. Pero no deberíamos estar tan apegados a las cosas o personas o a los estados de vida que nos impidan amar a Dios. Los *Ejercicios Espirituales* nos invitan a abrazar una libertad radical: "Por nuestra parte", escribió Ignacio, "no buscamos la salud más que la enfermedad, ni las riquezas más que la pobreza, ni una vida larga más que una corta, y así en todo lo demás; deseamos y elegimos sólo aquello que es bueno para nosotros en relación con el propósito con el que fuimos creados".

Una joven, después de escuchar esas líneas, me dijo:

—¿No se supone que debo preferir la salud antes que la enfermedad? ¡Es una *locura*!

Por supuesto que nadie quiere estar enfermo. Pero, según la visión de Ignacio, la salud no debería ser algo a lo que nos aferramos con tanta fuerza que el miedo a la enfermedad nos impida seguir a Dios. Como cuando decimos: "Bueno, no iré a visitar a mi amigo al hospital porque podría enfermarme". Ignacio diría que en ese caso es posible que no fuéramos lo suficientemente "indiferentes"; la salud se ha convertido en una especie de dios que impide que hagamos el bien. El objetivo no es elegir la enfermedad por ella misma, sino avanzar hacia la libertad que significa saber que nuestro bienestar físico no es el mayor de los bienes. Para la mayoría de nosotros, esa clase de libertad total es un objetivo que nos llevará toda la vida alcanzar.

En mi propia vida he comprobado que la indiferencia se ha convertido en un concepto espiritual duradero. Siempre que me descubro excesivamente apegado a algo (mi bienestar físico, mis planes de éxito en el mundo, la popularidad entre mis amigos, etc.), recuerdo la necesidad de lograr la indiferencia.

Cuando trabajaba con refugiados en Kenya, por ejemplo, justo antes de comenzar mis estudios de teología, mi provincial me pidió que esperara otro año antes de avanzar al siguiente estadio de mi formación. No creía que estuviera preparado todavía para iniciar los estudios de teología.

Me sentí devastado. La mayoría de mis compañeros tenían el mismo programa que yo, y ahora me pedían que esperara.

Cuanto más pensaba en ello, más me consumía la preocupación por el daño que sufriría mi reputación, por cómo se verían las cosas. ¿Qué pensarían los demás? Que era un fracasado. Un mal jesuita. Material dañado. Estaba enojado con mi provincial y se lo dije.

Cuando confesé esos sentimientos a mi director espiritual en Nairobi, él me aconsejó no sólo que tuviera paciencia, sino que rezara para obtener, como él la llamó, la gracia de la indiferencia.

—¿Puedes sentirte indiferente a tu ansiedad porque se sucedan las etapas de tu programa de formación? —me preguntó—. ¿Te preocupa más la apariencia de las cosas que lo que verdaderamente es mejor para ti? ¿Es posible que el programa de Dios sea mejor que el tuyo?

Su recordatorio acerca de la indiferencia me ayudó a superar una corta pero intensa tormenta espiritual. Finalmente, resultó que ese año adicional, que pasé trabajando en la revista *América,* fue un período maravilloso en mi vida, que posibilitó que comenzara una nueva carrera como escritor y que también me ayudó a prepararme para mis estudios teológicos.

Unos años más tarde le dije a mi provincial:

—¿Sabes? Finalmente comprendí que necesitaba ese año extra. Tenías razón.

—¡Ya lo sé! —dijo, echándose a reír.

Pero la indiferencia puede resultar una gracia muy costosa. Ignacio y los primeros jesuitas lo comprendieron bien. En 1539, cuando enfermó el jesuita que Ignacio esperaba enviar a la colonia portuguesa en India, el mejor amigo de Ignacio, Francisco Javier, se ofreció para reemplazarlo. Enfrentado a la decisión de mantener a su amigo a su lado o enviarlo lejos "para la mayor gloria de Dios", eligió la segunda.

Debe haber sido una decisión dolorosa, una que sólo pudo tomar con una auténtica indiferencia. Fue esa clase de indiferencia radical la que permitió a Ignacio dejar partir a su amigo y la misma libertad la que permitió que Javier se convirtiera en uno de los más grandes misioneros cristianos del mundo. Pero los dos hombres, amigos desde sus días en la universidad, no volverían a verse. Después de predicar el mensaje del Evangelio en India y Japón, Francisco Javier murió frente a la costa de China en 1552.

COO

DOBB,
FREDERICK
Mon Nov 22, 2021

(Estimated hold expiration date)

Antes de partir para India, Francisco escribió a su mejor amigo una carta desde Lisboa, en 1541. Para mí, se trata de su escrito más conmovedor ya que captura tanto su amor por Ignacio como su dedicación a la nueva misión:

> No tengo nada más que decirte, excepto que ambos estamos a punto de embarcar. Despidámonos pidiendo a Cristo nuestro Señor la gracia de volver a vernos en la próxima vida; porque no sé si volveremos a vernos en ésta debido a la enorme distancia entre Roma e India y a la gran cosecha por delante.

Los participantes en el retiro generalmente pasan unos días meditando el "Principio y Fundamento", no sólo como una forma de pensar sobre la indiferencia, sino también como un medio para meditar sobre su relación con Dios. Esta etapa de los Ejercicios permite a las personas experimentar gratitud al contemplar la actividad creadora de Dios en sus vidas. Para muchos, puede significar reflexionar sobre la belleza de la naturaleza, o las bendiciones que han recibido de Dios o cualquier otra de las formas en las que han experimentado a Dios a lo largo de sus vidas.

En este punto, Ignacio presenta una sencilla pero poderosa forma de oración llamada "examen de conciencia", una manera de descubrir si Dios se encuentra activo en nuestra vida.

El examen consta de cinco momentos. Primero, le pedimos a Dios que esté con nosotros. Después, recordamos los sucesos del día por los que nos sentimos agradecidos. No es necesario que nuestra gratitud sea por cosas extraordinarias: puede deberse a la llamada de un amigo, a una comida agradable o un trabajo difícil que finalmente logramos terminar. Las pequeñas cosas también son importantes: un día soleado, una siesta reparadora, la sonrisa de un bebé. La gratitud nos ayuda a reconocer la presencia de Dios en esos momentos.

El tercer momento es la revisión del día. Aquí tratamos de notar la presencia de Dios a lo largo del día, intentando tomar conciencia de en qué momentos aceptamos (o no) la gracia de Dios. Me gusta considerar este momento como una película en la que vuelvo a ver mi día. Cuando recordamos a alguien que tuvo una palabra amable para nosotros, podemos decirnos "Sí, ahí estaba Dios". A la inversa, cuando recordamos que tratamos a alguien sin respeto, podemos decir: "Sí, en ese momento me alejé de Dios". Eso nos conduce naturalmente al cuarto momento: pedir perdón por nuestros pecados. En el quinto momento pedimos la gracia para seguir a Dios más de cerca durante el día siguiente. Ignacio recomienda terminar el examen con el Padrenuestro.

El examen es una sencilla oración para tomar conciencia. Se trata de notar la presencia de Dios en los acontecimientos diarios de la vida. La oración, como escribió el jesuita Walter Burghardt, es una "larga y amorosa mirada a lo real". Y el examen es exactamente eso: una manera de ver a Dios en la realidad de la vida cotidiana. "Encontrar a Dios en todas las cosas" es un resumen conciso de la espiritualidad ignaciana y el examen es una buena manera de comenzar a vivir ese ideal.

....

Además de esas gracias cotidianas, en este punto de los Ejercicios los participantes del retiro también pueden recordar momentos particulares de gracia, esos momentos en los que la presencia de Dios se siente especialmente cerca, cuando encontramos lo que Sebastian Moore, OSB, ha llamado el deseo de "no sé qué".

Estas experiencias "cumbre" no son simplemente patrimonio de los místicos. Muchas personas, si no todas, pasan por ellas… aunque a menudo no las reconocen. Supongamos que nos encontramos solos en una playa observando un maravilloso atardecer y nos sentimos abrumados por la belleza de la creación. O que estamos en medio de un encuentro íntimo con nuestro cónyuge o pareja y somos conscientes de una profunda conexión con la Fuente de todo el amor. En ambas experiencias nos encontramos con Dios de una manera profunda y personal, tanto si nos damos cuenta de ello como si no.

Existen numerosas descripciones de tales experiencias en novelas y autobiografías contemporáneas. Cuando estaba cerca de cumplir treinta años, y comencé a pensar en la vida religiosa, di por casualidad con un hermoso pasaje de *Sorprendido por la alegría*, de C. S. Lewis. Al comienzo de su autobiografía, el autor relata un momento en el que se encontraba en el jardín frente a un arbusto de grosellas y le vino a la memoria un recuerdo de su infancia. Lewis se sintió abrumado por el deseo que surgía de "una profundidad no de años sino de siglos". Lewis escribe:

> Es difícil encontrar las palabras adecuadas para la sensación que me abrumó… Fue una sensación, por supuesto, de deseo, pero ¿un deseo de qué?… Y antes de que supiera qué era lo que deseaba, el deseo había desaparecido, su vislumbre desvanecida, y el mundo había vuelto nuevamente a transformarse en un lugar común, o sólo agitado por el anhelo que acaba de cesar.

Yo mismo he experimentado unas pocas veces momentos como ése. Y ninguna de ellas fui capaz de reconocer la importancia que tenían. Sólo al mirar atrás comprendí su significado.

Cuando era niño, por ejemplo, solía ir en bicicleta al colegio que se encontraba a pocos kilómetros de mi casa. El paseo de veinte minutos cuesta abajo era un auténtico placer al ir al colegio y un auténtico agotamiento al subir la pendiente de regreso. El viaje me hacía pasar por las nuevas aceras y las casas familiares de nuestro vecindario y me conducía a una acera escondida, encajonada entre dos casas. Al final de dicha acera había una empinada escalera de seis escalones, que me obligaba a bajarme de la bicicleta y arrastrarla hasta arriba.

Desde la cima de la escalera podría ver mi escuela a lo lejos. Y entre los escalones y la escuela se encontraba uno de mis lugares favoritos: un ancho prado, con altos robles a la izquierda y los enormes campos de béisbol de la escuela a la derecha. En las frías mañanas de otoño, abrigado con mi chaqueta de pana, me lanzaba hacia abajo pedaleando por el polvoriento camino lleno de baches en dirección al prado de hojas crujientes, hierba seca y plantas cubiertas de escarcha. En invierno (cuando iba caminando al colegio), el campo era un paisaje abierto de nieve blanca que se elevaba húmeda sobre las puntas de mis galochas negras, mientras mi aliento formaba nubes frente a mí.

En primavera, sin embargo, el prado explotaba de vida. Entonces sentía que atravesaba un experimento de ciencias: gordos saltamontes brincaban entre las margaritas, las abejas zumbaban entre las flores, pequeños grillos negros cantaban bajo los cardos celestes, y los cardenales y petirrojos se movían de rama en rama. El aire era fresco y el campo entero cantaba las palabras de la creación.

Una cálida mañana de primavera me detuve para recuperar el aliento en medio del prado. Tendría entonces unos diez u once años. Los pesados libros escolares que llevaba en el canasto de metal se inclinaron violentamente hacia un costado y estuve a punto de perder la tarea de matemáticas entre los saltamontes y grillos. A horcajadas sobre la bicicleta, podía ver gran parte de lo que había a mi alrededor: tanto color, tanta actividad y tanta *vida*. Mirando hacia mi escuela, que se veía en el horizonte, me sentí enormemente feliz de estar vivo. Y sentí el deseo tanto de poseer como de ser parte de todo lo que me rodeaba. Todavía puedo verme en aquel prado rodeado de la creación y sentir el aire cálido más que cualquier otro recuerdo de mi infancia.

Reflexionando ahora, creo que lo que sentía en ese momento era una percepción de la *promesa* de Dios: una invitación a la alegría ilimitada. Fue ese recuerdo el que vino a mi memoria al comienzo de los Ejercicios Espirituales.

Después de reflexionar sobre tales momentos, los participantes del retiro comienzan a ver su falta de voluntad para responder a la bondad de Dios; en otras palabras, su pecado. Uno de los directores explicó que cuanto más reconocemos el amor de Dios, más vemos que sucede como con el sol, que arroja su sombra y revela nuestra naturaleza pecadora.

Durante la Primera Semana, por lo tanto, los participantes reflexionan sobre su condición de pecadores. Ignacio recuerda a los creyentes que siempre deben pedir lo que quieren a través de la oración, especialmente durante los Ejercicios. En la Primera Semana, escribe Ignacio, debemos "rogar pidiendo la gracia de una aflicción más grande e intensa por nuestros pecados". Con el tiempo, los participantes se sienten agradecidos porque, aunque han pecado a menudo, Dios los ama igualmente: son pecadores "amados". La gratitud frente al amor incondicional de Dios por lo general y naturalmente despierta el deseo de responder a él.

Para comenzar la Segunda Semana, Ignacio ofrece una poderosa meditación titulada "La llamada de Cristo Rey". Pide a los participantes que imaginen que están al servicio de un carismático líder humano. Debemos imaginar que nuestro héroe nos invita a seguirlo en la tarea de su vida y a que nos conformemos con "comer lo que yo como, beber lo que yo bebo, vestir como yo visto…". Se trata de una experiencia a menudo profundamente conmovedora: ¿No sería fantástico que nuestro héroe nos llamara por nuestro nombre para que lo sigamos?

Pero después de meditar en lo que eso significaría para nosotros, se nos pide que reflexionemos sobre algo más importante: "cuánto más valioso" es seguir a Jesucristo. La meditación nos ofrece una doble invitación: seguir a Cristo y trabajar por un mundo de justicia, amor y paz.

Una vez consciente del deseo de seguir a Cristo, se invita al participante del retiro a contemplar la vida de Jesús. Ignacio comienza al principio de la vida de Cristo (desde el primer momento) con una meditación en la que imagina a la Santísima Trinidad que contempla la tierra y decide "enviar" a Cristo. En una de las meditaciones más hermosas de los *Ejercicios* se nos anima a ver las cosas como las ve Dios. Se nos pide que consideremos a toda la humanidad y "veamos a las diferentes personas… en toda su variedad, tanto en su manera de vestir como en sus acciones: algunos blancos y otros negros; algunos en paz y otros en guerra; algunos llorando y otros riendo; algunos sanos y otros enfermos; algunos que nacen y otros que mueren".

Durante mi retiro largo me resultó hermoso imaginarme a la Trinidad mirando al mundo con compasión. La meditación no sólo me ayudó a ver el mundo con nuevos ojos, sino que también me hizo valorar el deseo de Dios de enviar a su Hijo al mundo.

Así comienza la parte de los Ejercicios que más me emociona: las meditaciones sobre la vida de Jesús. Descubrí una nueva clase de oración que se conoce con diversos nombres: "contemplación ignaciana", "oración contemplativa", "composición de lugar" o, simplemente, "oración imaginativa". Se trata de una forma de oración que emplea la imaginación como instrumento para encontrar a Dios. El método también le da la posibilidad al participante de experimentar la gracia característica de la Segunda Semana: el deseo de conocer más plenamente a Jesús.

En una contemplación ignaciana intentamos ubicarnos en una escena en particular, a menudo tomada de los evangelios. En la historia de la Natividad, por ejemplo, Ignacio nos pide que nos imaginemos que vamos camino a Belén con María y José; que veamos "con la mirada de la imaginación, el camino de Nazaret a Belén, que consideremos la longitud y la anchura, si el camino es llano o atraviesa valles y colinas; de la misma manera debemos mirar la cueva de la Natividad, examinando si es grande o pequeña, alta o baja y cómo estaba dispuesta".

Mientras viajamos con María y José podemos hacernos otras preguntas, además de las que nos sugiere Ignacio. ¿Qué apariencia tienen María y José? ¿Qué ropa visten? También podemos usar imaginativamente nuestros otros sentidos. ¿Qué oigo? (La gravilla crujiente bajo las patas de los camellos, un pájaro que canta a lo lejos…) ¿Qué huelo? (La comida que hemos traído, el aire fresco que sopla sobre los campos verdes...).

Puede ayudar el que nos imaginemos a nosotros mismos como una persona en particular. Quizás como un amigo de José, que viaja con la pareja. En ese caso, podemos reflexionar sobre lo que sentimos. ¿Son nuestras ropas ásperas o suaves? ¿Sentimos el calor del sol? ¿Estamos cansados? A través de esos pequeños detalles podemos recrear el pasaje del Evangelio para poder comprenderlo mejor.

Cuando era novicio tenía problemas con la contemplación ignaciana. Al comienzo de un retiro largo, mi director espiritual (que se llamaba David), me hizo una breve introducción a la oración contemplativa: que debía usar la imaginación, ubicarme en la escena, etc.

Me pareció que era la cosa más tonta que había oído en toda mi vida.

—A ver si lo he entendido bien —dije—. ¿Quiere que visualice una escena del Evangelio en mi cabeza?

David asintió.

—Es ridículo —contesté.

—¿Por qué te parece ridículo?

—¿No está todo ya en mi cabeza? —le pregunté—. ¿Acaso no se trata de hacer que las personas en mi fantasía hagan lo que yo quiero que hagan?

—No necesariamente —me contestó.

Lo miré confundido.

—Permíteme que te pregunte algo —dijo David—. ¿Crees que ha sido Dios el que te dio la imaginación?

—Claro —dije.

—¿Y no crees que Dios puede usar tu imaginación para acercarte a él en la oración?

Tuve que admitir que parecía lógico. Dios se comunica con nosotros a través de todas las partes de nuestra vida, así que ¿por qué no con la imaginación? Las amables preguntas de David hicieron que mis dudas desaparecieran y me permitieron disfrutar de una nueva clase de oración.

Cuando dejé a un lado mis sospechas, los resultados me dejaron sorprendido. Algunas veces la oración resultaba difícil o árida, pero muchas otras sentía como si en verdad *estuviera* en la historia. Allí estaba yo con los apóstoles o con la muchedumbre, viendo un milagro, oyendo predicar a Jesús, presenciando la Crucifixión. Y me sentía sorprendido por las emociones que despertaban y el entendimiento que iba logrando. Hasta que entré a los jesuitas y descubrí esta clase de oración, dudaba de que Dios quisiera, o pudiera, comunicarse conmigo de una manera tan íntima. Hoy, esa clase de meditación es la forma principal en que me encuentro con Dios en la oración.

Un ejemplo: durante un reciente retiro de ocho días me pidieron que rezara con el mismo pasaje, el viaje de María y José a Belén. Los meses previos no habían sido fáciles ya que había estado concentrado en el desafío de la castidad en mi vida jesuita. Estaba comenzando a pensar que se trataba de una opción de vida no tan buena como el matrimonio, con sus propias recompensas, sin duda, pero no tan satisfactoria.

Los primeros intentos fueron mayormente infructuosos. Pero gradualmente, sin embargo, pude imaginarme como un amigo de la familia. Mientras María y José se preparaban para el arduo viaje, decidí ayudarlos todo lo posible. Así que fui a Nazaret en busca de alimentos para el viaje: pan ácimo, que envolví con un trozo de tela limpia; en el pozo de la plaza del pueblo saqué agua fresca con la piel de un animal; compré unos pocos dátiles a un vendedor y los guardé en mi bolsillo. Me sentía bien de poder hacer algo sencillo y útil por la pareja.

Cuando regresé a su casa, descubrí que ya estaban casi listos para partir. El embarazo de María estaba muy avanzado; observé lo mucho que le costaba moverse. Comprendí que no podría hacer todo ella sola y que necesitaría la ayuda de José y la mía.

Cuando salimos, José acomodó las provisiones en el pequeño burro y ayudó a María a montar en él. Mientras tanto, me di cuenta de que había olvidado la piedra para encender el fuego y corrí adentro de la casa a buscarla. Al salir, di de beber al burro y después partimos. Fue entonces cuando oí que José me decía: "Eres una gran ayuda".

Ahí comprendí que, aunque no era miembro de la familia, disfrutaba ayudándolos y caminando con ellos. Yo era parte de sus vidas. Y pensé en todas las personas que me habían invitado a participar en sus vidas. Como sacerdote célibe, no sólo puedo compartir las vidas de las personas en los bautismos, bodas y funerales, sino también en los acontecimientos más íntimos: acompañándolos en sus luchas, celebrando sus éxitos, partiendo con ellos el pan, viendo crecer a sus hijos. Mientras lo meditaba, me sentí invadido por una abrumadora gratitud por mi castidad y mi estilo de vida. Por primera vez como jesuita, no lo vi como la segunda mejor opción, sino como una maravillosa manera de vivir la vida.

Todo eso gracias a una meditación sobre un sencillo pasaje de las Escrituras.

Durante la Tercera Semana, después de meditar sobre el ministerio de Jesús, Ignacio nos invita a seguir cada una de las dolorosas etapas de la Pasión y muerte de Jesús: desde la Última Cena hasta su entierro.

La gracia que pedimos durante la Tercera Semana es la de tener compasión de Jesús y sufrir con él. A medida que nos ubicamos en cada escena, comenzamos a ver el sufrimiento de Cristo como signo de su amor y de la inevitabilidad de las dificultades para todos aquellos que lo siguen.

En esta etapa, los participantes en el retiro suelen meditar sobre el amor de Cristo que se sacrifica por la humanidad y recordar los momentos de sufrimiento en sus propias vidas. También se sienten, a menudo, invitados a "morir" a diferentes partes de sí mismos que les evitan seguir más plenamente a Cristo.

Pedir esta gracia implica avanzar hacia una importante forma de indiferencia: la libertad de dejar de lado los aspectos de nuestra vida que no nos dejan seguir a Jesús, la libertad de "morir a nosotros mismos". Para mí, la cuestión se centra a menudo en el orgullo: mi deseo de ser popular, admirado e incluso deseado. Esos sentimientos, aunque no son malos por sí mismos, generalmente nos impiden seguir a Jesús con todo el corazón. Es fácil ver, por ejemplo, cómo un especial deseo de "popularidad" se convertiría en un obstáculo para predicar el Evangelio en situaciones en las que hacerlo significaría desafiar el status quo. Jesús con frecuencia era impopular. Y también lo era su mensaje. Seguir a Jesús puede implicar la aceptación del ridículo, del desprecio y a veces de la persecución que acompaña a la predicación de su mensaje.

Los Ejercicios Espirituales, por lo tanto, nos invitan a cruzar el umbral del interés personal y a unirnos a Cristo en su misión, incluso hasta el punto de aceptar las dificultades y el sufrimiento personal. La experiencia de los Ejercicios permitió que docenas de mártires jesuitas —desde San Edmundo Campion (Inglaterra, 1581) o San Pablo Miki (Japón, 1597) a San Isaac Jogues (Canadá, 1646), el beato Miguel Pro (México, 1927) y los seis jesuitas asesinados en El Salvador en 1989— comprendieran la llamada a seguir a Cristo de esta manera radical.

Cuando llegué a la etapa final de los Ejercicios Espirituales, me sorprendió descubrir que la Cuarta Semana era relativamente corta.

Ignacio sólo recomienda una meditación sobre la Resurrección. Y la gracia que pedimos es la de "alegrarnos intensamente". Una vez más en los Ejercicios, esta gracia normalmente nos despierta el deseo de responder a ella. Después de pasar treinta días meditando sobre el amor de Dios, de estar con Jesús en su ministerio, de presenciar su Pasión y experimentar su Resurrección, uno quiere responder. Para este momento, los participantes en el retiro reconocen la acción amorosa de Dios en todas partes. Por lo tanto, los Ejercicios concluyen con una meditación acerca de cómo trabaja el amor de Dios en nuestra vida y con una plegaria de ofrecimiento a Dios, dispuestos a vivir los frutos del retiro.

⋯⋯⋯⋯⋯⋯⋯

San Ignacio de Loyola redactó los *Ejercicios* no sólo para los jesuitas, sino para todos los cristianos, indistintamente de su estado de vida, porque Ignacio creía que Dios desea tener una relación con cada persona. Su espiritualidad tolerante y vital se basa en esa creencia.

Los teólogos describen frecuentemente la espiritualidad ignaciana como "encarnacional". Es decir, que reconoce la trascendencia de Dios pero también está enraizada en las experiencias reales de las personas en sus vidas cotidianas.

Se trata de una espiritualidad que nos recuerda que Dios nos habla a través de la oración, pero también a través de nuestras emociones, nuestras mentes y nuestros cuerpos. Dios puede comunicarse con nosotros a través de la intimidad sexual, el amor romántico y la amistad. Podemos encontrarlo en las Escrituras y en los sacramentos. Puede mostrarnos su amor a través de nuestros hermanos, nuestros compañeros de trabajo, un maestro, un sacerdote, un extraño o una persona sin hogar. Podemos encontrar a Dios en todas las cosas. Y en todas las personas.

El camino de San Ignacio nos anima a buscar los signos de la presencia de Dios en las cosas de todos los días. Y nos anima a comprometernos a rezar de manera constante para poder contemplar esos signos. Porque sin la disciplina de la oración tendemos a pasar por alto y a olvidar esos momentos en los que la presencia de Dios es más sensible. Debemos equilibrar, por lo tanto, una vida activa con una de oración. El objetivo de la espiritualidad ignaciana puede resumirse en otra concisa expresión: el deseo de convertirse en un "contemplativo en acción", una persona que mantiene una postura contemplativa en medio de una vida activa.

Fue esa espiritualidad, tanto práctica como mística, terrena y celestial, la que me acercó a Dios por primera vez en mi vida durante el primer año de mi noviciado. ¡Todo tenía sentido! La espiritualidad ignaciana me ayudó a encontrarme con Dios de nuevas maneras, abrió mi mente a nuevas formas de oración, alimentó la confianza sobre la presencia de Dios y me liberó de la alienación que había experimentado durante tantos años. Por primera vez, sentí y creí que Dios estaba cerca de mí.

Cuando le rezo a San Ignacio de Loyola no siento el mismo cariño que siento, por ejemplo, por Santa Teresa de Lisieux o Thomas Merton. No releo pasajes de sus cartas o diarios como suelo releer *La montaña de los siete círculos* o *Historia de un alma*. Y admito que, como aquel jesuita anciano del Boston College que temía su encuentro con Ignacio en el cielo, nunca me he sentido todo lo cercano que me gustaría al fundador de la Compañía de Jesús.

* * *

Hace poco tiempo hice una corta peregrinación a Loyola, el lugar de nacimiento de Ignacio, con un amigo que me ayudó a verlo desde una nueva perspectiva. Y, al mismo tiempo, recibí una especie de regalo espiritual.

Un amigo jesuita llamado George, a quien conocía desde el noviciado, y yo habíamos sido invitados a un viaje de una semana a

Lourdes. El motivo de la invitación era que fuésemos como capellanes durante una peregrinación organizada por la Orden de Malta, un grupo católico internacional que patrocina un viaje anual para los enfermos y sus acompañantes (y sus capellanes), al famoso santuario del sur de Francia, donde se dice que la Virgen María se apareció a una joven en 1858. Era nuestro segundo viaje con el grupo.

Como teníamos un día libre y ya habíamos visto gran parte de Lourdes durante nuestro primer viaje, George y yo decidimos visitar Loyola, que se encuentra justo al otro lado de la frontera española. Así que después de unos días de celebrar misas, participar en procesiones eucarísticas, visitar la gruta con los peregrinos enfermos y escuchar docenas de confesiones, alquilamos un coche para nuestra peregrinación dentro de la peregrinación. Íntimamente, esperaba poder conseguir un poco de "agua de Loyola", que se supone que ayuda a las mujeres a quedar embarazadas y que me habían pedido algunas de las peregrinas de nuestro grupo.

Nuestra peregrinación nos llevó a lo largo de la costa del sur de Francia más allá de Biarritz, el fabuloso lugar de vacaciones dónde me imaginaba a la burguesía adinerada viviendo al estilo de Cole Porter. Para sorpresa nuestra, llegamos a Loyola en sólo tres horas, y fue ahí donde la mano de Dios en nuestro viaje se volvió casi cómicamente fácil de ver.

Cuando entramos en la vistosa basílica en el centro de la ciudad, descubrimos que estaba a punto de comenzar una misa en euskera, la lengua materna de San Ignacio. Después de la misa (sobre la que George comentó que podría haber sido en navajo, por lo que habíamos entendido), recorrimos el castillo de Loyola, ubicado dentro del complejo de la basílica.

En la planta baja había un pequeño diorama con imágenes de tafetán de treinta centímetros que representaban escenas de la vida de Ignacio. Una de ellas, congelada detrás del vidrio, resultaba asombrosamente emocionante: un joven Ignacio despidiéndose de su familia en el castillo de Loyola, a punto de iniciar su nueva vida. No suelo pensar mucho en él cuando era joven, pero de repente, y gracias a aquellas pequeñas imágenes polvorientas, comencé a reflexionar en lo que pudo haber significado para él dejarlo todo por Dios.

En el piso superior encontramos una habitación vidriada. Le pregunté a nuestro guía qué era.

—Es la capilla de la conversión —respondió en español.

Quedé atónito: ésa era la habitación en la que Ignacio había experimentado su primera conversión, mientras se recuperaba de sus heridas. No tenía idea que se supiera exactamente en qué habitación había sido, pero ahí estaba. En uno de los costados de la habitación había una estatua policromada del santo recostado en su lecho de enfermo, con un libro en las manos y mirando hacia el cielo: el momento en que había decidido cambiar su vida. Arriba, pintado en dorado sobre una viga de madera, puede leerse en español: *Aquí Se Entregó a Dios Íñigo de Loyola*.

En la habitación vidriada un sacerdote se preparaba para celebrar misa delante de un altar ornamentado. Con tristeza, le dije a George:

—Supongo que no podremos entrar.

Pero, como si nos hubiera oído, el sacerdote nos sonrió y nos hizo señas de que entráramos. Era francés y nos invitó a que nos uniéramos a un grupo de peregrinos franceses que comenzaban su Camino de Santiago de Compostela en España. Quedó encantado cuando descubrió que éramos jesuitas y le dijo a su grupo que eso era providencial. Concelebramos con él la misa e incluso proclamamos las lecturas con nuestro francés escolar. Más tarde el sacerdote nos preguntó a qué nos dedicábamos.

—Soy escritor —le dije—, y George trabaja como capellán en una prisión.

Nos rodeó con los brazos y sonrió ampliamente. Luego dijo en francés a los otros peregrinos:

—Estas dos vocaciones comenzaron en esta habitación.

De acuerdo, Señor, pensé, supongo que ahora lo veo bastante claro.

Después, en la tienda de recuerdos, George y yo nos encontramos con un alegre hermano jesuita que casualmente conocía a una persona de mi comunidad en Estados Unidos. Nos invitó al almuerzo en la residencia de los jesuitas, a punto de comenzar, y nos guió a través de vastos corredores hasta un enorme comedor con paredes de granito. Usando el poco español que recordábamos de nuestras clases del noviciado, le preguntamos por la historia del complejo de edificios de Loyola y por el trabajo de los jesuitas en la comunidad. La comida me resultó más deliciosa porque me quedaban sólo unos pocos euros en el bolsillo.

Más tarde, uno de nuestros compañeros de almuerzo, un encantador jesuita anciano, nos guió durante una extensa visita por el edificio principal: una enorme casa de retiros ubicada en medio de un área mantenida impecable, llamada el *Centro de Espiritualidad*. Cada uno de sus cinco pisos tenía su propia capilla, cada una dedicada a un estilo diferente de oración: una adornada, otra sobria, etc. Una incluso tenía un estilo muy zen. Cuando finalmente abandonamos la casa de retiros, nos quedaba el tiempo justo para regresar a Lourdes.

La absoluta facilidad con la que transcurrieron las cosas, en el momento adecuado, hizo que me resultara muy sencillo experimentar la presencia de Dios durante todo el viaje. Fracasamos rotundamente a la hora de conseguir agua de Loyola (el sacristán se encogió de hombros cuando le preguntamos si tenía un poco de agua para llevar). Pero no importó. George llenó una botella con agua de una fuente en el exterior de la basílica y dijo triunfante:

—¡Agua de Loyola!

Regresamos a Lourdes justo a tiempo para la cena con nuestros amigos. Cuando les conté lo perfecto que había sido nuestro viaje a Loyola, una de las mujeres más jóvenes dijo que era como "una confirmación de nuestra vocación jesuita".

Algunas veces, Dios no es sólo una presencia silenciosa, ¡sino que casi nos grita para que lo notemos!

Pero ninguna de estas experiencias, ni mi atención a la presencia de Dios en mi vida, serían posibles si no hubiera estado expuesto a la espiritualidad ignaciana, una espiritualidad que alienta la búsqueda activa de Dios en la propia vida. Y todo eso, por supuesto, gracias a Ignacio de Loyola.

Así que aunque no me sienta especialmente cercano a Ignacio, lo que sí siento es gratitud, una gratitud profunda y duradera por uno de los regalos más grandes que he recibido: el de una espiritualidad que me permite ver a Dios en todas las cosas.

6

Más que nunca

Pedro Arrupe

Me hace feliz que me llamen optimista, pero mi optimismo
no es un optimismo utópico. Se basa en la esperanza. ¿Qué
es un optimista? Puedo responder a eso por mí mismo, de
modo sencillo: el optimista es una persona que tiene la
convicción de que Dios conoce, puede hacer y hará aquello que sea mejor para la humanidad.

PEDRO ARRUPE, SJ
EL VIAJE ESPIRITUAL DE UN JESUITA

La primera vez que llamé a la casa del noviciado jesuita en Boston
contestó uno de los novicios:

—¡Casa Arrupe! —dijo, con voz alegre.

—Eh …perdón —dije, confundido—. Creo que marqué un número
equivocado. Quería hablar con, eh…, el noviciado de los jesuitas.

—Sí —contestó, y casi pude verlo poniendo los ojos en blanco—.
Es aquí. La Casa Arrupe.

Antes de entrar a la Compañía de Jesús, no tenía idea de quién
(o qué) era Arrupe. Paradójicamente, ahora que ya llevo tiempo como
jesuita, me sorprende que el nombre de Pedro Arrupe, superior general de los jesuitas entre 1965 y 1983, no sea más conocido.

No es que crea que las personas deberían ser conocidas sólo por haber sido superiores de la orden de los jesuitas. Al contrario; la vida, el carácter y el ejemplo de Pedro Arrupe son tan fascinantes y tan relevantes para los creyentes contemporáneos, que siempre me sorprende que la gente no esté familiarizada con su historia.

Creo que la vida de Pedro Arrupe puede verse como un microcosmos de la vida de la Iglesia en el siglo XX. Nació en 1907 en Bilbao, en el País Vasco, España. Era hijo de una devota familia católica. Después de terminar el colegio secundario, Arrupe comenzó sus estudios de medicina, primero en Valladolid, España, y más tarde en la Facultad de Medicina de la Universidad de Madrid. Pero poco después de una visita a Lourdes, donde presenció curaciones espontáneas (un niño enfermo de polio pudo caminar después de asistir a una procesión con el Santísimo Sacramento), su vida dio un giro de 180 grados. Gracias a sus pocos años de estudio de medicina, se le permitió estar presente durante la verificación médica de la curación y concluyó que había sido un milagro.

"Resulta imposible describir mis sentimientos y el estado de mi alma en aquel momento", dijo más tarde acerca de sus experiencias en Lourdes. "Tenía la impresión de estar cerca de Jesús, y mientras sentía su fuerza todopoderosa, el mundo a mi alrededor comenzó a parecerme extremadamente pequeño". Después de regresar a Madrid, "los libros se me caían de las manos; aquellas lecciones, aquellos experimentos que tanto me emocionaban antes ahora me parecían estériles... Seguía aturdido por el recuerdo que me perturbaba todo el tiempo: sólo el recuerdo del Santísimo Sacramento elevado como una bendición y el niño paralítico saltando de su silla permanecían inalterables en mi memoria y en mi corazón".

Poco después, Pedro Arrupe, con diecinueve años, abandonó la carrera de medicina para entrar en el noviciado jesuita de Loyola, España (la ciudad natal de San Ignacio, el fundador de la orden). Sus profesores de la facultad estaban horrorizados.

En 1932, junto con otros jesuitas en España, Arrupe fue expulsado del país por la República española, y se vio obligado a completar sus estudios en el extranjero. Después de estudiar en Bélgica, Holanda y los Estados Unidos, fue ordenado en 1936. Dos años más tarde fue enviado por sus superiores a trabajar en Japón como cura parroquial en Yamaguchi.

El joven sacerdote se sumergió de inmediato en la cultura japonesa para poder entender mejor el país en el que vivía. Arrupe estudió el idioma japonés y las costumbres: la ceremonia del té, los arreglos florales, la caligrafía. También adoptó el estilo japonés de oración: sentado sobre una estera con las piernas cruzadas, estilo que usó durante el resto de su vida; durante su época como Superior General en Roma, su poco común postura para rezar sorprendería a algunas mentes jesuitas tradicionales.

Durante su estancia en Yamaguchi, fue acusado (falsamente) de espionaje para los "poderes occidentales"; lo arrestaron y permaneció en reclusión solitaria durante treinta y cinco días. Arrupe soportó en su celda el frío de diciembre solamente con una estera para dormir. Más tarde diría de ese período: "Fueron muchas las cosas que aprendí durante esos días: la ciencia del silencio, de la soledad, de la pobreza severa y austera, del diálogo interior con el 'huésped de mi alma'. Creo que fue el mes más instructivo de toda mi vida".

En 1942, el padre Arrupe fue nombrado director del noviciado para la provincia jesuita de Japón y se mudó al noviciado en las afueras de la ciudad de Hiroshima. Cuando arrojaron la bomba atómica sobre la ciudad, el 6 de agosto de 1945, Arrupe y sus novicios cuidaron a los enfermos y a los heridos, convirtiendo el noviciado en un improvisado hospital. Con su entrenamiento médico, Arrupe realizó operaciones sencillas a un enorme número de víctimas. Permaneció en Japón los siguientes trece años y, en 1959, fue nombrado superior de la provincia japonesa de los jesuitas.

Seis años más tarde fue elegido Superior General de la Compañía de Jesús durante la segunda mitad del Concilio Vaticano II y al principio de un período de cambio volcánico en la Iglesia. El director español de novicios de Japón parecía el hombre perfecto para esos tiempos: una persona con visión y experiencia internacional, un sacerdote que había vivido y trabajado tanto en Oriente como en Occidente, un jesuita que entendía que el centro gravitacional de la Iglesia se alejaba inexorablemente de Europa hacia Asia y África. Sobre todo, Arrupe entendía el concepto de *inculturación* mucho antes de que el término se volviera popular.

Siguiendo la llamada hecha al Consejo de órdenes religiosas a que redescubrieran sus raíces, el nuevo "Padre General", como se lo llamaba tradicionalmente, animó a sus hermanos jesuitas a que amoldaran los Ejercicios Espirituales al mundo actual, a que redoblaran el trabajo con los pobres y marginados y a que promovieran la "fe que hace justicia", de acuerdo con los deseos de la Congregación General de los jesuitas, el máximo órgano de gobierno de la orden. Este énfasis en la justicia como componente esencial del Evangelio se convirtió en el rasgo distintivo de Arrupe. Mucho antes del martirio de muchos jesuitas que trabajaban con los pobres (entre ellos, seis sacerdotes asesinados en El Salvador en 1989), Arrupe comprendió instintivamente la importancia del proyecto, y también los riesgos que implicaba enfrentar a las fuerzas que oprimen a los pobres. A una de las congregaciones de jesuitas que debatían el tema, le dijo en esencia: "Si elegimos este camino, muchos lo pagarán con sus vidas".

—¿Está preparada nuestra Congregación General para asumir esta responsabilidad y llevarla hasta sus últimas consecuencias? —preguntó—. ¿Está preparada para avanzar por el más doloroso camino de la cruz? Si no lo estamos, ¿qué otro propósito tienen estos debates, excepto el meramente académico?

El período del mandato del padre Arrupe como Superior general resultó notablemente fructífero. "Don Pedro", como lo llamaban cariñosamente, visitó a los jesuitas (académicos, hermanos y sacerdotes) en colegios y parroquias, en las barriadas rurales, en las universidades y casas de retiro y en los noviciados y enfermerías. Arrupe viajó por todo el mundo, y fue invitado a hablar en las principales reuniones de líderes eclesiales, sociales y laicos. Sus escritos y discursos se centraban no sólo en la promoción de la justicia y el trabajo con los pobres, sino también en temas como la renovación de la vida religiosa, el ecumenismo, la inculturación, el secularismo y la falta de fe, la evangelización y la catequesis, la vida intelectual y la importancia de que la Iglesia llegase a los jóvenes.

Éste es mi pasaje preferido del libro de entrevistas con Pedro Arrupe llamado *Itinéraire d'un jésuite. Entretiens avec Jean-Claude Dietsch* (Itinerario de un jesuita: conversaciones con Jean-Claude Dietsch". En él, Arrupe cuenta la visita a sus hermanos jesuitas que trabajaban en una barriada muy pobre de Latinoamérica. Durante aquella visita, celebró misa para la gente del lugar en un edificio viejo y destartalado donde los perros y los gatos se movieron libremente durante la celebración. Al terminar, el padre Arrupe fue invitado a la casa de uno de los miembros de la parroquia y recibió un regalo inesperado:

Cuando terminamos, un hombre enorme con una mirada que daba miedo me dijo:

—Venga a mi casa, tengo algo para darle.

Yo me sentía inseguro; no sabía si aceptar o no. Pero el sacerdote que estaba conmigo me dijo:

—Acepte, padre. Son buenas personas.

Fui adonde vivía: una casucha a punto de derrumbarse. Me ofreció una silla desvencijada para que me sentara. Desde donde estaba podía ver el atardecer. El hombretón me dijo:

—¡Mire, señor, qué hermoso es!

Nos quedamos en silencio durante varios minutos. El sol desapareció. Entonces, el hombre me dijo:

—No sabía cómo agradecerle todo lo que ha hecho por nosotros, pero pensé que le gustaría ver el atardecer. Le gustó, ¿verdad? Buenas tardes.

Y estrechó mi mano.

Mientras me alejaba, pensé: "No creo haber encontrado nunca una persona con un corazón tan bueno". Pensaba en ello cuando una mujer vestida pobremente se me acercó: me besó la mano y con una voz llena de emoción me dijo:

—Padre, rece por mí y por mis hijos. Estuve en la hermosa misa que celebró. Ahora debo regresar rápido a casa. Pero no tengo nada que darles a mis hijos. Rece al Señor por mí; él es quien debe ayudarnos.

Y se alejó corriendo en dirección a su casa.

Aprendí realmente muchas cosas gracias a aquella misa celebrada entre los pobres. ¡Qué contraste con las grandes reuniones con los poderosos de este mundo!

Una de sus iniciativas más importantes a favor de los pobres fue la fundación del Servicio Jesuita para los Refugiados en 1980 como respuesta a la crisis mundial de refugiados. Cuatro años después de entrar a la orden, comencé a trabajar con el Servicio de Refugiados en África oriental, y allí conocí la sencilla lógica que había llevado a Arrupe a fundar el grupo: hay jesuitas en todo el mundo y hay refugiados en todo el mundo. ¿Por qué no juntarlos?

Durante su período como Superior General, Arrupe ejemplificó el ideal jesuita del "contemplativo en acción". Vincent O'Keefe, un jesuita estadounidense que fue uno de los principales ayudantes de Arrupe en Roma, comentaría más tarde: "Tanto si estaba en casa o viajando para visitar a sus hermanos, el padre Arrupe irradiaba una serenidad interior que le permitía cambiar de una situación a otra, de un idioma a otro". El contemplativo. Al mismo tiempo, señala el padre O'Keefe, "era fácil saber cuando don Pedro se encontraba en Roma, porque entonces la sede de los jesuitas estaba llena de visitantes de todo el mundo y el personal hacía el mejor esfuerzo para enfrentarse a los borradores de cartas y discursos". El contemplativo en acción.

Arrupe era considerado un líder inspirado e inspirador incluso por otras órdenes religiosas. Por ello fue elegido durante cinco mandatos consecutivos de tres años cada uno como presidente de la Unión de Superiores Generales. También se lo veía como líder dentro de la Iglesia universal. Participó en todos los sínodos internacionales de obispos entre 1967 y 1980 y habló en todos ellos a favor de las congregaciones religiosas de hombres y mujeres. Muchos lo consideran el "segundo fundador" de la Compañía de Jesús. De hecho, su apariencia física (de contextura delgada, nariz aguileña, ojos inteligentes y cabeza calva) propiciaba muchos comentarios acerca de su extraordinario parecido con su compatriota vasco, San Ignacio de Loyola.

Es difícil describir cuánto admiraban al padre Arrupe muchos otros jesuitas, particularmente en los Estados Unidos y especialmente los más jóvenes, para quienes su compromiso con la justicia social era importante e inspirador. Un signo evidente de ese cariño es la enorme cantidad de Casas Arrupe que existen en los Estados Unidos. Tanto mi noviciado como mi comunidad de filosofía se llamaban así, lo que causaba no poca confusión a mis amigos que no pertenecían a la orden.

—¿Todas las comunidades jesuitas se llaman Casa Arrupe? —me preguntó un amigo al recibir una nota con membrete de la comunidad.

Todos describen a don Pedro como un hombre muy inteligente, cálido e ingenioso. Un amigo que trabajó mucho con él me contó la historia de dos novicios estadounidenses que pasaron por Roma camino a India, adónde iban a trabajar con los pobres.

—¿Y van hasta la India? —preguntó Arrupe—. ¡No hay duda de que cuesta mucho dinero enseñar a nuestros hombres algo sobre los pobres!

Arrupe se sentía tan cómodo con sus hermanos jesuitas como con personas laicas, sin importar su origen. El historiador vaticano Peter Hebblethwaite, que había pertenecido a la Orden, me contó que en una ocasión se encontró con Arrupe en Roma, cuando el coche del Padre General había chocado con otro automóvil. En aquellos días Margaret, la esposa de Hebblethwaite, estaba reuniéndose con otro jesuita para dirección espiritual. Hebblethwaite describió la escena en un artículo para la revista *America*:

> Su conductor estaba discutiendo con el otro. Nos detuvimos.
> —Ésta es mi esposa Margaret —le dije.
> Sus ojos se iluminaron.
> —Margaret —dijo—. ¿Usted está haciendo un retiro con el padre Herbie Alfonso?
> Así era. La esposa de un ex jesuita conversaba sobre los Ejercicios Espirituales con el Padre General, mientras yo apretaba los nudillos. Sospecho que se trató de un momento único en la historia de los jesuitas.

Pero Pedro Arrupe no gustaba a todo el mundo. Debido a que sus esfuerzos en favor de la justicia social parecían acarrear la sospecha del socialismo o, aún peor, del comunismo, Arrupe se ganó el desagrado de algunas personas dentro del Vaticano. Dentro de ciertos círculos romanos (e incluso en ciertos círculos jesuitas), se lo consideraba ingenuo, poco práctico en lugar de carismático, e incluso peligroso. Ese malentendido causaba mucho dolor a Arrupe. Cuando los funcionarios del Vaticano se quejaban, cuando arreciaban las denuncias de ciertos segmentos de la prensa católica y cuando los obispos lo arrinconaban en diversas reuniones para quejarse encarnizadamente de los jesuitas "socialistas" de sus diócesis, don Pedro defendía a sus hombres lealmente (y también solía decir a los jesuitas en cuestión: "¡Hagan que me sea fácil defenderlos!").

Pero, en caso de que algún jesuita malinterpretara la posición de Arrupe con relación a la Iglesia, solía enviar frecuentemente una fotografía a las comunidades jesuitas de todo el mundo en la que aparecía con su sotana negra arrodillado a los pies de Juan Pablo II. Debajo de ella podía leerse una frase sacada de uno de los documentos fundacionales de la Sociedad de Jesús: *Soli Domino ac Ecclesiae Ipsius sponsae, sub Romano Pontifice, Christi in terris Vicario servire* ("Para servir sólo al Señor y a la Iglesia, su esposa, obedeciendo al Romano Pontífice, vicario de Cristo en la tierra").

En 1981, a los setenta y cuatro años, Arrupe sufrió una trombosis cerebral que lo dejó incapacitado. Encomendó entonces el gobierno de la sociedad a Vincent O'Keefe, encargándole que siguiera guiando a la orden hasta que se pudiera convocar a una nueva Congregación General y elegir a un sucesor. Pero en un movimiento que muchos entendieron como una crítica al liderazgo de Arrupe y como un hiriente reproche personal, el papa Juan Pablo II reemplazó a O'Keefe con su propio "delegado", otro jesuita que gobernaría la sociedad hasta la elección de un nuevo superior. Fue un golpe abrumador para el debilitado Arrupe. En el libro *Pedro Arrupe: Essential Writings* [Pedro Arrupe: Escritos esenciales], Kevin Burke, SJ, escribe: "Vencido por la pena cuando se enteró de esta extraordinaria intervención en el gobierno de la Compañía, Arrupe se echó a llorar. Se embarcaba en la década más difícil de su vida, una década de forzada inactividad y silencio, una temporada de profunda pobreza y rendición espirituales".

Como respuesta al movimiento del Vaticano, Arrupe, siempre fiel, mandó a los jesuitas de todo el mundo que aceptaran la decisión de Juan Pablo II con lealtad, como él mismo había hecho. Fue una actitud que sorprendió a muchos de sus detractores, que lo consideraban esencialmente desobediente, y le ganó el favor del Vaticano. Finalmente, los jesuitas superaron la tormenta eclesial con éxito… pero también continuaron trabajando con los pobres.

Durante los siguientes diez años don Pedro permaneció en una cama de hospital en la sede de los jesuitas en Roma, imposibilitado a causa de la trombosis: parcialmente paralizado y cada vez menos capaz de comunicarse. El papa Juan Pablo II lo visitó pocos días antes de su muerte en 1991.

....

En el libro *Friends of God and Prophets* [Amigos de Dios y profetas], escrito por Elizabeth Johnson, la teóloga esboza dos modelos para relacionarnos con los santos. Al primero, quizás más conocido en los círculos católicos, lo llama el "modelo de patrocinio": el creyente pide favores a los santos. Como los santos están más cerca de Dios en el cielo (y ya no tienen necesidades propias), es natural pedirles ayuda. Aunque siempre es Dios el destinatario de nuestras oraciones, pedimos a los santos que "intercedan" por nosotros, como podríamos pedirle a un hermano mayor que hablara con nuestros padres en nuestro favor.

Pero, como señala Johnson, éste no era el modelo predominante en la Iglesia primitiva. En ella encontramos algo distinto: el "modelo del compañerismo", en el que los santos son nuestros amigos, son aquellos que nos han precedido y ahora nos alientan, son nuestros hermanos en la comunidad de la fe, la gran "nube de testigos". Se trata de una concepción más igualitaria de la santidad y de los santos. San Pablo, por ejemplo, considera santos a todos los fieles cristianos.

Ambos modelos funcionan en mi propia vida. En general, me relaciono más con los santos como compañeros, modelos e incluso animadores. Pero también hay momentos en los que siento que necesito su ayuda para acercarme a Dios, y entonces los santos son las personas indicadas a las que dirigirme.

Teresa de Lisieux, por ejemplo, es la persona en la que pienso cuando me siento desalentado o desanimado. Teresa comprendía profundamente el modo en que trabaja la gracia en medio de las luchas de la vida cotidiana, y su ejemplo me ayuda a aceptar con más paz los acontecimientos del día. Y cuando me siento abrumado por las fatigas diarias, dirijo a ella mis plegarias. En mi oficina tengo pegada mi postal favorita de Teresa, una que me envió un amigo que visitó Lisieux. Teresa, con su hábito carmelita, mira a la cámara con su característica expresión de franqueza. Debajo de la fotografía puede leerse escrito por ella: *Je suis venue au Carmel pour sauver les âmes, et surtout afin de prier pour les prêtres* ("He venido al Carmelo para salvar almas y, especialmente, para rezar por los sacerdotes"). Teresa de Lisieux es modelo e intercesora.

Cuando tengo dificultades con mi vocación (por ejemplo, cuando me cuesta aceptar la decisión de un superior), me dirijo a Ignacio de Loyola o a Thomas Merton. Imagino que Merton comprende bastante lo que significa tener dificultades con los superiores religiosos: incluso una lectura superficial de sus diarios revela cuánto luchaba casi diariamente con su voto de obediencia. Y supongo que Ignacio conoce un poco lo que es la obediencia jesuita (aunque como hizo notar una vez otro jesuita: "¿Qué sabe él de la obediencia? Después de todo, ¡él siempre fue el jefe!"). Me dirijo a Luis Gonzaga cuando lucho con la castidad. A Juan XXIII cuando lucho con la Iglesia. Y a Dorothy Day cuando se me hace difícil vivir con tanta simpleza como quisiera.

Y para que conste, siempre que pierdo algo, recito una plegaria que aprendí de niño a San Antonio de Padua, el patrono de las cosas perdidas:

San Antonio, San Antonio
ven en mi ayuda.
Algo se ha perdido
y no puedo encontrarlo.

Es impresionante la rapidez con la que suelo encontrar el objeto perdido después de recitar la oración.

Pedro Arrupe siempre ha sido el patrón del trabajo con pobres y marginados. Desde el noviciado me conmueven sus escritos a los jesuitas, sus discursos acerca de la justicia social y su constante aliento a ser un "hombre para los demás". En uno de mis pasajes preferidos, de un libro llamado *Justice with Faith Today* [Justicia con fe en la actualidad], Arrupe, hablando sobre el Viernes Santo en 1977, compara el grito de Jesús en la cruz con el grito de los pobres en la actualidad:

> "Lo que hagan al más pequeño de mis hermanos, los pobres e indefensos, me lo hacen a mí". Esas palabras son claras e inconfundibles. Jesús se identifica con los pobres. La sed que siente Jesús es una auténtica sed que clama al cielo como lo hizo en el Calvario. Y aquel grito de Jesús a punto de morir se repite en miles de gargantas que hoy en día claman por justicia cuando piden pan, respeto al color de su piel, una asistencia médica mínima, un techo, educación, libertad.

Por eso le rezo a Arrupe cuando necesito orientación en mi ministerio con los pobres, los marginados o los desesperados. Le pedí su ayuda poco después de su muerte, cuando trabajaba con refugiados en África oriental. Recé pidiéndole su intercesión mientras trabajaba como capellán en una prisión en Boston durante mis estudios de teología. Y también pedí su ayuda durante uno de los ministerios más duros que he desempeñado nunca.

Cuando sucedieron los ataques terroristas del 11 de septiembre de 2001, yo vivía en Nueva York y trabajaba en la revista jesuita *América*. Dos días más tarde comencé a acompañar a los bomberos, policías y trabajadores de rescate en el lugar donde antes se encontraba el World Trade Center. Casi de inmediato, se unieron al trabajo un gran número de hermanos jesuitas.

Durante los primeros días era fácil entrar al lugar: lo único que hacía falta era llevar cuello sacerdotal. Pero a la semana, cuando la seguridad se volvió más estricta y organizada, traspasar la barrera de seguridad que había levantado la policía, la Guardia Nacional y el Ejército de los Estados Unidos se volvió más difícil.

Una mañana, un amigo jesuita y yo nos acercamos a dos policías de aspecto hosco que vigilaban uno de los puestos de control. Imaginando que se nos complicaría entrar, decidimos rezar pidiendo un poco de ayuda. De inmediato pensamos en recurrir a Pedro Arrupe, no sólo porque pensamos que, siendo jesuitas, nos ayudaría, sino también porque recordamos su experiencia cuidando a las víctimas de la bomba atómica en Hiroshima. Supusimos que sabría un poco acerca del ministerio que estábamos llevando a cabo: un trabajo con personas confundidas y tristes después de un desastre causado por el hombre. Así que Bob y yo nos detuvimos en la esquina de una atestada calle en el bajo Manhattan, mientras a nuestro alrededor aullaban las sirenas de los coches de bomberos y de policías, y le pedimos al padre Arrupe que intercediera por nosotros: "Ayúdanos a entrar y a llevar a cabo el trabajo de Dios".

Cuando nos acercamos a los policías, sus rostros se relajaron. Sonriendo y asintiendo, nos saludaron alegremente; es más, uno de ellos había ido a la Universidad jesuita de Boston. Nos pidió la bendición. No tuvimos problemas en pasar la barricada.

Cada vez que me acercaba a la barricada con mis amigos jesuitas, rezábamos a Pedro Arrupe. Y cuando comencé a trabajar en el lugar con jesuitas jóvenes, la plegaria a Arrupe se volvió aún más natural: muchos jesuitas jóvenes lo consideran especialmente un héroe por su apertura, su sentido del humor, su dedicación a los pobres y su total compromiso con Jesucristo. Y cada vez que pedíamos su intercesión, pasábamos sin problemas otra barricada.

Una mañana nos acercamos al sitio con otros cuatro compañeros, con la esperanza de poder celebrar misa con los trabajadores de rescate. Traíamos cálices, patenas, hostias, vino y una estola. Cuando llegamos, nos encontramos con una fila inusualmente larga de voluntarios (trabajadores de la siderurgia, médicos, consejeros, psicólogos, ingenieros, trabajadores sanitarios), todos de pie bajo el caluroso sol de septiembre, esperando pacientemente para poder entrar. Cuando pregunté la razón de la demora, un trabajador sanitario me dijo:

—El FBI acaba de declarar el sitio como lugar de un crimen. Será imposible entrar, padre.

Después de esperar largo rato con un ardiente calor, me acerqué a un soldado de la Guardia Nacional y le expliqué nuestro deseo de celebrar misa.

Fue implacable.

—Vuelva a la fila —me dijo—, y espere su turno.

Regresé, desanimado, con mis amigos jesuitas.

—No podemos entrar —dije.

Bob me miró y sonrió.

—Claro que no podemos —dijo, echándose a reír. —¡Nos hemos olvidado de pedírselo a Pedro Arrupe!

Esa vez fui yo el que dijo una corta plegaria pidiéndole a Arrupe su intercesión. Unos minutos más tarde, me acerqué a otro policía y le pregunté si podíamos pasar; le dije que llevábamos más de una hora esperando.

—¡Por supuesto que pueden pasar! —me dijo—. Sólo hay que saber a quién pedirle ayuda.

....

En septiembre de 1983, cuando se reunió en Roma la Congregación General de los Jesuitas para elegir a su sucesor, el padre Arrupe, ya incapacitado para hablar, envió un mensaje personal para que otro jesuita lo leyera a los delegados. "¡Cómo me gustaría encontrarme en mejor estado para reunirme con ustedes!", decía la carta. "Pero como pueden ver, ni siquiera puedo dirigirme a ustedes personalmente".

En el mensaje que marcaba el fin de sus dieciocho años como Superior General, don Pedro primero daba las gracias a Dios y luego expresaba su gratitud a sus compañeros jesuitas. "Si no hubiera sido por su obediencia a este pobre Superior General, no se habría logrado nada". Agradecía a los jesuitas su obediencia, "particularmente en estos últimos años". Pedía a los jesuitas más jóvenes que se sometieran a la voluntad de Dios. Esperaba que los que realizaban un incansable trabajo apostólico no se "quemaran". En lugar de eso, agregaba, era preciso que encontraran el equilibrio, centrando sus vidas en Dios y no en el trabajo. A los jesuitas enfermos y ancianos, "de mi edad", les pedía apertura.

Finalmente, mientras muchos jesuitas lloraban en el salón, el mensaje de Arrupe terminaba con algunos pensamientos y una de sus oraciones preferidas, tomada de la conclusión de los *Ejercicios Espirituales* de San Ignacio, y que resultaba especialmente conmovedora por todo lo que él había tenido que pasar como Superior General y lo que experimentaba en esos momentos como ser humano:

> Me siento lleno de esperanza al ver a la Compañía al servicio de nuestro Señor y de la Iglesia, obedeciendo al Romano Pontífice, vicario de Cristo en la tierra. Que ella siga por este camino, y que Dios nos bendiga con muchas vocaciones de sacerdotes y hermanos: por ello le ofrezco al Señor lo que me queda de vida, mis oraciones y los sufrimientos por mis enfermedades.
>
> Lo único que quiero es repetir desde lo profundo de mi corazón: "Toma, Señor, y recibe toda mi libertad, mi memoria, mi comprensión y mi entera voluntad. Todo lo que tengo y poseo es tuyo, Señor. Tú me lo has dado. Ahora te lo devuelvo. Dispón de ello según tu voluntad. Dame sólo tu amor y tu gracia, y no deseo nada más".

Para mí, la historia de Pedro Arrupe es la de un hombre entregado, cuya cruz más dolorosa no fueron sólo sus sufrimientos físicos sino las incomprensiones de la Iglesia a la que él tanto amaba. Pero incluso en esos momentos difíciles, su esperanza y su fe en la Iglesia y en Dios se mantuvieron inalterables. Como se decía a menudo, Arrupe era un "optimista incorregible".

⋯⋯⋯⋯⋯⋯⋯⋯

Al principio, lo que me atrajo de Pedro Arrupe fue una estampita que me dieron durante mis estudios de filosofía, poco después de su muerte. En un lado hay una fotografía suya en blanco y negro, en la que aparece rezando al estilo japonés, como tanto le gustaba. Lleva sotana y está sentado en el suelo con los pies debajo de él. Sus brillantes zapatos negros se ven a un costado.

Pero no fue la imagen lo que me atrajo, sino lo que estaba impreso en la parte de atrás: una oración escrita por Arrupe poco después de sufrir la trombosis, y que se leyó en el mismo mensaje a la congregación. Se trata de una de las expresiones de entrega más conmovedoras que he leído nunca.

"Más que nunca" escribió, "me encuentro en las manos de Dios. Esto es lo que he querido toda la vida, desde mi juventud. Pero ahora existe una diferencia: la iniciativa es por entero de Dios. Es una profunda experiencia espiritual saberme y sentirme tan completamente en las manos de Dios".

Durante mucho tiempo me pregunté qué hacía que una persona se enfrentara a la vida de esa manera. Arrupe escribió esas palabras durante una época de censura pública después de muchos años de servicio, en medio de una enfermedad que lo debilitaba. ¿A qué se debía su actitud confiada y de apertura? La respuesta la encontré al leer una entrevista que le hizo un periodista italiano a finales de la década del setenta. El periodista le había preguntado:

—¿Quién es Jesucristo para usted?

Uno se imagina que el experimentado periodista aguardaba una de las clásicas respuestas aburridas. Era de esperar que el Superior General contestara algo como que Jesucristo es mi amigo, o mi hermano o mi líder.

Don Pedro, sin embargo, dijo esto:

—Para mí, ¡Jesucristo lo es todo!

Esta popular meditación de Pedro Arrupe, que aparece en tarjetas, posters y tazas de café, tiene un origen complicado. Aunque ha sido atribuida a los discursos oficiales de Arrupe, el padre Vincent O'Keefe, SJ, uno de sus amigos y consejeros más cercanos, me dijo una vez que probablemente había sido anotada por alguien durante una charla de Arrupe y más tarde la habían hecho circular. Y como dijo el padre O'Keefe, es del tipo de cosas que habría dicho Arrupe:

> No hay nada más práctico que encontrar a Dios; es decir, enamorarse de manera total, absoluta y definitiva. Aquello de lo que uno se enamora, lo que fascina nuestra imaginación, lo afecta todo. Será lo que nos haga levantar de la cama por la mañana, decidirá qué haremos por las tardes, cómo pasaremos los fines de semana, qué leeremos, qué sabremos, qué romperá nuestros corazones y qué nos sorprenderá con alegría y gratitud.
>
> Enamórate, permanece enamorado y eso lo decidirá todo.

Fue esa actitud radical, esa completa dependencia y confianza en Jesucristo lo que permitió a Pedro Arrupe cumplir con su voto de obediencia incluso durante la que debió haber sido la situación más difícil: un reproche público del Vaticano. Y por eso Arrupe me inspira tanto y se ha convertido en una figura cada vez más importante en mi vida.

A lo largo de los siglos, muchos católicos leales y devotos fueron malentendidos y tratados injustamente por la Iglesia. No es una afirmación controvertida. Pensemos en Galileo o incluso en Juana de Arco. También en el siglo pasado muchos católicos comprometidos han sufrido malos tratos por parte de la Iglesia a la que aman. Antes del Concilio Vaticano II, por ejemplo, muchos teólogos talentosos, incluyendo figuras destacadas, tales como el jesuita John Courtney Murray y el dominico Yves Congar, fueron "silenciados" por funcionarios vaticanos y por sus propias órdenes religiosas.

Murray, profesor de teología en la Universidad Jesuita Woodstock, escribió mucho sobre la cuestión de la Iglesia y el estado, y sugirió que la libertad religiosa protegida constitucionalmente, es decir, la libertad de los individuos de rendir el culto que quisieran, estaba de acuerdo con las enseñanzas católicas. El Vaticano, sin embargo, no estuvo de acuerdo y en 1954 los superiores de Murray le ordenaron que dejara de escribir sobre el tema. Pero casi diez años más tarde, el arzobispo de Nueva York, el cardenal Francis Spellman, le pidió a Murray que lo acompañara como *peritus*, o experto, al Concilio Vaticano II. Allí Murray, anteriormente silenciado, sirvió como arquitecto para la *Declaración sobre la libertad religiosa* del concilio, que se basó en su cuestionado trabajo anterior y afirmó que la libertad religiosa es un derecho para todas las personas. Hacia el final del concilio, John Courtney Murray fue invitado a celebrar misa con el papa Pablo VI como signo público de su "rehabilitación" oficial. Murray murió pocos años después, en 1967.

La historia de Yves Congar es similar. El sacerdote dominico francés, a quién la *Enciclopedia del catolicismo* llama "quizás el teólogo más influyente de este siglo antes del Concilio Vaticano II", escribió mucho sobre la Iglesia y específicamente sobre cuestiones tales como la autoridad de la Iglesia, la Tradición, el laicado y las relaciones con otras iglesias cristianas. Gracias a su innovadora obra, Congar se convirtió en un popular profesor, orador y escritor. En 1953, sin embargo, su libro *Vraie et fausse réforme dans l'Eglise* [Verdadera y falsa reforma en la Iglesia] fue retirado abruptamente de circulación. Al año siguiente, también se le ordenó que dejara de enseñar, dar conferencias y publicar. Al igual que a Murray, sin embargo, el trabajo de Congar resultó esencial para el Concilio Vaticano II. Como participante, realizó contribuciones muy importantes a dos documentos centrales: la *Constitución dogmática sobre la Iglesia* y el *Decreto sobre Ecumenismo*; ambos se basaron en sus escritos previos que habían sido cuestionados.

La rehabilitación final de Yves Congar fue más contundente que la de John Courtney Murray: en 1994 fue nombrado cardenal por el papa Juan Pablo II.

Antes del concilio muchos habrían pensado acerca de las situaciones de Murray y Congar: *"¡Qué tontería que hayan guardado silencio!"*. Muchos podrían haber dicho: "¡Qué absurdo que hayan mantenido su voto de obediencia cuando sabían que sus escritos podían ayudar a la Iglesia!". O aún más simplemente: "¿Por qué no abandonaron sus órdenes y siguieron escribiendo lo que querían?". A lo largo de los años, muchos de los que han sido silenciados o a los que se les ha prohibido que realicen ciertos ministerios, han dejado el sacerdocio o sus órdenes religiosas, o incluso la Iglesia, para decir lo que querían.

Lo que permitió aceptar esas decisiones a Murray, Congar y a otros buenos servidores de la Iglesia como el padre Arrupe, fue su confianza en que el Espíritu Santo trabajaba a través de su voto de obediencia y que, gracias a su compromiso con sus votos religiosos, Dios obraría de alguna manera, incluso cuando las decisiones parecían ilógicas o injustas, o incluso peligrosas. (De manera significativa, una de las obras finales de Congar se titula *Creo en el Espíritu Santo*). Creo que la postura es similar a la seriedad con las que las parejas se mantienen fieles a sus votos matrimoniales en etapas difíciles de la relación. Confían en que incluso cuando las cosas parecen tormentosas o su matrimonio no parece tener mucho sentido desde la perspectiva terrenal, sus votos son un signo de la fidelidad de Dios para con ellos, un símbolo de la rectitud de su compromiso y una razón para confiar en que Dios estará con ellos durante ese período.

Murray y Congar no fueron los únicos silenciados o a los que se les prohibió que ejercieran su ministerio en el siglo XX. Durante la última parte de su vida, Thomas Merton tuvo que enfrentarse al creciente miedo de que la Orden trapense prohibiera la publicación de sus obras durante la Guerra Fría. En 1962, sus superiores trapenses prohibieron la publicación de su libro *Paz en la era post-cristiana* y también le ordenaron que dejara de escribir sobre temas de guerra y paz. Merton se puso furioso por esa decisión, alegando que reflejaba "una asombrosa incomprensión de la actual crisis en el aspecto religioso". Su libro, que contiene lo que ahora son críticas ampliamente aceptadas sobre la guerra y el militarismo, fue finalmente publicado en 2004.

En una conmovedora carta a Jim Forest, un compañero del movimiento por la paz, Merton explica su decisión y su comprensión de la obediencia. Su carta aparece citada en *Paz en la era post-cristiana*:

> Soy lo que soy. He elegido libremente este estado, y libremente elijo permanecer en él cuando surge la pregunta sobre un posible cambio de estado. Si soy un elemento inquietante, está bien. No es mi objetivo serlo, pero simplemente quiero decir lo que me dicta la conciencia, y hacerlo sin buscar mi propio interés. Eso significa aceptar las limitaciones que pueda imponerme la autoridad, no porque pueda o no estar de acuerdo con las razones aparentes por las que se me imponen dichas limitaciones, sino por amor a Dios que emplea estas cosas para alcanzar fines que yo no puedo alcanzar o comprender en este momento. Sé que Él puede ocuparse y que se ocupará en su momento de aquellos que imponen limitaciones de manera injusta o imprudente. Es su tarea y no la mía. En esta dimensión no veo contradicciones entre el amor y la obediencia y, de hecho, es el único camino seguro para trascender las limitaciones y arbitrariedades de las órdenes desacertadas.

Por supuesto, Pedro Arrupe, que acababa de sufrir una trombosis, no tenía la capacidad de escribir tan elocuentemente acerca de su obediencia durante su propia prueba. Tampoco es probable que Arrupe, más apacible que Merton, hubiera usado las mismas palabras. Pero aunque aceptó las cosas con mayor ecuanimidad que Merton, la decisión del Vaticano le causó un enorme dolor. Basta con recordar sus lágrimas al enterarse de la noticia. Sin embargo, su corta plegaria sobre estar en las manos de Dios, como la aceptación de Murray y Congar frente a su silenciamiento y como los comentarios de Merton acerca de que Dios obraba de modos que él no podía "en este momento ver ni comprender", fue una manera de expresar el compromiso con sus votos, su fe en que Dios, al final, haría que todo saliera bien, y el hecho de que, para él, Jesucristo lo era "todo".

Cuando ingresé a la orden jesuita, suponía que la obediencia resultaría el voto más sencillo. La pobreza (renunciar a tanto y vivir con tan poco) parecía obviamente difícil. Y sabía que la castidad también representaría un gran desafío: es difícil vivir sin intimidad sexual y sentir soledad tan a menudo. Pero la obediencia no me preocupaba demasiado. Después de todo, lo único que implica es hacer lo que me dicen, ¿no es cierto? Hacer el trabajo que se nos pide.

Pero recientemente, mientras escribía este libro, mis superiores jesuitas me ordenaron que no escribiera acerca de determinados temas que se consideran muy controvertidos en la Iglesia actual. Por lo tanto, ya que quiero mantenerme fiel a mi voto de obediencia, y teniendo en mente las palabras de Thomas Merton y el ejemplo de Pedro Arrupe, acepté esa decisión, aunque espero y confío en que algún día podré escribir sobre esas cosas con más libertad.

O quizás, con el tiempo, descubriré que mi conciencia no me permite seguir manteniendo silencio. La larga tradición de la Iglesia, después de todo, afirma la primacía, dignidad e inviolabilidad de la conciencia informada. Son famosas las palabras de Santo Tomás de Aquino declarando que prefería desobedecer las enseñanzas de la Iglesia antes que pecar contra su conciencia. Más recientemente, el Concilio Vaticano II, resumiendo las enseñanzas católicas sobre el tema, declaró: "En toda actividad, el hombre debe seguir fielmente a su conciencia, para que así pueda llegar a conocer a Dios… No está obligado a actuar de modo contrario a lo que le indica su conciencia".

"La conciencia," escribió el Concilio, "es el santuario central y más sagrado de una persona. Allí está a solas con Dios, cuya voz resuena en las profundidades".

Hay una larga lista de santos que se han sentido obligados a hablar sobre temas relacionados con el bienestar de sus iglesias, incluso poniéndose ellos mismos en riesgo. Sus conciencias los obligaban a hacerlo. Durante una época de crisis de la Iglesia en el siglo XIV, Santa Catalina de Siena, la famosa mística, escribió a un grupo de cardenales en Roma diciéndoles: "Son flores que no desprenden ningún aroma, sino un hedor que hace que el mundo entero apeste". Cuando le preguntaron cómo era posible que supiera tanto de lo que pasaba en Roma desde su lejana residencia, la santa replicó que el hedor llegaba hasta Siena. En 1374, en una carta dirigida al papa Gregorio IX, exiliado en Francia, le ordenó que regresara a Roma. "¡Sea un hombre! ¡Padre, levántese!", le escribió. "¡Yo se lo mando!".

Catalina no podía permanecer en silencio.

Pero para Murray, Congar y Merton, el silencio no sólo era lo que les mandaba su voto de obediencia, sino también lo que sus conciencias les mandaban. Para su contemporáneo, el padre Arrupe, el tema no era tanto permanecer en silencio como aceptar pacientemente el maltrato en la Iglesia y guiar al resto de los jesuitas, a través de su ejemplo, para que respondieran con caridad.

No hace falta decir que no soy ni Murray ni Congar ni Merton ni Arrupe. Pero sé que Dios obrará de alguna manera en medio de todo esto. Y confío que tanto mi voto de obediencia como el deseo de seguir a mi conciencia resultarán, de algún modo misterioso, en una fuente de vida para mí y para otros.

Confío en eso porque, como dijo don Pedro, "para mí, Jesucristo lo es todo".

7

En la gruta de Massabieille

Bernardita Soubirous

> Con excepción de las apariciones, ningún suceso anterior o posterior la hizo destacar. Existen sólo vestigios en las historias de sus interacciones y unas pocas cartas que nos indican la fortaleza de su personalidad y la particularidad de su espiritualidad, pero en esos residuos Bernardita comienza a revelársenos.
>
> RUTH HARRIS
> *LOURDES: CUERPO Y ESPÍRITU EN LA ERA SECULAR*

Un viernes por la tarde, durante mi segundo año de noviciado, entré en la sala de televisión para averiguar qué película daban. La televisión era un pasatiempo popular para los novicios, quienes teníamos un estipendio de treinta y cinco dólares mensuales. Nuestra sala de TV consistía en quince sillones reclinables alineados frente a una gran televisión, un escenario verdaderamente extraño que llevó a mi cuñado a preguntarme un día si habíamos hecho votos en contra de los sofás.

—¿Qué dan? —pregunté a los otros novicios al entrar en la sala.

—*La canción de Bernadette* —dijo uno, sin despegarse de la pantalla.

—¿De qué trata? —pregunté.

Todos me miraron, horrorizados, desde sus sillones.

—Bromeas, ¿no es cierto? —dijo otro novicio—. Por favor, dime que estás bromeando.

Sacudí la cabeza tontamente.

Una de las cosas que descubrí después de unirme a los jesuitas fue que había crecido con muy poca cultura católica, o al menos no había absorbido demasiado. Mientras los otros novicios se habían criado en familias que iban diariamente a misa, hacían novenas, rezaban antes de las comidas y conocían la diferencia entre el Corazón Inmaculado de María y el Sagrado Corazón, yo todavía intentaba recordar cuántos sacramentos había.

Mi ignorancia se extendía no sólo a las cuestiones teológicas más fundamentales, sino también a la cultura católica popular. En pocos meses me habían gastado bromas por no haber visto numerosas películas sobre santos. Mucho me temía que aquella era otra de esas ocasiones en las que yo desconocía una película que todo el mundo había visto a los diez años.

—Siéntate —me dijo el novicio—. No puedes decir que eres católico si no has visto esta película.

Basada en la exitosa novela del mismo nombre escrita por Franz Werfel, *La canción de Bernadette* cuenta la serie de acontecimientos que tuvieron lugar en la pequeña ciudad francesa de Lourdes en 1858. Protagonizada por Jennifer Jones como Bernadette y Joseph Cotten como su inicialmente dubitativo pero luego compasivo pastor, la película es un clásico católico de todos los tiempos. Pero *La canción de Bernadette* no cuenta todos los hechos como realmente sucedieron y, aunque es muy conmovedora, la historia real lo es aún más.

········||||||||||||||········

Bernardita Soubirous, de catorce años, vivía con su familia en medio de una terrible pobreza en la pequeña ciudad del sur de Francia. El negocio de molienda de su padre había fracasado y, necesitada de un nuevo lugar donde vivir, la familia se había instalado en una habitación que hasta hacía poco había servido como uno de los calabozos del lugar, llamados *Cachot*. En la pequeña casucha, de no más de nueve metros cuadrados, vivían los padres de Bernardita y sus cuatro hijos. Las primeras páginas de la novela de Franz Werfel capturan lo que debe haber sido la miseria de los padres de Bernardita, especialmente para su orgulloso padre: "Lo que le molesta más que esta horrible habitación son las dos ventanas enrejadas, una grande y otra más pequeña; esos dos ojos entrecerrados que miran al sucio patio de los Cachot, en el que el depósito de estiércol de todo el vecindario apesta hasta el cielo".

El 11 de febrero de 1858, Bernardita fue con su hermana, Toinette, y una amiga a buscar algo que le sirviera como leña a su madre. La pobreza de la familia no les permitía comprar madera en el pueblo. Bernardita había regresado con su familia pocos meses antes, después de trabajar como pastora en un pueblo cercano para ganar un poco de dinero.

El destino de las niñas era una gruta en las afueras de Lourdes, en un lugar llamado Massabieille (el nombre significa "roca vieja" en el dialecto local), a orillas del rápido río Gave. En su excelente estudio sobre las apariciones que presenció Bernardita y sus consecuencias, *Lourdes: Cuerpo y espíritu en la era secular*, la historiadora de Oxford Ruth Harris recuerda a los lectores el estado nada atractivo en que se encontraba la ahora famosa gruta. Desde comienzos del siglo XVII los cerdos del pueblo venían a comer a Massabieille y finalmente se habían instalado allí. Lejos del cuidadísimo e incluso prolijo lugar que los peregrinos encuentran hoy en día, el escenario original era "un lugar marginal e incluso mugriento".

Mientras las otras dos niñas cruzaban el río para buscar leña en la orilla opuesta, Bernardita, una niña enferma y asmática, quedó rezagada. Finalmente, comenzó a quitarse las medias para cruzar también el río y unirse a sus compañeras. Mientras lo hacía, oyó el sonido del viento, aunque no vio que nada a su alrededor se moviera. Se inclinó para quitarse la otra media, y volvió a mirar arriba.

Esta vez, el viento meció un pequeño rosal en el nicho de la gruta, y una "luz suave" emanó del lugar. Más tarde, Bernardita declaró haber visto a una joven en medio de esa luz, vestida de blanco, que le sonreía. (Malinterpretaciones posteriores de su testimonio, incluidas en *La canción de Bernadette*, representan a la visión como a una mujer madura).

Bernardita, asustada, buscó el rosario en su bolsillo e intentó hacer la señal de la cruz. Pero el miedo se apoderó de ella y fue incapaz de hacerlo. Pero cuando la joven se persignó, Bernardita hizo lo mismo y comenzó a rezar. "Cuando terminé mi rosario", dijo Bernardita, "ella me hizo señas de que me acercara; pero no me atreví a hacerlo. Entonces ella, de repente, desapareció".

Ésa fue la primera de varias apariciones que Bernardita contaría. Como sucedió con el resto de ellas, ninguno de los que estaban con ella había oído, visto o experimentado nada.

Cuando regresaban a casa, Bernardita le contó a su hermana lo que había visto y le hizo jurar que guardaría el secreto. Pero en cuanto entraron en su casa, Toinette comunicó las noticias a su madre: "¡Bernardita vio a una joven blanca en la gruta de Massabieille!". Sus padres, furiosos ante las aparentes mentiras de su hija, le pegaron y le prohibieron regresar.

Pocos días más tarde, todavía confundida por lo que había sucedido en Massabieille, Bernardita le contó a un sacerdote acerca de su visión. Sorprendido por su serenidad y la claridad con la que relató la historia, el sacerdote le pidió permiso para hablar sobre ello con el pastor local, Abbé Peyramale. Según la completa biografía de René Laurentin, *Bernadette de Lourdes*, lo único que dijo el impasible Peyramale fue: "Debemos aguardar y ver".

Vecinos y amigos intentaron convencer a los padres de Bernardita para que cambiaran de idea y le permitieran regresar a la gruta. Uno de los habitantes más distinguidos del pueblo observó razonablemente a su padre: "Una señora con un rosario… no puede ser nada malo". Finalmente, sus padres cedieron y Bernardita regresó, esta vez acompañada de otros niños.

Una vez más apareció la joven de blanco. Bernardita le pidió a la visión que "se quedara si venía de Dios, pero que de lo contrario se fuera". Bernardita arrojó agua bendita hacia donde estaba la aparición, quien se limitó a sonreír e inclinar la cabeza. El comportamiento de Bernardita durante las apariciones (mortalmente pálida e inmóvil todo el tiempo) asustó tanto a sus compañeros que corrieron a un molino cercano en busca de ayuda. Finalmente su madre, angustiada, se fue corriendo desde el pueblo a la gruta. Avergonzada por las acciones de su hija, tuvo que ser contenida por el resto de la gente para que no le pegara.

Para cuando se produjo la tercera aparición, el 18 de febrero, se había despertado un gran interés en Lourdes por la historia de Bernardita. Algunos la presionaban para que preguntara a la visión quién era en realidad. Pero cuando Bernardita se acercó a la joven de blanco con lápiz y papel y le preguntó su nombre, la visión simplemente se rió y habló por primera vez en el dialecto local:

—¿Tendrías la bondad de venir aquí durante los próximos quince días?

Durante las siguientes dos visitas de Bernardita, ya acompañada por una creciente muchedumbre, la joven volvió a aparecer. Después de la sexta aparición, el 21 de febrero, Bernardita fue interrogada severamente por el dubitativo comisario de policía local, que trataba de averiguar si se trataba de una broma de niños. Durante la investigación, trató de hacerle decir que veía a la Virgen María, pero Bernardita insistió en referirse a la visión como *aqueró* ("eso"). Cuando la presionaron para que precisara más, describió que la visión vestía "una túnica blanca con una faja azul, un velo blanco sobre la cabeza y una rosa amarilla en cada pie".

Las transcripciones reales de la policía revelan la honestidad, simplicidad y persistencia que más tarde impresionarían a los defensores de Bernardita. "Incondicional", la llama Ruth Harris.

Cuando el comisario de policía tomó nota de su declaración, cambió astutamente sus palabras antes de leérsela a Bernardita. "La virgen me sonrió", dijo.

—Yo no dije *la virgen* —aclaró Bernardita, corrigiéndolo.

Ése es, para mí, el aspecto más conmovedor de Bernardita Soubirous. No estaba interesada en impresionar a nadie. Evitó decir, casi hasta la última aparición, que la visión era la Virgen María (aunque muchos en el pueblo lo afirmaron casi desde el principio). A pesar de la pobreza de su familia, nunca quiso sacar provecho de su experiencia y rechazó todos los regalos que quisieron hacerle. En todos sus testimonios, Bernardita simplemente hablaba de lo que veía y de lo que no veía, lo que oía y lo que no oía. En ese aspecto recuerda a Juana de Arco, que dijo, en esencia: Ésta es mi experiencia; créanme si quieren.

El 25 de febrero, después de dos apariciones intermedias, Bernardita regresó a la gruta. La muchedumbre allí congregada observó que Bernardita no estaba en éxtasis, como en apariciones anteriores, sino que escarbaba en el suelo de la gruta, bebía agua turbia que había descubierto y se llenaba la boca con hierbas. Más tarde, Bernardita explicó sus acciones: "Ella me dijo que bebiera del manantial y que me lavara con el agua. Como no veía agua, me acerqué a la Gruta. Pero ella me indicó con el dedo que debía mirar debajo de la roca". Comer las hierbas fue un acto de penitencia, dijo Bernardita, por los pecadores.

Pero para los espectadores, Bernardita estaba simplemente escarbando en la tierra y comiendo hierbas silvestres. Como era de esperar, quedaron horrorizados.

—¡Está loca! —gritó alguien.

Sus tías, que la habían acompañado, le dieron una bofetada y abandonaron la gruta.

En la película *La canción de Bernadette*, la humillación de Bernardita conduce al momento más dramático. Después de que la protagonista y la multitud que la acompaña dejan la gruta, uno de los hombres del pueblo se sienta en el lugar a descansar. La cámara enfoca su mano apoyada en el suelo seco; de pronto se ven unas gotas, luego un hilillo de agua y finalmente comienza a fluir un arroyuelo.

—¡Miren esto! —grita el hombre, mientras la música de fondo aumenta. En realidad, como lo describe René Laurentin en *Bernadette de Lourdes*, un pequeño grupo de habitantes del pueblo se quedó a examinar el pocito que había empezado Bernardita. Cuanto más excavan, más pura es el agua que brota de él. Pero incluso la escena de la película resalta la importancia de aquel día: Bernardita había descubierto la fuente que se convertiría más tarde en centro de peregrinaciones.

Bernardita fue interrogada una vez más y los irritados oficiales redoblaron sus esfuerzos para asustarla y conseguir que se retractara. Una vez más, ella se ciñó a su historia. Dos días más tarde regresó a la gruta y bebió del manantial. El 1.º de marzo, una mujer del lugar que se había caído de un árbol y había quedado con un brazo inútil se acercó y lo sumergió en el agua. En pocos minutos sus dedos doblados recuperaron la firmeza y su brazo quedó curado. Fue el primero de los muchos milagros que se atribuyen al manantial en Lourdes.

El interés por las visiones de Bernardita continuaba creciendo. A la decimotercera aparición la acompañaron más de mil quinientas personas. Después de la visión, Bernardita corrió a ver al Abbé Peyramale para decirle lo que la joven le había ordenado: "Ve a decirles a los sacerdotes que vengan en procesión y construyan una capilla aquí". Como describe René Laurentin, el sacerdote se horrorizó imaginando el oprobio que descendería sobre él si autorizaba la ridícula petición de una pobre niña. Así que el práctico Peyramale exigió algunas respuestas de la visión. Pregúntale su nombre, le ordenó a Bernardita. Y, como prueba adicional, pídele que haga florecer el rosal que hay en la gruta.

Durante la siguiente aparición, Bernardita hizo exactamente lo que le había pedido. Pero la visión se limitó a sonreír. No floreció ningún rosal y no pronunció ningún nombre. El sacerdote volvió a decirle:

—Si la señora realmente quiere que construyamos una capilla, debe decirnos su nombre y hacer florecer el rosal.

El 25 de marzo el rosal seguía sin florecer, pero la joven dijo un nombre. Según Bernardita, la visión juntó sus manos y dijo: *"Que soy era Immaculada Concepciou".* Soy la Inmaculada Concepción. Bernardita, con una educación religiosa rudimentaria, no tenía idea de lo que significaba eso. Repitió una y otra vez la frase para no olvidarla y corrió a ver al Abbé Peyramale.

La escena de la película que representa su reunión con el pastor se ajusta muy bien a la realidad. Joseph Cotten, como el Abbé Peyramale, interroga severamente a Bernardita.

—La Inmaculada Concepción. ¿Sabes lo que significa eso? —pregunta.

Jennifer Jones, como Bernardita, niega con la cabeza.

El sacerdote le explica (en realidad, lo escribió en una carta al obispo) que el nombre no tiene sentido. Cuatro años antes, el Vaticano había proclamado la doctrina de la inmaculada concepción, afirmando que la Virgen María había sido concebida sin pecado original. Pero decir "Yo soy la Inmaculada Concepción" era ridículo; era como si en vez de decir "Soy blanca", dijera "Soy la blancura". Pero tanto la Bernadette de Hollywood como la auténtica se ciñeron a su historia.

Se produjeron dos apariciones más. En la última, la policía había cubierto la entrada de la gruta para evitar que se reunieran los fieles. El 16 de julio, festividad de Nuestra Señora del Carmelo, Bernardita se vio obligada a observar la gruta desde la otra orilla del río Gave. Pero no importó.

—No vi las tablas ni el Gave —dijo más tarde—. Me pareció que estaba en la gruta, en el mismo lugar de siempre. Sólo vi a la Virgen María.

Con esta última aparición, la vida de Bernardita volvió a cambiar. Muy admirada y acosada por los fieles, e incluso presionada para que realizara milagros en su pueblo natal (siempre se resistió a ello), Bernardita se convirtió en objeto de fascinación para el cada vez mayor número de peregrinos. En 1860, en parte para escapar de su fama en aumento y en parte para recibir mayor educación formal, ingresó en una pequeña escuela conventual en Lourdes. Pero su candor y su actitud sencilla no cambiaron. En 1861 fue fotografiada por primera vez. Cuando el fotógrafo le pidió que adoptara la misma pose y expresión que tenía durante las apariciones, Bernardita protestó:

—¡Pero si ella no está aquí!

Años más tarde, a los veintidós años, entró al convento de las Hermanas de la Caridad en Nevers, Francia, a cientos de kilómetros de Lourdes. Antes de dejar su pueblo, hizo una última visita a su amada gruta.

—Mi misión en Lourdes ha terminado —dijo.

Incluso en el convento, Bernardita era reticente a hablar sobre su experiencia. Sólo contó dos veces la historia de las apariciones a su comunidad, esperando poder "esconderse" entre las otras hermanas. También su superiora le pidió que evitara el tema, para que las otras hermanas no se sintieran celosas. Bernardita, que sufría de asma desde su infancia, no podía realizar muchas de las tareas del convento e incluso le resultaba difícil rezar.

—Qué pena —dijo—. No sé cómo meditar.

Sin embargo, era una persona alegre incluso en medio de la enfermedad, y siempre bromeaba y reía con sus hermanas. Un día, en la enfermería, comenzó un bordado en el que abundaban los pequeños corazones.

—Si alguien les dice que no tengo corazón —bromeó—, díganle que estoy bordándolos todo el día.

Bernardita se fue debilitando por la tuberculosis, que probablemente había contraído cuando vivía en Lourdes, y tuvo que pasar cada vez más tiempo en la cama. Le descubrieron un tumor cancerígeno en la pierna y empeoró rápidamente. Poco antes de morir, Bernardita recordó sus experiencias en Massabieille.

—He contado lo que sucedió —le dijo a su hermana—. Que la gente se atenga a lo que dije la primera vez. Quizás yo, y otros, hemos olvidado algo. Cuanto más simple sea lo que uno escriba, mejor será.

Cuando murió tenía treinta y cinco años.

Durante la mayor parte de su vida, Bernardita soportó con paciencia interminables preguntas acerca de sus visiones, se negó siempre a aceptar regalos y, ocasionalmente, tuvo que sufrir un poco de celos por parte de sus hermanas en el convento. Siempre fue una persona obediente y trató de hacerlo lo mejor que pudo en una situación difícil, pero terminó sintiéndose cansada de repetir los mismos detalles tanto a los fieles como a los que dudaban. Cuando uno lee su historia, con los detalles sobre su infancia de pobreza y hambre, las constantes demandas para que respondiera a preguntas sobre las apariciones e incluso su vida difícil en el convento, Bernardita parece estar en paz sólo cuando está en la gruta. Como lo expresa Ruth Harris: "Como pasaba en las fotografías que intentaban captar su expresión durante las apariciones, Bernardita obedecía, pero daba la impresión de que había dejado su corazón en alguna otra parte".

Ésta es la misma Bernardita Soubirous, en sus propias palabras, recordando su primera visión de *aqueró*, según lo cuenta René Laurentin en su biografía:

> Puse la mano en mi bolsillo y sentí el rosario. Quería hacer la señal de la cruz… no pude alzar la mano hasta mi frente; se desplomó sobre mí. La conmoción se apoderó de mi ser. Mi mano temblaba.
>
> La visión hizo la señal de la cruz. Luego intenté hacerla yo por segunda vez, y entonces lo logré. En cuanto me persigné, la conmoción y el miedo desaparecieron. Me arrodillé y recé el rosario en presencia de la hermosa señora. La visión pasaba las cuentas de su propio rosario, pero no movía los labios. Cuando terminé de rezar, me hizo señas para que me acercara; pero no me atrevía a hacerlo. Entonces ella desapareció, de repente.

Diez años después de ver por primera vez *La canción de Bernadette*, durante mis estudios teológicos, uno de mis profesores me recomendó el libro de Ruth Harris sobre Lourdes. Con excepción de los días de su santo cada año, no había vuelto a pensar mucho en Santa Bernardita desde el noviciado, y recordaba vagamente su historia. Pero en cuanto comencé a leer el libro de Harris, quedé tan fascinado como la primera vez que había visto su historia en televisión. El libro llenó las lagunas que había dejado la película y me mostró a la que podríamos llamar la "Bernardita histórica".

Hace pocos años, recibí una llamada telefónica de un hombre de Washington, DC, que había leído uno de mis libros y quería invitarme a almorzar. Siempre feliz ante la idea de un almuerzo gratis, acordé reunirme con él durante su siguiente viaje a Nueva York. Rob no sólo era un católico comprometido, un buen padre y un lector ávido, sino que también era un Caballero de Malta.

—¿Sabe usted algo sobre la Orden de Malta? —me preguntó.

Una vez más salió a la superficie mi ignorancia sobre temas de cultura católica. Cuando negué con la cabeza, Rob me contó una historia resumida de esta organización católica mundial de caridad, que se remonta por lo menos al siglo XII. Técnicamente, la augusta orden es un estado soberano: mantiene relaciones diplomáticas con otros países e incluso tiene un puesto de "observador permanente" en las Naciones Unidas, como el Vaticano. En la actualidad, el grupo internacional no sólo se concentra en fomentar la vida espiritual de sus miembros, sino que también lleva a cabo un gran número de obras de caridad, especialmente en hospitales católicos.

—Una de nuestras mayores obras es el viaje anual a Lourdes —dijo Rob—. Permanecemos allí durante siete días. Y es una experiencia maravillosa. ¿Le interesaría acompañarnos alguna vez como capellán?

Le dije que su ofrecimiento era toda una casualidad: en aquel tiempo estaba releyendo el libro de Harris sobre Lourdes. Pero, aunque me sentí halagado, rechacé su amable invitación. Estaba demasiado ocupado, le dije. Rob me aseguró que me seguiría invitando hasta que aceptara.

Y así lo hizo. Me llamó el verano siguiente mientras yo dirigía un retiro (un tiempo en el que uno naturalmente se siente más abierto y libre), y volvió a invitarme a participar del viaje como capellán.

—¿Podría llevar a otros dos jesuitas con usted?

—No hay problema —contesté—. Cuente con nosotros.

Encontrar otros dos jesuitas fue sencillo: dos amigos, Brian, un sacerdote que trabajaba en la casa de retiros, y George, que sería ordenado sacerdote un mes después de nuestro viaje, se anotaron con entusiasmo.

Cuando se acercaba el momento de nuestra partida, compré un pequeño cuaderno de espiral para usarlo como diario de nuestra peregrinación a la ciudad de Bernardita.

Miércoles 28 de abril

Los miembros de la Orden de Malta nos han pedido que nos reunamos con ellos en el aeropuerto internacional de Baltimore/Washington tres horas antes de las 7 de la mañana, hora de despegue de nuestro vuelo charter directo al aeropuerto internacional de Tarbes-Lourdes-Pyrenees, a pocos kilómetros de Lourdes. Nos recibe una multitud de personas, la mayoría de cuarenta y tantos años o ancianos, muchos de los cuales llevan medallas de plata colgando de cintas rojas donde se especifica la cantidad de peregrinaciones que han realizado. Muchos de los miembros del grupo parecen conocerse entre sí. En medio de la muchedumbre hay hombres y mujeres en sillas de ruedas o penosamente delgados. Hay parejas que llevan en brazos a niños que evidentemente sufren enfermedades de nacimiento o tienen defectos congénitos. Son, como cuenta el libro de Ruth Harris, los *malades*, los enfermos, la razón principal de la peregrinación. Sus viajes han sido pagados por la Orden, un maravilloso acto de caridad. Todos, incluso los *malades*, suben al avión alegremente.

El vuelo comienza de manera distinta a todos los otros que he hecho: un obispo dirige el rosario. La película que nos pasan es, por supuesto, *La canción de Bernadette*.

Jueves 29 de abril

Aterrizamos después de un largo vuelo durante el que no dormí. El viaje en autobús desde el aeropuerto, a través de una lluviosa campiña repleta de altos álamos, está acompañado de una animada conversación y llegamos rápidamente a nuestro alojamiento, el Hôtel Saint Sauveur. Parece que todos los hoteles y tiendas en Lourdes tienen nombres religiosos, y resulta asombroso descubrir que una tienda que vende recuerdos baratos se llama Charles de Foucauld, que vivió en extrema pobreza en el desierto; o, aún peor, una tienda de baratijas con un cartel que proclama "L'Immaculée Conception". Después de almorzar, nuestro grupo (unos 250, aproximadamente), celebramos misa de la manera que se convertirá en costumbre: los *malades* al frente junto a sus acompañantes; y detrás, el resto del grupo.

Antes de partir, recibimos una carta en la que se nos comunicaba inesperadamente: "Pueden vestir la sotana en todo momento y en todo lugar. Será útil que la lleven durante la misa en la Gruta, si hace frío, y por supuesto durante todas las procesiones". Para no arriesgarnos a ofender a nadie, Brian, George y yo habíamos guardado algunas sotanas jesuitas, y decidimos vestirlas hoy. En lugar de sentir vergüenza, como había imaginado, la sotana negra quedaba perfecta en Lourdes. Mientras cruzábamos la plaza frente a la basílica, vi hábitos marrones franciscanos, hábitos blancos dominicos e incluso un hábito blanco y negro trapense. Pocos días más tarde, un peregrino nos saludó con un *"¡Ah, les jésuites!"*

Después de la misa en la adornada basílica, alguien sugiere visitar la gruta, que yo suponía que estaba muy lejos. Pero la iglesia está construida directamente sobre la saliente montañosa y, cuando damos la vuelta a la iglesia y pasamos ante enormes soportes con velas a la venta, me asombra encontrarme frente a ella. En el tiempo de Bernardita, Massabieille era el lugar adonde llegaba la basura que arrastraba el río Gave. En la actualidad, bajo la enorme construcción de la basílica, se encuentra la vista que las estampas y las reproducciones en iglesias de todo el mundo nos han hecho familiar: sinuosas rocas grises suspendidas sobre un altar sencillo sobre el que se levanta un enorme candelabro de hierro. En un pequeño nicho, en el lugar donde se produjo la aparición, se encuentra una estatua de la Virgen rodeada por las palabras que le dijo a Bernardita el 25 de marzo de 1858: "Que soy era Immaculada Concepciou".

El área que se encuentra delante de la gruta está jalonada por carteles que piden silencio y mientras me acerco percibo la notable paz del lugar: la serenidad parece irradiar de Massabieille. Cientos de personas están reunidas en ese espacio: *malades* en sus sillas azules, un sacerdote polaco con un grupo de peregrinos rezando el rosario, un mochilero joven con jeans arrodillado en el suelo. Muchos hacen fila para pasar por la gruta. Me uno a ellos, paso la mano sobre la húmeda roca lisa y me asombra poder espiar el manantial descubierto por Bernardita. Me siento fascinado de estar aquí.

Cuando paso debajo de la imagen de la Virgen noto que debajo de sus pies crece una gran variedad de pequeñas plantas cubiertas de flores y recuerdo los tapices medievales.

Después de la cena, agotado, regreso a la gruta. Compro dos velas, rezo por mi familia y las coloco en medio de las muchas otras amontonadas en un soporte metálico donde puede leerse: "Esta llama continúa mi oración". De pie frente a la gruta saco una tarjeta de mi bolsillo. En ella tengo anotadas todas las personas que me han pedido que rece por ellas y pido por sus intenciones.

Cerca veo un gran grupo que se reúne para la procesión vespertina del rosario. Miles de personas encienden sus pequeñas velas y comienzan a caminar juntas mientras un locutor anuncia los misterios del rosario en francés, inglés, español, polaco y alemán. Cada uno de nosotros lleva una delgada candela rodeada de un escudo de papel blanco que protege a la llama del viento. En el escudo pueden leerse las palabras de diferentes himnos marianos. Avanzamos lentamente por el enorme pavimento oval frente a la basílica. Después de la primera decena del rosario, la multitud comienza a cantar el "Himno de Lourdes". La canción da palabras a mi amor por María y me siento conmovido por estar en medio de esta maravillosa asamblea.

Cuando se canta el primer Avemaría en la plaza, decenas de miles de peregrinos elevan al unísono sus candelas coronadas por llamas naranjas, y me siento abrumado al ver semejante profesión de fe: *malades* y personas sanas, de todas las edades, de todas partes. Es como una visión de lo que podría ser el mundo.

Me acuesto, finalmente, después de casi treinta y seis horas sin dormir. Comparto la habitación con Brian que, descubro, es un gran roncador. Su cama está a menos de un metro de la mía. Después de una hora sin poder conciliar el sueño, vuelvo a ponerme la sotana y bajo al vestíbulo, donde releo partes del libro de Ruth Harris. Regreso a la habitación después de una hora y descubro que el sonido de los ronquidos de Brian ha aumentado.

Permanezco en la cama durante pocas horas, tratando de llegar a alguna especie de interpretación espiritual de la situación. Quizás esto sea parte de la disciplina espiritual que Dios quiere que yo acepte. Rezo un rosario. Pienso en todos los enfermos y minusválidos que tienen que soportar situaciones mucho peores que ésa. Y recuerdo que Ruth Harris comenta que para la mayoría de los peregrinos de comienzos del siglo XX, el viaje a Lourdes era horrendo. Rezo otro rosario. Luego decido que no seré útil a nadie como capellán si me comporto como un zombi.

Así que, agotado, vuelvo al vestíbulo y pregunto si tienen alguna habitación individual.

—*Non* —dice el conserje nocturno, encogiéndose de hombros al estilo galo—. *Pas de chambres, mon père.*

No hay habitaciones.

Esperando disfrutar de una pizca de descanso, abandono el hotel en busca de otro. Afortunadamente, en nuestra calle debe de haber otros diez. Son casi las 4 de la mañana y sobre Lourdes cae una fina llovizna que vuelve resbaladizas a las calles. Casi en estado comatoso, descubro al Hôtel Angleterre en la acera de enfrente y me dirijo hacia la entrada que, sorprendentemente, parece estar abierta al aire nocturno, y... ¡*Bang!*

Me estrello contra una puerta de vidrio, invisible en la oscuridad. El conserje nocturno se apresura a abrir la puerta. Desorientado, murmuro algo en francés acerca de una habitación y su precio. El conserje me mira con expresión ceñuda y de pronto imagino cómo me veo desde su perspectiva: sin duda parece que acabo de regresar de una larga noche de fiesta por la ciudad… ¡con una sotana! Entrecerrando los ojos, me sugiere que pregunte en el hotel de enfrente y me conduce rápidamente a la puerta.

Ya está a punto de amanecer, así que decido esperar hasta mañana y rezo a Santa Bernardita para que me ayude a encontrar un nuevo alojamiento. Frotándome el chichón en la frente, regreso a la habitación. Brian sigue roncando tan a gusto. Cuando ya ha amanecido, me aventuro a entrar en otro hotel y finalmente consigo una habitación barata. Después de darle las gracias a Bernardita, duermo una larga siesta.

Viernes 30 de abril

Pocas horas más tarde cruzo la calle para volver a mi antiguo hotel y disfrutar de un gigantesco desayuno con George y Brian. Cuando vuelvo a salir a la calle, el conserje del Hôtel Angleterre me observa detrás de la puerta vidriada. Me sonríe con picardía y sacude el dedo en mi dirección como diciendo: "Sé lo que hizo anoche, Padre".

Para entonces, Brian, George y yo nos hemos encontrado con varios miembros de la orden, así como muchos *malades*. El término no resulta peyorativo aquí.

—De un modo u otro, todos somos *malades* —dice un obispo que peregrina con nosotros.

La variedad de enfermedades con las que conviven es impresionante: cáncer, sida, enfermedad de Lyme, demencia, defectos de nacimiento. Durante el almuerzo, me siento con una pareja de Filadelfia. Ella padece una enfermedad que nunca había escuchado nombrar antes y que la ha dejado, a los treinta y tantos años, con grandes dificultades para andar y propensa a toda clase de dolorosas enfermedades físicas. Tanto ella como su marido comprenden la gravedad de su estado, pero son amistosos, alegres y amables; me gustan de inmediato.

—Estoy bien —dice ella—. No he dejado de reírme desde que llegué. ¡Han pasado tantas cosas graciosas!

Mientras nos dirigimos a misa, Brian y George me explican discretamente las enfermedades que padecen otros *malades* que han conocido.

Lourdes, por supuesto, es famosa por sus aguas curativas, aunque nada en las visiones de Bernardita sugiere que las aguas puedan sanar enfermedades. La corta guía que nos entregó la Orden de Malta aconsejaba que no esperáramos curaciones físicas. Como descubriríamos, la curación más común para los peregrinos es la espiritual. Pero de todos modos rezo por la sanación física de los *malades*, especialmente de aquellos que conozco aquí y en casa.

Por la tarde, el destino de nuestro grupo son las estaciones del Vía Crucis, ubicadas en la ladera de una colina empinada. Las figuras de tamaño real están pintadas con un dorado refulgente. Los caballeros y damas de la Orden ayudan a muchos de los *malades* a avanzar sobre el terreno rocoso bajo la fría llovizna. Nos entregan un librito llamado "El Vía Crucis de todos", y suspiro íntimamente, esperando un texto repleto de sentimientos banales. Pero me equivoco. El texto es simple, pero las oraciones son conmovedoras, especialmente mientras observo a un hombre frágil al que un acompañante ayuda a caminar por el suelo resbaladizo. "Señor, sé lo que me estás diciendo", dice el texto para la cuarta estación. "Observar el dolor de los que amo es más difícil que soportar el mío propio".

La procesión del rosario de esta noche resulta, si es posible, más conmovedora que la de ayer. En medio de la multitud, Brian, George y yo somos vistos por uno de los funcionarios del Domaine, es decir, el área que rodea la gruta y la basílica.

—*Vous êtes prêtres?* —nos pregunta—. ¿Son sacerdotes?

Cuando asiento, nos conduce entre la muchedumbre hasta los escalones de la basílica. Allí nos unimos a otros sacerdotes que contemplan al impresionante gentío, que entona el "Himno de Lourdes" en el aire húmedo de la noche. Un sacerdote inglés se vuelve hacia mí y dice:

—La Iglesia universal se ve bien esta noche, ¿verdad?

Sábado 1.° de mayo

Esta mañana aguardo mi turno para las piscinas. Los *malades* se sientan en largos bancos de madera bajo un pórtico de piedra, junto con sus acompañantes y otros peregrinos. Me siento en medio de dos hombres de nuestro grupo de peregrinación. Uno de ellos, un hombre pelirrojo de cuarenta y tantos años, está llamativamente callado; más tarde, me entero de que sufre una forma de demencia causada por la enfermedad de Lyme. Su esposa, que es quien lo cuida, sufre mucho. Esculpidas en la pared de piedra están las palabras que María dijo a Bernardita: "Ve a beber y a lavarte en la fuente". Cada pocos minutos se canta un Avemaría en un idioma diferente.

Después de una hora, los tres pasamos a una pequeña habitación rodeada de cortinas a rayas azules y blancas. Una vez dentro, nos quitamos la ropa hasta quedar en ropa interior y esperamos pacientemente sentados en sillas de plástico. Desde el otro lado de la cortina oigo el chapoteo cuando alguien entra en una piscina y, pocos segundos después, lo vemos salir con una amplia sonrisa. Mientras me pregunto si será cierta la leyenda que dice que el agua de Lourdes se seca "milagrosamente", se abre otra cortina. Un voluntario sonriente me invita a pasar.

Dentro de la pequeña habitación se encuentran tres hombres de pie junto a una piscina de piedra hundida. Mi francés de secundaria me resulta útil y charlamos amistosamente. Uno de los voluntarios me señala una percha de madera y, después de colgar en ella mi ropa interior, me envuelve rápidamente en una toalla húmeda fría. ("¡Creo que las guardan dentro de un congelador para nosotros!", dijo uno de los *malades* durante el almuerzo). Otro voluntario me guía cuidadosamente hacia el borde de la piscina y me invita a que rece pidiendo la curación que necesito. Cuando me persigno, todos inclinan la cabeza y rezan conmigo. Dos de ellos me toman de los brazos y me ayudan a sumergirme en el agua que está fría, aunque no más fría que el agua de una piscina de natación.

—*Asseyez-vous* —dice uno de ellos, y me siento mientras sostienen mis brazos.

Aquí, rezando en esta habitación poco iluminada, sumergido en agua de manantial, sostenido por dos personas amables, me siento lejos de mi vida cotidiana. Luego me ayudan a ponerme de pie y me señalan una estatua de María, a la que le beso los pies. Después me dan de beber un poco de agua de una jarra.

Cuando salgo del agua, uno de los voluntarios me pide la bendición. Vestido sólo con una toalla, bendigo a los hombres, que se arrodillan en el suelo de piedra mojado y hacen la señal de la cruz.

—¡Seguro que es la primera vez que bendice a alguien sin vestir ropa! —me dice uno, y nos echamos a reír.

Después del baño, me visto rápidamente y me apresuro hasta la gruta de Massabieille, donde nuestro grupo celebra misa. Y sí, el agua se seca en mi piel inmediatamente.

A las 5 de la tarde, Brian y yo caminamos bajo la llovizna hasta un monasterio carmelita cercano. La sencilla capilla blanca, con bancos bajos de madera, se encuentra en absoluto silencio y representa un bienvenido descanso de la ruidosa muchedumbre. Permanecemos sentados unos minutos hasta que oímos una campana y unas doce monjas entran en silencio para rezar Vísperas. Se sientan a la izquierda del altar, detrás de una reja alta de hierro que las separa del resto de la capilla. Ver sus hábitos marrones y blancos me recuerda a Teresa de Lisieux. Los cantos son hermosos, entonados con agudas y claras voces femeninas, y se me ocurre que probablemente sean las mismas canciones que Teresa escuchaba cada día en el monasterio de Lisieux.

A medida que la música llena la capilla, me siento más cerca de Teresa y abrumado por la sensación de la santidad de su vida.

Domingo 2 de mayo

Una gigantesca basílica llamada en honor a San Pío X fue construida en 1958 debajo de la gruta de Massabieille, donde tuvieron lugar las apariciones. Aunque resulte difícil de creer, tiene capacidad para albergar a veinte mil personas sentadas. La estructura de cemento parecería un enorme estacionamiento oval si no fuera por los grandes retratos de santos, de casi tres metros de altura, que adornan las paredes. En el que representa al papa Juan XXIII puede leerse *Bienheureux Jean XXIII* (Beato Juan XXIII). Por la mañana, nuestro grupo se dirige a la iglesia subterránea para una solemne misa por la Orden de Malta, cuyos miembros se reúnen en Lourdes para su visita anual.

Hay decenas y decenas de sacerdotes en la sacristía, docenas de obispos e incluso tres cardenales. La procesión de entrada, con varios miles de *malades*, sus acompañantes, caballeros, damas, peregrinos, estudiantes y todos los demás, es casi alarmantemente alegre. En lo alto del templo, pantallas enormes proyectan las letras de las canciones en inglés, francés, italiano, español, alemán que son entonadas por todos los participantes. En el momento de la comunión, me entregan un ciborio repleto de hostias y me señalan a un joven guardia italiano que lleva una bandera amarilla. Me explica que tiene una novia en Estados Unidos; ¿podría llamarme ella si necesita hablar con alguien? Con su bandera en alto me conduce entre el mar de personas que me rodean y me extienden las manos pidiendo la comunión como si se tratara de la cosa más importante del mundo.

Más tarde, mientras camino con un amigo franciscano, se me acerca un peregrino francés para pedirme que lo oiga en confesión. Nos sentamos en un banco de piedra al sol, y cuando terminamos se había formado una pequeña fila. Llamo a mi amigo franciscano para que me ayude. Junto a mí se sienta un hombre italiano y me pregunta:

—¿Italiano? —Yo asiento. Pero mi italiano es muy básico y después de unos minutos estoy completamente perdido. Antes de darle la absolución le digo que aunque yo no haya podido entenderlo todo, Dios sí que lo hace.

Por la tarde deambulo por la ciudad buscando recuerdos para mis amigos. Antes de salir de Estados Unidos escuché a varios jesuitas lamentarse por las baratijas que se vendían en las tiendas, pero a mí no me molestan. Supongo que la mayoría de los que compran piensan en sus seres queridos al hacerlo, así que se trata de otra manera de tener presente a las personas mientras estamos en Lourdes.

Miro un rosario que es la copia exacta de otro que compré veinte años atrás en Notre Dame de París, justo después de graduarme de la universidad. Tiene una pequeña medalla de metal con la figura de María de un lado y la palabra *Indécrochable* del otro. Cuando regresé de París busqué la palabra en un diccionario Francés-Inglés; la definición era "fuerte" o "imposible de profanar". Y pensé que era una buena advocación para María: *Indécrochable*.

La vendedora se acerca.

—*Ah, oui* —dice—. *C'est indécrochable.* —Luego agrega en inglés—: Significa que las cuentas no se rompen. —Les da un tirón—. ¿Ve lo fuertes que son?

Me echo a reír y le cuento que había pensado que la palabra se refería a María, no a las cuentas. Que se trataba de una especie de advocación teológica: *Imaculée, Indécrochable.*

La vendedora se ríe con ganas y se lo cuenta a su compañera, que sonríe con indulgencia. —No —comenta en inglés—. No se trata de una advocación teológica. ¡Es una advocación de marketing!

Lunes 3 de mayo

A las seis y media de la mañana, treinta de nosotros salimos para la casa de Bernardita. En el camino pasamos docenas de tiendas de recuerdos y George, inclinándose hacia mí, dice:

—Bernardita fue una joven afortunada, ¿no crees? —murmura—. Cuando regresaba de la gruta podía detenerse a comprarse unos bonitos *souvenirs*.

Dos mujeres, *malades*, que están sentadas frente a nosotros, nos oyen y ríen.

A su pequeña casa, ubicada en una calle lateral estrecha, aún se la conoce como el *cachot*, ya que había sido una cárcel antes de que la familia indigente se mudara allí. Sorprendentemente, es aún más pequeña que la horrorosa habitación que aparece en *La canción de Bernadette*. En la biografía de René Laurentin, éste nota que en la húmeda y fría casucha dormían seis personas en dos camas.

Antes de nuestra llegada, una religiosa preparó el *cachot* para la misa, que celebra el cardenal Theodore McCarrick, arzobispo de Washington, DC, que se ha unido a nuestro grupo por pocos días. Debido al tamaño de la habitación, sólo pueden entrar los *malades* y sus acompañantes, además del cardenal, otro sacerdote y nosotros, los tres jesuitas.

Cuando comienza la misa, treinta personas, la mayoría de ellas muy enfermas, miran expectantes al cardenal. Él los hace sentir cómodos de inmediato, comentando que todos nos sentimos como sardinas, y que no tenemos que preocuparnos por ponernos de pie durante la celebración ya que las sardinas no lo hacen. Todos ríen. Ayer el cardenal encabezó una enorme procesión eucarística cerca de la gruta; es maravilloso ver a un sacerdote capaz de predicar tanto a mil personas como a un pequeño grupo. Hace una homilía corta y conmovedora sobre el significado del sufrimiento. Dios nos ama, dice. Dios quiere acompañarnos en el sufrimiento. Y Dios trata de darnos esperanza en medio de nuestro sufrimiento a través de la persona de Jesucristo.

Pienso en la incongruencia de que todos estamos reunidos aquí debido a una niña pobre de catorce años.

Durante la lluviosa tarde paso unas horas en un edificio vagamente gótico con un cartel blanco y azul que dice "Confesiones". Frente al edificio hay una estatua que representa arrodillado a San

Juan Vianney, el sacerdote francés del siglo XIX conocido por su compasión en el confesionario (se dice que pasaba hasta dieciocho horas por día escuchando confesiones). En un pasillo angosto se sientan plácidamente las personas que aguardan junto a puertas con carteles que anuncian confesiones en inglés, español, holandés, alemán e italiano. Los alemanes parecen ser los más numerosos.

Cada pocos minutos, una persona se asoma a mi cubículo para preguntar, esperanzado:

—¿Alemán?

Martes 4 de mayo

Mañana regresamos a los Estados Unidos, así que decido volver a las piscinas. Ya conozco a algunos de los voluntarios que ayudan a los peregrinos que se sientan bajo el pórtico. Le pregunto a uno si le gusta su trabajo.

—¡Oh, no es un trabajo! —me responde alegremente—. Soy voluntario, como todo el mundo. Si se tratara de un trabajo, entonces pensaría en cobrar un euro a cada persona que ayudo. O, quizás, ¡un euro por cada kilo que pesan! —añade riendo—. Pero, de este modo, veo a cada uno como una persona, no como un número.

Me dice que muchos peregrinos están nerviosos y preocupados cuando llegan por primera vez.

—*C'est natural* —dice—. La gente puede estar enferma, tener frío o simplemente tener miedo de resbalar en el agua.

Pero su primera experiencia, me cuenta, fue absolutamente transformadora. Intenta encontrar las palabras adecuadas en inglés, pero luego recurre nuevamente al francés.

—Sentí como si se hubiera abierto una puerta en mi corazón. —Hace un gesto apartando las manos de su pecho para demostrarlo—. Después de eso, nada fue igual.

Al entrar, veo a un extrovertido voluntario con el que he conversado antes. Sonriendo ampliamente, me grita:

—*Mon ami!*

El otro voluntario, al ver mi sotana, me pregunta:

—¿Es usted jesuita? Entonces conoce a mi familia.

Como mi expresión es de confusión, agrega:

—Soy polaco, y mi apellido es Kostka.

Así que ese día me ayudan a sumergirme en el agua *mon ami* y un miembro de la familia de San Estanislao Kostka, uno de mis héroes jesuitas.

Por la tarde, mientras me cepillo los dientes en la habitación del hotel, se me ocurre pensar que si María se apareciera hoy en día, es probable que lo hiciera en un lugar tan impensable como el baño. Después de todo, las apariciones originales ocurrieron en un lugar lleno de suciedad adonde iban a alimentarse los cerdos. Pocos minutos más tarde, cuando bajo al vestíbulo, un hombre anciano pide hablar conmigo para contarme algo que le ha sucedido esa mañana mientras estaba en las piscinas.

Este católico racional y sensato ha venido a Lourdes después de una larga enfermedad. (He cambiado algunos detalles de su historia, aunque no los hechos esenciales). Llorando, me contó cómo, al salir del agua, en la habitación para los hombres, escuchó la voz de una mujer que le decía, en pocas palabras, que sus pecados estaban perdonados. El baño estaba completamente vacío. Obviamente, en Lourdes no hay mujeres cerca de las piscinas de los hombres.

Entonces recordó algo. Antes de venir a Lourdes, había rezado pidiendo esa gracia; a pesar de una confesión reciente, aún sentía el peso de sus pecados. Le digo que Dios se comunica con los hombres de muchas maneras a través de la oración: mediante intuiciones, recuerdos, emociones. Y que aunque pocas personas relatan esas experiencias, no es algo insólito. Algo similar constituyó una de las experiencias fundantes en la vida de la Madre Teresa. Se sorprende cuando le cuento que pienso que los baños no son mal lugar para las experiencias religiosas. Y aunque resulta inesperado, tiene sentido: se trata de una gracia recibida de manera clara e inconfundible durante una peregrinación. Además, le digo, sus pecados han sido verdaderamente perdonados.

—¿Cómo sonaba la voz? —pregunto.

— Oh —me dice—, llena de paz.

Esa noche la Orden de Malta da una cena de despedida para todos, llena de discursos, canciones, algunas representaciones de último momento y premios. A mí me entregan uno por el servicio valeroso (por haber bendecido a personas sin el beneficio de la ropa). Los *malades* más jóvenes, niños con escoliosis, cáncer y defectos de nacimiento, nos cantan una corta canción, vacilante y desafinada, que nos deja a casi todos al borde de las lágrimas.

Durante la cena, uno de los caballeros me cuenta que un niño con escoliosis, de los más alegres que uno podría encontrar, le dijo que sus compañeros de clases se entristecerían cuando regresara.

—Pensaban que sería alto y que mi espalda estaría erguida —le explicó.

Había estado en las piscinas esa misma mañana, pero no presentaba cambios aparentes. —Pero no importa —agregó—. Seré alto y tendré la espalda erguida cuando vaya al cielo.

La historia contada por Bernardita Soubirous resulta difícil de creer incluso para algunos católicos devotos. Por supuesto, no es fundamental que un católico crea en la historia o en las apariciones de Lourdes, como sí lo es creer, por ejemplo, en la Resurrección. Pero la belleza de la historia, así como la de la personalidad de Bernardita, siempre me han hecho creer en ellas. Los mensajes de la Virgen fueron simples y razonables: penitencia, oración, peregrinación. Y de alguna manera, después de visitar Lourdes, me siento aún más convencido gracias al lugar y a las personas.

Bernardita se ha convertido para mí en un símbolo de la necesidad de permanecer fiel a nuestra propia visión personal. Desde la primera aparición en 1858 y a pesar de los regaños de su madre, las burlas de sus amigos, los interrogatorios de las autoridades del pueblo, las examinaciones de la Iglesia y las persistentes dudas hasta el final de su vida, Bernardita se ciñó a su historia. Incluso a pesar de las persecuciones, siempre contó exactamente lo que había visto. Bernardita es un poderoso modelo de fidelidad y una testigo de la importancia de confiar en la propia experiencia, a pesar de las consecuencias; es, a su manera, una figura profética.

He pensado muchas veces en Bernardita Soubirous desde la primera vez que vi *La canción de Bernadette* en la televisión aquella noche en el noviciado. Pienso en ella cuando las personas, y ha habido muchas, ridiculizan mi decisión de entrar a los jesuitas y dicen que la vida religiosa equivale a morir o que la Iglesia hace más mal que bien. La recuerdo cuando las personas, y ha habido muchas, expresan su desprecio hacia la Iglesia católica porque la consideran repugnante, o porque a los sacerdotes católicos se los etiqueta rutinariamente como pedófilos y abusadores sexuales. Pienso en ella cuando las personas afirman, y hay algunas, que sólo los crédulos o los estúpidos creen en Dios. En todas esas situaciones pienso en Bernardita, con sus ojos fijos en el pequeño hueco de la gruta, confiada en lo que ve y fiel a aquello en lo que cree.

La última mañana en Lourdes voy temprano a visitar una vez más la gruta. Incluso antes del amanecer ya están celebrando una misa y hay muchos peregrinos arrodillados frente a la gruta, pasando sus manos por la piedra, rezando el rosario y esperando una curación, tal como lo vienen haciendo desde 1858.

El sol se levanta sobre la basílica y las campanas tocan las primeras notas claras del "Himno de Lourdes" mientras cruzo la plaza.

8

Compartan esta alegría con todos los que encuentren

Madre Teresa de Calcuta

Ustedes pueden hacer algo que yo no puedo hacer. Yo puedo hacer algo que ustedes no pueden hacer. Hagamos juntos algo hermoso para Dios.

MADRE TERESA DE CALCUTA

Yo era un gran admirador suyo y me sentía muy envidioso de las personas que la habían conocido. Mi padre, por ejemplo, le había estrechado la mano.

Cuando todavía estaba en la escuela secundaria, mi padre viajó al extranjero por negocios. Cuando regresaba, tuvo que esperar un tiempo en el aeropuerto de Japón. Mientras aguardaba pacientemente el vuelo de regreso, notó que se producía un revuelo: una muchedumbre se reunía para lo que parecía ser la llegada de una celebridad. Todo el mundo estaba emocionado. Avanzando entre el gentío, mi padre se encontró de repente cara a cara con la Madre Teresa. Él le extendió la mano y ella la estrechó.

—¡Papá hoy conoció a la Madre Teresa! —me contó esa noche mi madre por teléfono—. Dice que es muy pequeña.

Cuando mi padre llegó finalmente a casa, le pregunté qué mano había tocado ella y me la extendió con reverencia.

Más tarde, ya como jesuita, encontraría un número sorprendente de gente que la había conocido y que incluso había trabajado con ella. Su casa en Calcuta era un imán para creyentes y no creyentes por igual, todos deseando conocer a la Santa de los Basurales. Aquellos que la conocían, me hablaban de su evidente santidad, su actitud directa y su humor lacónico (su típica respuesta frente a la donación de un benefactor adinerado era "¡No es suficiente!"). Tenía también una merecida reputación de terquedad.

Un hermano jesuita me contó una historia que ilustra esta última característica. Él era un especialista en salud pública que había viajado a Calcuta para trabajar como voluntario en una de las casas de enfermos. La Madre, como todos la llamaban, ponía un especial interés en reunirse con los voluntarios sacerdotes. Durante el primer encuentro que tuvo mi amigo con ella, él aprovechó la oportunidad para sugerir que podían mejorarse las condiciones sanitarias de las casas. Las hermanas deberían arreglar las medicinas de esta manera, no de aquella; deberían tratar a los pacientes de este modo, no de ése; deberían hacer las cosas de este modo, no de ése.

La Madre sonrió y dijo:

—Ése no es nuestro modo de hacer las cosas.

Mi amigo insistió.

—Realmente es mejor —dijo— hacer las cosas como yo le aconsejo. Después de todo, tengo un título en salud pública.

No —respondió tranquilamente la Madre—, ése no es nuestro modo de hacer las cosas.

—En serio —repitió mi amigo, mientras sentía que aumentaba su irritación ante la intransigencia de la religiosa—, así sería mucho mejor.

—No —repitió la Madre—, ése no es nuestro modo de hacer las cosas, Padre.

Mi amigo golpeó la mesa con la mano, lleno de frustración.

—¡Usted es tan... *irrazonable*!

Él mismo reía cuando contó la historia.

—¿Le dijo a una santa viviente que era irrazonable? —preguntó uno de los novicios—. ¡Eso debe conllevar unos días más de purgatorio!

Mi único contacto con la Madre Teresa se produjo años más tarde, durante mis estudios de teología en Cambridge, Massachusetts. Yo había publicado una serie de artículos en la revista *América* titulados "¿Cómo puedo encontrar a Dios?", que incluían respuestas de personas de diferentes denominaciones religiosas. Pocos meses después de la publicación de esos artículos, un editor me preguntó si estaba interesado en convertirlos en un libro. Si aceptaba, debería pedir respuestas a más personas.

Hice una lista y envié cartas a líderes religiosos, figuras públicas y escritores, entre otros. Con el tiempo, mis compañeros jesuitas se acostumbraron a recibir sobres que llegaban de todas partes del mundo ("¿Por qué te escribe alguien de la Casa Blanca?"). Me hizo feliz que aproximadamente la mitad de las personas respondiera y recibí ensayos de gente que nunca hubiera soñado que tuviera tiempo de escribir para mí: Elie Wiesel, el cardenal Joseph Bernardin, Robert Coles, Mary Higgins Clark, Kathleen Norris.

Incluso las negativas eran interesantes. John Updike escribió en una sencilla tarjeta blanca: "Creo que mi reacción es que la pregunta es demasiado profunda para que la responda así de pronto, y no tengo tiempo para responderla de otra manera". William F. Buckley Jr. me contestó desde su oficina de la revista *National Review*: "Lamento no poder cooperar, pero estoy terminando un libro que intenta responder a esa misma pregunta, y me siento temporalmente incapaz de llegar a la condensación que usted me pide". Otra de mis respuestas favoritas es la del astrónomo Carl Sagan: "La pregunta *¿Cómo puedo encontrar a Dios?* implica la respuesta que conduciría a la clave de un tema pendiente de resolución".

Incluso el Papa respondió, o, al menos lo hizo su "asesor", quienquiera que fuera. La respuesta llegó en un sobre color crema con el membrete de la Secretaría de Estado (Primera Sección, Asuntos Generales):

> Su Santidad el papa Juan Pablo II ha recibido su carta y me ha pedido que le dé las gracias. Aprecia los sentimientos que lo han movido a escribirle, pero lamenta que no le sea posible acceder a su pedido.

Se trata obviamente de una carta modelo, pero resultaba gracioso imaginarse al Papa diciéndole a algún monseñor:

—¡Sí, dígale a ese muchacho que aprecio los sentimientos que lo han impulsado a escribirme!

Pero mi negativa favorita vino en un pequeño sobre blanco que evidentemente había sido escrito con una antigua máquina de escribir. El remitente eran las Misioneras de la Caridad, 54A A. J. C. Bose Road, Calcuta 700016, India. El escolástico, o seminarista, que se encargaba del correo aquel día era un buen amigo llamado Tim.

—¡Hey, Jim! —gritó desde la escalera—. ¿Has escrito a la Madre Teresa?

Bajé volando las escaleras y abrí cuidadosamente el sobre, del que saqué media hoja de papel blanco. Dentro de la carta había una pequeña tarjeta blanca. Tim aguardó mientras yo leía la carta en voz alta. "Querido hermano James," comenzaba.

Después de decirme que había recibido mi carta, escribía:

> Dios lo ama por su hermoso esfuerzo de conducir a la gente más cerca de Su verdad y amor. Tendré presente su proyecto en mis oraciones, para que Jesús use este libro para la gloria de Dios y el bien de Su pueblo.

Sin embargo, lamento informarle que no me será posible contribuir al libro como usted me pide.

Mantenga en su corazón la alegría de amar a Jesús y compártala con todos aquellos con los que se encuentre. Que así sea.

Dios lo bendiga,

M Teresa, mc

—¡Vaya! —exclamó Tim—. ¿Qué dice la tarjeta?

Se la alcancé y leyó en voz alta:

El fruto del SILENCIO es la Oración
El fruto de la ORACIÓN es la Fe
El fruto de la FE es el Amor
El fruto del AMOR es el Servicio
El fruto del SERVICIO es la Paz
Madre Teresa

Mostré orgulloso la carta a todos en mi comunidad. Otro jesuita me dijo:

—Eso es tan bueno como un ensayo. ¡Deberías ponerla en tu libro!

Eso fue lo más cerca que estuve jamás de una de mis grandes heroínas. Pero también me sentí cercano a ella cuando, durante el noviciado, pasé cuatro meses trabajando con su congregación religiosa, las Misioneras de la Caridad, en Kingston, Jamaica.

Durante nuestro primer año de noviciado, se nos pidió que hiciéramos un "experimento del tercer mundo" ("experimento" es el término jesuita para "experiencia"). Para Navidad, se nos informó a mi compañero de clase, Hill, y a mí que trabajaríamos en Jamaica, donde

generaciones de jesuitas de Nueva Inglaterra habían servido en pequeñas parroquias y habían dirigido dos prestigiosas escuelas secundarias
en Kingston. Los jesuitas formaban parte de la vida católica de la isla
hasta tal punto que el propio arzobispo de Kingston era jesuita (y
nacido en Jamaica).

El proyecto de enviarnos a países en vías de desarrollo tenía varios
objetivos. En primer lugar, era una forma de exponernos a la vida de
los pobres en el extranjero, para ofrecernos la oportunidad de conocer
la lucha de los pueblos en esos países. Era una manera de comprender-
der la "opción preferencial por los pobres" de la Iglesia. En segundo
lugar, era una manera de fomentar en nosotros la confianza en Dios
en una situación poco familiar. En tercer lugar, nos ayudaría a aumentar nuestra comprensión acerca de un país y una cultura diferentes.
Finalmente, era un modo de conocer el trabajo de la Compañía de
Jesús en todo el mundo, de expandir nuestro horizonte de la vida
religiosa más allá de nuestra forma de ser en Estados Unidos; una
oportunidad, como me explicó mi director de noviciado, de conocer a
la "Compañía de Jesús internacional".

Un jesuita anciano que había pasado muchos años en "las misiones" sonrió con astucia cuando mencioné esta última razón.

—La verdad —me dijo—, ¡es que parte de conocer a la Compañía
internacional consiste en descubrir que los jesuitas de otros países pueden ser tan irritantes como los estadounidenses!

Pero yo no pensaba en nada de eso antes de partir para Jamaica;
sólo pensaba en mí mismo y en lo que podría ocurrirme. Me daba
miedo trabajar en el tercer mundo. Y aunque ahora veo con claridad el
poder transformador de mi experiencia en Jamaica, al leer mis diarios
de la época vuelvo a recordar lo asustado que estaba.

Era de esperar. No sólo me caracterizaba por preocuparme en
exceso, sino que los novicios de años anteriores habían llenado exitosamente mi cabeza con historias horrorosas sobre su estadía en Kingston,
historias que eran en parte ciertas, en parte estaban pensadas para

demostrarme cuán valientes eran y en parte intentaban hacerme entrar en pánico.

Un escolástico me contó que la parroquia de su vecindario era tan violenta y estaba tan llena de enfrentamientos entre pandillas que los novicios muchas veces debían tumbarse en el suelo de la rectoría para mantenerse a salvo de los disparos. (Cierto.) Otro dijo que la principal comunidad jesuita, ubicada en una conocida barriada de Kingston (cierto, pero era relativamente segura para los jesuitas), estaba rodeada de un alto muro con vidrios rotos en su parte superior (cierto también) y contaba con guardias armados que la vigilaban (había guardias pero no iban armados). Otro me contó que, como no había farmacias en la ciudad (lo que obviamente no era cierto), se había llevado con él una bolsa de medicamentos (cierto, aunque eso dice más sobre él que sobre el estado de la medicina jamaicana).

Y a pesar de que las ocasionales historias negativas eran superadas por las positivas (el pueblo jamaiquino es amable, el paisaje arrebatador, la cultura fascinante, los jesuitas acogedores), yo seguía preocupado. La mayor parte de mi miedo se centraba en las enfermedades. ¿Qué me pasaría si me enfermaba? ¿Podría beber el agua? ¿Comer la comida? Uno de los escolásticos me dijo que había contraído la fiebre del dengue durante su experimento como novicio en Jamaica. Su descripción de la enfermedad, trasmitida por un mosquito y que resulta extremadamente dolorosa (de la que finalmente se recuperó), fue memorable.

—Durante la primera semana tienes miedo de morirte —me dijo—. Durante la segunda, tienes miedo de no hacerlo.

La noche antes de mi vuelo, me senté en el sillón del salón intentando distraerme en vano con otra biografía de San Ignacio. Uno de los jesuitas mayores, llamado Joe, entró a la habitación con una taza de café y se acomodó en una mecedora. Joe, que había desempeñado una gran variedad de trabajos durante su larga carrera, era ahora un querido director espiritual que vivía en el noviciado con nosotros. (Los jesuitas llaman a estos hombres sabios que viven con los más jóvenes "padres espirituales"). Yo lo admiraba muchísimo. Era el hombre más libre que conocía. Pocas cosas parecían preocuparle y, con casi ochenta años, tenía un enorme entusiasmo por la vida y una mente abierta. Cada vez que alguien le preguntaba si quería experimentar algo nuevo (visitar una iglesia nueva para la misa del domingo, trabajar en un nuevo ministerio, cambiar la manera en que hacíamos las cosas en casa, incluso aprender a cocinar un plato nuevo), su estribillo era siempre: "¿Por qué no?".

—¿Listo para Jamaica? —me preguntó.

Entonces dejé salir todos mis miedos. Mi preocupación sobre vivir en un país en vías de desarrollo, de encontrarme en medio de la violencia y, sobre todo, de enfermarme.

Joe me escuchó con paciencia. Todavía puedo verlo sentado frente a mí, acariciándose la barba y hamacándose en la mecedora.

Finalmente me dijo:

—¿Y qué tal si simplemente te permites enfermarte?

A veces sólo se necesitan unas pocas palabras para abrirnos la mente. Y ésas eran exactamente las que necesitaba oír. Lo que Joe me decía era que necesitaba permitirme ser humano. Y, a veces, los seres humanos se enferman y tienen que llevarlo de la mejor manera posible. Aquella noche anoté las palabras de Joe en mi diario, las subrayé en rojo y las remarqué en amarillo, para asegurarme que las encontraría fácilmente en Jamaica. Después escribí: "Rezo para lograr esa clase de aceptación respecto de mí mismo. Y también para desarrollar la habilidad de ser yo mismo, sin poner siempre cara de valiente, especialmente cuando estoy triste, preocupado, confundido, etcétera".

Las palabras de Joe me ayudaron a partir para mis cuatro meses en Kingston con algo parecido a la paz. Pero eso no significa que las cosas fueran fáciles.

Mi compañero Bill y yo vivíamos con la comunidad en una escuela secundaria de Kingston, St. George's College. Como nos habían informado, la escuela se encontraba en medio de una peligrosa área de la ciudad y estaba rodeada por un muro alto. Como también nos habían contado, nuestras habitaciones eran espartanas: una cama, un escritorio, sencillos pisos de madera y ventanas sin cortinas (el día que llegué, el techo de mi habitación estaba decorado con un nido de avispas muy activas). Y como nos habían dicho, dormir por las noches era un verdadero desafío, debido al zumbido de los mosquitos, el ruido de los bares cercanos donde sonaba con fuerza la música *reggae*, los gritos y los poco comunes, aunque algo preocupantes, tiroteos.

Pero había muchas otras cosas buenas que yo no esperaba, y que equilibraban la balanza. Había, por ejemplo, muchos jesuitas jóvenes trabajando en Kingston en aquel tiempo. Nuestra casa incluía a tres "regentes", tres jesuitas jóvenes que trabajaban a tiempo completo antes de sus estudios de teología: dos jamaicanos y un estadounidense. También vivía con nosotros un sacerdote ordenado hacía poco. A pocos kilómetros, un joven regente canadiense trabajaba en una barriada increíblemente pobre, en una iglesia llamada San Pedro Claver, en honor del jesuita conocido como "el esclavo de los esclavos", un misionero español que había trabajado con los esclavos que llegaban a Colombia. Otro regente estadounidense trabajaba en una pequeña parroquia llamada Santo Tomas de Aquino, cerca de la Universidad de las Indias Occidentales. Esos jesuitas, que estaban sólo cinco o seis años por delante de mí, escuchaban mis preocupaciones, me tranquilizaban con cariño y, cuando mis miedos eran obviamente ridículos, me hacían el gran favor de reírse de ellos.

Antes de que Bill y yo dejáramos los Estados Unidos, el director de novicios nos había dicho que podíamos elegir dos clases de trabajo pastoral, pero que uno de ellos tenía que ser con las Misioneras de la Caridad. Así que una de las primeras cosas que hicimos fue visitar la casa que dirigían las hermanas de la Madre Teresa.

Para llegar a la casa, era necesario atravesar caminando uno de las barriadas más pobres de la ciudad, que comenzaba prácticamente en la puerta principal de la escuela secundaria jesuita.

Ése fue mi primer contacto con las condiciones de vida de cientos de millones de personas, con un mundo que se haría más familiar a medida que fuera trabajando como jesuita. Calles llenas de baches se extendían entre pequeñas casas de cemento con techos de hojalata oxidados. Cabras sarnosas deambulaban balando, perros escuálidos dormitaban en las cunetas y los cerdos más grandes que he visto en mi vida escarbaban las montañas de basura. Por todos lados veía gente ocupada: mujeres robustas vendiendo frutas en puestos callejeros, jóvenes riendo y fumando (no sé exactamente qué, pero por mi gran experiencia en la universidad podría arriesgar una suposición) y niños delgados que se dirigían a la escuela vestidos con pulcras camisas blancas y pantalones o faldas azules. Con casas tan pequeñas, la mayor parte de la vida parecía suceder en la calle. Aquella mañana pasamos junto a un hombre que se cepillaba los dientes en la calle. Cuando Bill y yo pasamos, escupió ruidosamente.

Por alguna razón, todos sabían que éramos "sacerdotes", aunque no llevábamos nada distintivo (excepto nuestra piel blanca).

—¡Buenos días, Padres! —nos decían amablemente.

La casa de las Misioneras de la Caridad era un edificio de cemento de dos plantas pintado con azul y blanco brillantes. Pequeñas letras sobre la pared anunciaban su nombre y su patrona: Nuestra Señora Reina de la Paz. En cuanto entramos, me sentí sacudido por el olor, una combinación de lejía, orina, excrementos, té con leche y desinfectante, que de manera instantánea y permanente se grabó en mi memoria.

Fuimos recibidos por una sonriente hermana india vestida con el distintivo sari blanco de la orden de la Madre Teresa. Ver el hábito tuvo un efecto inmediato en mí; era como conocer a la Madre Teresa en persona, y sentí que no podía hablar, como si me encontrara en presencia de alguna clase especial de santidad (incluso hoy en día, años después de entrar a los jesuitas, y pocos años después de haber sido ordenado sacerdote, encontrarme con ciertos hábitos como los carmelitas, franciscanos o trapenses, me emociona y me recuerda a muchos de mis héroes que los han llevado).

La misión de las hermanas era cuidar a los pobres, enfermos y moribundos de los barrios pobres de Kingston. Cada mañana salían a buscar a las personas que estaban demasiado enfermas para cuidarse solas. Muchas veces llevaban a los enfermos a la casa donde los bañaban, vestían y alimentaban, además de proporcionarles un lugar donde descansar y, a menudo, morir. Los hombres dormían en un ala y las mujeres en otra. El lugar era brillante y agradable, con un amplio patio en el que brillaba el cálido sol jamaicano. Después de las lluvias de la tarde, los enfermos se sentaban en el pórtico y miraban a las hermanas lavar las viejas sábanas mientras las lagartijas amarillas tomaban sol o atrapaban cucarachas e insectos.

Las Misioneras de la Caridad siempre estaban en movimiento, incluso con las temperaturas más altas. Se levantaban al amanecer para asistir a misa, luego salían a ocuparse de las personas del vecindario, a menudo para ayudarlos a limpiar sus pequeñas casas, y luego regresaban a la casa para preparar el almuerzo para los invitados; luego había trabajo, y más trabajo, y más trabajo; y después la cena. Pero a pesar del horario tan agotador, las hermanas parecían estar siempre llenas de alegría. Cuando uno les preguntaba cómo podían estar siempre tan alegres, respondían con frases que, viniendo de otra persona, hubieran parecido cursis:

—Cuidamos a Cristo bajo la apariencia de los que sufren —me dijo una de las hermanas, citando a la Madre Teresa.

Las hermanas citaban frecuentemente a la Madre Teresa. "Madre dice..." solían afirmar para explicar porqué hacían las cosas de determinada manera. Sus criterios y pautas dirigían la casa. Kathryn Spink apunta en su excelente biografía *Madre Teresa*: "Teológica y temperamentalmente, la Madre Teresa era una firme creyente en la estricta adhesión a las reglas, tanto en los detalles de disciplina como en el orden en los asuntos domésticos, en el vestido religioso y la uniformidad de las formas de oración y devoción. Le gustaba que se estipularan los detalles y que todos se adhirieran a ellos". Como los religiosos de las antiguas comunidades, las Misioneras de la Caridad podían desplazarse por todo el mundo hasta otra comunidad y seguir sintiéndose como en casa. La Madre era una presencia invisible que impregnaba todo lo que hacían las hermanas y ordenaba su tiempo y sus actividades.

Mucho más influyente que sus instrucciones acerca de, por ejemplo, cómo lavar las sábanas, era su enfoque sobre la atención a los Más Pobres entre los Pobres (siempre escribía esta frase en mayúsculas, como *Jesús* y *Dios*). Se trataba de una postura profundamente contemplativa. Sus hermanas debían ser las "profesionales de la oración" que buscaran servir a Cristo mediante el servicio a los pobres. Y no eran simplemente trabajadoras sociales. "La presencia de Cristo nos guía", explicaba. En una ocasión, un hombre que la observó limpiar las heridas de un leproso dijo:

—No haría eso ni por un millón de dólares.

La Madre Teresa le contestó:

—Yo tampoco. Pero lo hago con gusto por Cristo.

En una reciente carta que me envió, Kathryn Spink remarcaba "la absoluta centralidad" que tienen en la misión de la Madre Teresa las palabras del evangelio de San Mateo. Tomó literalmente estas palabras: "Lo que hagan por el más pequeño de mis hermanos, lo hacen por mí".

De ahí provenía la convicción de que, al tocar los cuerpos de los pobres, ella y sus hermanas estaban tocando en verdad el cuerpo de Cristo. La raíz de todo lo que hizo la Madre Teresa, y de cómo lo hizo, es la visión mística de Cristo que grita pidiendo amor en los cuerpos quebrados de los pobres, y que simultáneamente se ofrece a sí mismo en la Eucaristía como alimento para esos mismos pobres.

Trabajar junto a las misioneras de la caridad me ayudó a descubrir que su espiritualidad no era muy diferente a la de los jesuitas. Era a la vez mística y práctica, activa y contemplativa, terrenal y celestial. Y así como la espiritualidad de los jesuitas está arraigada en la vida y los tiempos de San Ignacio de Loyola, la espiritualidad de las hermanas lo está en el ejemplo de la mujer que ahora se conoce como la beata Teresa de Calcuta.

Agnes Gonxha Bojaxhiu nació en Skopje, Albania, en 1910. Sus padres eran personas devotas. Su madre, Drana, cuidaba a una anciana que vivía cerca y que estaba destruida por el alcoholismo y cubierta de llagas. Drana la limpiaba y cocinaba para ella. Años más tarde, la Madre Teresa diría que aquella mujer sufría tanto por su enfermedad como por su terrible soledad. Drana también enseñaba a su hija que la caridad debía ponerse en práctica silenciosamente.

—Cuando hagas el bien —le decía—, hazlo en silencio, como si estuvieras arrojando una piedra al mar.

La charla de un sacerdote jesuita en la parroquia local acerca del trabajo de los misioneros católicos en todo el mundo conmovió a Agnes, quien soñaba con su vocación religiosa desde los doce años. En octubre de 1928, a los dieciocho años, entró al noviciado de las Hermanas de Loreto en Dublín, Irlanda. Tres meses más tarde, la hermana María Teresa, como se comenzó a llamar entonces (eligió su nombre de religiosa en honor a Santa Teresa de Lisieux), partió para la India. Allí pasaría el resto de su vida.

Sus primeros años en India reflejan las vidas de las otras hermanas de Loreto: la hermana Teresa enseñaba en una escuela católica que dirigía la orden en Calcuta y en otros lugares. La misión de las Hermanas de Loreto se centraba en abordar los problemas de la pobreza a través de la educación. Y fue como maestra cuando la joven religiosa tuvo su primera experiencia sobre las condiciones de vida de los niños del vecindario y sus familias. "No es posible encontrar una pobreza más absoluta", escribió. En 1937, hizo sus votos perpetuos de pobreza, castidad y obediencia y, como era la costumbre para las hermanas de Loreto, comenzó a ser llamada "Madre Teresa". Pocos años más tarde, la Madre Teresa hizo el voto privado, con el consentimiento de su director espiritual, de entregar a Dios todo lo que Dios le pidiera sin negarle nada.

El 10 de septiembre de 1946, la Madre Teresa inició un largo y polvoriento viaje en tren a Darjeeling. Durante los meses anteriores, agotada por el trabajo en el colegio, había enfermado a menudo. Así que sus superioras la enviaron a hacer un retiro corto y a descansar un poco. Fue en ese tren donde la Madre Teresa experimentó lo que describiría como "la llamada dentro de la llamada".

Aunque durante su vida nunca habló directamente de ese momento (suponiendo que atraería más atención sobre ella que sobre Dios), cuando se inició la "causa" para su canonización después de su muerte, finalmente se descubrió lo que realmente le sucedió durante aquel viaje en tren.

Las cartas a su director espiritual y al obispo revelan que experimentó una de las gracias menos frecuentes, lo que los escritores espirituales denominan "locución". Es decir, declaró haber oído palabras dirigidas a ella por Dios. En una larga carta al arzobispo de Calcuta, Ferdinand Périer, SJ, describe las palabras que oyó y que cambiarían su vida: "¿No querrías ayudar?" En su oración, Cristo le pedía directamente que abandonara el convento y comenzara su trabajo con los pobres.

Como respuesta, la Madre Teresa volcó todas sus dudas y miedos en la oración. Era feliz como religiosa de Loreto: ¿Cómo podía abandonarlo? Se expondría a muchos sufrimientos y privaciones. Sería "el hazmerreír de muchos". Experimentaría soledad, ignominia e incertidumbre. Pero, sin embargo, la voz que oyó en oración era firme: "¿Vas a negarte a hacer esto por mí?".

Durante las semanas siguientes, la Madre Teresa disfrutó de una profunda intimidad con Dios en la oración, algo que San Ignacio llama "consolación". Después de hablar con su director espiritual jesuita, decidió hablar con el arzobispo y pedirle permiso para abandonar el convento y comenzar su nuevo trabajo con los pobres. Con su aprobación, escribió a la Madre General de las Hermanas de Loreto y, más tarde, al papa Pío XII, pidiendo permiso para dejar la orden. En abril de 1948, finalmente, se confirmó desde Roma que se concedía a la Madre Teresa la correspondiente autorización.

Así comenzó su vida de total servicio, conocida tanto por creyentes y no creyentes. Pero no fue un comienzo sencillo. "Dejar Loreto", escribiría más tarde, "fue la cosa más difícil que he hecho en la vida. Fue mucho más difícil que dejar a mi familia y mi país para entrar en la vida religiosa. Loreto, el lugar de mi educación espiritual, y mi trabajo allí lo eran todo para mí".

Además de los desafíos mentales y emocionales, había que sumar problemas más prácticos. Antes de comenzar su servicio a los pobres, tuvo que realizar un entrenamiento médico con las Hermanas Misioneras Médicas. Luego tuvo que buscar un lugar donde vivir y encontró alojamiento provisional con las Hermanitas de los Pobres, en Calcuta. Una vez instalada, comenzó a dar clases en las barriadas, vestida con un simple sari azul y blanco, dibujando letras en el barro con una rama frente a los niños que permanecían en cuclillas a su lado.

En poco tiempo encontró una pequeña casa en la ciudad, hasta la cual llegaron las primeras hermanas. Muchos otros voluntarios, médicos, enfermeras y laicos se reunieron alrededor de las nuevas Misioneras de la Caridad para ayudarlas en su trabajo con los pobres. Finalmente, la Madre Teresa fundó Nirmal Hriday, "Lugar del corazón puro", en un edificio donde antes había estado una casa de descanso para los peregrinos que visitaban el vecino templo de Kali.

A pesar de su trabajo caritativo y de recibir a personas de todas las confesiones religiosas, había una notable hostilidad hacia estas mujeres cristianas extranjeras que parecían querer invadir el territorio hindú. Muchos les arrojaban piedras e incluso un hombre intentó matar a la Madre Teresa. Pero esa hostilidad siempre era recibida con amor y, como siempre, más servicio. En su biografía, Kathryn Spink cuenta la historia del líder de un grupo de jóvenes hindúes que entró un día en Nirmal Hriday para desalojar a la Madre Teresa: "Sin embargo, después de ver el cuidado con el que atendían a los sufrientes y consumidos cuerpos de los pobres, regresó con sus compañeros que lo aguardaban fuera del edificio y les comunicó que echaría a las misioneras con la condición de que sus madres y hermanas se encargaran del mismo servicio que las hermanas realizaban".

El resto de su vida se caracterizaría por una incansable actividad y el compasivo servicio a los más pobres: una interminable procesión de apertura de nuevas casas, de viajes alrededor del mundo para reunirse con los miembros de su congregación que no dejaba de crecer y de participar en la creación de una orden de hermanos, luego sacerdotes y finalmente "colaboradores", bajo la tutela de las Misioneras de la Caridad.

En 1969, el periodista británico Malcolm Muggeridge realizó una película sobre la Madre Teresa que se emitió en la BBC con el nombre de *Hagamos algo hermoso para Dios*; más tarde publicaría también un libro. Cuando dirigió el documental, Muggeridge no era creyente (más tarde se convertía al catolicismo debido a la influencia de la religiosa) pero se sentía profundamente atraído por la autenticidad del trabajo de la Madre. (En uno de los pasajes más encantadores del libro, la Madre Teresa, notando la dedicación con la que el equipo de filmación escucha a su director, les dice a sus hermanas que deben escuchar a Dios con la misma atención). El retrato de una mujer creyente realizado por un no creyente proporcionó a la Madre Teresa aclamación y atención internacionales.

A medida que la religiosa y su orden eran cada vez más conocidas, aumentaban los honores y elogios que recibían de gobiernos, universidades, organizaciones religiosas y grupos de beneficencia en todo el mundo. La Madre Teresa lo aceptaba todo por la oportunidad que le ofrecían los discursos de aceptación para compartir su mensaje: "Me da la oportunidad de hablar de Cristo a personas que, de otra manera, quizás no oirían nunca sobre él". Y así, con astucia, empleaba su fama para facilitar la apertura de nuevas casas para sus hermanas y centros de acogida para los pobres de todo el mundo.

En 1979, después de que muchos postularan su candidatura durante muchos años, la Madre Teresa recibió el premio Nobel de la Paz. Cuando le preguntaron por qué había decidido aceptar el premio en persona, contestó:

—Yo no soy digna del premio. No lo quiero a título personal. Pero con este premio, el pueblo noruego reconoce la existencia de los pobres. En su nombre vengo a recibirlo.

Como era su costumbre en ceremonias públicas, la Madre habló de forma improvisada, sin llevar a la ceremonia notas de ninguna clase. Con su sari azul y blanco y su vieja chaqueta, la frágil y encorvada mujer habló sobre su vida de servicio contando historias de los pobres, detallando su oposición al aborto y, a lo largo de todo el discurso, remarcando el amor de Dios: "Mantengamos en nuestros corazones la alegría de amar a Jesús", dijo al público presente en el Aula Magna de la Universidad de Oslo, "y compartamos esa alegría con todos los que nos encontremos. Esa alegría radiante es real, porque no tenemos razones para no ser felices ya que Cristo está con nosotros. Está en nuestros corazones, está en los pobres que nos encontramos, está en la sonrisa que damos y en la que recibimos".

A diferencia de sus dos tocayas, Teresa de Lisieux y Teresa de Ávila, no se conoce a la Madre Teresa como una ávida escritora o gran oradora. Sin embargo, la sencillez de sus palabras no quita nada a su mensaje; más bien, lo vuelve más poderoso.

Hoy en día está muy de moda hablar de los pobres. Desgraciadamente, no está tan de moda hablar con ellos.

═══

En los países desarrollados existe la pobreza de intimidad, la pobreza de espíritu, de soledad, de falta de amor. No hay en el mundo mayor pobreza que ésa.

═══

Dios no me pide que sea exitosa. Me pide que sea fiel.

═══

Para llegar a ser santos, es necesario querer serlo en serio.

A lo largo de su vida, la Madre Teresa dejó siempre a un lado sus necesidades personales y físicas, aceptando las privaciones que acarreaba su ministerio como una manera de identificarse con las privaciones de Jesús. Durante su estancia en Noruega, a las hermanas les costó mucho convencerla de que se protegiera contra el frío invierno escandinavo. Y sólo cuando acompañó a otra hermana a la consulta del médico en Estados Unidos descubrieron que sufría problemas de corazón y necesitaba atención médica.

Ocasionalmente reaccionaba con áspera desaprobación ante los que no trabajaban tan diligentemente como ella. En los primeros años de historia de su congregación, escribió con evidente frustración a algunas de sus no tan dedicadas hermanas: "Y sin embargo, Madre puede trabajar sin parar hasta el amanecer, viajando de noche y trabajando de día. ¿No les resulta humillante que a mi edad pueda trabajar la jornada completa con una sola comida, mientras ustedes viven con el nombre de los pobres pero disfrutan de una vida de pereza?".

La Madre Teresa mantuvo su agotador ritmo de trabajo, incluso cuando su salud comenzó a decaer, hasta el final de su vida. En 1997, encorvada y enferma después de una dura vida de trabajo, murió a los ochenta y siete años. Antes de la misa de su funeral, el cuerpo de Agnes Gonxha Bojaxhiu fue transportado por las calles de Calcuta por el mismo carruaje que había llevado los cuerpos de Mahatma Gandhi y Jawaharlal Nehru, mientras decenas de miles de indios la acompañaban a lo largo de la ruta. Cuando murió fue casi universalmente reconocida como una "santa viviente" (a sus admiradores no les preocupaba que sus detractores la acusaran de aceptar dinero de políticos poco honestos y plutócratas para dárselo a sus amados pobres; comprendían adónde iba a parar todo el dinero y todos los esfuerzos: a los Pobres Más Pobres).

Apenas seis años más tarde (en tiempo record), el papa Juan Pablo II, uno de sus muchos admiradores, la beatificó.

La mayor parte de la historia es bien conocida. Pero existe una faceta de su vida que se hizo pública después de su muerte y que sorprendió incluso a aquellos que la conocieron bien. Y es precisamente esa parte oculta de su vida lo que la convierte en una figura mucho más fascinante.

El gran secreto de su vida fue que, poco después de su crucial viaje en tren a Darjeeling, después de un tiempo en la que se sintió intensamente unida a Dios, la Madre Teresa experimentó oscuridad espiritual durante largos períodos de su vida, según algunos, y durante el resto de su vida, según otros.

Aunque los meses que siguieron al viaje en tren estuvieron llenos de consolaciones, poco después, y hasta su misma muerte, la Madre Teresa comenzó a describir una "oscuridad interior", una sensación de alejamiento de Dios. A uno de sus directores espirituales le escribió contándole que Dios parecía ausente, que el cielo parecía vacío y, lo que era aún más difícil, sus sufrimientos parecían inútiles. La Madre Teresa confesó al arzobispo Périer: "Siento en mi alma el terrible dolor de la pérdida, de que Dios no me quiere, de que Dios no es Dios, de que Dios realmente no existe".

Cuando lo leí por primera vez, pocos años después de su muerte, quedé atónito. En un artículo en la revista católica *First Things* ("Primeras cosas") titulado "La noche oscura de la Madre Teresa", el autor, Carol Zaleski, se basaba en documentos y cartas recopiladas por el padre Brian Kolodiejchuk, un Misionero de la Caridad responsable de la causa de canonización de la Madre Teresa. Esas cartas mostraban claramente que la religiosa luchaba con lo que San Juan de la Cruz llamó "la noche oscura", es decir, la experiencia prolongada del distanciamiento de Dios y una aridez extrema en la oración. Y para la Madre Teresa, que había llegado a sentirse tan cerca de Dios, esa distancia, esa sensación de abandono representaba una fuente de confusión, de desconcierto y de dolor. "Por lo que sabemos", dijo el padre Kolodiejchuk, "la Madre Teresa permaneció en ese estado de oscuridad y de completa entrega hasta el día de su muerte".

Uno de los comentarios de Zaleski sobre las cartas captó mi propia reacción: "Es posible que prefiramos pensar que pasó sus días en estado de mística unión con Dios, porque eso nos quitaría responsabilidad al resto de los mortales".

Es muy probable que muchos imaginaran que la mujer que era conocida como la "santa viviente" pasó sus días felizmente consciente de la presencia de Dios. Y que, por lo tanto, su arduo servicio a los pobres era más fácil de lo que sería para el resto de nosotros, porque tenía el consuelo y la seguridad constantes de Dios de las que nosotros carecemos. Por lo tanto, podríamos concluir que esa clase de trabajo no es para *nosotros*. Mejor dejarlo para personas como la Madre Teresa, para quienes resulta más sencillo porque les surge de forma natural.

Pero, como se descubrió más tarde, trabajar con los pobres o llevar una vida cristiana no era "más sencillo" para la Madre Teresa que para nosotros. Fue más difícil de lo que nadie habría imaginado.

Muchos de nosotros también creemos que sólo los mortales luchamos con nuestra oración, que sólo nosotros experimentamos períodos en los que la oración nos resulta aburrida o árida, o nos preguntamos si Dios nos oye, si a Dios le importa, si vale la pena el esfuerzo. Debe ser maravilloso, pensamos, ser santo y experimentar siempre la oración como algo sencillo, dulce y consolador. Estamos seguros de que lo único que tenían que hacer los santos era cerrar los ojos para verse instantáneamente recompensados con la sensación de la presencia de Dios. Pero el ejemplo de la Madre Teresa (sin mencionar a todos los otros santos, incluida Teresa de Lisieux, que luchó con su propia "noche oscura" durante su enfermedad terminal), nos demuestra que, en definitiva, los santos son como nosotros y que luchan como nosotros, incluso en el aspecto que nunca imaginaríamos: la vida espiritual. Y, a veces, tienen que luchar aún más.

Con el tiempo, y gracias a la ayuda de su director espiritual, la Madre Teresa pudo considerar esta dolorosa oscuridad como el "aspecto espiritual" de su ministerio, una manera de identificarse completamente con Cristo hasta en la sensación de abandono en la cruz. "He llegado a amar la oscuridad" escribió en una carta, "porque creo que es parte, una parte pequeña, de la oscuridad y el dolor que Jesús padeció en la tierra". Es posible que haya experimentado lo que habría sentido la anciana enferma que su madre cuidó durante tantos años en Skopje. Que se haya sentido olvidada y rechazada. Así pudo identificarse aún más con el sufrimiento de los pobres.

Sin embargo, y para que conste, su biógrafa oficial, Kathryn Spink, se pregunta cuánto influyó esta "noche oscura" en la vida de la Madre Teresa. En una carta, Spink escribió: "Sólo había que estar un rato con la Madre para comprender que la alegría que usted menciona no era algo superficial. Cuando uno observaba como se fortalecía frente al Santísimo Sacramento, y cómo se llenaba de energía cuando estaba entre las personas en las que veía a Cristo, resultaba evidente que sentía la permanente confirmación de lo que Dios obraba en ella".

Aunque Spink expresó su mayor respeto por los responsables de la causa de canonización de la Madre Teresa, también señaló el riesgo de crear algo "firme" a partir de cartas y escritos que pertenecían a un contexto particular. Sólo la Madre Teresa supo si su experiencia se prolongó durante el resto de su vida o simplemente representó largos capítulos de su vida. Por sobre todas las cosas, sin embargo, su biógrafa está convencida de que la religiosa se enfrentó verdaderamente a la oscuridad interior. "La noche oscura del alma es parte del viaje espiritual, y no tengo dudas de que ella la experimentó, especialmente durante los primeros años cuando dio un paso hacia el vacío, completamente sola y recibiendo críticas de todo tipo; pero también en períodos posteriores de su vida".

Lo que queda claro es que la Madre Teresa luchó intensamente en su vida espiritual. Y eso hace que todo lo que consiguió sea aún más extraordinario y que su ejemplo sea más significativo para mí. Su ministerio, basado como estuvo en un encuentro singularmente íntimo con Jesús que gradualmente se atenuó en el silencio (tanto si duró mucho tiempo o toda su vida), constituye un maravilloso testimonio de fidelidad.

Nada me une tanto a la Madre Teresa como esa faceta de su vida, y he descubierto al contar su historia a otros (ya sea en artículos, homilías o retiros) que eso es precisamente lo que vuelve más profunda la admiración por su santidad.

:::::::::::::::::::::::::

Pero no sabía nada de esto mientras trabajaba con las Misioneras de la Caridad en Kingston. Lo único que sabía era que las hermanas de la Madre Teresa trabajaban duro, estaban alegres con todos los de la casa y lo único que nos pedían a los novicios jesuitas era que siguiéramos su ejemplo.

Nuestro trabajo en Nuestra Señora de la Paz era lavar, vestir y cuidar a los hombres que vivían en la casa. No se permitía que las hermanas bañaran y vistieran a los hombres (lo hacían con las mujeres); así que las religiosas empleaban a un hombre mayor jamaicano para que se ocupara de esa tarea. Pero como él no podía lavar a las docenas de hombres que había en la casa, nos pusieron a trabajar a Bill y a mí.

Era una tarea bastante sencilla, pero también un trabajo poco atractivo al que nunca me acostumbré. Por la mañana temprano nos recibía un gran número de jamaicanos pobres y ancianos que estaban sentados plácidamente en sillas de plástico en el patio, esperando su baño.

Al llevarlos al baño lleno de vapor, primero había que ayudarlos a quitarse la ropa. La mayoría de las veces su ropa interior estaba manchada de orina o por haberse ensuciado durante la noche. Eso convertía a la tarea normalmente sencilla de desvestirlos en una experiencia desagradable mientras luchaba por quitarles la ropa sucia arrodillado en el piso húmedo del baño. A continuación los guiábamos a una de las duchas, lo que también constituía un desafío: muchos de ellos estaban enfermos y necesitaban que los acompañáramos por las resbaladizas baldosas. Un hombre, llamado Ezequiel, era ciego así que necesitaba prácticamente que lo lleváramos en brazos hasta la ducha.

Luego abríamos los grifos y los ayudábamos a bañarse. A veces me pedían que les lavara partes a las que ellos no llegaban y entonces usaba un trapo para enjabonarlos. Ezequiel a menudo aprovechaba ese tiempo para sonarse la nariz, echando mocos por una de las fosas nasales mientras apretaba la otra con un dedo (y yo tenía que moverme con rapidez para quedar fuera de la zona de tiro). Después de secar a los hombres, les poníamos ropa limpia y los llevábamos nuevamente al dormitorio masculino.

Para entonces yo ya estaba agotado pero agradecido de que hubiera terminado la hora del baño y feliz de poder ayudar a las hermanas a distribuir el pan y el té a los hombres y mujeres. Era una oportunidad de hablar con todo el mundo, y como ya no había que bañar a nadie más, yo estaba de buen humor. Bill y yo podíamos descansar unos minutos antes de dedicarnos a otras tareas, de las cuales la menos atractiva era cortar uñas de los pies. "¡Hermano Jim, hermano Jim!", me llamaban algunos cuando me veían cortar las uñas a otro hombre. "¡Córteme las uñas a mí también!".

A pesar de lo mucho que quería imaginarme a mi mismo como una especie de Madre Teresa jesuita, de lo mucho que deseaba encontrar a Cristo en todas esas personas y de lo mucho que traté de realizar mi ministerio con diligencia, al comienzo de mi trabajo en la casa de las Misioneras todo me resultaba repugnante. Bill parecía llevar el trabajo con más facilidad que yo, lo que no hacía más que aumentar mi frustración y sensación de fracaso. Sentía que, como era un jesuita, aquellas tareas tan cristianas de alguna manera deberían resultarme más sencillas. ¿Por qué no me ayudaba Dios a sentirme más cómodo? Me pregunté si no estaba excluido del trabajo con los pobres.

Pero a menudo, justo cuando estaba dispuesto a tirar la toalla, una de las hermanas me sonreía y hacía una broma, o me decía que estaba haciendo un muy buen trabajo y que la Madre estaría orgullosa de mi trabajo y que ¿sabía yo que la Madre prefería a los jesuitas como directores espirituales? Y entonces sentía que no podía decepcionarlas. Las hermanas me ayudaron a pasar las primeras semanas y gradualmente fui integrándome de forma más plena en el trabajo (aunque nunca, nunca me gustó cortar las uñas de los pies). Con el tiempo llegué a conocer a los hombres que estaban en Nuestra Señora de la Paz como personas y no simplemente como cuerpos para lavar.

Ésa fue una gracia enorme que se profundizaría a lo largo de mi noviciado: comprender que "los pobres", "los enfermos" y "los sin techo" no eran categorías sino personas. Malcolm Muggeridge habla sobre lo mismo en su libro *Algo hermoso para Dios*. Mientras filmaba su documental en Calcuta en Nirmal Hriday, Muggeridge pasó por tres etapas en relación con los enfermos y los moribundos. La primera fue de rechazo por lo que veía, olía y oía en la casa. La segunda fue compasión. Y la tercera, algo que Muggeridge no había experimentado nunca antes, fue la conciencia de que los leprosos y los enfermos que estaban frente a él "no eran personas dignas de lástima, repulsivas o abandonadas; eran más bien queribles y encantadoras, como si se tratara de amigos de mucho tiempo o hermanos y hermanas".

Finalmente descubrí que la alegría de las hermanas, que al principio consideré un astuto camuflaje para ocultar su repugnancia frente a las tareas que tenían que realizar, era profundamente genuina, algo maravillosamente útil para mí y para los pobres con los que ellas trabajaban. Y, como descubriría más tarde, se basaba en la espiritualidad de la Madre Teresa. No se trataba de una alegría que enmascaraba las dificultades de su trabajo; y las hermanas tomaban su trabajo muy en serio. Luchaban diariamente en una situación difícil: largas horas de trabajo en un clima caluroso con personas con enormes necesidades y empleando las herramientas más simples. Era, en cambio, una alegría que transmitía el júbilo de su vocación y de servir a Cristo.

También tenía una aplicación práctica. Su actitud era un regalo para los pobres que estaban acostumbrados a vidas de miseria y de rechazo. "Queremos hacerles sentir que son amados", dijo la Madre Teresa a Muggeridge. "Si nos acercáramos a ellos con cara de tristeza, lo único que conseguiríamos es deprimirlos aún más".

Las hermanas, sencillamente, eran felices de ser Misioneras de la Caridad. Y eran felices de servir a Dios de esa manera. "La verdadera santidad" escribió la Madre Teresa, "consiste en hacer la voluntad de Dios con una sonrisa". Para muchos, ésa es una afirmación difícil de aceptar porque está muy cerca de la común espiritualidad del "ofrécelo a Dios". Pero la Madre Teresa, cuya vida interior estaba llena de oscuridad, puso en práctica con gran eficiencia aquello en lo que creía. Y también lo hacen sus hermanas.

Y su alegría era contagiosa. No era difícil entender por qué atraían tantas vocaciones. Recordé un comentario que había hecho el superior general de los jesuitas, quien había visitado nuestra provincia pocos meses después de mi entrada. Durante la presentación del Padre General en el noviciado de Nueva Inglaterra, uno de los novicios le preguntó vacilando cuál era la mejor manera de promover vocaciones jesuitas. Él respondió sin dudar:

—¡Vivan con alegría la suya!

Hacia el final de mi tiempo en Kingston, me sentía agradecido no sólo por haber sobrevivido a mi trabajo pastoral en Nuestra Señora de la Paz, no sólo por haber conocido a gente maravillosa entre los pobres y no sólo por no haberme enfermado ni *una sola vez*, como tanto me temía. Lo que más me llenaba de gratitud era la oportunidad de haber conocido a las Misioneras de la Caridad y experimentar de primera mano la extraordinaria espiritualidad de la congregación. En medio de las dificultades del trabajo, estaban alegres. Y su alegría era un gran ejemplo para mí, un regalo especial para los pobres y verdaderamente, según las palabras de la Madre Teresa, "algo hermoso para Dios".

9

Vicario de Cristo

Papa Juan XXIII

Una vez que hemos renunciado a todo, realmente a todo, cualquier emprendimiento arriesgado se convierte en la cosa más sencilla y natural del mundo.

ÁNGELO RONCALLI
5 DE MAYO DE 1928

En junio, después de pasar cuatro meses trabajando con las hermanas de la Madre Teresa, regresé a los Estados Unidos y comencé mi largo retiro en la Casa de retiros Eastern Point de Gloucester, Massachusetts, un lugar donde es fácil rezar.

El centro de retiros en Eastern Point está dominado por una amplia mansión construida por una adinerada pareja de Boston, ansiosa por escapar del calor de la ciudad en el verano. Como es de esperar, las habitaciones se emplean ahora para propósitos muy diferentes de aquellos en los que pensaron los arquitectos originales. El salón con paneles de roble, con una enorme chimenea, se reserva ahora por las tardes para la oración y la meditación. En otoño e invierno, los participantes de los retiros se sientan en silencio frente al fuego mientras reflexionan sobre la oración del día, leen tranquilamente la Biblia o anotan sus pensamientos en un diario. El comedor con suelo de mármol, con ventanas desde las que se ve el horizonte, sirve ahora de capilla; es ahí donde el Santísimo Sacramento, la Hostia consagrada, está reservada para la meditación privada: una práctica devocional que los católicos llamamos "adoración".

El antiguo solárium de la mansión es ahora una capilla más pequeña, para la meditación. Dos de sus lados son ventanales que van del techo al suelo y que permiten disfrutar de una magnífica vista de los jardines. El suelo tiene baldosas de terracota; hay almohadones azules y rosas en los que uno puede sentarse durante la oración. En medio de la habitación hay una imagen de María, delicadamente tallada en madera, que acuna al niño Jesús. La luz del sol ha hecho perder intensidad a los brillantes colores de su vestido, que ahora son rosa y azul pálido. Incluso en invierno, cuando cae la nieve al otro lado de las ventanas, la habitación emana calidez.

Pero no es la mansión la que atrae a tantas personas a Gloucester (la casa está siempre llena), sino lo que la rodea. Tanto el edificio principal como los secundarios se levantan en un ventoso promontorio sobre el océano Atlántico. Dada la ubicación de la casa de retiros, el mar la rodea y uno nunca se siente lejos del océano. Está allí durante las comidas, ineludible cuando se mira por las enormes ventanas del salón. A la luz del sol matutino, con el agua de color profundamente azul, los pescadores de langosta sueltan las trampas desde sus pequeñas barcas. Por la tarde, surcando las ahora verdosas aguas, regresan a tierra con la pesca del día. El mar está allí mientras uno se lava los dientes o lee o reza en las pequeñas habitaciones (incluso si no se tiene "vista al océano", se pueden oír las olas). Y está allí, invisible, mientras uno vaga por los jardines de la casa de retiros, entre las zarzas y arbustos, por los caminos de grava y bajo los árboles siempre fragantes.

Durante esos treinta días pasé mucho tiempo en las enormes rocas en la playa de Eastern Point. Caminando en línea recta desde la casa, entre flores silvestres por un sendero, se llega a los acantilados de granito gris rosado que se elevan sobre el océano. Uno podría quedarse horas allí observando las olas que se estrellan contra la arena y sintiendo de vez en cuando en el rostro la espuma salada. Se pueden divisar los cormoranes, las gaviotas, los cisnes y ánades que vuelan a corta distancia desde el océano a un estanque de agua dulce al otro lado de la casa de retiros. Se pueden observar los magníficos atardeceres, las densas nieblas de la mañana y las espectaculares tormentas del Atlántico norte que anuncian su llegada con nubes azules y negras en el horizonte. Y se puede reflexionar sobre la creación y sobre las maravillosas obras de Dios.

Para mí es el mejor escenario para un retiro: el lugar ideal para rezar y para sentirse alentado a rezar.

Al comienzo de mis treinta días, el ayudante del director para los novicios, llamado David, me explicó unas pocas reglas sencillas. Primero, debía guardar un silencio total excepto durante las reuniones diarias con él para dirección espiritual. Segundo, debía tener al menos tres períodos de una hora de oración al día. Pronto decidí que la oración funcionaba mejor después de las comidas; era un horario fácil de recordar y la somnolencia que sobreviene después de comer hace que quedarse quieto sea más sencillo. Tercero, no podía leer nada, excepto vidas de santos y sólo antes de dormir. Ésa fue otra estupenda oportunidad para conocer a un nuevo santo. Durante mi mes en Gloucester leí *Thomas More*, la espléndida biografía escrita por Richard Marius.

Aunque imaginaba que el silencio sería el requisito más difícil (un amigo me preguntó si podía permanecer en silencio no durante treinta días sino durante treinta *minutos*), fue la política de no leer la que constituyó el mayor desafío. Aunque me resultaba fácil dedicarme a la oración, nunca perdí el deseo de leer o la tendencia (al menos ocasionalmente) de sentirme aburrido. A mitad del retiro le dije, abatido, a David que me sentía culpable por sentirme aburrido. En el fondo, estaba comenzando a temer que el retiro no me haría "cambiar" lo suficiente.

David sonrió con paciencia de consejero.

—¿Sabes? —me dijo—, has traído contigo al retiro todos tus viejos hábitos y deseos, y lo más probable es que te marches con la mayoría de ellos. ¡Sigues siendo un ser humano, después de todo! Lo que verdaderamente importa es lo que Dios hace con esos hábitos y deseos.

Una noche, alrededor de las diez, me encontraba en la biblioteca: una pequeña habitación con paneles de roble decorada con la típica variedad de muebles viejos, usados y feos que caracteriza al "estilo jesuita" (para ser justos, la pequeña biblioteca de Eastern Point ha sido modernizada desde entonces). Investigando entre los estantes descubrí un libro llamado *Ingenio y sabiduría de Juan, el Papa bueno*.

Publicado en 1964, poco después de la muerte del Papa, el libro tenía las páginas gastadas y amarillentas. A pesar de la advertencia de David de que no me perdiera entre libros, la tentación de echarle un vistazo fue irresistible. Después de unas pocas páginas, estaba atrapado: ¿quién hubiera dicho que Juan XXIII era tan gracioso? Aunque no todas las historias eran graciosas. Y yo ya conocía la famosa respuesta que le había dado a un periodista que le preguntó inocentemente:

—¿Cuántas personas trabajan en el Vaticano?

—Más o menos la mitad —respondió Su Santidad.

Pero el pasaje que me hizo reír en la casa de retiros (y me hizo objeto de las miradas de personas más silenciosas) fue la historia de la visita del Papa a un hospital de Roma llamado Hospital del Espíritu Santo. Poco después de entrar en el edificio, le presentaron a la hermana que dirigía el hospital.

—Santo Padre —dijo ella—, soy la superiora del Espíritu Santo.

—Es usted muy afortunada —respondió el Papa, encantado—. ¡Yo soy sólo el Vicario de Cristo!

Fue esta historia algo frívola la que me atrajo a Juan XXIII. Qué maravilla poder mantener el sentido del humor, incluso cuando se tiene una posición de semejante autoridad, cuando hubiera sido más fácil que se volviera más distante y autoritario. ¡Qué maravilloso simplemente tener sentido del humor! Creo que es un requisito para la vida cristiana.

Me recordó a una historia que me contó un amigo acerca del padre Arrupe, el anterior superior general de los jesuitas, llamado a menudo "padre general" o, simplemente, "el general". En cierta ocasión el padre general visitó el colegio secundario Xavier, en Nueva York, que desde su fundación patrocinaba un programa de cadetes militares para sus alumnos. Para dicha ocasión, los cadetes del colegio, vestidos con uniforme completo, formaron fila a ambos lados de la calle. Cuando el padre general salió del coche, la formación de cadetes se puso en posición de firmes y saludaron vigorosamente.

Dándose vuelta hacia mi amigo, dijo:

—¡Ahora sí que me siento como un *auténtico* general!

El papa Juan XXIII tenía el mismo sentido del humor irónico, y ¿quién no quiere a un Papa con sentido del humor? ¿Quién no siente afecto por un hombre que está tan cómodo consigo mismo que hace siempre bromas sobre su altura (era más bien de baja estatura), sus orejas (eran grandes) y su peso (que era considerable)? En una ocasión en la que conoció a un niño pequeño llamado Ángelo, exclamó:

—¡Ése también era mi nombre! —Para añadir luego, en tono de conspiración— ¡Pero luego me hicieron cambiarlo!

Por su sentido del humor, su apertura, su generosidad y su calidez fue muy querido por mucha gente. Juan XXIII, el Papa bueno.

Pero ver a Juan XXIII como una especie de Santa Claus papal es entenderlo sólo parcialmente. Como experimentado diplomático, veterano del diálogo ecuménico y talentoso pastor y obispo, llegó con una enorme experiencia al cargo de Papa.

Ángelo Giuseppe Roncalli nació en 1881, tercero de los trece hijos de la familia Roncalli, que eran campesinos humildes del pueblo Sotto il Monte, en Italia, cerca de Bergamo. De niño, Ángelo era muy pegado a su madre, Marianna, que le enseñó su primer poema sobre la Virgen María. Sobre su padre, escribió en su diario: "Mi padre es un campesino que pasa los días cavando y limpiando la tierra con la azada… y yo valgo mucho menos, porque al menos mi padre es sencillo y bueno, mientras que yo estoy lleno de malicia".

Ángelo era un niño de naturaleza alegre y religiosa que se sintió feliz cuando su padre, normalmente reservado, lo levantó en hombros para que pudiera observar la procesión de la iglesia de un pueblo cercano. Recuerda esa ocasión cuando, ya Papa, fue llevado a la basílica de San Pedro en la majestuosa *sedia gestatoria*, el trono papal portátil. "Me llevan una vez más… Hace más de setenta años mi padre me llevó sobre sus hombros en el Ponte San Pietro… El secreto de la vida es dejarse llevar por Dios y llevarlo a Él [a los otros]".

No resultó sorprendente que Ángelo decidiera estudiar para sacerdote, y así entró al seminario menor de Bergamo a los once años. Su piedad infantil siguió igual de firme. El biógrafo Peter Hebblethwaite, en su libro *Juan XXIII: Papa del siglo*, dice simplemente: "Su objetivo en la vida era ser un sacerdote santo".

En 1904, Roncalli fue ordenado sacerdote en Roma, pocas semanas después de recibir su doctorado en teología sagrada de la Universidad Romana. Al año siguiente, don Roncalli fue nombrado secretario del nuevo obispo de Bergamo, quien tenía una mente abierta a la reforma. Un día, por casualidad, descubrió en el archivo los papeles de San Carlos Borromeo, el arzobispo milanés que participó activamente en el Concilio de Trento. El proyecto de editar los archivos de Borromeo le llevó a Roncalli casi el resto de su vida: el último volumen apareció en 1957. Como remarca Hebblethwaite: "la familiaridad de Roncalli con esos papeles ayudó a profundizar su comprensión de que el Concilio de Trento no fue una 'polémica antiprotestante', sino un concilio reformador". Fue una lección que pondría en práctica muchos años más tarde.

Cuando estalló la Primera Guerra Mundial, don Roncalli fue enrolado en el ejército italiano como camillero de hospital y, más tarde, como capellán militar. La experiencia lo afectó profundamente. Aunque siempre mantuvo que "la guerra fue y sigue siendo el mayor de los males", experimentó la presencia de Dios junto a los hombres a los que servía. Pocos años después de la guerra, en 1920, Roncalli habló sobre su ministerio a los moribundos y heridos: "Sucedía a menudo (permítanme este recuerdo personal) que caía de rodillas y me echaba a llorar como un niño, solo en mi habitación, incapaz de contener la emoción que me despertaban las sencillas y santas muertes de tantos de los pobres hijos de nuestro pueblo".

Después de la guerra, el papa Benedicto XV nombró a Roncalli como director nacional de la Congregación para la Evangelización de los Pueblos, conocida por su nombre en latín: *Propaganda Fidei*. Su función consistía en contribuir a paliar las necesidades de la Iglesia en lo que se llamaban "territorios de misión". Además de recolectar fondos para las diócesis en el extranjero, se le pidió a Roncalli que promoviera las ordenaciones de sacerdotes en esos territorios, que invitara a las órdenes misioneras a dejar de lado las tendencias nacionalistas y que exhortara a los católicos italianos para que rezaran por las necesidades de la Iglesia misionera. Sus numerosos viajes por las diócesis italianas y su trabajo con diferentes órdenes religiosas aumentaron su comprensión de la Iglesia internacional, otro de los recursos que emplearía más tarde.

Debido al éxito de Roncalli en *Propaganda Fidei* (y su interés en Carlos Borromeo, el antiguo arzobispo de Milán), llamó la atención del arzobispo milanés de ese momento, Achille Ratti. En 1922, Ratti fue elegido Papa y tomó el nombre de Pío XI. Su amistad inició la carrera de Roncalli en el Vaticano. En 1925 se le comunicó que había sido nombrado "visitador apostólico" en Bulgaria.

Roncalli protestó, aludiendo (honestamente) que no tenía experiencia diplomática y que, aún peor, esa tarea lo alejaría de su amada familia. (Sus dos hermanas solteras, que lo cuidaban en Roma, estaban profundamente unidas a su hermano). Pero después de reunirse con su familia y de rezarlo durante un tiempo, aceptó. Antes de partir, Pío XI comentó que cuando él mismo había ejercido como diplomático del Vaticano en Polonia, trabajando con otros obispos sin serlo él, la situación había resultado embarazosa. Así que Roncalli fue consagrado arzobispo y se mudó a Sofía, donde viviría durante los siguientes diez años.

El trabajo resultó arduo. "Bulgaria es mi cruz", escribió con candidez. Pero Roncalli lo aceptó libremente y con un corazón abierto intentó hacerlo mejor. (Como lema de obispo eligió *Obedientia et Pax*: "Obediencia y Paz"). "Estoy sinceramente preparado para permanecer aquí hasta mi muerte, si eso quiere la obediencia. Dejo a otros que malgasten el tiempo pensando en lo que podría pasarme… La idea de que uno podría estar mejor en otro lugar es una ilusión".

Durante su misión, atendió a los sesenta y dos mil católicos búlgaros y a menudo llegaba hasta sus pobres aldeas a lomos de mula o de caballo. Al mismo tiempo trabajaba hábilmente con las muchas denominaciones cristianas del país: los católicos búlgaros eran minoría en un país donde la iglesia oficial era la Ortodoxa Búlgara. Para cuando dejó el país, el arzobispo Roncalli era muy admirado por su perseverancia, su buen humor y su paciencia.

Su siguiente misión diplomática requirió de todas sus habilidades ecuménicas: como había ganado una gran reputación como experto en la región de los Balcanes, Roncalli fue nombrado delegado apostólico en Estambul.

También allí el arzobispo tuvo que trabajar con una enorme variedad de denominaciones cristianas. En primer lugar, por supuesto, estaban los católicos de la región, unos treinta y cinco mil que vivían cerca de Estambul: católicos latinos de Francia, Italia, Alemania y

Austria, además de católicos uniatas, incluidos armenios, caldeos, sirios, maronitas, melquitas, búlgaros y griegos. Además, el arzobispo Roncalli era el responsable de fomentar las buenas relaciones entre los cien mil cristianos ortodoxos de la región y de negociar con los a menudo desconfiados funcionarios del gobierno turco, mientras el mundo se veía nuevamente consumido por la guerra. Durante la Segunda Guerra Mundial, hizo todo lo que pudo para evitar la deportación de los judíos que vivían en la Grecia ocupada. Es más, sus diarios muestran su especial preocupación por los judíos, a los que llamaba "hijos de la promesa". Una vez más, la hábil diplomacia de Roncalli le ganó el favor del Vaticano. En 1944, fue notificado de su nombramiento como embajador apostólico en Francia.

La Francia de posguerra también necesitaba de las habilidades diplomáticas de Roncalli. El primer desafío fue tratar el delicado tema de los obispos "colaboracionistas", es decir, aquellos que habían cooperado con el régimen pro nazi de Vichy; (al final, fueron discretamente alejados). Roncalli manejó con habilidad el nuevo movimiento de sacerdotes obreros. Su tiempo en Francia también coincidió con el florecimiento de la *nouvelle théologie*, encabezada por eruditos católicos franceses como el jesuita Henri de Lubac y el dominico Yves Congar. Su teología enfatizaba el regreso a las Escrituras y a los primeros Padres de la Iglesia; y también provocaba algunas condenas en el Vaticano. El arzobispo Roncalli manejó todos estos problemas con caridad y tacto.

El embajador, o "nuncio" según el lenguaje vaticano, también se convirtió en un personaje conocido en el gran mundo cultural francés (aunque su dominio del idioma francés estaba lejos de ser fluido). Cuando un micrófono se estropeó durante una de sus misas, dijo:

—Queridos hijos, no han oído nada de lo que he dicho. No se preocupen; no era muy interesante. No hablo muy bien francés. Mi santa madre, que era campesina, no me hizo aprenderlo cuando pequeño.

El arzobispo Roncalli era especialmente popular entre los cuerpos diplomáticos en Francia, de los cuales, según un antiguo protocolo, el nuncio vaticano era el superior. Es posible que su respeto haya sido un tributo a sus habilidades diplomáticas, pero su afecto era un tributo a su personalidad, su calidez y, a menudo, su ingenio. Durante una cena en París, le preguntaron:

—¿No se siente incómodo, Monseñor, cuando se encuentra presente una mujer con un vestido muy corto? A menudo resulta escandaloso.

—¿Escandaloso? Para nada —contestó el nuncio—. Cuando aparece una mujer con un vestido escotado, nadie la mira. ¡Están todos observando al nuncio para ver cómo reacciona!

Roncalli comenzó un diario cuando era seminarista y lo llevó fielmente durante toda su vida. Publicado después de su muerte con el título *Diario de un alma*, es un notable documento que proporciona al lector católico una idea general de la historia católica desde 1895 a 1961. Sin embargo, la primera vez que lo leí, su valor histórico no me pareció tan importante como el espiritual: nos da la posibilidad de asomarnos al alma de una de las grandes figuras religiosas de nuestro tiempo. Aún más, revela que la postura espiritual de Roncalli apenas cambió a lo largo de su vida. Paradójicamente, su "crecimiento" espiritual consistió en mantener la sencilla piedad de juventud frente a su creciente autoridad y poder.

Se trata de una piedad basada en la humildad, la obediencia y la confianza en Dios que fue profundizándose a medida que Roncalli ascendía en los círculos vaticanos. Pocas semanas después de un retiro en el seminario, en 1898, escribió: "Ya ha pasado un mes desde que terminé los sagrados ejercicios. ¿Cuánto he avanzado por el camino de la virtud? ¡Pobre de mí!". Mientras se preparaba para su consagración como obispo en 1925, escribe: "No buscaba ni deseaba este nuevo ministerio: el Señor me ha elegido y lo ha dejado tan claro que rechazarlo sería un grave pecado. Así que Él será quien disimule mis fallos y cubra mis insuficiencias. Eso me consuela y me da tranquilidad y confianza". Y tres años después de comenzar su trabajo como nuncio en París, escribió: "La sensación de mi falta de mérito es una buena compañía: hace que ponga toda mi confianza en Dios".

La hebra que aparece constantemente tejida a lo largo de sus diarios es la de un deseo de humildad y confianza en Dios, de ser "llevado por Dios", como diría más tarde.

Necesitaría toda su humildad en los años siguientes. En 1952, informaron al arzobispo Roncalli que pronto sería nombrado cardenal y que debía prepararse para convertirse en patriarca de Venecia. Antes de dejar París, invitó a cenar a ocho de los hombres que habían ejercido como primer ministro durante su período como nuncio. Sólo bajo el techo del nuncio, decían los parisinos, era posible que se reunieran amigablemente tantos políticos franceses con posturas tan distintas.

Cuando asumió el liderato de la arquidiócesis de Venecia en una gran ceremonia (los gondoleros de la ciudad habían repintado sus góndolas para la ocasión), tenía setenta y un años. Sobre la puerta de su estudio colocó el lema *Pastor et Pater* ("Pastor y Padre"), para recordarse a sí mismo la naturaleza de su nuevo cargo que, esperaba, sería el último. Disfrutaba de Venecia, de su gente y su historia. Descartaba los rumores que lo marcaban como *papabile*, es decir, posible candidato papal. "¿Quién quiere ser más que cardenal?", le escribió a su hermana María.

Pero en 1958, durante el cónclave para elegir al sucesor de Pío XII, Roncalli se convirtió enseguida en uno de los favoritos. Y después de nueve votaciones, a las 4:50 de la tarde del 8 de octubre, el cardenal Roncalli fue elegido Papa. Era algo que él temía y que había deseado que no sucediera, pero su habitual confianza en Dios tampoco le falló entonces.

"Escuchando sus voces", dijo al cónclave, "tiemblo y me siento invadido por el miedo. Conozco suficientemente mi pobreza y pequeñez como para sentirme confundido. Pero viendo la señal de Dios en los votos de mis hermanos cardenales de la Santa Iglesia Romana, acepto la decisión que han tomado".

El decano del Colegio de Cardenales le preguntó al nuevo Papa qué nombre elegiría. Como han contado muchos de sus biógrafos, su elección sería la primera de sus muchas innovaciones. "Me llamaré Juan" anunció, resucitando un nombre que hasta entonces se consideraba insalvable debido al militarista "antipapa" Juan XXII, que reinó en el siglo XV. Eso no parecía importarle a Roncalli: "El nombre de Juan me es muy querido", explicó a los cardenales reunidos, "porque es el nombre de mi padre, porque es el nombre de la humilde parroquia en la que fui bautizado y porque es el nombre de innumerables catedrales en todo el mundo". Sólo le llevó unos pocos minutos comenzar a cambiar las cosas.

Inmediatamente después de su elección, Roncalli fue escoltado a otra habitación en la que un sastre romano tenía preparadas dos sotanas blancas: una para un Papa delgado y otra para uno gordo. Pero incluso la sotana grande resultaba pequeña para el pontífice de 93 kilos. Finalmente, el sastre recurrió a imperdibles y cubrió el amplio frente de Juan con un sobrepelliz, disimulándolo exitosamente ante las cámaras de televisión. Y así, en contraste con su demacrado, ascético y taciturno predecesor, Pío XII, un corpulento, jovial y locuaz papa Juan XXIII salió al balcón sobre la Plaza de San Pedro sonriendo frente a la multitud rebosante de alegría.

Incluso ese día escribió en su diario. Sus pensamientos se remontaban a su vida anterior: "Hoy el mundo habla y escribe sólo sobre mí. Queridos padres, madre, padre mío y abuelo Ángelo, tío Zaverio, ¿dónde están? ¿Quién ha llevado este honor hasta ustedes? Continúen rezando por mí".

Durante los primeros meses de su pontificado el contraste entre Juan y su predecesor fue evidente: Juan era más un abuelo cariñoso que un tío severo. Y entendía mejor cómo relacionarse con el mundo exterior fuera de los muros vaticanos. Durante sus primeras navidades como Pontífice visitó el hospital infantil Bambino Gesù y revivió la costumbre de visitar a los prisioneros de la cercana cárcel de Regina Coeli. Durante una de esas visitas, el Papa abrazó a un prisionero que le había pregunado: "¿Habrá perdón para mí?". Su visita tuvo mucha repercusión en un mundo acostumbrado a su predecesor aparentemente más intelectual. Pero para Ángelo Roncalli eso era simplemente lo que había que hacer como *Pastor et Pater*.

Además, como explicó a los prisioneros, su tío había sido encarcelado una vez en esa misma prisión por caza furtiva (el comentario no fue divulgado por los funcionarios vaticanos en aquel momento).

John Long, un jesuita que estudiaba en Roma en aquellos tiempos, me contó acerca de la visita que hizo Juan XXIII al Instituto Pontificio Oriental. El Papa, sentado en una especie de trono en medio de un enorme salón, leyó sus palabras a un grupo de 120 estudiantes reunidos en una de las universidades más prestigiosas de la Iglesia. (El padre Long recuerda que los pies del Papa no llegaban al suelo). Cuando terminó su discurso serio y formal, el Papa entregó los papeles a un ayudante y se acomodó en la silla. "Ésa fue la parte oficial", anunció. "¡Ahora podemos *charlar*!"

En 1959, sólo tres meses después de su elección, tras celebrar una misa con algunos cardenales, asombró a sus oyentes al anunciar su intención de convocar un concilio ecuménico. La razón que ofreció, "dejar entrar un poco de aire fresco" en la Iglesia, fomentar una especie de *aggiornamento*, o actualización, tomó a casi todos por sorpresa. Incluso, parecía, a él mismo. "La idea del Concilio no fue el resultado de una larga reflexión", dijo, "sino que floreció en mí de un momento al otro". No pensaba en un concilio "doctrinal" que propusiese dogmas y emitiese condenas, sino en uno "pastoral" que abordara la relación de la Iglesia con el mundo moderno.

Muchos observadores, y algunos cardenales, habían predicho que Juan XXIII sería un "Papa de transición", que continuaría con las políticas de su antecesor hasta que se eligiera un hombre más joven. Como escribe Robert Ellsberg en su libro *Todos los santos*, Juan sería verdaderamente un Papa de transición porque tendería un puente entre dos eras de la Iglesia. Juan ayudó a la Iglesia a avanzar desde una postura de gran desconfianza hacia el mundo moderno hasta una relación con ese mismo mundo marcada por un espíritu de apertura y optimismo.

En privado algunos obispos expresaron su disconformidad ante lo que consideraban una arrogancia. ¿Qué había de malo en la Iglesia que requiriera un cambio? El cardenal Francis Spellman, el poderoso arzobispo de Nueva York, escribió a un amigo: "¿Cómo se atreve a convocar un concilio después de cien años, sólo tres meses después de su elección? El papa Juan es imprudente e impulsivo".

Aunque Juan nunca se enteró de los comentarios de Spellman, oyó frases similares de otros cardenales asustados, obispos desconfiados y miembros temerosos en la Curia Romana. En su discurso de apertura al Concilio Vaticano II, el 11 de octubre de 1962, respondió a esa especie de pensamiento pesimista y a todos aquellos en la Iglesia que sentían temor del mundo contemporáneo.

"En el ejercicio diario de nuestros cargos públicos", dijo a los do mil quinientos obispos llegados de todo el mundo a la Basílica de San Pedro,

> a veces tenemos que escuchar, muy a nuestro pesar, las voces de personas que, aunque arden con celo religioso, no están dotadas de un gran sentido de la discreción de la medida. En estos tiempos modernos, no pueden ver otra cosa que prevaricación y ruina… Sentimos que debemos discrepar con esos profetas de la melancolía. En el actual orden de las cosas, la divina providencia nos guía a un nuevo orden en las relaciones humanas que, con el esfuerzo humano e incluso más allá de nuestras expectativas, está encaminado a cumplir con los

designios más altos e inescrutables de Dios; y todo, incluso las diferencias humanas, conduce al mayor bien de la Iglesia.

El Concilio Vaticano II sería llamado el acontecimiento religioso más importante del siglo XX. A los cardenales, arzobispos y obispos reunidos se unieron laicos católicos, religiosas y (otra innovación) representantes de otras denominaciones religiosas. A lo largo de los tres años siguientes, el concilio abordaría una sorprendente variedad de temas: relaciones con otras denominaciones cristianas, libertad religiosa, relaciones con el pueblo judío, la Iglesia en el mundo moderno y la liturgia.

Durante todo su corto pontificado, Juan hizo hincapié en temas similares. Fue un incansable defensor de la causa de la unidad cristiana, de la justicia social, de los derechos humanos y de la paz mundial. Su encíclica *Pacem in terris* ("Paz en la tierra"), de 1963, fue concebida durante la crisis de los misiles cubanos (un acontecimiento en el que Juan desempeñó un importante papel entre bastidores). En ese documento, la primera encíclica dirigida no sólo a los católicos sino a "todos los hombres de buena voluntad", remarcó la dignidad de la persona humana como base de cualquier sistema moral.

Intentando leer los "signos de los tiempos", en *Pacem in Terris* Juan contempla el mundo y ve muchos avances positivos: entre ellos, el deseo de los trabajadores de obtener un salario justo, el deseo de las mujeres de ser tratadas con dignidad y respeto y la creciente seguridad de que el imperialismo se convertía rápidamente en un anacronismo. Todas esas observaciones, como señala Peter Hebblethwaite, "eran ejemplos de emancipación o liberación".

Para proteger y promover esos y otros derechos humanos fundamentales que emanaban del "sorprendente orden" en el universo creado por Dios, Juan identificó en *Pacem in terris* la necesidad de una carta de derechos, constituciones escritas y el "estado de derecho". Habló del "bien común universal" con su apoyo al trabajo del sistema de las Naciones Unidas. Y (una novedad para una Iglesia que hasta entonces había sostenido lo contrario) afirmó el derecho de cada persona de "venerar a Dios de acuerdo con los dictados de su propia conciencia".

En especial, Juan llamó a la paz en medio de una peligrosa era nuclear: "En esta era que se enorgullece de su poder atómico, ya no tiene sentido sostener que la guerra es un instrumento adecuado para reparar la violación de la justicia". Las únicas opciones en un mundo cada vez más complejo políticamente eran el diálogo y la reconciliación, temas que también fueron tratados en el concilio.

En su encíclica, Juan se hacía eco de la obra de los padres conciliares; como ellos, veía al Espíritu Santo obrando en el mundo moderno y pedía a la comunidad católica que actuara en consecuencia.

Los compañeros de Juan cuentan que estaba decidido a publicar *Pacem in terris* como un medio de influenciar el progreso posterior del concilio, porque Ángelo Roncalli ya sabía que no viviría para ver las conclusiones del concilio ecuménico que había convocado. En septiembre de 1962 le diagnosticaron cáncer de estómago.

Sus últimos meses fueron dolorosos; se volvió más débil cada día y finalmente tuvo que permanecer en cama. Durante su enfermedad, le confió a un amigo que lo visitaba: "El secreto de mi ministerio está en ese crucifijo que ves frente a mi cama. Está allí para que pueda verlo en cuanto me despierto y antes de dormirme. Está allí también para que pueda hablar con él durante las largas horas de la tarde. Míralo, trata de verlo como yo lo veo. Esos brazos abiertos han sido el programa de mi pontificado: nos dicen que Cristo murió por todos, por todos. Nadie queda excluido de su amor ni de su perdón".

Cuando Ángelo Roncalli murió el 3 de junio de 1963, fue llorado por todo el mundo. Un amigo mío jesuita, que en 1963 vivía en Roma, escuchó las noticias de la muerte de Juan mientras viajaba en taxi.

—No soy católico —le dijo el lloroso taxista a mi amigo—, pero él también era nuestro Papa.

....
....

Poco después de terminar mi largo retiro, decidí que quería saber sobre Ángelo Roncalli algo más que las pocas historias graciosas que había leído en la biblioteca de la casa de retiros. Así leí *Diario de un alma* y la biografía de Peter Hebblethwaite, *Juan XXIII: Papa del siglo*, buscando conocerlo mejor.

Con el tiempo me di cuenta de que lo que me atraía de Juan XXIII no era tanto su ingenio, o sus escritos, o su amor por la Iglesia; ni siquiera sus logros. Se trataba de algo más básico: su amor por Dios y por las personas. El amable anciano parecía ser uno de los santos más cariñosos: como hijo, como obispo y como Papa. Juan irradiaba el amor cristiano. No es sorprendente que tanta gente se haya sentido atraída por él.

Estas historias de *Ingenio y sabiduría de Juan, el Papa bueno,* reunidas por Henri Fesquet y publicadas en 1964, son algunas de las primeras que me atrajeron a la persona de Juan XXIII. Las he adaptado levemente del libro original:

Como nuncio papal en Francia, el cardenal Ángelo Roncalli, que ya era un hombre corpulento, participó una vez en una reunión de la augusta Academia Francesa. Al final de la reunión, el nuncio comentó:

—Es un lugar hermoso e impresionante. Aquí se oyen cosas hermosas. Lamentablemente, los asientos son adecuados sólo para medio nuncio.

Paseando un día por las calles de Roma el papa Juan oyó a una mujer hacer un comentario a su acompañante sobre la obesidad del Pontífice.

—Dios mío, sí que es gordo —dijo la mujer.

El Papa se volvió hacia ella y le dijo benignamente:

—Pero señora, ¡seguramente usted sabe que el cónclave no es un concurso de belleza!

═══

La noche después de anunciar sus planes para convocar al Concilio Vaticano II, Juan tuvo problemas para dormir. Más tarde admitiría que aquella noche tuvo que hablar consigo mismo en estos términos: "Giovanni, ¿por qué no te duermes? ¿Quién gobierna a la Iglesia: el Papa o el Espíritu Santo? Es el Espíritu Santo, ¿no? Bueno, ¡entonces duérmete, Giovanni!".

═══

Después de leer un esquema preparatorio para el Concilio Vaticano II que trataba de manera excepcionalmente hostil a los teólogos modernos y a los eruditos bíblicos, el papa Juan tomó una regla, midió la hoja y exclamó a uno de sus colegas:

—Mire, ¡hay treinta centímetros de condenaciones en este esquema!

═══

A comienzos de su pontificado, un niño llamado Bruno le escribió para pedirle consejo sobre la carrera que debía estudiar. "Mi querido Papa", escribió el pequeño, "No puedo decidirme. No sé si quiero ser policía o Papa. ¿Qué piensa usted?"

"Mi pequeño Bruno", respondió el Papa, "si quieres mi opinión, aprende cómo ser policía porque eso es algo que no puede improvisarse. En lo que respecta a ser Papa, ya verás más adelante. Cualquiera puede serlo: yo soy prueba de ello.

Si alguna vez vienes a Roma, ven a verme. Me encantaría
conversar de esto contigo".

Comprendí que Juan podía enseñarme mucho sobre el amor, y también sobre la castidad.

Es posible que la castidad sea una de las cosas más difíciles de
explicar de la vida en una orden religiosa. Para la mayoría de la
gente se trata de un tema que conjura el estereotipo del sacerdote
odioso y frío, o la religiosa reprimida, ambos sin ninguna conexión
con su sexualidad, cerrados al mundo y a las relaciones humanas,
rígidos, rencorosos e incluso un poco crueles. Y locos, también.
Definitivamente locos.

Antes de continuar debería explicar que, aunque se usan de forma
intercambiable, existe una diferencia entre castidad y celibato. La
castidad se refiere al uso correcto y amoroso de la propia sexualidad,
y es algo a lo que todos estamos llamados. En *In Pursuit of Love* [En
búsqueda del amor], su libro sobre la sexualidad humana, Vincent J.
Genovesi, SJ, ofrece esta útil reflexión sobre la castidad:

> Vivir como una persona casta requiere que las expresiones
> físicas y externas de nuestra sexualidad estén "bajo el con-
> trol del amor, con la ternura y plena conciencia de la otra
> persona". John A. T. Robinson sugiere que la castidad es la
> honestidad en el sexo; es decir, que la castidad implica que
> tenemos "relaciones físicas que *expresan de verdad* el grado de
> compromiso personal" que se comparte con el otro...
>
> La castidad, por lo tanto, es para todas las personas y no
> sólo para las que están solteras...
>
> Lejos de ser el opuesto a la sexualidad, la castidad acepta
> la búsqueda de placer de la persona e "intenta poner esa

búsqueda al servicio de otros seres humanos y de los valores cristianos".

En resumen, la castidad, como señala otro autor, es la "habilidad para recibir y dar amor".

El celibato es un poco diferente. Técnicamente, es la restricción contra el matrimonio que tiene el clero católico. Otra manera de considerarlo es como un requisito que podría ser eliminado por la Iglesia en cualquier momento. Durante los tres primeros siglos de la Iglesia, de hecho, no existían restricciones de ninguna clase en relación con el matrimonio y muchos sacerdotes estaban casados (sabemos que el mismo San Pedro lo estaba, porque los evangelios mencionan a su suegra).

La castidad, por otra parte, es un estilo de vida elegido libremente por los miembros de órdenes religiosas. Incluso entre los católicos, y especialmente al hacer referencia a sacerdotes, religiosos y religiosas, los dos términos suelen tomarse como si significaran lo mismo (la elección de no casarse debido a un compromiso religioso) y la espiritualidad que rodea tanto al celibato como a la castidad es similar.

Pero volvamos al estereotipo del célibe rígido y amargo que es tan popular en bromas, películas y televisión. La gran ironía es que algunas de las personas que más amor han dado a lo largo de la historia, aquellas que incluso los no creyentes nombrarían como modelos, fueron hombres y mujeres célibes. Pensemos en Francisco de Asís, la Madre Teresa o Juan XXIII, por nombrar sólo a unos pocos. ¿Acaso alguien diría que no eran personas llenas de amor?

Aún más: pensemos en Jesús de Nazaret que, nos aseguran los estudiosos de las Escrituras, nunca se casó. ¿Acaso alguien duda que Jesús, el hombre célibe, no estuviera lleno de amor?

Jesús demostró que el objetivo subyacente del celibato es amar a tantas personas como nos sea posible, tan profundamente como nos sea posible. Eso puede parecerle extraño a las personas acostumbradas a definir el celibato *negativamente* (es decir, como la prohibición de tener sexo), pero es verdad. El objetivo central de la castidad y el celibato es acrecentar nuestra capacidad de amar.

Obviamente, la vida de celibato no es para todo el mundo. La gran mayoría de las personas están llamadas al matrimonio y a la intimidad sexual, a tener hijos y formar una familia. Para ellos, la manera esencial de vivir la castidad es amando a su cónyuge y a sus hijos con toda el alma. Se trata de un amor más enfocado, más exclusivo. Eso no significa que las parejas casadas y los padres no sean capaces de dar amor fuera del ámbito de sus familias. Pero el centro de su amor será siempre su propia familia.

Para los religiosos que han hecho votos, la situación es la opuesta. Hacemos voto de castidad para poder darnos a Dios tan completamente como sea posible y para ser capaces de amar a todas las personas que sea posible. Hacemos este voto también por una razón práctica: para entregarnos más plenamente a nuestro ministerio. El celibato es también una manera de imitar la vida y el ministerio de Jesús. No es una manera ni "mejor" ni "peor" de amar que una relación sexual o comprometida; es simplemente diferente. Ni tampoco desmerece el testimonio del clero casado en otras denominaciones, quienes descubren que también pueden entregarse plenamente a sus ministerios. Se trata simplemente de una forma diferente de vivir el propio llamado.

El celibato es para mí y para otros en las órdenes religiosas la mejor manera de amar. Mientras muchos aman más plenamente en una relación comprometida, esta manera funciona mejor para mí. Mi experiencia me dice que éste es el camino al que estoy llamado, porque es el que me produce mayor alegría. Es como si fuera la manera en que Dios me diseñó para que trabajara mejor.

Hablando con practicidad, la castidad es un arte, algo que es necesario ejercitar. No se aprende a ser un buen marido o una buena esposa el mismo día de la boda. Y yo tampoco aprendí a ser un buen célibe el día de mi ordenación sacerdotal; ni entendí completamente mi castidad desde el mismo momento en que hice mis primeros votos. Lleva tiempo comprenderlos de manera saludable e integrada. Ésa es una de las razones por las que existen los noviciados y los seminarios: son una especie de período de noviazgo, que permite a la gente descubrir si ese modo de vida es el adecuado para ellos.

Parte de ese proceso de crecimiento consiste en descubrir lo que es adecuado para cada uno de nosotros y lo que no lo es, comprender que la sexualidad es parte de nuestra vida; y, a lo largo del camino, descubrir cuáles son las mejores maneras de reforzar una vida de celibato. Para mí es bastante simple: experimento especialmente el amor de Dios a través de mis amigos, con aquellos con los que desempeño mi ministerio y en mi familia. Incluso así, para hacerlo bien, debo mantener una vida de oración activa. He descubierto que es más fácil experimentar intimidad con los demás si experimento intimidad con Dios en la oración.

A veces me siento abrumado por el amor con el que me encuentro: personas de la parroquia, jesuitas, otros amigos, familiares, colegas profesionales y aquellos que se acercan a mí en busca de dirección espiritual, consejo o incluso para confesar. Esos días me doy cuenta de lo afortunado que soy. Y el amor aparece de diferentes formas. Ceno con mis amigos jesuitas y compartimos nuestras luchas y alegrías en común y siento lo que San Ignacio llamó "ser amigos en el Señor". O escucho a alguien durante la dirección espiritual y puedo ver las sorprendentes maneras en las que Dios actúa en la vida de esa persona. O me encuentro con alguien a quien conozco sólo por ser jesuita, y esa persona comparte conmigo una parte íntima de su vida. O paso un rato con mi sobrino de seis años y no paro de reírme por sus bromas, maravillándome por su bondad y su esperanza.

Hace poco, en una iglesia jesuita de la ciudad de Nueva York, celebré misa un domingo de Adviento. Hacia la mitad de la liturgia, durante la distribución de la Eucaristía, permanecí en la nave principal de la preciosa iglesia barroca mientras el colosal órgano exhalaba su música sobre la congregación; yo ofrecía la hostia consagrada a los parroquianos, a muchos de los cuales conocía bien. Cuando se acercaban uno a uno a recibir la Comunión, muchos me sonreían. Me sentía lleno de una sensación de pertenencia. Les pertenecía a ellos. Y una vez más, pensé: *¡Qué maravilla es la vida!*

Para mí, la castidad está hecha de todas esas cosas.

Mi castidad también ayuda a que las otras personas se sientan seguras. Saben que me he comprometido a amarlos de un modo que descarta la posibilidad de que quiera usarlos, manipularlos o pasar tiempo con ellos simplemente para conseguir algo. Les da a las personas un espacio en el que pueden relajarse. Recientemente pasé unos meses trabajando con una compañía de teatro en la ciudad de Nueva York que preparaba una obra sobre la relacióm entre Jesús y Judas. Al principio, el dramaturgo me pidió que lo ayudara a buscar material para el guión, y más tarde comencé a trabajar de cerca con el actor que interpretaría a Judas. Con el tiempo, me invitaron a hablar con el director y con todo el reparto. Durante los meses de invierno pasamos largas horas sentados alrededor de una mesa enorme del teatro discutiendo sobre los evangelios, Jesús, Judas y cosas como el pecado y la gracia, el desaliento y la esperanza. Fueron conversaciones maravillosas, diferentes de las que tengo normalmente con católicos que a veces creen (como yo mismo) tener todas las respuestas.

Éste era un grupo de personas que vivían en un mundo muy diferente del mío: el mundo del teatro. Cuando comenzamos, no me conocían en absoluto (y sólo unos pocos eran católicos). Me pregunté cómo reaccionarían ante la intromisión de un sacerdote; pero poco a poco comprendí que, como sabían que era sacerdote, sabían que era célibe y que, por lo tanto, la única razón que tenía para ayudarlos era el amor. Como resultado, algunos de ellos se sintieron cómodos compartiendo conmigo detalles íntimos de sus vidas, momentos difíciles o de tristeza.

Su confianza fue un gran regalo para mí, e hizo posible que no sólo nos hiciéramos amigos, sino que llegara a quererlos de verdad. Cada vez que entraba a los camerinos me recibían con abrazos y besos, tanto hombres como mujeres (¡descubrí que los actores, o al menos esos actores, son muy afectuosos!). Y la noche del estreno, aunque ya había visto la obra una docena de veces, me sentí lleno de gratitud mientras miraba a cada uno de mis amigos usar su talento para crear algo nuevo y emocionante para el público. Me alegré por cada una de sus vocaciones.

Como en otras situaciones, también comprendí que estaba allí no sólo para amar sino también para ser amado. A medida que la obra se acercaba al final, entendí una vez más que no debía aferrarme a su amor. Aunque esperaba mantener la amistad con algunos de ellos, sabía que no podía *esperar* el amor de nadie. Era un amor dado gratuitamente que debía también ser recibido de forma gratuita. Ésa es una lección importante y agridulce que he aprendido una y otra vez a lo largo de mi vocación. Un amigo jesuita que pasó muchos años enseñando me contó que en los colegios suele ocurrir algo parecido. Cuando le conté lo triste que me había sentido cuando terminó la obra, me dijo:

—Lo mismo ocurre cuando concluye el año escolar. Uno tiene que dar amor gratuitamente a los estudiantes, pero sin olvidar que no es posible aferrarse a ellos.

Me hizo acordar a la experiencia de los apóstoles después de la Resurrección, cuando lo único que querían era que Jesús se quedara con ellos. Su respuesta fue: "No se aferren a mí".

Pero esa clase de amor gratuito puede ser una auténtica bendición. Pocos días antes de la noche del estreno, después de los abrazos y besos en los camerinos, miré a todas aquellas personas que hasta hacía poco eran perfectos extraños y que se habían convertido en mis amigos, y pensé: *Esto es la castidad.*

Algunos días pienso en mi relación con Dios como si fuera uno de esos maravillosos mosaicos bizantinos con el rostro de Cristo. Cada una de las personas que amo y que me ama es un azulejo de color brillante que forma el intrincado diseño, y la imagen del rostro de Cristo se hace más clara cuando soy capaz de retroceder para contemplar la obra completa.

La persona célibe también tiene que aceptar la posibilidad de enamorarse de vez en cuando. Es una parte integral de la condición humana y nos afecta a todos, célibes y no célibes. Si uno desea ser una persona que dé amor, uno inevitablemente corre el "riesgo" de enamorarse. Jesús, como persona completamente humana, también corrió ese riesgo cuando ofrecía su amor a los demás y se abría para recibir, a la vez, su amor. En su humanidad esencial, Jesús era tan propenso como cualquiera de nosotros a enamorarse y a que se enamoraran de él. Su respuesta fue amar siempre de manera casta y adecuada.

A los pocos meses de iniciar mi noviciado, el director de novicios dijo que como jesuitas era casi seguro que nos enamoraríamos y que se enamorarían de nosotros. ¡Me sentí escandalizado!

Su respuesta fue memorable:

—Si siendo jesuita no te enamoras, entonces algo va mal contigo —me dijo—. Es algo humano y natural. Amar es la parte más importante de ser cristiano. La pregunta es qué *haces* cuando te enamoras.

En otras palabras, si uno descubre que se ha enamorado después de hacer votos religiosos, ¿qué elecciones hace y cómo reacciona? O descubre que no puede vivir de acuerdo con el voto de castidad y debe abandonar la orden religiosa (y tengo amigos que han tomado esa decisión), o se reafirma en el compromiso a los votos y se aleja de manera saludable del objeto de afecto.

Mi director de noviciado tenía razón. Me pasó una vez durante mi vida como jesuita: me enamoré locamente a pesar de mi determinación por evitar dicha situación. A los pocos años de terminar el noviciado, me enamoré por primera vez. Y la profundidad de mi amor y la pasión que sentí fueron completamente inesperadas y absolutamente abrumadoras. Como puede comprender todo aquel que haya estado enamorado, fueron tiempos agitados. Durante algunas semanas, me sentí convencido de que era la persona adecuada para mí, aquella con la que podía pasar el resto de mi vida. Entendí lo que significaba estar "enfermo de amor" ya que apenas podía dormir o comer. A esos sentimientos se unía el miedo de que todo ello pudiera ser la señal de que debía dejar a los jesuitas.

En medio de toda la confusión, me reuní con mi director espiritual, un sabio y anciano jesuita. Le conté lo que me pasaba. Escuchó con calma mi historia, que estuvo acompañada de muchas lágrimas. Luego me dijo lo mismo que me había contado mi director de noviciado:

—Enamorarse es una parte maravillosa de ser humanos, quizás la cosa más humana que podamos hacer. Demuestra que somos personas con amor. Y eso es algo maravilloso para un jesuita y para un sacerdote —hizo una pausa—. Pero sabes que tienes que tomar una decisión al respecto. Eres libre para dejar la Orden y seguir adelante con esta relación, o eres libre para quedarte y ponerle fin.

Después de hacer más oración, de más dirección espiritual y de conversaciones con mis amigos (jesuitas y no jesuitas), comencé a ver que aunque me había enamorado, seguía comprometido con la opción de ser jesuita y de mantener mis votos. Aunque en ese momento dejar la Orden parecía una idea tentadora, cuando miro atrás comprendo lo feliz que había sido hasta entonces precisamente por mi vida como jesuita.

Al final, aquella experiencia turbulenta me dio la posibilidad de crecer en sabiduría con respecto a la manera en que funcionaban mi corazón y mi mente. También me proporcionó perspectivas sobre la condición humana que me han sido de utilidad para aconsejar a otros. En cierto sentido, me ayudó a volverme más humano.

El celibato no es fácil. Cuanto más amor tenemos, mayores son las posibilidades de que nos enamoremos y de que otros se enamoren de nosotros. Y los hombres y las mujeres célibes están expuestos a las mismas cosas que el resto de los seres humanos: a fascinarse con otra persona, a perder la cabeza por ella, a enamorarse, etc.

Aún más, y a propósito de mi reflexión acerca de los mosaicos llenos de color, la vida del sacerdote célibe o el religioso casto puede llegar a ser muy solitaria. No importa cuántos amigos tengamos, ni cuánto nos apoye nuestra comunidad, ni lo satisfactorio que resulte nuestro ministerio: aún así tenemos que enfrentar una cama vacía por la noche. No hay otra persona con la que podamos contar siempre para compartir las buenas noticias, o con la que llorar, o que nos pueda reconfortar con un abrazo después de un día largo. Y eso es difícil.

Tampoco existe mucho apoyo cultural para la vida solitaria y sin sexo. Mientras la sociedad estadounidense acoge con entusiasmo los compromisos, las bodas y los nacimientos, cuando se trata del celibato, esa misma cultura (que lo percibe quizás como una amenaza para el matrimonio o la fácil cosificación de la sexualidad), sólo ofrece bromas, miradas de reojo y hostilidad manifiesta. Durante la crisis de los abusos sexuales en 2002, por ejemplo, la explicación más común del abuso por parte de sacerdotes era "el celibato, por supuesto. Es algo *antinatural*". La gente cree que no tener sexo es raro y poco saludable y malsano. Esto es casi un estereotipo insuperable.

La falta de apoyo de la sociedad implica que para las personas célibes resulta fundamental nutrir la vida de castidad con amistades cercanas, una saludable actitud hacia el trabajo, dirección espiritual frecuente y oración. Como cualquier otro estado de vida (casado, soltero, divorciado, con votos, ordenado), requiere atención y trabajo.

Para mí, la soledad es la parte más dura; la falta de una relación emocional exclusiva resulta tan difícil como la falta de intimidad sexual y de relaciones sexuales. El sacrificio, sin embargo, es el centro del celibato como lo es de toda relación comprometida. Y me gusta pensar en lo que un teólogo llama "el espacio con forma de Dios", ese espacio en nuestro corazón que sólo Dios puede llenar. Por eso, uno de los elementos esenciales de la castidad es la atención que prestamos a nuestra relación con Dios, que es quien proporciona a la persona célibe una clase distinta de amor que revela en el ministerio, en las relaciones y en la oración.

·····::::::::::::::::::::::·····
·····::::::::::::::::::::·····

Ésa es una de las razones por las que creo que Ángelo Roncalli también ejemplificó tan bien el ideal de la castidad: porque él mismo experimentó el amor de Dios. También comprendió la absoluta necesidad de una vibrante vida de oración y el modo en que la relación íntima con Dios lo ayudaba a amar a los demás tan bien. En 1959, después de ser elegido Papa, escribió estas palabras en su diario durante un retiro anual: "Esta visión, este sentimiento de pertenencia al mundo entero, dará un nuevo impulso a mi constante y continua oración: el breviario, la Santa Misa, el rosario y mis fieles visitas a Jesús en el sagrario son todas formas variadas y rituales de unión cercana y confiada con Jesús". La relación de Juan con Jesús le permitió ser un hombre muy caritativo y amable. Era amigable y accesible, humano y gracioso, cálido y atento, y siempre lleno de amor.

El modelo de castidad de Juan fue Jesús, porque el modelo de amar para Juan fue Jesús. "Pero sobre todo y en todas las cosas" escribió en su diario en 1931, "debo intentar expresar en mi vida interior y en mi comportamiento exterior la imagen de Jesús, *humilde y manso de corazón*".

"Que Dios me ayude", concluyó.

Cuando miro la vida de Ángelo Roncalli, veo a un hombre que llevó una vida muy diferente a la mía. Nació muchos años antes que yo, en otro continente, en un mundo completamente diferente, con responsabilidades y preocupaciones mucho más importantes que las mías. Sé que es muy improbable (imposible, quizás) que mi vida cotidiana llegue a reflejar la de Ángelo Roncalli. Él y yo somos muy diferentes y estamos llamados a ser santos de maneras distintas.

Pero hay una cosa que sí comparto con Juan: el deseo de llegar a ser un buen sacerdote, un buen cristiano y, especialmente, una persona llena de amor. Espero poder amar y ser amado libremente. Espero poder vivir siempre libremente en el mundo de amistad, amor, sexualidad e intimidad que nos ha dado Dios y ser siempre fiel a mis votos. Espero poder aceptar y apreciar siempre el amor que recibo de los otros sin intentar poseerlo o aferrarme a él.

Como todo el mundo, espero ser una persona que ame.

Que Dios me ayude a mí también.

10

Vivir en su mundo

Dorothy Day

Todos hemos experimentado la soledad y hemos aprendido que la única solución es el amor; y el amor viene de la comunidad.

DOROTHY DAY

LA LARGA SOLEDAD

La primera vez que vi la foto de la tapa de su autobiografía supe que tenía que conocer más acerca de esa mujer. Una mujer demacrada camina entre los árboles. Lleva los cabellos blancos cubiertos con un gorro oscura de lana, la clase de prenda sencilla que solíamos llevar en la escuela secundaria, la que se puede comprar en un mercado de pulgas o en una tienda de rezagos del ejército. La fotografía fue tomada a finales del otoño o a comienzos del invierno porque el cielo está gris, los árboles desnudos y el suelo enlodado está cubierto de hojas secas. Lleva las manos en los bolsillos de un viejo abrigo de tweed. El abrigo está abierto (parece que le falta un botón) y deja ver debajo un vestido oscuro.

Y su cara tiene una expresión muy extraña: labios apretados, cabeza inclinada, ojos cerrados. Parece estar pensando en algo muy importante.

Suena un poco loco, pero cuando vi la fotografía en esa portada sentí que quería seguir a esa mujer, conocer su historia, ser como ella... ¡Una persona de la que no sabía nada! La imagen sugería un modo de vida atractivo. Quería conseguir que no me importara cómo me veía o qué vestía; quería llevar un estilo de vida sencillo. Quería dejar de preocuparme por lo que pensaban los demás de mis acciones. Quería alcanzar esa determinación en cuanto a la dirección en la vida. Quería conciliar la vida activa (la mujer parecía saber exactamente hacia dónde iba) con la contemplativa (sabía, de alguna manera, que había ido al bosque a rezar). Quería ser como Dorothy Day, aunque sólo había visto su fotografía.

Por lo general, mi primer encuentro con un santo se produce a través de una imagen: una fotografía, un mosaico, un fresco. A veces, esas imágenes, llenas de significado y simbolismo, trascendían todo aquello que más tarde pudiera leer sobre el santo. Me suele pasar especialmente con las fotografías. Algo del santo se comunica a través de lo que viste. Algo de su alma se comunica a través de la expresión de su rostro. Y algo de su mensaje se comunica a través de su mirada.

Kathryn Harrison, en su incisiva biografía *Saint Thérèse of Lisieux*, analiza una conocida fotografía de Teresa, que le tomaron hacia el final de su corta vida. "Parece casi divertida", escribe su biógrafa. "Su boca pequeña y severa parece resistirse a una sonrisa y sus ojos transmiten júbilo: parece decirnos que conoce un maravilloso secreto".

Harrison también comenta acerca de otra fotografía: "La manera en que nos devuelve la mirada sin desviarse del luminoso sendero que se extiende frente a ella, tan brillante como la luz del sol sobre el agua... todo eso nos anuncia que Teresa es una de las elegidas".

Eso es lo que aquellas fotografías de Teresa le dijeron a Kathryn Harrison. Para otra persona, serían fotos sin trascendencia de una monja desconocida. Pero para el creyente, o el admirador, esas representaciones nos comunican la esencia de la persona de manera tan efectiva que el mensaje de la santa se recibe al ver la imagen. La imagen se convierte en icono.

En la portada de un libro llamado *Hearts on Fire* [Corazones de fuego], una historia de las hermanas de Maryknoll, aparece una fotografía de la Madre Mary Joseph Rogers. Es una mujer corpulenta vestida con un enorme hábito negro y una capa ondulada. Está saliendo de una iglesia y, a mitad de camino, se vuelve hacia el observador con un libro firmemente asido en su mano derecha. Su mano izquierda, con la que hace un gesto efusivo, aparece borrosa. En su rostro luce una sonrisa de entusiasmo: la Madre Mary Joseph parece estar en medio de una risa retumbante. La fotografía comunica una espiritualidad distintiva: efusiva, cálida, confiada. He conocido a muchas hermanas de Maryknoll desde la primera vez que vi aquella portada, y puedo asegurar que la fotografía es sorprendentemente exacta. Cada una de las hermanas de Maryknoll que he conocido era efusiva, cálida y confiada.

A menudo, sin importar cuánto lea o conozca sobre un santo, la primera imagen permanece impresa en mi alma como el verdadero retrato de la persona.

Así fue cómo me pareció Dorothy Day en la portada de aquel libro: inteligente, ingeniosa, entregada, directa, amable, trabajadora, santa. Todo lo que he leído sobre ella desde entonces ha confirmado aquellas impresiones iniciales.

Dorothy nació en Brooklyn en 1897, en una familia episcopaliana que, cuando ella era aún una niña, se mudó a Chicago (su padre era periodista, siempre a la caza de un buen empleo). Como estudiante de la Universidad de Illinois, se interesó por la carrera de escritora y por los temas políticamente más urgentes del momento: pobreza, cambio social radical y trabajo organizado. Curiosamente, no estaba interesada en la religión. Con el razonamiento perspicaz que caracterizaría su obra (y su pensamiento), describió ese período de su vida en su autobiografía *La larga soledad*: "En aquel tiempo sentía que la religión lo único que haría sería estorbar mi trabajo (...) Estaba de acuerdo con que era el opio del pueblo, y uno no muy atractivo, así que endurecí mi corazón. Fue un proceso consciente y deliberado".

Finalmente, Dorothy abandonó la universidad para intentar abrirse camino como periodista en Nueva York. Se sumergió en el mundo bohemio de Greenwich Village y realizó trabajos para periódicos radicales como *Call* [Llamado] y *Masses* [Masas], y escribió sobre movimientos socialistas, sindicalistas, la organización *Internacional Workers of the World**, las protestas por el pan, el desempleo, marchas de protesta hasta el ayuntamiento y leyes de trabajo infantil. "Conocí a Trotsky en Nueva York", escribe, como de pasada, "antes de que regresara a Rusia". Durante una marcha por el sufragio en Washington, DC, fue arrestada y encerrada en prisión junto con otras mujeres que protestaban.

Su estadía en prisión le dejó una impresión duradera. Durante ese período, ella y sus compañeras realizaron una huelga de hambre para protestar por el trato que recibían los prisioneros, y Dorothy profundizó su identificación con un grupo aún mayor: los pobres y los abusados de la sociedad. *La larga soledad* cuenta que la cárcel la impulsó a meditar sobre cómo su propio pecado contribuía al sufrimiento y al mal en el mundo. En el lenguaje de la espiritualidad ignaciana, Dorothy estaba realizando la meditación de la primera semana de los Ejercicios Espirituales sobre el pecado.

Quedar libre después de treinta días no significó nada para mí. No volvería a ser libre nunca más, porque sabía que detrás de las rejas de todo el mundo había hombres y mujeres, chicos y chicas jóvenes que sufrían coacciones, castigos, aislamiento y privaciones por crímenes de los que todos somos culpables...

¿Eso es una exageración? No, muchos de nosotros hemos pasado seis días y seis noches encerrados en la oscuridad, con frío y hambre, meditando sobre el mundo y nuestra parte en él.

---

* Trabajadores internacionales del mundo: movimiento radical de trabajadores en los Estados Unidos, dedicado a la derrota del capitalismo; el número de afiliados declinó después de la Primera Guerra Mundial (N. de la T.).

El intelecto de Dorothy y su creciente preocupación por la justicia social la puso en contacto con un sinnúmero de prominentes intelectuales y activistas de Nueva Cork, entre ellos Emma Goldman, John Dos Passos, Max Eastman, John Reed y Eugene O'Neill. En ese tiempo se enamoró de un hombre llamado Forster Batterham, con el que convivió en una casa desvencijada en Staten Island (hace pocos años, la casa fue derribada para construir un nuevo edificio, para consternación de los admiradores de Dorothy). En 1926, Dorothy quedó embarazada y ese acontecimiento daría lugar a una especie de conversión religiosa.

El embarazo despertó algo nuevo en Dorothy: una valoración de la creación y un deseo de entablar una relación con Dios. Esos sentimientos surgieron en medio de una vida que en muchos aspectos estaba impregnada de tristeza. Pocos años antes, mientras trabajaba en un hospital, había tenido relaciones con un hombre, había quedado embarazada y había abortado. Dorothy nunca habló directamente sobre eso, excepto con sus amigos más íntimos (aunque en su libro *The Eleventh Virgin* [La décimo primera virgen], una novela basada libremente en su vida, el personaje principal también aborta). Después de diversas relaciones, bebida y otros excesos (pasó una noche en un hotel de mala reputación y la arrestaron confundiéndola con una prostituta), Dorothy llegó a verse a sí misma como uno más de los muchos pecadores perdonados. Su embarazo la ayudó a sentir que Dios la había limpiado y que era capaz de comenzar una nueva vida. Y en la tierra de su gratitud floreció la semilla de la fe.

"Me sorprendió comenzar a rezar diariamente", escribió. Durante su embarazo Dorothy comenzó a leer *Imitación de Cristo*, un manual devocional del siglo XV que había comprado muchos años antes. Como señala uno de sus biógrafos, Dorothy buscó desde su juventud libros que le proporcionaran un modelo de vida: los salmos, Dostoyevsky, Tolstoy, Dickens, James. Ahora estaba preparada para reanudar seriamente aquel camino de su juventud. "La *Imitación de*

Cristo volvía explícito ese proceso", escribe Paul Elie en su libro *The Life You Save May Be Your Own* [Es posible que la vida que salves sea la tuya]. "Identificó como religiosa su postura frente a la vida". En el proceso, decidió que quería bautizar a su hija.

Cerca de Dorothy, en Staten Island, vivía una Hermana de la Misericordia llamada hermana Aloysia, que trabajaba en una casa para madres solteras y sus hijos. La vida sencilla de la religiosa fascinaba a Dorothy. Un día, la hermana Aloysia le preguntó bruscamente a Dorothy:

—¿Cómo vas a educar a tu hija como católica si tú misma no te conviertes? —Dorothy estuvo de acuerdo y, después de bautizar a su hija Tamar Teresa, fue recibida en la Iglesia católica.

Dorothy Day había tenido escaso contacto con la Iglesia (con cualquier iglesia) desde su infancia. Pero sus antecedentes e intereses convirtieron a la Iglesia católica en un hogar natural para ella. No resulta sorprendente que alguien comprometido con tantas "causas" como ella hubiera estado buscando un código ético que demandara una respuesta exigente e incluso heroica frente a las necesidades del mundo. Y aunque encontró entre sus amigos incondicionales el amor de una comunidad y la "hermandad de los hombres", sus filosofías carecían de la visión moral coherente que encontró en el catolicismo.

Otro factor que la condujo al catolicismo fue su sentida identificación con los pobres y los inmigrantes. Durante sus días en el barrio neoyorkino de Greenwich Village, a menudo visitaba la iglesia de San José, donde no sólo encontraba a sus amados pobres sino también una atmósfera de oración. Finalmente, Dorothy buscó un camino de humildad y obediencia a Dios que se expresaba más plenamente para ella en la espiritualidad católica tradicional; por ejemplo, el culto a los santos. La Iglesia católica unió el amor de Dorothy por los pobres, su deseo de estar en comunión con Dios, su búsqueda de claridad moral y su esperanza de llevar una vida de humildad y obediencia.

Por lo tanto, para Dorothy Day, como para Thomas Merton, fue esta gran y misteriosa Iglesia, segura de sí misma y de su lugar en el mundo, la que satisfizo su idealismo y su deseo de una nueva vida con Dios.

Forster, por otro lado, era un anarquista que no tenía absolutamente ningún interés en la religión organizada ni, a fin de cuentas, en nada que estuviera organizado. "Era imposible hablarle de religión", escribió Dorothy con tristeza. "De inmediato nos separó un muro". Dorothy cuenta que el día del bautismo de Tamar fue tenso. Después de la breve ceremonia, Forster abandonó la celebración para poner trampas para pescar langostas para la cena. Cuando regresó, durante la cena, fue sólo para discutir con Dorothy. Un año más tarde, finalmente, se separaron; fue una experiencia dolorosa para Dorothy, queien temía quedarse sola con su hija. Fue el alto precio de su conversión.

Pero incluso después de abrazar el catolicismo, a Dorothy le preocupaba que la Iglesia, aunque daba a menudo refugio a los pobres, parecía ciega ante las causas sistémicas de la pobreza. ¿Por qué, se preguntaba, parecía que los únicos que ayudaban a los pobres eran los comunistas? A nivel más personal, comenzó a preguntarse si existiría una manera de unir su preocupación por la justicia social y su nuevo catolicismo.

En 1932 encontró una respuesta en su reunión con Peter Maurin, quien se describía a sí mismo como un campesino francés y que había sido educado por los Hermanos Cristianos. Maurin era un hombre alegre sobre quien Dorothy escribe con cariño: "Era una de esas personas que podía hablar hasta dejarte sorda, muda y ciega". En *La larga soledad* describe sus ideas para un mundo donde, en vez de considerarse a sí mismos esclavos de la máquina industrial, los hombres y mujeres tomarían parte en la producción de una buena vida.

Peter se alegraba cuando veía hombres que hacían grandes cosas y soñaban grandes sueños. Quería que extendieran los brazos a sus hermanos porque estaba convencido de que la manera más segura de encontrar a Dios, de encontrar el bien, era a través de los propios hermanos. Peter quería que esa búsqueda desembocara en una mejor vida física en la que todos los hombres pudieran realizarse y desarrollar sus capacidades de amar y adorar, expresadas en todas las formas de arte.

La base de esta visión utópica era el Evangelio. Y Dorothy se sintió cautivada por la manera en que Peter lo comprendía.

Peter Maurin, a quien Dorothy siempre llamaría "su mentor", animó a su nueva amiga a que usara su talento periodístico para fundar un periódico que ofreciera solidaridad a los trabajadores y una crítica al *status quo* desde la perspectiva de los evangelios. La primera edición de *El trabajador católico* apareció, apropiadamente, el 1.º de mayo de 1933, el día de los trabajadores (y más tarde, fiesta de San José Obrero). Se vendía a un penique (y todavía es así). El primer ejemplar vendió dos mil quinientas copias. A finales de año, la circulación alcanzaba los cien mil ejemplares.

Además de publicar el periódico, Dorothy Day y Peter Maurin abieron "casas de hospitalidad" para los pobres en Nueva York. Esos centros ofrecieron comida y refugio a cientos de hombres y mujeres durante la Depresión. Dorothy y Peter también iniciaron granjas comunitarias para los pobres como medio para crear comunidad. "Es extraño vivir en un mundo de tantos extraños", escribió en *La larga soledad*. Aunque las granjas comunitarias resultaron difíciles de implementar en otros sitios, las casas de hospitalidad y lo que comenzó a conocerse como el Movimiento del Trabajador Católico se esparcieron gradualmente por todo Estados Unidos.

La vida de Dorothy en la casa del Trabajador Católico y en la granja en la zona rural de Nueva York era variada y emocionante. Durante las siguientes décadas trabajó en su propia casa junto a otros voluntarios y viajó mucho para visitar las casas del Trabajador Católico en todo el país. También dedicó mucho tiempo al periodismo, escribiendo artículos y editoriales para el periódico, mientras se convertía en un modelo para sus seguidores por su presencia y oración.

Los días eran ajetreados para todos los que vivían en la casa. Por la mañana temprano se ponía a calentar agua para preparar la sopa que se serviría a muchos para el almuerzo. Durante unas horas, hombres y mujeres pobres pasaban por la casa para comer y descansar mientras conversaban con los voluntarios. Más tarde, algunos de los voluntarios, muchos de ellos jóvenes universitarios, lavaban las ollas y sartenes, iban al correo, buscaban comida, pagaban cuentas y llevaban la contabilidad o limpiaban la casa. Por la tarde se servía la cena, se rezaba Vísperas y había más gente que esperaba en la puerta; todo eso antes de cerrar al final del día. Los viernes por la noche se programaban reuniones públicas y debates, abiertos a todo el que quisiera participar. En algún momento del día un sacerdote celebraba la misa, bien en una iglesia cercana o en la misma casa.

Uno de los muchos voluntarios que trabajó con Dorothy Day fue Robert Ellsberg, autor del libro *Todos los santos*. En la década de 1970, Ellsberg hizo una pausa de cinco años en sus estudios en la universidad de Harvard para colaborar en la casa del Trabajador Católico en Nueva York. Durante ese tiempo llegó a conocer bien a Dorothy. Le pedí que describiera cómo era trabajar con ella. Aunque había leído mucho, me resultaba difícil hacerme una idea de su personalidad. Sabía que era una persona de oración, que era generosa y una trabajadora incansable, pero en su autobiografía puede parecer un poco severa. La portada de mi copia de *La larga soledad*, en la que aparece con expresión seria, acentuó esa impresión en mí. Así que cuando Ellsberg la describió como "divertida", me sentí sorprendido.

—Dorothy podía ser muy graciosa —me dijo—, y era una buena narradora de historias sobre ella misma.

Pensé en el comentario del novelista francés Léon Bloy de que la alegría es el signo más claro del Espíritu Santo. Disfrutaba mucho con toda clase de compañía, dijo Ellsberg, desde los universitarios del

Trabajador Católico hasta la gente anciana sin hogar del vecindario que le tenían un enorme respeto y la llamaban "Señorita Day". Se interesaba genuinamente por las personas, decía Ellsberg, y valoraba a cada una por sus propios talentos. Pero no dejaba de ser una persona real que podía ocasionalmente desalentarse o exasperarse por los problemas de la vida. Finalmente, agregó, le disgustaba "ser venerada" y tenía poco tiempo para la gente que la trataba como La Legendaria Dorothy Day.

Era, sobre todo, cálida y accesible.

—Y se interesaba realmente por mí —recordó Ellsberg con cariño.

Le pregunté qué le gustaba hacer.

—A Dorothy le encantaba leer —me dijo—. Le gustaba leer de todo, desde novelas clásicas a historias de detectives. Y de vez en cuando, miraba televisión.

¿Qué veía?

—*Obras maestras del teatro* —me contestó riendo.

Yo también reí al oírlo; era la primera vez que me enteraba de cuáles programas de televisión miraba un santo.

En toda su larga vida Dorothy Day se adhirió a la práctica de la pobreza voluntaria, viviendo con sencillez, vistiendo ropas que donaban a las casas del Trabajador Católico, viajando en autobús e intentando poseer tan poco como fuera posible. Pero tenía cuidado de distinguir entre la dignidad y libertad de su elección y la destitución que esclaviza a tantos pobres. Esta última clase de pobreza no tenía que ver con la libertad sino con una forma de injusticia y opresión, un signo de pecado institucional que debía combatirse.

En consonancia con su comprensión de los evangelios, Dorothy también se convirtió en una incansable defensora de la paz. Para ella, el mensaje del Sermón de la Montaña conducía a un firme compromiso con la no violencia. Su actitud al respecto y su disposición a involucrarse en campañas de desobediencia civil comenzaron poco después de la Segunda Guerra Mundial (en protesta por los ejercicios de simulacro de defensa civil de la década de los cincuenta) y continuaron a lo largo de la guerra fría y Vietnam.

Como resultado de esas actividades recibió disparos y fue detenida e investigada por el FBI. Nada de eso la detuvo. "El siervo no es más grande que su maestro", solía decir. Recibió críticas incluso de sus más firmes defensores católicos, que admiraban su trabajo con los pobres pero para quienes su pacifismo fue difícil de tragar, especialmente durante la guerra. Nada de eso la detuvo. Y en la década de los sesenta, cuando las protestas sociales públicas se volvieron comunes, el testimonio de Dorothy Day fue un poderoso símbolo para la nueva generación de defensores de la justicia social.

En 1973, a los setenta y seis años, fue arrestada y enviada a prisión por su participación en la reunión de la Unión de Trabajadores Agrícolas para apoyar a César Chavez y los derechos de los trabajadores migrantes. Una llamativa foto tomada aquel día muestra a la mujer delgada como un pajarito, de cabellos grises y con un vestido usado, sentada sobre una silla plegable. Dorothy mira con tranquilidad a dos agentes de policía armados que están de pie junto a ella. Es el retrato de una vida de compromiso, de la dignidad del discipulado y de la absoluta justicia del Evangelio.

En *La larga soledad*, publicado por primera vez en 1952, la famosa pacifista responde a una típica objeción al pacifismo con un ejemplo de su propia vida. Es típico de Dorothy Day: directa, honesta, basada en la experiencia y, sobre todo, cristiana:

¿Qué haría si un loco armado lo atacara, o atacara a su hijo o a su madre? Hemos oído esa pregunta cientos de veces. Detenerlo, por supuesto, pero no matarlo. Encerrarlo, si fuera necesario. Pero el amor perfecto no tiene lugar para el miedo y vence al odio. Todo eso puede sonar trillado, pero la experiencia nos dice otra cosa.

Una vez, un loco armado intentó matar a Arthur Sheehan, uno de nuestros editores durante la guerra. Aquel hombre era una víctima de la Primera Guerra Mundial, que ya había atacado antes a otros hombres en la casa y casi me había roto la muñeca un día cuando intenté apagar la radio en la cocina; ese día tomó un cuchillo grande y un crucifijo y anunció que iba a matar a Arthur. Otra mujer y yo lo sujetamos y lo obligamos a soltar el cuchillo. Pero no pudimos retenerlo y, después de arrojarle una lata de verduras a Arthur que hizo un agujero en la pared, pudimos aferrarlo hasta que Arthur escapó. Llamamos a la policía y les pedimos que confinaran a Harry en Bellevue para observación, pero como no queríamos presentar cargos en su contra, el hospital le dio de alta al día siguiente. Más tarde los convencimos para que lo mantuvieran un mes en el ala de psiquiatría. Regresó al hospital, pero cuando acabaron los treinta días volvió a salir y siguió viniendo a nuestra casa a comer durante la guerra. Tiempo más tarde, nos enteramos de que había embarcado en un buque petrolero.

Tuvimos muchos incidentes que podrían haber desembocado en violencia y problemas mayores si la fuerza moral no hubiese reemplazado a la coerción.

A pesar de todas sus causas radicales, Dorothy Day hacía gala de una piedad sorprendentemente tradicional. En 1960 escribió un librito sobre una de sus santas preferidas, Teresa de Lisieux, cuyo Caminito para hacer pequeñas cosas por amor a Dios agregó una nueva dimensión al trabajo de Dorothy con los pobres. Y aunque siempre fue fiel a la Iglesia católica, como periodista e intelectual también mantuvo una postura crítica de sus fallos y limitaciones, en especial en lo concerniente a la justicia social. A esta devota católica le gustaba citar la máxima de Romano Guardini, el teólogo del siglo XX: "La Iglesia es la cruz en la que Cristo está clavado en la actualidad".

Como su buen amigo Thomas Merton (con el que no siempre estaba de acuerdo) Dorothy disfrutaba de una profunda vida de oración y consideraba que el misticismo era algo al alcance de todos los creyentes.

Y como Merton, tenía una visión expansiva de la oración.

—¿Acaso Dios ha dispuesto una manera especial de rezar que quiere que sigamos todos? —preguntaba.

Y respondía a su propia pregunta tajantemente:

—Lo dudo.

Estaba convencida de que las personas pueden rezar a través del testimonio de sus vidas, de las amistades que tienen y del amor que ofrecen y reciben. Cuando la enfermedad y los años comenzaron a desgastarla, Dorothy no pudo seguir manteniendo su activa agenda y se vio confinada con mayor frecuencia a su habitación. Durante esos tiempos difíciles solía decir:

—Mi trabajo es la oración.

Murió el 29 de noviembre de 1980.

Dorothy Day representa muchos valores: la importancia de la solidaridad con los pobres de según el Evangelio, el valor de la no violencia como medio de promover la paz y la importancia de la comunidad en la vida de la Iglesia. También representa a todos los que se consideran demasiado gastados o pecadores como para hacer algo por Dios. Sus frustrantes experiencias de relaciones sexuales casuales, su aborto y su tumultuosa relación con Forster estimularon su búsqueda de significado cada vez más intensa. También es posible que la hayan preparado para recibir con creciente gratitud las bendiciones de una hija y de su vocación. Refleja, a su manera, a Thomas Merton, cuyo pasado (tuvo un hijo cuando era joven), lo hizo buscar su lugar en el mundo de la gracia. A veces los peregrinos más agradecidos son los que han transitado por los caminos más rocosos.

Pensé en ese aspecto de la vida de Dorothy hace algunos años, mientras ayudaba a dirigir un retiro parroquial. El tema del retiro, llevado a cabo en una desvencijada casa de retiros jesuita en Nueva York, era "Rezar con los santos".

Durante la charla sobre sus santos favoritos, la otra directora del retiro (laica y madre) contó emocionada la vida de su gran heroína: Dorothy Day.

Al final de su presentación, habló sobre el pasado de Dorothy.

—Imaginen qué habría pasado si Dorothy Day hubiera pensado: *He abortado. ¿Qué podría hacer Dios conmigo?* Imaginen todas las cosas maravillosas que nunca habría llegado a hacer.

:::::::::::::::::::::::::::::

Mi primer año como novicio jesuita estuvo repleto de alegres experiencias: el descubrimiento de la oración y la espiritualidad cristianas, el trabajo con los pobres y la vida en una comunidad religiosa, la alegría del año litúrgico y, por supuesto, el encuentro con los santos.

Parecía que cada novicio entraba al noviciado con un santo preferido. En la mayoría de los casos era fácil descubrir de qué santo se trataba. Ocasionalmente, lo comentaban ellos mismos. Pero, en general, la manera de descubrirlo era más sutil: a veces era porque un santo en particular aparecía constantemente en las conversaciones, o porque el novicio parecía estar más feliz el día de la fiesta del santo, o porque se avistaba una estampita que caía silenciosamente de su Biblia cuando daba vuelta a una página en la capilla.

A las pocas semanas de entrar al noviciado, un novicio de segundo año llamado George me presentó a Dorothy Day. George era una especie de fanático de Dorothy Day, que obtenía inspiración de su trabajo con los pobres, su defensa de la justicia social y su sencillo estilo de vida. Una tarde de septiembre lo acompañé a una casa del Trabajador Católico en el centro de Boston, a una de sus conferencias de los viernes por la noche. Las reuniones se conocían como "clarificación del pensamiento", una expresión que sonaba sospechosamente maoísta (o, al menos, marxista) y vagamente amenazadora. Pero los voluntarios del Trabajador Católico no podrían haber sido más acogedores. Además, su trabajo con los sin techo de Boston, sus esfuerzos en nombre de la justicia social (en los Estados Unidos y en el extranjero) y su estilo de vida extremadamente simple eran fuente de inspiración para un joven novicio. La charla de aquella noche trataba sobre la necesidad de la no violencia en los conflictos que asolaban América Central.

Cuando regresamos a casa aquella noche, George me prestó su ejemplar de *La larga soledad*.

—Si lo pierdes, te mato —me dijo.

—Veo que te has adherido al principio de la no violencia —comenté.

Tardé un tiempo en empezar a leerlo. Aquel año teníamos muchos libros para leer, por ejemplo todas las biografías de San Ignacio. Así que el libro de George permaneció en mi escritorio durante varios meses. De vez en cuando lo levantaba y miraba la fotografía de la mujer en el bosque. Su expresión parecía más reprobadora cuanto más la miraba: *¿Cuándo vas a leer mi libro?*

Fue al año siguiente cuando finalmente leí su autobiografía y conocí a Dorothy y su mundo. En enero, los novicios de segundo año fuimos enviados a realizar el "experimento largo", un período de cuatro meses en el que trabajaríamos en un ministerio jesuita lejos del noviciado. Se trataba de una variedad de "experimentos" que los novicios llevaban a cabo en hospitales, en albergues para personas sin hogar, en los países en vías de desarrollo, etcétera.

Para entonces había oído mucho sobre una escuela jesuita en la ciudad de Nueva York para niños de entre ocho y doce años que vivían en barrios pobres del Lower East Side. La Nativity Mission School, ubicada en un viejo edificio de apartamentuchos, parecía un lugar emocionante para un joven jesuita. Mi director de noviciado aceptó enviarme a trabajar allí.

Quedé asombrado por la dedicación de los maestros, muchos de los cuales acababan de graduarse de la universidad. Y eran miembros de los Cuerpos de Voluntarios Jesuitas. Las clases comenzaban a las 8 de la mañana y terminaban a las 3 de la tarde, con un descanso corto para almorzar. Después de clase, los estudiantes permanecían en el colegio para las tutorías que muchos necesitaban desesperadamente y que, además, ofrecían algo más simple: un lugar donde estudiar. Muchos de los pequeños pisos de alquiler de sus familias estaban llenos de gente y eran ruidosos, por lo que a los estudiantes les resultaba difícil concentrarse en los deberes escolares. Los alumnos volvían a sus casas a cenar y luego regresaban al colegio para más tutorías. El día terminaba finalmente a las 10 de la noche. Los agotados maestros hacían subir en la vieja furgoneta de la escuela a los niños que vivían en vecindarios especialmente peligrosos y los llevaban a casa. Tanto para los maestros como para los alumnos era un día largo.

La combinación de enseñanza, tutoría y la atención general que los educadores jesuitas llaman *cura personalis* (atención a la persona) significaba que los estudiantes de la Escuela de la Natividad recibían una educación extraordinaria. No resultaba sorprendente, por lo tanto, que los padres (muchos de ellos inmigrantes recién llegados de República Dominicana, México, Ecuador y Vietnam) estuvieran profundamente agradecidos. La mayoría de los alumnos pasaban luego a la escuela secundaria; algunos seguían hasta la universidad y unos pocos lograban ingresar en las mejores facultades del país.

Una helada noche de febrero me metí en la cama y comencé a leer finalmente el libro que George me había dejado meses atrás. Para mi completa sorpresa, después de unos pocos capítulos descubrí que Dorothy Day había iniciado las casas de hospitalidad en ese mismo vecindario, a pocas manzanas de donde yo vivía entonces.

A la mañana siguiente, cuando lo mencioné a un jesuita de la comunidad, se echó a reír.

—¡Por supuesto! —exclamó—. ¿No lo sabías? Trabajaba justo a la vuelta de la esquina. ¡Estás viviendo en su mundo!

Aquel día caminé hasta las casas del Trabajador Católico, a dos manzanas de distancia, y permanecí un buen rato al frío, mirando. La Casa San José, para hombres, se había fundado a mediados de los sesenta y la Casa de María en la década de los setenta, para mujeres. Ninguna de las dos llamaba la atención. No tenían ninguna indicación de su importancia histórica. Supongo que me esperaba alguna placa de bronce que pusiera algo como "Aquí vivió Dorothy Day, fundadora del movimiento del Trabajador Católico". Pero, en cierto sentido, eso no hacía falta: los edificios todavía funcionaban como casas de hospitalidad y servían comidas a los sin techo del Lower East Side. La única señal necesaria eran los pobres hombres y mujeres que hacían fila en las congeladas aceras junto a los edificios.

Poco después, comencé a escuchar de los jesuitas del lugar historias acerca de Dorothy. Resulta que ella había asistido regularmente a misa de cinco y cuarto de la tarde en la Parroquia de la Natividad.

—Dorothy era una mujer decidida —dijo un jesuita—. No se andaba por las ramas.

Otro jesuita me contó que durante un período de dolorosa ansiedad acerca de su vida como sacerdote, había confesado sus preocupaciones a Dorothy. Como respuesta, ella había tomado sus manos entre las suyas y le había dicho:

—Usted está llamado a ser sacerdote.

Recuerdo haber pensado que si Dorothy Day me hubiera dicho eso a mí, las dudas vocacionales habrían desaparecido al instante.

Pero no era sólo el ambiente físico lo que me recordaba a Dorothy Day; también lo hacía el trabajo de los maestros: largas horas en condiciones espartanas, un abnegado servicio en nombre de la Iglesia, una tarea mayormente ignorada y mal pagada, todo en beneficio de los pobres.

Más que nada, recordaba a Dorothy en misa.

A final del día (o, para los maestros, a mitad de la jornada), se celebraba la misa en la pequeña capilla de nuestra casa. Viejos bancos de madera, llenos de muescas y rayones, rodeaban un altar sencillo cubierto con un simple mantel blanco. Dos esbeltas imágenes en madera de María y José estaban fijadas a la pared. A las cinco y cuarto de la tarde, junto con los maestros, llegaba una gran variedad de personas del vecindario, algunas ancianas, otras pobres. Generalmente venían también dos mujeres ancianas, una de las cuales rezaba todos los días por "mi hijo Alexander, el sacerdote"; algunos miembros de la parroquia, así como transeúntes o alguna persona sin hogar. Por alguna razón (la gracia, probablemente), aquellas misas en la acogedora capilla durante los días de frío me resultaban muy conmovedoras. Me sentía unido tanto a los maestros con los que había hecho amistad como con los sin techo a los que no conocía para nada.

Cerca del final de mi período en la Natividad, llegué al final de la autobiografía de Dorothy, donde habla del antídoto para "la larga soledad", esa sensación de añoranza y deseo que habita dentro de nosotros. En realidad, nos dice, es bastante simple: comunidad. Pensé en los maestros, estudiantes y padres de la Escuela de la Natividad, en los jesuitas con los que había vivido, en las casas de María y San José, en los sin techo, en los voluntarios del movimiento del Trabajador Católico y en el noviciado; y me dije: *Sí, tiene razón, por supuesto.*

· ·

Después de su muerte en 1980, Dorothy Day fue alabada por laicos y religiosos. El historiador católico David O'Brient, en la revista *Commonweal*, la llamó "la figura más influyente, interesante y significativa" en la historia del catolicismo estadounidense. Pero, como señala Robert Ellsberg, ella siempre se sintió incómoda con su fama legendaria.

—No dejen que me hagan santa —decía—. No quiero que me descarten con tanta facilidad.

Quizás, entonces, es posible que se sienta enfadada porque el Vaticano esté considerando su canonización. Por una parte, Dorothy Day es una santa tradicional. Eligió la pobreza de manera voluntaria y proclamó la necesidad de trabajar por la paz, como Francisco de Asís. Su vocación fue trabajar directamente con los pobres para aliviar su sufrimiento, como la Madre Teresa. Su vida de oración animaba sus buenas obras, como Teresa de Lisieux. Y, como el apóstol Pedro, no permitió que sus pecados se interpusieran en su respuesta a la llamada de Dios. Por todo eso parece una santa muy tradicional.

Pero es aún más una santa no tradicional. A diferencia de muchos santos canonizados, combinó su servicio a los pobres con una crítica afilada a los sistemas políticos y económicos que fomentan la pobreza contemporánea. En retrospectiva, resulta claro que ésa fue una consecuencia lógica de su carrera como periodista: comprendía de dónde venía el dinero y adónde iba (a diferencia de la Madre Teresa, Dorothy se oponía vigorosamente a aceptar dinero de aquellos que ella consideraba lo habían ganado a costa de los pobres). No sólo estuvo *con* los marginados, sino que se manifestó *contra* los sistemas que los mantenían en los márgenes. Fue el ejemplo de lo que Robert Ellsberg llama una santidad de tipo político, que hacía sentir incómodos incluso a ciertos católicos devotos.

A mí no me hace sentir incómodo en absoluto. En sus escritos encuentro una mirada realista del mundo, y sus comentarios sobre los aprietos de los pobres resultan tristemente relevantes en la actualidad. Sin embargo, estoy más interesado en su testimonio personal de la pobreza que en sus astutos análisis políticos. Desde la primera vez que leí *La larga soledad*, el aspecto más prosaico de su vida se convirtió en el más significativo para mí. Nunca hizo voto de pobreza pero, sin embargo, vivió mucho más sencillamente que yo. Su testimonio es a la vez meta y aguijón para mí como jesuita. Me dice: "¿Realmente crees que necesitas comprar esto? ¿Realmente necesitas una posesión más en tu vida? ¿No le vendría mejor el dinero a los pobres?". Y: "¿Cómo beneficia a los pobres tu trabajo? ¿Cuánto rezas por ellos? ¿Cuánto los amas?".

Para mí, Dorothy Day representa una especie de *telos*, un punto final terreno en mi deseo de vivir con sencillez y trabajar entre los pobres, como lo hizo Jesús de Nazaret.

Vuelvo a mirar la fotografía de mi viejo ejemplar de *La larga soledad*. En un mundo que nos dice que somos lo que compramos, lo que vestimos, lo que comemos, lo que conducimos y donde descansamos, Dorothy Day baja la cabeza, pone las manos en los bolsillos de su gastado abrigo, se cubre el cabello blanco con una capa tejida, sacude la cabeza ante tanta tontería y se dedica a hacer su trabajo. Tan sólo por esa razón, creo, es una santa.

No estoy solo en esa idea. Hace algunos meses hablé con un sacerdote jesuita que trabajaba en el Colegio de la Natividad en la época en la que Dorothy frecuentaba la parroquia. Me sorprendió al contarme que la misa por su funeral se celebró en la parroquia de la Natividad. Y que, aparentemente, aquel día ocurrieron varios hechos extraños. Durante la misa explotó dramáticamente una de las luces del techo. Después de la misa, cuando sacaban su féretro a la Segunda Avenida, un hombre de los sin techo apareció en la calle, atravesó la muchedumbre y se arrojó sobre el cajón, llorando.

Aquel día, mi amigo dio la mañana libre a su clase en la Natividad y les dijo a sus estudiantes algo que probablemente a Dorothy Day no le hubiera gustado oír.

—Vayan a la iglesia hoy y vean el funeral de una santa.

11

Porque soy un pecador

Pedro

> A nivel personal, que es dónde empieza todo, Pedro cons-
> tituye una declaración grandiosa y honesta de cómo todos
> llegamos a Dios. El modelo resulta una gran sorpresa y
> para muchos, incluso, una conmoción y una decepción.
> Es evidente que llegamos a Dios no por hacer lo correcto,
> sino, irónicamente, por equivocarnos.
>
> RICHARD ROHR
> *HERMANOS DEL ALMA*

Después de dos años de noviciado, los jesuitas hacen sus votos de pobreza, castidad y obediencia. Durante una misa especial, el novicio jesuita se arrodilla frente a su superior religioso, que sostiene frente a él la hostia consagrada, y pronuncia sus votos leyendo una fórmula que se remonta al tiempo de San Ignacio.

"El día de los votos" es un hito importante en la vida de un jesuita. No sólo se compromete de por vida con Dios, sino que lo hace públicamente ante sus hermanos jesuitas, su familia y amigos. Después de los votos, ya no es un novicio: puede escribir *SJ* después de su nombre y comienza sus estudios de filosofía y teología.

Como ocurre con muchos aspectos de la vida religiosa, los votos van acompañados de ciertas tradiciones antiguas. En mi propio noviciado, los novicios de primer año eran los responsables de preparar lo necesario para la misa de votos. De ese modo se suponía que aliviábamos las preocupaciones de los *vovendi* (los novicios que hacían sus votos). En agosto de mi primer año, el director de novicios me pidió que preparara todo lo necesario para esa misa: una patena, un cáliz, un corporal y dos purificadores.

Debido a mi escaso conocimiento de términos católicos, no estaba familiarizado con esos términos. Lo miré con expresión de asombro.

Recordando mi falta de entrenamiento religioso, el director agregó:

—En otras palabras, un plato, una copa, un salvamanteles y dos servilletas.

Otra tradición es elegir un "nombre para los votos". Cuando pronuncian sus votos, algunos jesuitas estadounidenses usan un nombre especial después de su primer nombre, como signo de respeto hacia un santo en particular. Similar al nombre que los católicos toman en la confirmación, se elige un nombre durante los votos para que la persona recuerde una característica particular del santo que él desea imitar, o pida su asistencia en su vocación, o recuerde un aspecto en particular de la vida de ese santo. Otra tradición: en la provincia de Maryland, algunos jesuitas eligen el nombre de María, patrona de su provincia.

Mi amigo George, que iba un año por delante de mí en el noviciado, decidió elegir "Dorothy Day" como su nombre en los votos. Supuso que si los novicios de Maryland podían elegir "María", él podía tomar el nombre de su "futura" santa favorita. Pero el director de novicios no lo autorizó. Todavía no es santa, le recordó. George protestó aduciendo que era una mujer santa que había influido en su vocación. Pero el director de novicios no cedió.

Años más tarde, durante los estudios de teología, George recibió de regalo un hurón, al que mantenía en una jaula en su habitación de la comunidad de jesuitas. Lo llamó Dorothy Day, el nombre que había querido tomar el día de sus votos.

—Al menos *alguien* puede llevar su nombre— explicó.

Aunque algunos jesuitas deciden no tomar ningún nombre por considerarlo demasiado piadoso, anticuado o innecesario, mi reacción fue la opuesta. En cuanto conocí la tradición supe que yo elegiría un nombre: ¿cómo dejar pasar la oportunidad de tener a otro santo que rezara por mí? Además, la única vez que había podido elegir un nombre había sido veinte años atrás, en la confirmación. Y a los nueve años no había tenido mucha opción: mis padres eligieron "Tomás" en recuerdo de mi abuelo materno (años más tarde, sin embargo, me sentí feliz de tener a Santo Tomás rezando por mí).

Cuanto más pensaba en eso, más seguro estaba de que quería un nombre para mis votos. Pero no tenía claro cuál sería.

Pocos meses antes del día de mis votos, mi compañero de clase y yo hicimos un retiro de ocho días en la casa jesuita de retiros en Gloucester, Massachusetts. Después de dos años ajetreados como novicios, Bill y yo esperábamos ilusionados esos ocho días de descanso junto al Atlántico.

Dios, sin embargo, tenía otros planes.

El primer día, después de sólo una hora de oración, me sentí abrumado por las dudas acerca de los votos. Aunque los dos años anteriores habían sido maravillosamente satisfactorios, comencé a preguntarme si estaba llamado a ser jesuita. Y aunque el noviciado me había proporcionado muchas oportunidades para reflexionar sobre la vida de los jesuitas, en Gloucester parecieron surgir todas mis preocupaciones… como si hubiera abierto una caja de Pandora espiritual.

Aparecieron las preguntas que había mantenido bajo llave: ¿Cómo podría llevar una vida célibe si era propenso a enamorarme? ¿Cómo podría aceptar tareas en destinos lejanos si me importaban tanto la seguridad y la estabilidad? ¿Cómo podría ayudar a otros si era egoísta y lo que más me importaba era mi propio bienestar físico y emocional? ¿Cómo podía esperar llegar a ser un buen sacerdote si todavía dominaban mi vida muchas actitudes de pecado: orgullo, ambición y egoísmo?

Al día siguiente, confesé todos mis debates internos al director del retiro, un sacerdote jesuita joven y paciente. Estaba convencido de que me diría: "Creo que deberías reconsiderar seriamente tu decisión de ser jesuita".

Pero se mantuvo imperturbable. Me pidió que meditara un pasaje del evangelio de Juan, cuando Jesús se aparece en la orilla a Pedro después de la Resurrección. "¿Me amas?", le pregunta Jesús a Pedro, quien lo había negado pocos días antes.

Me pareció extraña la elección de ese texto. Me pregunté si mi director creía que yo no amaba a Jesús. Pero ahora ya sé que no debo cuestionar el modo de actuar del Espíritu Santo durante un retiro. No importa qué tan rara parezca la "tarea", normalmente suele resultar exactamente lo que uno necesita.

Aquella tarde en la capilla me vi a mí mismo como Pedro, en la orilla junto a Jesús. Podía imaginar fácilmente el sol brillando sobre las viejas barcas de pesca, los gritos de los pescadores que arreglaban sus redes junto a la orilla, el golpe rítmico de las olas sobre la arena. Casi podía oler el aire salado y sentir la brisa en mi rostro. Estar en Gloucester, junto al Atlántico, ayudaba con la meditación.

No tenía muchos problemas para compartir mis dudas con Jesús. En mi diario escribí: "Puedo verme claramente preguntándole a Jesús en la orilla del lago Tiberíades: *¿Quieres que sea jesuita?* y *¿Cómo puedo ser jesuita con todos mis defectos?* Sin embargo, no obtengo respuesta de él. ¡Es muy frustrante!".

Aquella noche fresca me fui a la cama confundido y desanimado. Me pregunté cómo respondería Dios a todas esas preguntas. Después de todo, sólo tenía ocho días de retiro y unas pocas semanas antes del día de los votos. ¿Cómo podía hacer desaparecer todas mis limitaciones para entonces?

Durante la oración de la mañana siguiente, dejé de hacer tantas preguntas e intenté escuchar a Dios. Pronto sentí una evidente calma. Cuanto más rezaba acerca de mi vocación y cuanto más me imaginaba con Jesús en la orilla del lago, más seguro estaba de que él me llamaba a ser jesuita; no a pesar de mis defectos, limitaciones y neurosis, sino *con* todo eso, quizás incluso *por* todo eso. Dios llamaba a todo mi ser, incluso a las partes que no me gustaban especialmente, para estar con él.

Bajo esta luz comencé a pensar en San Pedro. A lo largo del año había llegado a conocerlo mejor a medida que seguíamos el progreso de los discípulos a través de las lecturas de la misa diaria. Y lo que descubrí me sorprendió. Aunque no se trataba de una perspectiva teológica particularmente nueva, para mí fue toda una sorpresa: lejos de ser el discípulo perfecto, Pedro, como otros apóstoles, era absolutamente humano.

* * *

Cuando llamó a sus primeros discípulos en la orilla del mar de Galilea, es probable que Jesús de Nazaret tuviera una buena idea de dónde se estaba metiendo. En su comentario al evangelio de Mateo, el estudioso de las escrituras William Barclay dice acerca de los apóstoles: "No eran hombres de gran conocimiento, influencia, riqueza ni rango social. No eran pobres; eran trabajadores sencillos sin mucha formación y ciertamente, como cualquiera podría haber dicho, sin mucho futuro. Pero Jesús llamó precisamente a esos hombres corrientes".

Además, observa Barclay, al elegir pescadores como sus primeros discípulos, Jesús sabía que elegía hombres con cualidades para ser "pescadores de hombres". En primer lugar, un pescador sabio debe tener paciencia para esperar hasta que pique el pez. Un buen predicador debe aprender a esperar para ver resultados, si es que alguna vez se producen. Un buen pescador debe tener perseverancia y seguir intentado la pesca incluso cuando las posibilidades de éxito parezcan escasas, al igual que los maestros o los predicadores del Evangelio deben estar siempre preparados para volver a intentarlo. El pescador debe tener valor: después de todo, es probable que tenga que enfrentar una repentina tormenta en medio del mar o incluso un naufragio o la propia muerte. De la misma manera, como indica Barclay, un predicador siempre deberá tener coraje, ya que decir la verdad siempre entraña peligro.

Un pescador también debe saber detectar el mejor momento para tirar la línea o arrojar una red, al igual que "el predicador sabio sabe que hay un tiempo para hablar y un tiempo para guardar silencio". El pescador deberá preparar el cebo adecuado para cada pez, porque sabe que no funcionará el mismo en todas las circunstancias, así como el mismo enfoque no funcionará con todas las personas al predicar el Evangelio. Finalmente, el pescador sabio debe mantenerse fuera de la vista, al igual que el cristiano sabio, quien trata de llevar a Cristo a los demás permaneciendo el mismo en segundo plano.

Jesús comprendió que ésas eran algunas de las virtudes que podía esperar de sus discípulos.

Pero al elegir a esos hombres Jesús también era consciente de que se trataba de hombres propensos a las mismas faltas que tendrían sus discípulos posteriores: rabia, confusión, orgullo, egoísmo y, especialmente, duda. Y que llevaban con ellos un bagaje de limitaciones físicas, emocionales y espirituales. Eran humanos.

Para empezar, los evangelios nos muestran a Pedro y al resto de los discípulos como personas a las que les costaba entender, algo casi avergonzante, especialmente teniendo en cuenta que ellos tenían el beneficio de estar constantemente en presencia de Jesús. Una y otra vez los apóstoles, aunque acaban de ver un milagro u otro (alguien resucitado de entre los muertos, una muchedumbre alimentada, una mujer enferma curada, un paralítico que camina, un ciego que ve, un pecado perdonado, una tormenta calmada) demuestran que malinterpretan a Cristo y su misión.

Al leer los evangelios cuando era novicio, me resultaba fácil imaginar a Simón Pedro (compañero de Jesús, príncipe de los apóstoles, líder de la primera Iglesia y, como es tradición, el "primer" Papa) diciéndose a menudo: "¡Qué desastre que soy!".

Mucho más tarde, durante los estudios de teología, mi profesor de Nuevo Testamento trazó en la pizarra una tabla con el título "Perspectivas teológicas distintivas". Al principio de la tabla, de izquierda a derecha, escribió los nombres de los evangelios sinópticos: *Mateo, Marcos* y *Lucas*. Al costado de la tabla, de arriba abajo, escribió *Jesús, Discípulos* y *Vida cristiana*. En cada casilla, el profesor anotó una descripción corta de cómo se percibía cada uno de esos términos en cada evangelio.

En la casilla de los discípulos, bajo el evangelio de Marcos, escribió: "Tontos y cobardes". En la casilla correspondiente a Mateo, anotó "Los de poca fe".

En todas esas situaciones, Pedro era *primus inter pares* ("primero entre iguales"). Siempre malinterpretaba las cosas después de haberlas comprendido bien en primer lugar. En el evangelio de Marcos, Jesús les dice a sus discípulos:

—¿Quién dice la gente que soy yo?

Ninguno da una respuesta satisfactoria.

—Elías —dicen—, Juan el Bautista.

Finalmente, Pedro abre la boca y suelta:

—¡Tú eres el Cristo!

El lector pensará que no es una mala respuesta. Pero más tarde, cuando Jesús les dice que tendrá que sufrir mucho, Pedro no lo entiende y reprocha a Jesús; el mismo Pedro que acababa de declarar que Jesús era el Mesías. Pero Jesús no acepta eso; sabe que deberá sufrir y es entonces cuando pronuncia su famosa condena:

—¡Apártate de mí, Satanás!

Jesús no quiere decir que Pedro sea Satanás. Pero exclama lo que sabe por experiencia: que la tentación que nos hace rechazar la realidad del sufrimiento no viene de Dios. De todos modos, uno no puede evitar sentirse mal por Pedro; es fácil imaginarlo encogido ante las palabras de Jesús.

Finalmente elegido por Jesús para guiar a la comunidad cristiana, Pedro acompaña a su Señor durante todo su ministerio en Palestina. Sin embargo, en el momento crucial, cuando le preguntan si conoce a su maestro, Pedro lo niega: tres veces, exactamente como había predicho Jesús. Cuánta humillación habrá sentido Pedro al recordar que Jesús ya sabía de antemano que él le fallaría.

Pedro, a quién Jesús más tarde pediría que "apacentara" a sus corderos, que apacentara a la inexperta comunidad cristiana, era un ser humano con defectos. Incluso el sobrenombre que le dio Jesús (Cefas, o Pedro, que significa "rocoso") señala la angularidad del carácter del apóstol. Desde el principio, Pedro fue totalmente consciente de sus propios pecados y debilidades. Casi al principio del evangelio de Lucas, cuando Jesús conoce a Pedro y realiza un milagro en su presencia, Pedro se encoge avergonzado y dice:

—Apártate de mí, que soy un pecador.

Ésa no es una falsa humildad. Son las palabras de alguien que, enfrentado al misterio divino, manifiesta una clara comprensión de sus propios pecados y limitaciones personales. Y es una respuesta natural a lo trascendente. Semejante toma de conciencia también resulta esencial para el desarrollo de la vida cristiana: el signo de la humildad marca el comienzo de una auténtica relación con Dios. Por eso, al comienzo de los *Ejercicios Espirituales*, San Ignacio de Loyola pide al que realiza el retiro que rece para alcanzar "un conocimiento interior de mis pecados… y del desorden de mis propias acciones".

Toda persona que lea aunque sea unas pocas historias del Evangelio descubrirá al que podemos llamar el "Pedro histórico". Es terco, dubitativo, confundido e impulsivo. El lector también descubrirá que Jesús lo ama sin reservas. Jesús le ofrece su perdón una y otra vez, incluso por su comportamiento cobarde en la Crucifixión, y confía en él (los estudiosos de las Escrituras entienden que las tres veces en que Jesús le pregunta "¿Me amas?", junto a la orilla del lago, sirven de contrapeso para la triple negación de Pedro).

Pedro se encuentra entre los más grandes santos debido a su humanidad, sus defectos, sus dudas y, sobre todo, su comprensión profundamente sentida de todas esas cosas. Sólo alguien como Pedro, que entendía su propio pecado y el amor redentor de Cristo, podría guiar a la Iglesia inexperta y conducir a otros hacia Jesús. Sólo alguien tan *débil* como Pedro pudo hacer lo que él hizo.

Éste es el pasaje del evangelio de Lucas que, para mí, muestra la humildad en la vida de San Pedro:

> Cierto día la gente se agolpaba alrededor de Jesús para escuchar la palabra de Dios, y él estaba de pie junto a la orilla del lago de Genesaret. En eso vio dos barcas amarradas al borde del lago; los pescadores habían bajado y lavado las redes. Subió a una de las barcas, que era la de Simón, y le pidió

que se alejara un poco de la orilla; luego se sentó y empezó a enseñar a la multitud desde la barca. Cuando terminó de hablar, dijo a Simón: "Lleva la barca mar adentro y echen las redes para pescar". Simón respondió: "Maestro, por más que lo hicimos durante toda la noche, no pescamos nada; pero si tú lo dices, echaré las redes". Así lo hicieron, y pescaron tal cantidad de peces que las redes se rompían. Entonces hicieron señas a sus compañeros, que estaban en la otra barca, para que vinieran a ayudarles. Vinieron y llenaron tanto las dos barcas, que por poco se hundían. Al ver esto, Simón Pedro se arrodilló ante Jesús diciendo: "Señor, apártate de mí que soy un hombre pecador". Pues tanto él como sus ayudantes se habían quedado sin palabras por la pesca que acababan de hacer. Lo mismo les pasaba a Santiago y a Juan, los hijos de Zebedeo, compañeros de Simón. Jesús dijo a Simón: "No temas, en adelante serás pescador de hombres". Enseguida llevaron sus barcas a tierra, lo dejaron todo y siguieron a Jesús.

Comprender la humanidad de Pedro resultó una perspectiva liberadora para mí. Porque si Dios nos llama a cada uno personalmente, nos llama con nuestros talentos y nuestros defectos. Y son precisamente nuestros defectos, y las partes de nuestras vidas que nos incomodan, los que nos acercan más a Dios.

Por todas esas razones, terminé eligiendo Pedro como nombre para mis votos. Quería recordar siempre cómo nos quiere Dios.

Todos necesitamos recordarlo: es difícil aceptar que Dios nos ama tal como somos, con nuestras limitaciones y nuestra inclinación al pecado. Desde luego que Dios nos llama permanentemente a la conversión, a abandonar nuestra conducta de pecado. Y desde luego que Dios nos pide que renunciemos a todo lo que nos impida seguirlo más de cerca. Al mismo tiempo, Dios siempre nos invita a seguirlo, con el conocimiento pleno e indulgente de nuestra naturaleza humana.

En un pasaje escrito por una de las Congregaciones Generales de la Compañía de Jesús, descubrí una sorprendente definición de lo que es un jesuita. "¿Qué significa ser jesuita? Significa saber que uno es un pecador y que, sin embargo, está llamado a ser compañero de Jesús". Eso es también lo que significa ser cristiano. Ser cristiano es ser un "pecador amado".

Pero puede resultar difícil creer que Dios nos ama tan generosamente. Para empezar, podemos imaginar, de forma equivocada, que Dios nos refleja y que, por lo tanto, ama como lo hacemos nosotros: con condicionamientos. Pero el amor de Dios es más rico y profundo que cualquier otro amor que conozcamos. Su voluntad de volverse humano y morir una muerte humana es buena señal de ello. También nos resulta difícil creer en el amor generoso de Dios porque *todas* las limitaciones que vemos en nosotros son difíciles de aceptar. Desearíamos ser distintos a cómo somos. Si fuéramos más *santos*, suele pensar la gente, entonces quizás sí seríamos dignos del amor de Dios.

Sin embargo, Dios quiere que seamos nosotros mismos o, como dice Thomas Merton, seamos "nuestro verdadero ser". El camino hacia la santidad es en muchos aspectos el camino que nos lleva a ser nosotros mismos.

No hace mucho, un joven padre me admitió durante la dirección espiritual que estaba consumido con la conciencia de sus pecados: sentía egocentrismo, deseo de alcanzar éxito financiero y orgullo. Era una experiencia dolorosa de lo que la Iglesia llama "compunción". El hombre se preguntaba cómo Dios podía amarlo con todas sus faltas.

Como lo conocía bien, le pregunté si amaba a su hijo pequeño, un travieso e impetuoso niño de tres años. Asintió enérgicamente.

¿Amaba a su hijo con todas las imperfecciones del pequeño?

—Lo amo *más* por todas sus imperfecciones —me contestó entre lágrimas repentinas. Comprendí que se había sorprendido a sí mismo.

Lo que yo quería explicarle es que Dios nos ama de esa manera. Pero no tuve que decir nada; el rostro del padre me aseguró que ya lo había entendido.

Sutilmente, nuestra incredulidad respecto del amor incondicional de Dios puede llevarnos a la pereza. Ignoramos la llamada a convertirnos en verdaderos discípulos aduciendo que somos demasiado imperfectos o faltos de talento u ordinarios o cualquier otra cosa para ser auténticos discípulos:

—No soy una Madre Teresa, ni una Dorothy Day, ni un Juan XXIII. Soy demasiado humano para serle útil a Dios.

Y como soy tan imperfecto, no puedo hacer nada por Dios y, por lo tanto, no *tengo* que hacer nada. Usar nuestra humanidad como excusa para no seguir a Dios nos permite rehuir llamadas personales y nuestra responsabilidad para con los demás.

Aún más: a menudo son *precisamente* nuestras limitaciones, e incluso nuestra inclinación al pecado, lo que nos acerca más a Dios y nos hace mejores discípulos. Aprendí eso durante mis estudios de teología, pero no de la manera que puedan imaginar.

Casi diez años después del noviciado comencé los estudios de teología (la parte final de la preparación para la ordenación) en la Universidad Jesuita de Teología Weston en Cambridge, Massachusetts. Después de tantos años de preparación, esperaba ilusionado comenzar dichos estudios y me imaginaba felizmente inmerso en la Escritura, la teología moral, la teología sistemática y en la historia de la Iglesia.

Los primeros meses fueron exactamente lo que yo esperaba: profesores talentosos enseñando materias fascinantes en clases repletas de estudiantes entusiasmados. Como disfrutaba tanto de mis estudios, comencé a considerar la posibilidad de realizar a continuación un doctorado, posiblemente en Escritura. Podía verme sentado cómodamente frente a un escritorio con una taza de café, escuchando música clásica, rodeado de montañas de libros en hebreo y griego, de comentarios sobre la Biblia y obras de los primeros Padres de la Iglesia… totalmente inmerso en la Palabra de Dios. ¡Qué perspectiva tan llena de vida parecía!

Pero después de algunos meses, comencé a experimentar dolores en manos y muñecas. Lo relacioné con las largas horas que pasaba escribiendo y reduje mi tiempo frente a la computadora. Pero, sin embargo, el dolor continuó.

Mis amigos me ofrecieron consejos bienintencionados: deja de escribir tanto, deja de trabajar tanto, comienza a hacer estiramientos, haz más ejercicio, descansa más. Aunque traté de seguir sus consejos, el dolor empeoró: comencé a despertarme por la noche, las tareas más sencillas se volvieron difíciles y, finalmente, no pude seguir escribiendo o tomando notas.

Como todo eso sucedió al comienzo de lo que se suponía serían estudios de larga duración, me sentí preocupado. ¿Cómo podría estudiar si no podía escribir ni tomar notas?

Mi médico me envió a una gran variedad de especialistas. Entre clase y clase de teología, visité una docena de especialistas en Boston: neurólogos, reumatólogos, ortopedistas, incluso especialistas en manos (ni siquiera sabía que existiera dicha especialidad). Me sometí a una gran cantidad de exámenes médicos: resonancias magnéticas, radiografías y un examen electromagnético (un procedimiento espantoso durante el cual una máquina lanzaba corriente eléctrica en mis muñecas. "¿Quién es tu médico? ¿El doctor Mengele?", me preguntó uno de mis compañeros de comunidad). Visité quiroprácticos (es problema de cuello, me dijo uno de los médicos), kinesiólogos (está demasiado tenso, dijo otro), e incluso acupunturistas (inténtelo, me dijo otro; no puede hacerle mal). Ninguno de ellos pudo darme un diagnóstico seguro.

A lo largo de los meses siguientes, la situación empeoró. En la clase de Nuevo Testamento leímos la historia de la mujer con hemorragias que buscó que Jesús la curase: después de doce años de "sufrir mucho con los médicos" y gastar todo su dinero, no sólo "no estaba mejor, sino que había empeorado". Me pregunté si yo también tendría que esperar tanto tiempo para sanarme.

No se trataba de una enfermedad que pusiera mi vida en peligro, pero era una experiencia difícil que me impedía hacer lo que se suponía que tenía que estar haciendo. La incomodidad no me dejaba relajarme y eso aumentaba mi miedo acerca del futuro. Y además de todo eso, me sentía avergonzado: me enorgullecía de ser un buen estudiante. Aunque rezaba constantemente sobre eso, no tenía idea de qué podía significar. ¿Dónde estaba Dios en aquella situación?

Aún más; ¿qué se suponía que tenía que *hacer* yo? ¿Aceptar mis limitaciones, abandonar los estudios y olvidarme de la ordenación? ¿O aceptar mis limitaciones y seguir adelante? Mi lucha incluía no sólo el dolor y la frustración de no ser capaz de completar mi trabajo, sino también la confusión de no saber cómo reaccionar.

Decidí continuar con mis estudios. Por suerte, mis profesores fueron comprensivos: todos me ofrecieron rendir exámenes orales. Y mis amigos tomaron la costumbre de pasarme sus apuntes. Pero continué luchando por comprender el significado de los obstáculos que me presentaba aquella misteriosa enfermedad.

Durante mi segundo año de estudios, tuve una clase llamada "Sufrimiento y salvación" (— ¡Deberían darte crédito extra!— comentó uno de mis amigos). En esa clase discutíamos varias explicaciones que ofrece la Escritura acerca de la pregunta "¿Por qué sufrimos?". Leímos los salmos de lamentación del Antiguo Testamento, el libro de Job y pasajes del libro de Isaías sobre el sufrimiento y la Pasión de Jesús; también meditamos sobre el significado de la "cruz" en las cartas de San Pablo. Estudiamos la historia de las explicaciones del sufrimiento que se encuentran en la Escritura: el sufrimiento como castigo por los propios pecados, como una especie de purificación, el sufrimiento que nos permite participar en la vida de Cristo, el sufrimiento como parte de la condición humana, el sufrimiento que nos permite "completar" lo que faltó en el sufrimiento de Cristo y muchas más.

Pero ninguna de esas explicaciones me convencía, o sólo lo hacían en parte.

También leímos los escritos de numerosos teólogos. El más útil de todos ellos fue Dorothee Soelle. En su libro *Sufrimiento* describe un enfoque cristiano que atraviesa tres etapas. En primer lugar, uno acepta la "realidad" del sufrimiento. Segundo, uno "muere a sí mismo", dejando ir esa parte nuestra que quiere controlar el futuro o negar el sufrimiento. Finalmente, uno experimenta una nueva receptividad a Dios que reemplaza el "amor a uno mismo".

Basándose en el místico alemán Meister Eckhart, Soelle ofrece un enfoque que se concentra más en el amor de Dios que en la aflicción, aunque no niega la realidad del sufrimiento. "La fuerza de esa posición" escribe, "reside en la relación con la realidad, incluso en las condiciones más desdichadas". Su método no es el estoicismo o la mera tolerancia, sino la afirmación de que el sufrimiento es parte del gran sí a la vida en su totalidad.

En otras palabras, una aceptación del sufrimiento (sin alegrarse por él, pero aceptando su realidad) puede abrirnos a la posibilidad de experimentar a Dios de una nueva manera.

Aunque la idea de Dorothee Soelle tiene sentido intelectualmente, a nivel de la experiencia resulta más difícil. ¿Cómo podía mi experiencia del sufrimiento, limitada como era, permitir que me encontrara con Dios de una nueva manera? Ciertamente, no sentía que estuviera experimentando una gran "receptividad". Cuando pensaba en el dolor físico, lo que único que sentía era rabia.

—¡No quiero esta cruz! —le dije a mi director espiritual, quien me recordó que una cruz difícilmente sería una cruz si la *quisiera*.

Aunque el dolor nunca desapareció por completo, disminuyó y fui capaz de terminar mis estudios. Una combinación de terapia física, masajes y ejercicio me ayudó a dominar el dolor y me permitió escribir en la computadora media hora al día. Sin embargo, tuve que abandonar mi proyecto de continuar estudiando y mi idea de estudiar Escritura y conseguir un doctorado. Aunque me resistía a esa realidad, sabía que de alguna manera era parte del "morir a mí mismo" del que hablaba Dorothee Soelle. Pero en mi misa de graduación, sentado entre mis amigos y celebrando el final de tres años de teología, me pregunté cuál era el propósito de todo aquel dolor.

Sólo más tarde comenzaría a comprender el significado de aquella parte de mi vida y cómo se relacionaba con mi condición de cristiano.

<hr />

Después de la ordenación me enviaron a la revista *America* para trabajar como editor adjunto. Como me había sucedido durante mis estudios de teología, el dolor en mis manos reaparecía cada pocos meses y entonces me sumergía en un abismo de tristeza y desaliento. Durante una semana en la que me sentía particularmente desanimado y mis molestias eran muy evidentes, me reuní con mi director espiritual, Jeff, un sacerdote jesuita que vivía en la parroquia de la Natividad en el Lower East Side, donde había trabajado como novicio.

Antes de que tuviéramos tiempo de sentarnos en el atestado salón de la rectoría, le dije a Jeff que me sentía furioso por llevar seis años lidiando con la misma situación: la atención que requería (estiramientos diarios, natación, ejercicio) y el modo en que minaba mi energía emocional y me obligaba a concentrarme en mí mismo; lo frustrado que me sentía por no poder escribir tanto como quería, por el hecho de que otros lo tenían más fácil que yo, por lo injusto que era todo. Etcétera.

Mi propio salmo de lamentación duró un buen rato y, lejos de sentirme aliviado, sentí que profundizaba mi desaliento.

Jeff escuchó mis quejas y se quedó en silencio unos segundos.

Finalmente me preguntó:

—¿Está Dios presente en todo esto?

—¡No! —respondí enseguida—. Para nada.

¡Cómo detestaba esa pregunta! Durante los últimos años me había sido imposible descubrir de qué modo Dios era parte de todo eso.

Luego, casi a mi pesar, comencé a hablar no tanto de dónde encontraba a Dios sino de lo que había significado esta experiencia en mi vida.

—Bueno, supongo que el dolor me hace más agradecido por lo que escribo —dije—. Sé que todo lo que escribo lo debo a la gracia de Dios y al don de la salud, aunque sea temporal. Y el dolor hace que sea más cuidadoso con lo que escribo porque estoy limitado en mi capacidad como escritor.

Jeff asintió.

—Es posible que también sea más paciente. No puedo hacer todo de inmediato. Tengo que encargarme de una cosa por vez. También es poco probable que se me suba el orgullo a la cabeza porque no puedo planear grandes proyectos ni contarle a nadie las cosas maravillosas que escribo... ya que no sé si seré capaz de escribir al día siguiente. Y es probable que ahora sea más consciente que antes de las limitaciones físicas de las personas: gente en sillas de ruedas, o con muletas u otras discapacidades.

—¿Algo más? —preguntó Jeff.

—También soy más consciente de mi dependencia de Dios —agregué—, ya que sé que no puedo hacer nada solo. Supongo que es menos posible que olvide que todo depende de Dios. Supongo que el dolor me convierte en una persona más compasiva.

Aunque todo eso era cierto, no podía creer lo que acaba de decir. Jeff sonrió.

—¿Pero Dios no está *para nada presente* en esto?

Me eché a reír. ¡De pronto, todo era tan evidente! Dios estaba en medio de mi sufrimiento. Supongo que "había muerto a mí mismo" más de lo que pensaba. Aunque sabía que Dios no había *causado* el sufrimiento para volverme receptivo a todas esas cosas, mi apertura parecía el resultado de mi experiencia durante los últimos años. Las reflexiones de Dorothee Soelle finalmente tenían sentido. ¿Sería posible que el sufrimiento me ayudara a ser un mejor cristiano, un mejor discípulo?

—A propósito —dijo Jeff—, ¿no pediste humildad durante el retiro largo cuando eras novicio?

—Claro —contesté. Pedir esa gracia es una de las partes esenciales de los Ejercicios Espirituales.

—Bueno, ésta es una clase de humildad —dijo—, la humildad que viene del conocimiento de que uno es impotente para cambiar las cosas, y de descubrir que aun así confiamos en Dios.

—No es la clase de humildad que quería —afirmé.

—¿Qué quieres decir?

—Quería la clase de humildad que hiciera que cuando otros me miraran dijeran "¡Qué humilde! ¡Qué hombre más increíble!".

Jeff rió.

—¡Quería una humildad de la que pudiera sentirme orgulloso! —dije.

·····:::::::::::::::::::·····
····:::::::::::::::::::::·····

La perspectiva de Jeff me ayudó a encontrar a Dios en el medio de mi pequeña pero larga prueba. Para empezar, no habría encontrado a Dios de esa manera si no me hubiese visto obligado a enfrentarme a esas dificultades. Cuando las cosas salen bien, tendemos a olvidar que dependemos fundamentalmente de Dios. Al menos, yo lo hago. Es una forma sutil de orgullo: yo puedo hacerme cargo de todo, las cosas van bien, la vida es bella; ¿para qué necesito a Dios? Pero cuando bajamos nuestras defensas (generalmente contra nuestra voluntad) y nos descubrimos más vulnerables, comprendemos que dependemos de Dios. Cuando tenemos que enfrentar los problemas de la vida recordamos que somos seres "contingentes", para usar un término filosófico. Dependemos de la misericordia de Dios incluso para vivir.

Por eso la humildad resulta esencial para la vida espiritual. Porque, a menudo, encontramos a Dios cuando nos encontramos en un lugar donde no queremos estar.

La mayoría de nosotros estamos tan acostumbrados a hacer lo que queremos que descuidamos nuestra dependencia esencial de Dios. Ésa es una de las principales debilidades de nuestro tiempo. Nos sentimos tan suficientes que rara vez recordamos que dependemos de Dios, excepto en momentos de sufrimiento: en la enfermedad o en la muerte, por ejemplo. En su corto y admirable libro *Pobreza de espíritu*, el teólogo alemán Johannes Baptist Metz escribe: "Nos alienamos fácilmente de la verdad de nuestro ser. La nada amenazadora de nuestra pobre infinidad e infinita pobreza nos impulsa a través de nuestras preocupaciones cotidianas". No sólo nos distraemos de nuestra innata pobreza espiritual debido a nuestra riqueza y autosuficiencia, sino que también la ignoramos activamente, porque admitirla desafiaría nuestro mundo y nos obligaría a una reorientación radical.

Es más probable, por otro lado, que los que sufren pobreza material sean más conscientes de su dependencia inherente de Dios debido a la dureza de sus vidas. Pocos años después del noviciado, mientras trabajaba con el Servicio Jesuita para Refugiados en Nairobi, descubrí que los refugiados mencionaban a Dios a menudo en sus conversaciones diarias. "¡Gracias a Dios!", decían en toda clase de circunstancias. Una pobre mujer ruandesa que dirigía un pequeño negocio patrocinado por los jesuitas me contó un día sus problemas.

A pesar de un período de mala suerte, exclamaba continuamente: "¡Dios es bueno!".

—¿Por qué es Dios tan bueno? —le pregunté por fin.

Ella se echó a reír y me contó con gran detalle todas las pequeñas cosas que le habían sucedido, hasta que finalmente estuve de acuerdo en que Dios era verdaderamente bueno. Muchas personas pobres demuestran una mayor conciencia de su dependencia de Dios. Dios está cerca de los pobres porque los pobres están cerca de Dios.

También he descubierto que Dios se hace presente especialmente en aquellas partes nuestras que preferiríamos ignorar. Y no me refiero a las partes de nuestra personalidad más proclives al pecado, sino a las que nos incomodan, frustran e incluso avergüenzan; las partes que desearíamos esconder al mundo y que pasamos mucho tiempo tratando de ocultar. Pero es precisamente ahí donde nos sentimos más vulnerables y, por lo tanto, más abiertos a Dios. Muchos de mis amigos homosexuales, hombres y mujeres, dicen que una de las maneras esenciales a través de las cuales han descubierto a Dios es aceptando que Dios los ama tal cual son. "Te doy gracias porque fui formado de manera tan admirable", dice el salmista. Y el mismo lugar que había sido rechazado por no considerarlo digno de amor, se convierte en el lugar de nuestra vida en el que Dios realiza su obra salvadora. "La piedra que rechazaron los constructores", dice el salmo 118, "es ahora la piedra angular".

Una enfermedad grave, una crisis familiar o una decepción aplastante pueden ayudarnos a reconocer nuestra dependencia de Dios. Cerca del Día de Acción de Gracias, hace unos años, a mi padre le diagnosticaron el cáncer de pulmón que se cobraría su vida en apenas nueve meses. Aunque había sido criado como católico y educado por sacerdotes, religiosos y religiosas durante la escuela primaria y la secundaria, mi padre nunca fue muy religioso. Cuando mi hermana y yo éramos pequeños, nos llevaba de vez en cuando hasta la iglesia los domingos, y se quedaba en el auto leyendo el periódico. Pronto se convirtió en un chiste familiar.

—He ido a misa muchísimas veces —decía él—. Cuando sean mayores, también ustedes podrán faltar a misa.

En los meses que siguieron a su diagnóstico, sin embargo, comenzó a interesarse más por hablar de Dios, a medida que su condición física se deterioraba: pasó de la quimioterapia a la radioterapia, luego tuvo que quedarse en cama en casa y luego en un hospital, donde murió. Incluso hablaba de Dios conmigo a pesar de que nunca antes habíamos conversado de religión. Mi padre buscó hablar con todos aquellos con los que sentía que debía reconciliarse; y pensaba y hablaba mucho de aquellos a los que esperaba reencontrar en el cielo; atesoraba las estampitas que le enviaban sus amigos, y pidió los sacramentos de la Reconciliación y la Unción de los Enfermos antes de morir.

Compartió muchos momentos con una antigua profesora mía de teología, una religiosa llamada Janice. Janice había conocido a mis padres el día de mi ordenación como diácono en Boston, cuatro años antes de la enfermedad de mi padre, y se habían hecho amigos. La hermana Janice era una mujer cariñosa y generosa y, además, la primera religiosa que llegaron a conocer bien mis padres. Mi padre, particularmente, parecía sentirse muy cómodo con ella y cada vez que surgía su nombre en una conversación, decía:

—Es una excelente señora.

Ocasionalmente, las primeras noticias que me contaban mis padres no eran sobre mi hermana o mi cuñado o mis primos, sino de Janice.

Cuando mi padre enfermó, Janice lo llamaba por teléfono y le escribía con frecuencia y, pocas semanas antes de su muerte, hizo el largo viaje desde Boston a Filadelfia para visitarlo en el hospital. Pasaron juntos una hora hablando. Después de darle las gracias, le comenté que mi padre parecía estar volviéndose más religioso.

—Sí —me dijo ella—, morir tiene que ver con volverse más humano.

Comprendí lo que quería decir. Cuando le comenté a algunas personas que mi padre estaba volviéndose más religioso, sonreían amablemente como si quisieran decir "Bueno, es una especie de muleta, ¿no? Un último recurso". Pero yo sabía que estaba siendo cada vez más él mismo, más consciente de su dependencia de Dios, más *naturalmente* religioso, más humano. Y me gusta pensar que cuando murió se unió más plenamente a Dios y se volvió más plenamente él mismo: la persona que siempre estuvo llamada a ser.

En *Pobreza de espíritu*, Metz escribe: "Cuando cae la máscara y queda expuesto el núcleo de nuestro ser, pronto resulta evidente que somos religiosos por naturaleza, que la religión es la dote secreta de nuestro ser". Eso es lo que ocurrió con mi padre a medida que se acercaba al final de su vida. Y si nos abrimos a eso, es exactamente lo que nos sucede a medida que vivimos nuestras vidas.

::::::::::::::::::::::

Las limitaciones de San Pedro fueron precisamente las que lo acercaron a Jesús. Pedro tenía muchos talentos que le permitían ser un buen discípulo. Parece haber sido un hombre directo, confiado, un trabajador incansable, en fin, un buen amigo de Jesús.

Pero Pedro no era perfecto, y es posible que un hombre perfecto no hubiese estado dispuesto a abandonar sus redes para seguir a Jesús: "Tengo mi negocio como pescador, las cosas me van muy bien, tengo todo lo que necesito: ¿para qué necesito seguirte?". Un hombre perfecto no habría negado tres veces a Jesús y, por lo tanto, nunca habría comprendido el deseo humano de perdón. Un hombre perfecto nunca habría discutido con los otros discípulos y, por lo tanto, nunca habría comprendido la necesidad de reconciliación. Un hombre perfecto nunca habría experimentado desesperadamente lo mucho que necesitaba a Jesús y nunca habría entendido cómo esa verdad es la base de todo ese discipulado.

Pedro fue tan imperfecto como el resto de los discípulos, pero en su humildad reconoció su aboluta dependencia de Dios. Por esa razón, al menos para mí, él es el más humano de todos los santos y el más querible.

A veces me pregunto si Jesús eligió a Pedro no a pesar de sus imperfecciones sino *a causa* de ellas. El conocimiento que tenía Pedro de sus propias limitaciones lo condujo a comprender su dependencia de Dios. También le permitió apreciar el amor que Jesús le tenía, así como celebrar el hecho de que Dios puede trabajar a través de todos, sin importar cuán humanos seamos. Y ése no es un mal mensaje para llevar hasta los confines del mundo.

Todavía tengo problemas con mis manos y no puedo escribir en la computadora más de media hora por día. Pero cuando surge el dolor, recuerdo lo que aprendí durante mis estudios de teología y mi reunión con Jeff. Y también pienso en Pedro, en cómo su propia pobreza de espíritu lo llevó a seguir a Cristo; en cómo sirve de modelo para todos los que luchamos con las fragilidades y limitaciones humanas; en lo valiente que fue durante su discipulado y cuánto lo amó, cuánto le confió y cuánto le perdonó Jesús; Pienso en cómo incluso sus limitaciones más graves fueron empleadas al servicio de Dios. Y, sobre todo, pienso en lo feliz que me siento por haber tomado su nombre el día de mis votos.

12

Fides Quaerens Intellectum

Tomás de Aquino

> Para delimitar nuestro propósito, primero debemos investigar la naturaleza y el dominio de la doctrina sagrada.
>
> SANTO TOMÁS DE AQUINO
> *SUMMA THEOLOGICA*

La leyenda piadosa cuenta que el fraile Tommaso, de la ciudad de Aquino, era un hombre enorme, tan grande que sus hermanos dominicos tuvieron que cortar una parte de la mesa del refectorio para que él pudiera alcanzar la comida. La mayoría de las representaciones físicas de Tomás, aunque intentan ser delicadas, lo muestran, por lo menos, excedido de peso.

En su conmovedora biografía *Santo Tomás de Aquino*, el escritor inglés G. K. Chesterton compara a Tomás con otro querido santo, Francisco de Asís. Si los hubiéramos visto a los dos con sus hábitos de fraile, el contraste hubiera sido casi cómico (¡pero que maravillosa conversación podrían haber tenido!). Francisco, escribe Chesterton, era "un hombre delgado y vivaz; fino como una hebra y vibrante como la cuerda de un arco; y sus movimientos eras los de una flecha lanzada por un arco". A Tomás, por otro lado, lo describe como "un hombre enorme, una especie de toro gordo, lento y tranquilo; bondadoso y magnánimo aunque no muy sociable; tímido, incluso apartado de la humildad de la santidad".

Sin embargo, es posible que esa caricatura de Tomás de Aquino sea ficticia. Como le gustaba señalar a mi profesor de teología moral, Tomás era un viajero incansable, que cruzó Europa moviéndose entre Roma, Nápoles, París y muchas otras ciudades. Y en su tiempo, los viajes implicaban largas caminatas: algo que habría resultado difícil para un hombre excesivamente corpulento. Además, a los miembros de la orden dominica como Tomás, se les pedía que como práctica de ascetismo caminaran en lugar de, por ejemplo, montar a caballo.

Tomás de Aquino estuvo siempre en movimiento, tanto física como mental y espiritualmente. Es posible que se trate del filósofo y teólogo católico más importante de la historia, así como el más grande de los llamados pensadores "escolásticos"; y es el padre de la teología tomista, un intento de comprender el universo de Dios a través de la razón humana que adelantó la postura fundamental que sostiene que "la gracia perfecciona a la naturaleza". Y la vida de Tomás, precisamente, ofrece un buen ejemplo de cómo trabaja la gracia.

La *Vida de los santos de Butler* señala que los condes de Aquino, en el sur de Italia, descendían de una familia de "noble linaje". El padre de Tomás, llamado Landulfo, era caballero, y su madre, Teodora, tenía ascendencia normanda.

Se desconoce la fecha exacta de nacimiento de Tomás, aunque la mayoría de los expertos está de acuerdo en que sucedió en algún momento del 1225, en el castillo de Roccasecca, cerca de la pequeña ciudad de Aquino. Tomás, el más joven de cuatro hijos varones, también tenía varias hermanas (Butler es preciso acerca del número de varones, pero parece menos interesado en el número exacto de mujeres). Una noche, en el castillo, mientras Tomás dormía en la misma habitación, un rayo mató a una de sus hermanas. Como es de esperar, Tomás quedó aterrorizado por las tormentas durante el resto de su vida y se refugiaba en las iglesias cada vez que se acercaba una (como resultado, es el santo patrono de los que se encuentran en peligro en una tormenta y de aquellos que se enfrentan a una muerte repentina).

Cuando Tomás tenía cinco años, sus padres lo enviaron a la famosa Abadía del Monte Cassino para que viviera como oblato, o miembro asociado. Sus padres albergaban grandes esperanzas respecto a una carrera monástica para su joven hijo. Quizás pensaron que algún día podría ser nombrado abad del renombrado monasterio benedictino, aumentando la fortuna y el honor de la familia. El niño fue educado en Monte Cassino hasta los trece años y luego lo enviaron a la Universidad de Nápoles. Fue allí donde Tomás se interesó por la obra de Aristóteles y la de uno de sus comentaristas, el gran filósofo islámico Averroes de Córdoba. También fue en Nápoles donde se sintió atraído por primera vez hacia los dominicos, en cuya iglesia le gustaba orar.

Con el tiempo, Tomás decidió unirse a la orden. Los dominicos, probablemente anticipando la oposición de sus padres, le aconsejaron que esperara un tiempo antes de entrar. A los diecinueve años, recibió el hábito dominico.

Las noticias de su decisión llegaron al castillo de Roccasecca y causaron la consternación de sus padres, quienes seguían contando con la carrera de su hijo con los benedictinos de Monte Cassino. Los padres horrorizados, sin embargo, han sido el lote de muchos santos. Cuando Luis Gonzaga anunció su deseo de entrar a los jesuitas, su padre, el marqués de Castiglione, amenazó con azotarlo. Pietro di Bernardone, el rico comerciante de telas de Asís, se sintió profundamente ofendido cuando su hijo Francisco rechazó su patrimonio (no ayudó que, como signo de su renuncia a las riquezas de su padre y de su propia confianza en Dios, Francisco se desnudara en la plaza del pueblo frente a Pietro y le devolviera las ropas).

En el caso de Tomás, su madre Teodora marchó a Nápoles para persuardirlo de que regresara a casa. Pero antes de que llegara, los dominicos lo enviaron a un convento en Roma. Teodora lo persiguió, pero su hijo ya iba de camino a Boloña, acompañando al superior general de la orden.

Así dio comienzo uno de los episodios más extraños de las vidas de santos (lo que ya es decir algo). Furiosa por la intransigencia de su hijo, y sin duda también por sus largos viajes, Theodora se comunicó con los hermanos de Tomás, que se encontraban al servicio del ejército del emperador en la cercana Toscana. Su misión era simple: capturar a su hermano pequeño.

Así que un día, cuando Tomás descansaba cerca de Siena, sus hermanos le tendieron una emboscada. Primero intentaron arrancarle el hábito. Como no lo consiguieron, lo llevaron por la fuerza de regreso al castillo de Roccasecca y luego al de Monte San Giovanni (a cinco kilómetros), donde fue encarcelado. La única visita permitida era la de su hermana Marotta o, como Butler la describe, su "mundana hermana Marotta". Es decir que no se trataba de una hermana muy religiosa a quien, presumiblemente, no le interesaba hacer cosas como rezar con su hermano, Tomás pasaba el tiempo leyendo la Biblia y estudiando las antologías del teólogo Pedro Lombardo sobre los primeros Padres de la Iglesia.

Más tarde sus hermanos enviaron a una cortesana (Butler la llama "una mujer de mal carácter") a seducir a Tomás. Para entonces, aparentemente habían abandonado la esperanza de que se convirtiera en monje benedictino. De todos modos, en cuanto vio a la mujer, Tomás tomó un atizador ardiente de la chimenea y la echó de su habitación.

En 1245, después de que Tomás permaneciera encarcelado durante dos años, su familia se rindió a su paciencia y lo liberaron. Tomás regresó de inmediato con los dominicos, quienes lo enviaron a estudiar durante un año en París y luego a Colonia.

Entre los estudiantes de Colonia, Tomás sobresalía: era tranquilo, humilde y corpulento. Era tan "estólido", por usar la descripción de Chesterton, que sus profesores pensaron que era poco listo. Su comportamiento le hizo ganarse un sobrenombre desafortunado: "el tonto buey siciliano". Un día, uno de sus compañeros se compadeció del joven y se ofreció a explicarle parte de la lección. Pero cuando llegaron a un pasaje complicado, Tomás, para sorpresa de su compañero, lo explicó con elegante detalle.

Poco después, otro estudiante se encontró con una hoja suelta de los apuntes de Tomás y se la pasó a su profesor, Alberto Magno (más tarde conocido como Alberto el Grande). Al final de la clase del día siguiente, el estimado profesor dijo:

—Llamamos "buey tonto" al hermano Tomás, pero les aseguro que hará que su bramido llegue a los confines de la tierra.

Durante sus estudios, en algún momento antes de 1252, Tomás fue ordenado sacerdote.

Regresó más tarde a la Universidad de París para comenzar su carrera como profesor. Mientras permaneció en la capital francesa, publicó sus primeras obras de filosofía y teología, en su mayoría comentarios de las Escrituras y de la obra de Pedro Lombardo. Cuatro años más tarde, Tomás recibió el equivalente a un doctorado y se dedicó de lleno a su carrera profesional. Desde 1259 a 1268 trabajó en las ciudades italianas de Nápoles, Orvieto, Viterbo y Roma, enseñando a sus hermanos dominicos. Al mismo tiempo, escribía la *Summa contra gentiles*, su vigorosa defensa del cristianismo.

Incluso en su tiempo fue reconocido por su inteligencia, y su erudición y enseñanza tenían gran demanda. Como muchos otros filósofos del movimiento escolástico, Tomás se dio cuenta de que el trabajo de muchos otros estudiosos cristianos, judíos y paganos podía conducirlo a un mayor entendimiento del mundo a su alrededor y del trascendente misterio de Dios. La novedad de la obra de Tomás fue su postura de que el trabajo de Aristóteles, del que hasta ese momento la Iglesia había desconfiado, podía resultar útil para la teología cristiana. Eso dio lugar a la conocida expresión (conocida al menos en mis clases de filosofía) de que Tomás "bautizó a Aristóteles".

No hace mucho le pregunté a Joseph Koterski, SJ, presidente del departamento de filosofía de la Universidad Fordham, en Nueva York, qué fue lo que hizo tan importante a Tomás de Aquino en la historia de la filosofía. Después de todo, muchas de sus teorías, revolucionarias en su momento, se han vuelto comunes.

El padre Koterski me explicó que, como otros filósofos escolásticos, Tomás comprendió que la fe y la razón no eran dos formas de conocimiento, sino que ambas se complementaban profundamente. Algunas veces se reforzaban una a la otra proporcionando caminos alternativos para el mismo conocimiento; otras, una proporcionaba lo que la otra no podía proporcionar, sin contradecirse nunca. Y cuando la fe y la razón parecían contradecirse, los escolásticos luchaban con los textos hasta que encontraban el camino que demostraba que no eran verdaderamente contradictorios, sino que sólo lo aparentaban.

Tomás de Aquino, me explicó el padre Koterski, formaba parte de esa corriente. San Anselmo, el teólogo del siglo XI, había resumido la larga tradición de pensamiento medieval como *fides quaerens intellectum*: la fe que busca comprender.

—Lo que distingue a Tomás —dijo el padre Koterski—, no es el proyecto de reconciliación entre fe y razón, sino su manera particular de hacerlo y el uso que, con ese propósito, hizo de Aristóteles.

En lugar de apelar a la autoridad (como lo hacía la mayoría de los teólogos de la época), Tomás tuvo un enfoque más riguroso, casi científico, de la teología: ofreció preguntas y posibilidades, anticipó objeciones evaluando con cuidado las pruebas y finalmente presentó una respuesta.

Ésa fue la faceta del trabajo de Tomás que más me fascinó cuando hice mis estudios de filosofía, y todavía me fascina. Él me ayudó a realizar el estudio de Dios y de los temas religiosos de manera directa. Gran parte de los escritos sobre religión y espiritualidad está envuelta en un lenguaje oscuro y se ofrece de manera cautelosa, como si el escritor conociera un secreto demasiado precioso para compartir sin disfrazarlo antes. Recuerdo haber leído en alguna parte que algunos teólogos y filósofos emplean un lenguaje tan confuso que el lector termina por preguntarse si no temen que, usando un lenguaje más sencillo, sus ideas aparezcan poco innovadoras o poco razonables.

Jesús de Nazaret no hablaba así: se expresaba de manera sencilla con sus discípulos, decía lo que pensaba y, aunque sus oyentes no siempre lo comprendían, empleaba parábolas e historias simples para explicar el reino de Dios. Tomás de Aquino hacía lo mismo y ofrecía a sus lectores el don de la claridad.

En 1266, mientras se encontraba en Roma, Tomás comenzó su obra más influyente, la *Summa Theologica,* o síntesis teológica, cuyo grandioso objetivo era examinar de modo sistemático una amplia gama de preguntas teológicas. En este caso, "sistemático" significa que todo se interrelaciona en una especie de sistema, en lo que todo lo que uno dice por ejemplo sobre las Escrituras tiene un efecto en preguntas de moral, y así sucesivamente.

La presentación de la *Summa,* de complejos temas teológicos, fue revolucionaria. El sencillo método que empleó Tomás consistía en presentar primero una pregunta directa ("Si Dios existe…"), luego detallar todas las objeciones razonables ("Parece que Dios no existe porque…") y, finalmente, responder tanto a la pregunta original como a las objeciones de manera lúcida, comenzando con el usual *Respondeo,* o "Yo respondo" ("Yo respondo que la existencia de Dios puede probarse mediante cinco vías…").

Entre 1268 y 1272, Tomás enseñó en París, continuó trabajando en sus comentarios de las Escrituras y en la *Summa Theologica.* También dedicó gran parte de su tiempo a preparar el *quodlibetales,* un popular período de preguntas y respuestas durante el que los estudiantes universitarios se reunían en una gran aula de clases para presentar a sus profesores las preguntas teológicas o filosóficas que desearan. Se dice que Tomás empleaba a tres ajetreados escribas que trabajaban simultáneamente, escribiendo sin parar vastos pensamientos que él dictaba mientras caminaba de un lado a otro. Tomás era un hombre moderno en el siglo XIII.

Pero el más intelectual de los hombres era también profundamente devoto y con frecuencia gozaba de intensas experiencias de oración mística. Era admirado por su humildad y su piedad. Uno de sus amigos dijo sobre él: "Su maravillosa ciencia se debía mucho a más a la eficiencia de sus oraciones que a su genio". Richard McBrien escribe en su *Vidas de los santos*: "Su entero ministerio como maestro y predicador se basó en dar a los demás lo que él mismo había contemplado; ésa era para él la mayor de las obras de caridad que podían realizarse".

Además de sus tratados teológicos, Tomás también es responsable de algunas de las poesías más hermosas en la tradición católica. Según la maravillosa frase de G. K. Chesterton, Tomás "escribía ocasionalmente un himno, como quien se toma unas vacaciones". Algunos de ellos, como "Pange lingua" y "Tantum ergo", se encuentran en los himnos latinos más populares y refutan el estereotipo del erudito frío y asceta.

Durante los estudios de filosofía, estaba entusiasmado por descubrir las famosas pruebas de Tomás de Aquino en la *Suma teológica* acerca de la existencia de Dios; pensaba que de alguna manera podría usarlas para "convencer" a mis amigos ateos o agnósticos. Pero aunque las cinco pruebas no "prueban" definitivamente la existencia de Dios al no creyente (quizás sólo la experiencia pueda hacerlo), siguen siendo maneras elegantes de considerar cómo Dios se encuentra en el centro de todas las cosas. Creo que la prueba o argumento más persuasivo es el "del movimiento" (es decir, que debe haber una clase de motor inicial que ponga todo en marcha), pero el más hermoso es el "del orden del universo", que dice lo siguiente:

> La quinta vía se toma del gobierno del mundo. Vemos, en efecto, que cosas que carecen de conocimiento, como los cuerpos naturales, obran por un fin, como se comprueba observando que siempre, o casi siempre, obran de la misma manera para conseguir lo que más les conviene; por donde se comprende que no van a su fin obrando al acaso, sino intencionadamente. Ahora bien, lo que carece de conocimiento no tiende a un fin si no lo dirige alguien que entienda y conozca, a la manera como el arquero dirige la flecha. Por lo tanto, existe un ser inteligente que dirige todas las cosas naturales a su fin, y a éste llamamos Dios.

A pesar de su renombre (el rey Luis IX le consultaba importantes asuntos de estado), Tomás también recibió críticas por sus obras. En 1270, el obispo de París, que también era canciller de la universidad, estableció una comisión para examinar las obras de varios comentaristas de Aristóteles, incluido Tomás. La comisión redactó una lista de errores y proposiciones en sus escritos, lista que fue revisada y aumentada en 1277, tres años después de su muerte.

Tomás regresó a Italia en 1272 y permaneció allí dos años, enseñando sobre las Escrituras en la Universidad de Nápoles y comenzando la tercera parte de su *Summa*. Pero la ambiciosa obra debería ser completada por uno de sus discípulos, porque el santo estaba cada vez más agotado a causa de sus muchas y arduas tareas. Ya estaba enfermo cuando el papa Gregorio X le pidió que participara en el Segundo Concilio de Lyon.

Aparentemente, Tomás iba camino al concilio montado en burro (poco común para un dominico, pero se le concedió esa ayuda debido a su estado) cuando, a causa de su debilidad o quizás a que iba perdido en sus pensamientos, se golpeó la cabeza contra una rama. Al principio fue trasladado a una posada pública, pero el dominico pidió que lo llevaran a una comunidad religiosa.

Su estado empeoró de camino a la abadía cisterciense de Fossanova, donde lo acomodaron en la habitación del abad. Tomás mejoró durante un tiempo y los monjes admiradores le pidieron que les diera una charla. Tomás intentó disuadirlos, pero finalmente cedió y habló sobre el Cantar de los Cantares, un texto muy querido por el gran cisterciense Bernardo de Claraval. Pero pronto volvió a decaer.

Después de confesar sus pecados y de recibir los últimos sacramentos de manos del abad, murió cuando tenía alrededor de cincuenta años. Ese mismo día, cuenta la leyenda, su gran amigo Alberto Magno se echó a llorar en presencia de su comunidad y les dijo que había sentido en oración que Tomás había muerto.

Santo Tomás de Aquino fue canonizado en 1323 y en 1567 fue declarado Doctor de la Iglesia, es decir, maestro distinguido de la fe. Se lo conoce como el doctor angélico debido a sus descripciones típicamente detalladas de los ángeles como sustancias puramente espirituales. En 1879, la encíclica papal *Aeterni Patris* recomendó la teología de Santo Tomás a los estudiantes de teología y así se renovó el interés en la obra tomista.

Pero no fueron ni la filosofía ni la teología del santo lo que me acercó a él; es decir, no fueron tanto sus elegantes argumentos sino su persona, su vida. Me gustó más por lo que era que por lo que escribió. Específicamente, a quién encontré atractivo y fascinante fue al protagonista de la biografía de G. K. Chesterton, *Santo Tomás de Aquino*. El hombre de vastos conocimientos que tuvo siempre una profunda humildad. El teólogo al que el estudio sobre Dios de toda su vida lo acercó a Él. El famoso erudito ajetreado que tenía tiempo para escribir un poema o un himno. La persona activa cuya vida estaba enraizada en la oración.

Desde que entré a los jesuitas he conocido a muchos hombres y mujeres que también tenían esas cualidades, y no sólo me sentí atraído hacia ellos por la seriedad con la que tomaban sus estudios sino también por la manera de combinarlos con la caridad y el amor. Muchos de ellos fueron mis maestros y me enseñaron tanto sobre el mensaje cristiano en clase como con sus propias vidas. Quizás no resulte sorprendente que muchos de esos hombres y mujeres expresaran su admiración por Tomás de Aquino.

Una de esas personas fue una mujer extraordinaria que conocí poco después de entrar a los jesuitas. De no haber sido por ella, no sabría nada de Santo Tomas, ni de la *Summa Theologica* ni, a fin de cuentas, de filosofía.

::::::::::::::::::::
::::::::::::::::::::

Inmediatamente después de entrar al noviciado, todos los jesuitas estudian filosofía; en mi caso, en la Universidad de Loyola en Chicago. Como mi clase de noviciado había sido tan pequeña (éramos sólo dos), esperaba ansiosamente conocer a otros jesuitas jóvenes. También me ilusionaba vivir en Chicago, una ciudad que nunca había visitado antes.

Lo que *no* esperaba ansiosamente era estudiar filosofía. Durante la universidad me había concentrado en clases de ciencias empresariales hasta casi excluir todas las otras materias. Incluso mi asesor de estudios en Wharton (que teóricamente tenía una comprensión más amplia de la vida intelectual), me dijo que anotarme en humanidades era una pérdida de tiempo para el título de economía.

—¿A qué empresa le importará si estudiaste historia o filosofía?

Fue el peor consejo que recibí en mi vida.

Así que aunque mi educación supuestamente liberal me dejó tiempo para leer la sección financiera del periódico, la perspectiva de dilucidar ininteligibles manuscritos filosóficos se me antojaba, como mínimo, atemorizante.

Muchos de los otros jóvenes jesuitas en Chicago tenían temores similares. Por suerte, nuestras preocupaciones se vieron apaciguadas por los estudiantes de segundo año, que respondieron a nuestras dudas exactamente de la misma manera. Nos explicaron que había un miembro legendario en la universidad que conducía de manera excelente a los jesuitas a través de las turbulentas aguas de la filosofía. Si sabíamos lo que nos convenía, debíamos matricularnos en sus clases sin importar cómo se nos complicaran el resto de los horarios.

A la semana siguiente de mi llegada, otro jesuita me dijo lo mismo de modo más sucinto.

—Debes recordar dos palabras durante tus estudios de filosofía —me dijo dramáticamente. Luego hizo una pausa; pensé que diría algo como "estudia mucho" o "reza siempre".

En lugar de eso, dijo:

—Esas dos palabras son *Hermana French.*

La hermana Louise French pertenecía a una orden religiosa llamada Hermanas de la Caridad de la Santísima Virgen María y era un antiguo miembro de la facultad de filosofía de Loyola. En cierto sentido, para generaciones de "filósofos" jesuitas (como se los llamaba luego), ella *era* la facultad de filosofía. La hermana French enseñaba, entre otros cursos, "Antigua" (una introducción a la filosofía comenzando por Platón y Aristóteles), "Clásica y moderna" (una continuación con Descartes, Berkeley, Hume, Kant y el resto) y un curso sobre Aquino (del que hablaré más adelante).

La formidable hermana French medía un metro y medio, descalza. Debo señalar, sin embargo, que nunca la veíamos descalza: la hermana siempre llegaba a clase perfectamente acicalada, con sencillos pero elegantes vestidos adornados, generalmente, con pañuelos de seda de brillantes colores (debe haber recibido unos cuantos de esos pañuelos como muestra de agradecimientos de legiones de estudiantes jesuitas). Llevaba el cabello arreglado con una toca blanca y sus ojos brillaban.

Hasta aquel momento había tenido poca experiencia con hermanas de carne y hueso o, para usar un término más contemporáneo, religiosas. De niño había conocido alguna durante una especie de escuela dominical católica que había en nuestra parroquia; pero aparte de ver *La novicia rebelde* y *La monja voladora* y cruzarme con algunas durante mis años de noviciado, mi ignorancia respecto a la vida religiosa femenina era casi completa. Como resultado, cuando llegué a Chicago tenía los mismos estereotipos hollywoodienses que tienen muchos estadounidenses acerca de las religiosas: personas compasivas, por supuesto, pero un poco desorientadas, con poca educación formal, algo ingenuas y quizás, incluso, un poco tontas.

Ninguno de esos adjetivos describía a la hermana French, excepto *compasiva*. Había terminado su doctorado en filosofía en la Universidad de Saint Louis y para cuando la conocí ya llevaba años de distinguida carrera en la enseñanza (nadie sabía exactamente cuántos, pero solíamos bromear diciendo que la afirmación "La hermana French enseñaba a Aristóteles" podía interpretarse de dos maneras). Su intelecto, memoria y comprensión incluso de las pruebas filosóficas más complicadas eran simplemente asombrosos. Como todos los grandes maestros, la hermana French lograba que los conceptos difíciles parecieran sencillos: por esa razón era tan valorada por los seminaristas jesuitas. Después de terminar uno de sus cursos, uno entendía el material; para usar uno de los términos de su amado Aristóteles, uno lo *aprehendía*.

Su enfoque se parecía mucho al de Tomás de Aquino. Hablaba de filosofía con términos directos, con ejemplos cotidianos. Unos pocos jesuitas consideraban demasiado elemental su estilo de enseñanza, pero yo nunca había estudiado filosofía y estaba encantado con sus lúcidas explicaciones. Algunos de sus ejemplos eran legendarios. Para ilustrar la idea de "primera causa" de Aristóteles, la acción o ser que inicialmente puso en movimiento al universo, nos pedía que nos imagináramos a toda la clase dispuesta en un círculo.

—¿Qué pasaría —nos preguntaba— si les pido que toquen el hombro de la persona que tienen delante, pero sólo después de que otra persona los haya tocado a ustedes?

Lo pensamos unos momentos.

—Estaríamos esperando hasta que una persona hiciera el primer movimiento. Tiene que haber alguien que toque sin haber sido tocado.

Ésa es precisamente la primera causa, o primer motor.

La otra razón por la que apreciábamos tanto a la hermana French era ella misma: era una mujer paciente, amable y atenta. Si uno tenía dificultad en entender una complicada idea filosófica, ella decía invariablemente: "¡Pero si ya lo sabes!", alentándonos como lo haría una abuela. Un testimonio de cuánto confiábamos en ella es que no importaba lo muy perdidos que estuviéramos con Aristóteles o Platón o Kant: siempre le creíamos que todo saldría bien. Cuando nos preparaba para nuestros exámenes finales, después de dos años de estudio, siempre nos decía lo mismo: "¡Van muy bien! ¡Podrían rendir el examen mañana mismo!".

Y durante aquellos exámenes, cuando uno de los tres examinadores me pidió que explicara la idea aristoteliana de primera causa, exclamé: "¡El que toca sin ser tocado!". La hermana French dijo: "Excelente respuesta" y seguimos con la siguiente pregunta mientras los otros dos profesores nos miraban estupefactos.

El tiempo que pasé en Loyola fue uno de los más felices de mi vida. Gran parte de eso tiene que ver con los buenos amigos que hice, con tantos jesuitas jóvenes de todo el país. Pero gracias a profesores como la hermana French, las materias eran apasionantes. Ésa fue una agradable sorpresa. Podía sentir como se ampliaba mi mente cuando nos enfrentábamos a preguntas que nunca antes había considerado (ciertamente no lo había hecho durante mis estudios de economía): ¿Podemos probar que existe un Dios? ¿Cómo se vive de manera ética? ¿Cómo sabemos lo que es real? ¿Por qué tenemos libre voluntad? ¿Cómo podemos llegar a "conocer" algo? Y mi pregunta cosmológica preferida: ¿Por qué el ser y no la nada? Es decir, ¿de dónde viene el que toca sin ser tocado? (prueben haciendo esa pregunta a su ateo favorito).

Y leímos, leímos y leímos. De hecho, a veces parecía que lo único que hacíamos era leer. Y también me gustaba lo que leía: *La república* de Platón, *Ética a Nicómaco* de Aristóteles, las *Confesiones* de San Agustín, las *Meditaciones* de Descartes, *Crítica de la razón pura* de Kant, *Genealogía de la moral* de Nietzsche, *Ser y tiempo* de Heidegger. Y aunque podría habérmelas arreglado sin Kant, fue sorprendente descubrir que me parecía mucho más interesante la filosofía que la contabilidad y las finanzas.

Durante aquel primer año también decidí estudiar la asignatura opcional de griego antiguo y rápidamente me encontré leyendo el evangelio de Juan en el mismo idioma en que San Juan lo había escrito. Era maravilloso poder identificar las letras griegas, pronunciarlas, oír el Evangelio como lo hacían hace casi dos mil años, ¡y comprender lo que estaba leyendo! No podía imaginar una educación más satisfactoria.

A pesar de algunos recelos iniciales, la mayoría de mis hermanos jesuitas disfrutaron también de sus estudios. Con el tiempo, incluso llegamos a incorporar en nuestra rutina diaria lo que habíamos aprendido. Con sentido del humor, por supuesto; uno no incorpora *demasiad*a filosofía en la vida diaria a menos que, como Descartes, sea propenso a dudar de su propia existencia. Mi amigo Dave pasó tanto tiempo estudiando la *Summa Theologica* que de vez en cuando imitaba el estilo característico de Tomás para responder a las preguntas.

—David— le preguntábamos, —¿a qué hora es la película esta noche?

—*Respondeo...* a las 7, 9:30 y 10:45.

Durante nuestras primeras vacaciones en Loyola, dos amigos jesuitas y yo decidimos prepararnos para el año siguiente leyendo parte del material de las clases de la hermana French. Cuando le pedimos que nos sugiriera un tema, nos dijo sin vacilar: "Aquino, por supuesto". Por lo tanto, durante el caluroso verano de Chicago, Peter, Ross y yo pasamos los días estudiando detenidamente la *Summa*, concentrándonos en la secciones acerca de Dios: resumíamos los pasajes más importantes en grandes hojas de papel amarillo, analizábamos mentalmente las preguntas, objeciones y respuestas de Tomás y discutíamos su trabajo en animadas reuniones, todo bajo la atenta tutela de la hermana French. Para contrarrestar, también leímos la biografía de Chesterton.

Durante una de las reuniones en la ordenada oficina de la hermana French, se me ocurrió que nuestra profesora (esta católica, esta religiosa, esta persona buena y amable), personificaba lo que San Anselmo había querido decir cuando se refirió a la teología como *fides quaerens intellectum*: cómo Dios puede hacernos entender lo trascendente a través de la razón, y cómo el conocimiento y la erudición pueden coexistir con la humildad y el amor. Comencé a ver por primera vez cómo la vida intelectual puede conciliarse con la vida de fe. Más que nada, gracias a la hermana French, comencé a entender lo que Tomás de Aquino quiso decir en su *Summa* cuando escribió: "Podemos dar testimonio sólo en la medida en que lo hemos experimentado". Y al comprender todas esas cosas, sentí que había recibido un hermoso regalo.

Gracias a su razonado enfoque frente a difíciles preguntas teológicas, Tomás puede tomarse como modelo en nuestra era racional. Él pensaba que la teología fluía naturalmente de Dios y de los propósitos divinos. Y que, como Dios nos ha dado el don de la razón, debemos emplearlo a su servicio, intentando comprender mejor su mundo.

Sin embargo, este hombre racional también era un místico. Cerca del final de su fecunda vida, Tomás vivía en la casa dominica de estudios en Nápoles. La orden lo había enviado allí para que escapara de la controversia que sus escritos habían levantado en París. Durante una misa el día de la festividad de San Nicolás, Tomás tuvo una visión mística que le puso en perspectiva todas sus iniciativas teológicas: la *Summa*, la lógica, la argumentación, las pruebas, las palabras. Después de eso, dejó la pluma y no volvió a escribir.

—Todo lo que he escrito —dijo—, me parece paja comparado con lo que he visto y lo que me ha sido revelado.

13

Locos por Cristo

Francisco de Asís

Prediquen el Evangelio. Si es necesario, usen palabras.

San Francisco de Asís

Pasé buena parte del tiempo de mis estudios de filosofía con pandillas de la calle.

En el programa jesuita de filosofía en Chicago, eso no era tan raro como puede sonar. Además de nuestros estudios, los escolásticos, que es como se llama a los seminaristas jesuitas, debíamos trabajar entre diez y quince horas semanales en un ministerio de nuestra elección. Aunque se nos recordaba incesantemente que nuestro primer objetivo era estudiar filosofía, nuestros ministerios semanales nos recordaban la meta final de todo nuestro estudio: el servicio a Dios y a la comunidad. Debíamos convertirnos, según las palabras de Pedro Arrupe, en "hombres para los demás". La pastoral era también una manera de mantenernos en contacto con el mundo que estaba fuera de nuestros libros; un mundo que, cuando leíamos a Kant o Heidegger, podía llegar a parecer muy lejano. Y para los jesuitas con poca predisposición para la filosofía, el trabajo fuera de la universidad era una manera de mantener la cordura.

Por suerte, en una ciudad grande había muchas oportunidades para elegir. Durante mis primeras semanas en la Universidad de

Loyola, los jesuitas que iban un año por delante de nosotros nos aconsejaron sobre los trabajos pastorales más populares. Mi amigo Ross, por ejemplo, había trabajado en un hospital cuidando a los bebés de madres adictas al crack que estaban siendo procesadas por el sistema penal de la ciudad. Al año siguiente, trabajó en Misericordia, una enorme comunidad ubicada en varias hectáreas de Chicago que atiende a discapacitados físicos y mentales. Otros trabajaban como capellanes en campus, asesorando a estudiantes universitarios, o como tutores, o colaborando con la preparación de la liturgia dominical del campus. Pero otros también trabajaban en refugios para los sin techo, centros de empleo y comedores públicos.

Yo supe enseguida lo que quería hacer. Había un ministerio que sonaba absolutamente emocionante, fascinante y, sin dudas, el más glamoroso de todos los trabajos que podía hacer. A lo largo de los años, unos pocos escolásticos habían trabajado con un casi-legendario hombre llamado hermano Bill, que ejercía su ministerio con miembros de pandillas callejeras en los barrios de viviendas públicas de Chicago. El hermano Bill sólo trabajaba con uno o dos escolásticos por año, no por razones de selectividad sino porque pocos estaban dispuestos a trabajar en condiciones tan peligrosas. Entre los escolásticos circula-ban historias sobre el ministerio: se trabajaba en medio de peleas entre pandillas, se conocía el interior de los peores barrios de Chicago e incluso se podía oír la historia de la dramática conversión religiosa del hermano Bill, que había desembocado en su trabajo como pacificador en los barrios más desfavorecidos.

Pero la historia que más llamó mi atención fue la de un joven jesuita que se había salvado de un disparo por un pelo; el proyectil había dejado un agujero en su sotana. El hermano Bill siempre pedía a los escolásticos con los que trabajaba que llevaran la tradicional sotana jesuita cuando visitaran los barrios de viviendas públicas. Para su pro-tección, los jesuitas necesitaban una vestimenta reconocible, y sólo el hábito servía. El mismo Bill llevaba una especie de hábito franciscano modificado. Un día, un jesuita señaló con orgullo un pequeño orificio de bala en la manga de la sotana en cuestión. Dijo que el jesuita que la llevaba estaba en medio de una guerra de pandillas y que se había movido justo a tiempo.

No se sabía si la historia era cierta o no.

—¡Vamos! —dijo otro escolástico de mi comunidad—. Probablemente sea una quemadura de cigarrillo.

De todos modos, no era un ministerio típico.

Aunque no estaba seguro de que me interesara recibir un disparo, estaba seguro de que quería un trabajo que me permitiera ayudar a tantos jóvenes "en riesgo". Así que, después de hablar con mi superior jesuita, llamé a Bill.

—Muy bien, amigote —me dijo, después de una breve entrevista por teléfono (llamaba a todos "amigote")—. Te veré la semana que viene. No olvides la sotana.

Aunque no se lo dije a nadie en ese momento, en secreto me alegraba tener una excusa para vestir el hábito jesuita. Aunque parte de ello tenía que ver con la novedad que conlleva vestir cualquier tipo de uniforme por primera vez, sentía una afinidad hacia la sotana jesuita mayor que todo eso. La sotana se había llevado casi desde los tiempos de San Ignacio hasta que fue descartada a finales de la década del sesenta; representaba un lazo tangible con el pasado y era un signo distintivo de los jesuitas. A diferencia de las sotanas negras que aún llevan algunos sacerdotes diocesanos, con su larga fila de botones al frente, el hábito jesuita lleva una faja negra en la cintura. Incluso había dado origen al viejo sobrenombre de los jesuitas: la "larga línea negra".

Irónicamente, este tradicional símbolo jesuita era casi lo opuesto a lo que San Ignacio había pensado para sus hombres. Las *Constituciones* jesuitas indican que no habría un hábito específico para los jesuitas: deberían llevar los hábitos de otros sacerdotes y hermanos de la región. Sin embargo, desde que entré a la orden jesuita, había lamentado la decisión que habíamos tomado de abandonar el hábito por varias razones. En primer lugar, vestir una prenda sencilla resuelve la complicada pregunta de qué ponerse todos los días.

En segundo lugar, está lo que los teólogos llaman el valor del "signo". El hábito es un símbolo visible del propio compromiso y misión; algo parecido a lo que sucede con el uniforme de un policía o la bata blanca de un médico. Es un potente recordatorio, para todos los que lo ven, de que aún existen en nuestra vida cotidiana (en la calle, en el subterráneo, en los autobuses) hombres y mujeres que eligen una vida de pobreza, castidad y obediencia.

El hábito también conecta al que lo lleva (y a los que lo ven) con la historia y la tradición. La primera vez que visité un monasterio trapense y vi entrar a los monjes en la capilla con sus hábitos negros y blancos sentí que estaba a punto de desmayarme. No había necesidad de que dijeran: "Somos trapenses, hemos hecho un voto de estabilidad aquí y oramos constantemente; es posible que reconozcas este hábito porque es el que vestía tu héroe Thomas Merton, y aún lo llevamos como signo de nuestro compromiso". No tuvieron que decir nada de eso. El hábito lo hacía por ellos.

Otra de las razones por las que quería llevar sotana era porque me parecía que quedaba muy elegante.

Pero elegantes o no, los jesuitas ya no llevamos sotana. A pesar de ello, no resultó difícil encontrar una para mi trabajo con el hermano Bill. Apretujadas dentro de un enmohecido armario en la residencia principal de los jesuitas en la Universidad de Loyola aún quedaban algunas de la década del sesenta; los escolásticos solían usarlas para su trabajo con Bill.

La primera tarde de mi trabajo con el hermano Bill, un fresco día de septiembre, me puse la sotana sobre una camiseta y pantalones oscuros y me até la faja como me había enseñado uno de los padres más ancianos de mi comunidad.

De pie frente al espejo de mi habitación, terminé de ponerme la poco familiar vestimenta y quedé sorprendido. La imagen que me devolvió el espejo me recordó inmediatamente a Isaac Jogues, uno de mis santos preferidos y uno de los mártires norteamericanos, los heroicos jesuitas que viajaron en el siglo XVII desde Francia para trabajar con los indígenas de Norteamérica, especialmente en Nueva York y Canadá, hasta su martirio final; la película *Black Robe* [Túnica negra] está basada libremente en la vida de Isaac Jogues y sus compañeros. En lo alto de los muros exteriores de la universidad, por donde pasaba todos los días, estaban los nombres de los mártires norteamericanos, esculpidos profundamente en el granito. Letras de más de treinta centímetros dejaban leer JOGUES, BRÉBEUF, LALEMANT, CHABANEL, GOUPIL, DE LA LANDE, DANIEL, GARNIER. Dentro de la capilla, en uno de los altares laterales donde me gustaba rezar, había un colorido mosaico que representaba a los ocho mártires, de tamaño casi natural, uno junto al otro. Alrededor de sus cabezas se ven halos dorados. Algunos están vestidos con las ropas tradicionales de los indígenas que adoptaron en su trabajo con los Hurones, pero la mayoría viste el mismo hábito que llevaba yo en ese momento.

El hermano Bill me esperaba fuera de casa en su viejo auto.

—Hola, amigote —me dijo.

En el asiento delantero ya había otro escolástico, un jesuita afroamericano llamado Dave, que también había decidido trabajar con Bill aquel semestre.

La primera cosa que uno notaba de Bill no eran sus gafas gigantes, ni su ralo cabello gris, ni siquiera su corpulenta contextura: lo primero que uno notaba era su hábito. Siempre que trabajaba con las pandillas, el hermano Bill llevaba un hábito largo con cogulla, al estilo franciscano, hecho enteramente con pedazos de tela vaquera.

—Es como si le hubiera explotado encima una fábrica de Levi's —dijo un amigo jesuita.

De camino a los barrios, aquel primer día Bill nos describió brevemente su vida. Graduado de la Academia Loyola, una escuela secundaria jesuita en las afueras de Chicago, Bill había estudiado inglés y filosofía en la Universidad de Notre Dame y más tarde había obtenido un master en *counseling*, también en Notre Dame. Durante los siguientes quince años había trabajado como asesor en una organización católica de caridad en Chicago. Bill describió lo que parecía una vida común: tenía un trabajo que le gustaba, ganaba suficiente dinero, se divertía con sus amigos y salía con mujeres. En 1983 le ofrecieron dos lucrativos trabajos: uno como terapeuta hospitalario y otro como entrenador de ejecutivos en una importante aerolínea.

En esos días, Bill pasó por una iglesia y entró, pensando que era un buen lugar para rezar acerca de su decisión. Cuenta que cuando entró a la iglesia todo se volvió borroso excepto el rostro de Cristo en un cuadro. Jesús dijo "amor", en lo que Bill nos describió como una visión. "Tienes prohibido hacer cualquier otra cosa". Luego Bill nos dijo que oyó: "Yo te guiaré, tú me seguirás" tres veces y "Nunca tengas miedo. Confía". Nos dijo a Dave y a mí que en aquel momento no sabía de qué podría tener miedo.

Pocos meses más tarde, abrió una Biblia al azar y leyó las palabras "No lleven nada para el viaje". Dos horas más tarde, abrió y leyó las mismas palabras, aunque en una sección diferente. Al día siguiente, tuvo cuidado de abrir la Biblia en las cartas de Pablo, dónde estaba seguro de que no encontraría aquellas palabras, pero volvió a leerlas. Un sacerdote con el que Bill habló le dijo: "Significa que debes abandonar todas tus posesiones".

Como es de esperar, Bill consideró que todo aquello era, en sus propias palabras, "una sarta de bobadas". Pero aquella noche, en casa de sus padres, abrió un libro de arte y vio el cuadro de uno los libros del Evangelio con el título "No lleven nada para el viaje".

Después de que eso le pasara unas cuantas veces más, Bill se arrodilló y rezó: "Dicen que el siete es el número de la suerte, así que si me muestras la frase una séptima vez, abandonaré todas mis posesiones". Abrió la Biblia por séptima vez en otra página y volvió a leer la misma oración. Considerando que se trataba de una invitación de Dios, Bill decidió dejar todo lo que poseía, se mudó al sótano de la casa de un amigo y empezó a dormir sobre un cartón.

Bill regresó a su trabajo caritativo en la organización católica y comenzó a trabajar como voluntario una vez a la semana en la Iglesia de San Malaquías, cerca de Henry Horner Homes y Rockwell Gardens, dos barrios de viviendas públicas de Chicago y dos de las áreas más pobres y violentas de la ciudad. Después de unos meses, el sacerdote le preguntó si no le interesaba trabajar con los jóvenes de la parroquia, agregando: "Aquí, eso significa trabajar con las pandillas". Fue así como Bill encontró su ministerio.

El 1.º de junio de 1983, el hombre con el hábito llamativo comenzó a caminar entre los miembros de dos pandillas en el barrio Henry Horner Homes, los Discípulos Pandilleros y los Señores del Vicio. Al día siguiente, los Discípulos Pandilleros se reunieron para decidir si asesinar o no al hermano Bill. Finalmente, decidieron que era un buen hombre, que podían permitirle hacer lo que quería hacer y que, incluso, lo protegerían. Los Discípulos le dijeron a Bill que eso significaba que matarían a cualquiera que le hiciera daño. Bill respondió que incluso su asesino seguiría siendo su hermano y que deberían amarle más que a nadie.

Así que el hermano Bill comenzó a trabajar con todas sus energías. Cuando empezaban los tiroteos, Bill caminaba en medio hasta que los tiros se detenían. Si estaba en su casa en Evanston, unos pocos kilómetros al norte, y se enteraba que había problemas, se ponía su hábito, empezaba a rezar y se subía al auto. A veces, los furiosos miembros de las pandillas le gritaban:

—¡Hermano Bill, quítate del medio!

Bill visitaba a pandilleros que se recuperaban de heridas en hospitales, asistía a docenas de funerales de sus "compañeros", aconsejaba a las familias, llevaba a los pandilleros más jóvenes a pasear en su viejo auto, llevaba a grandes grupos a Notre Dame a ver partidos de fútbol y básquetbol y, sobre todo, pasaba tiempo con ellos Y, con el tiempo, empezó a llevar con él a escolásticos jesuitas.

Cuando le pregunté aquella tarde en su auto cuál sería nuestro trabajo, dijo:

—Amarlos.

Esa noche, durante la cena, conté la historia de nuestra visita. Uno de los escolásticos dio voz a mis miedos:

—¡Parece totalmente loco!

Desde nuestro paseo en auto, yo me había preguntado lo mismo: ¿iba a realizar mi ministerio anual con un lunático?

Un sacerdote mayor que cenaba con nosotros, se echó a reír.

—Tengan cuidado con llamar loco a cualquiera.

Nos recordó que las experiencias de Bill, aunque parecían extravagantes, eran similares a las historias de muchas vidas de santos. Precisamente aquel semestre, en la clase de Filosofía medieval, leeríamos las *Confesiones* de San Agustín. Y a pesar de todo su amor por la razón y la filosofía, incluso Agustín confiaba en el método de abrir un libro al azar para recibir orientación divina (lo que Agustín leyó fue una línea de San Pablo, que se dirigía a una juventud libertina: "Ármense con el Señor Jesucristo. No pasen más tiempo con la naturaleza y los apetitos de la naturaleza").

Del mismo modo, dijo el sacerdote, la experiencia de imaginar que Cristo habla desde un cuadro tenía un antecedente igualmente impresionante: San Francisco de Asís, quien oyó la voz de Cristo, desde un crucifijo en la iglesia de San Damián, que le decía: "Repara mi Iglesia".

—Si Bill está loco —dijo el jesuita—, entonces también lo estaban Agustín y Francisco. ¡Y quizás lo estuvieran!

Cuanto más lo pensaba, más claro resultaba a quién me recordaba Bill, con su hábito simple y su actitud extravagante, su vocación de pacificador, sus visiones y su "Ámalos" engañosamente sencillo.

Me recordaba a Francisco de Asís. Y estuve de acuerdo con el jesuita mayor: si Bill estaba loco, entonces era como San Francisco; y ésa era una clase de locura que me gustaba tener cerca.

Llegué a esa conclusión aunque sabía muy poco de la vida de San Francisco. En aquel momento, si me preguntaban, sólo hubiera podido contar lo siguiente sobre él: que había renunciado a la riqueza de su padre, que había fundado a los franciscanos, que amaba la naturaleza, cantaba canciones, escribió algunos poemas y, sin dudas, tuvo una buena muerte (ah, y que vivía en Asís).

Pero a pesar de lo muy fascinante que me parecía, mi conocimiento del santo más popular del mundo era más bien la idea sentimental más difundida hoy en día: una especie de hippie tontorrón pero bien intencionado que hablaba con las aves. Como señala Lawrence S. Cunningham en su libro *Francisco de Asís*, esa idea "se ve resumida en la ubicuidad de las estatuas que se encuentran en medio de muchos jardines y que muestran al santo con un pájaro en el hombro". Según esa concepción, Francisco era una persona alegre, aunque también un poco insípida. "Esa idea es complementaria de lo que yo llamaría *espiritualidad light*".

Francisco de Asís es un buen ejemplo de por qué las leyendas nunca deben hacer sombra a la vida real. Porque para todos aquellos deseosos de conocer a Francisco en sus propios términos, les aguardan muchas sorpresas en su vida. Como remarca Cunningham, a diferencia de la figura que a muchos les gusta reclamar para todas las religiones, Francisco fue profunda y auténticamente católico. Al mismo tiempo, no dudó en viajar a Oriente durante las Cruzadas para hacer la paz con el sultán. Hacia el final de su vida, cuando sufría enormes tormentos físicos (incluyendo horribles dolores en sus ojos), fue rechazado por algunos de sus hermanos franciscanos que consideraban que su estilo de pobreza era demasiado difícil de vivir. Cuando se enfurecía era mucho menos pacífico de lo que aparece en las estatuas de los jardines; una vez llegó a subirse a un techo a fin de derribar una modesta casa en la que vivían sus hermanos franciscanos, porque consideraba que no era coherente con su voto de pobreza.

A lo largo de toda su corta vida, sus acciones confundieron, enfadaron y molestaron tanto a sus seguidores como a sus detractores. Su vida real, de la que sabemos bastante, hace imposible que Francisco sea completamente domesticado por las leyendas.

Su padre, Pedro di Bernardone, era rico. Eso resulta esencial para comprender a Francisco. Aunque fue bautizado con el nombre de Juan, su padre lo llamó Francisco (Pedro era un comerciante de telas que amaba todo lo francés y estaba de viaje de negocios en Francia cuando su hijo fue bautizado; al regresar le dio su sobrenombre). De joven, Francisco era malcriado y licencioso, y pasó sus primeros años de juventud en compañía de, como Thomas Merton llamaba a sus propios amigos, "una banda de alegres compañeros". Al mismo tiempo, era un joven apuesto y generoso, según sus biógrafos, era querido en Asís a pesar de su inclinación a las travesuras y su estilo de vida derrochador. En su magnífica biografía de Francisco, Julien Green escribe: "Con su encanto seductor, Francesco era el rey de los jóvenes y todo se le perdonaba".

A los veinte años, Francisco fue hecho prisionero durante la guerra entre Asís y Perugia, una ciudad vecina. Aunque sobrellevó alegremente la dura experiencia, el período que pasó en la cárcel lo dejó enfermo y débil. Cuando fue liberado un año más tarde, decidió convertirse en caballero. Como preparación para su nuevo estado de vida, compró enseguida una costosa armadura y una lujosa capa bordada en oro. Su padre pagó todo, por supuesto, como había pagado antes los otros intereses de su hijo. Según la tradición, al día siguiente de comprar la armadura, Francisco se encontró con un noble que había caído en la pobreza y espontáneamente le regaló su nueva capa. En el siglo XIII, esa acción se habría considerado especialmente caritativa: acudir en ayuda de la nobleza pobre era una acción meritoria porque no sólo eran pobres sino que también estaban deshonrados.

Una noche, en Spoleto, de camino a su servicio militar, Francisco tuvo un sueño en el que una voz celestial le urgía a "servir al amo, no al hombre" y a regresar a Asís. Así lo hizo, y descubrió que su antigua vida de fiestas ya no le resultaba tan atractiva. Con el tiempo, comenzó a vivir de manera más sencilla, a rezar más y a dar limosna.

Un día, cuando iba montado a caballo por la llanura de Asís, Francisco se cruzó con un hombre enfermo de lepra, una de las enfermedades de la piel más comunes en aquella época. Desde su infancia, el delicado Francisco había tenido horror a los leprosos y se sintió descompuesto al ver a aquel hombre. Sin embargo, su sueño le había hecho comprender que su vida estaba cambiando. Obedeciendo a las demandas de su nueva llamada, Francisco se bajó del caballo y se preparó para abrazar al leproso.

Las florecillas de San Francisco de Asís es una recopilación de encantadoras historias acerca del santo. Aunque algunas de ellas son claramente legendarias, transmiten bien muchas de las cualidades más importantes del santo: su espíritu amable, su amor por la naturaleza, su deseo de paz. Entre ellas se encuentra, por ejemplo, la historia de Francisco predicando a las golondrinas (que con su canto ruidoso molestan durante las misas). Mi preferida es la del lobo de Gubbio, un temible animal que tenía tan asustados a los hombres y mujeres de la ciudad, que ninguno se atrevía a cruzar sus murallas. Compadeciéndose de Gubbio, Francisco decide hablar con el "hermano lobo". *Las florecillas* cuenta lo que sucede después de que Francisco le pide al lobo que haga las paces con los habitantes de la ciudad.

Al escuchar esas palabras, el lobo indicó mediante movimientos de su cuerpo y ojos, que aceptaba lo que San Francisco le decía y que estaba dispuesto a cumplirlo. El santo volvió a hablarle: "Hermano Lobo, porque es bueno que quieras vivir en paz, te prometo que mientras vivas los hombres de la ciudad te alimentarán regularmente para que ya no pases hambre, porque sé que cualquier maldad que hayas cometido ha sido consecuencia del hambre. Pero ya que pediré esta gracia para ti, hermano lobo, deseo que me prometas que de ahora en más nunca lastimarás a ningún ser humano ni a ningún animal. ¿Me lo prometes?" Y el lobo, inclinando la cabeza, manifestaba aceptar lo que se le pedía… Tendióle entonces San Francisco la mano para recibir la fe, y el lobo levantó la pata delantera y la puso mansamente sobre la mano del santo, dándole la señal de fe que le pedía. Luego le dijo San Francisco: "Hermano lobo, te mando, en nombre de Jesucristo, que vengas ahora conmigo sin temor alguno; vamos a concluir esta paz en el nombre de Dios". El lobo, obediente, marchó con él como manso cordero, en medio del asombro de los habitantes.

El lobo, por cierto, mantuvo su promesa. Se convirtió en un bienvenido visitante en Gubbio que "entraba familiarmente en las casas" y era "cortésmente alimentado" por sus habitantes. Y cuando murió el hermano lobo, los habitantes lo sintieron mucho, ya que les traía a la memoria la virtud y la santidad de San Francisco.

En su conmovedor libro *Salvación*, Valerie Martin cuenta la historia de San Francisco hacia atrás, comenzando con su muerte y terminando con su encuentro con el leproso en el camino, un encuentro que ella describe en términos místicos. El abrazo, por lo tanto, se convierte en el climax poético de su narrativa, dado que fue un acontecimiento fundamental en la conversión del joven rico. Su narración merece que la cite completa:

> Cuidadosamente, Francisco coloca la moneda en la palma abierta, donde brilla, cálida y blanca. Durante un momento, intenta pronunciar alguna palabra simple, alguna gracia que lo devuelva a su mundo cotidiano; pero mientras lucha por hacerlo comprende que ese mundo ya no existe, que no hay manera de regresar. Era sólo humo, un humo que lo cegaba y lo confundía pero, de algún modo, ahora lo ha atravesado, ha encontrado la fuente que lo producía y, por fin, está frente al fuego. Con ternura toma la mano del leproso y con ternura la lleva hasta sus labios. Al instante, su boca se llena de una dulzura de otro mundo que se derrama por toda su lengua, dulce y cálida, que hace arder su garganta y le llena los ojos de lágrimas. Esas lágrimas humedecen la mano corrompida que aprieta contra su boca. Sus oídos se llenan con el ruido del viento y puede sentir cómo ese viento le enfría el rostro, un viento frío y áspero que sopla hacia él desde el futuro y que hace volar todo lo que ha sucedido hasta ese momento, lo que ha deseado y temido al mismo tiempo, como si pensara que no sería capaz de sobrevivir a todo eso.

Desde ese momento, Francisco comenzó a visitar hospitales y a dar su dinero y, a veces, hasta su ropa, a los pobres. Una tarde, caminando fuera de los muros de Asís, Francisco, que todavía se preguntaba adónde lo llevaría su camino, descubrió una vieja iglesia descuidada y casi en ruinas llamada San Damián.

Mientras contemplaba el enorme crucifijo que colgaba dentro de la iglesia, comenzó a meditar en la Pasión y muerte de Jesús, y lloró a causa de sus propios pecados. A mitad de su meditación, Francisco oyó a Jesús hablarle desde el crucifijo.

—Francisco —le dijo la voz tres veces—, ve y repara mi Iglesia, que está en ruinas.

Como le pasaría al hermano Bill siglos más tarde en Chicago, Francisco quedó estupefacto. Pero a diferencia del hermano Bill, sintió enseguida la certeza de lo que tenía que hacer. Dios le había pedido que reparara la iglesia de San Damián. Así que sin dudarlo se dirigió a la tienda de su padre, robó un rollo de tela escarlata, lo vendió y llevó el dinero al párroco y le pidió que le permitiera quedarse en San Damián para reconstruirla.

Pero el santo estaba equivocado. Dios le pedía que reparara *la* Iglesia, no *una* iglesia.

Para ese tiempo, la apariencia de Francisco ya llamaba la atención de la gente de Asís. Vestía harapos y mendigaba para comer, cosa que avergonzaba a su familia. Su padre, furioso por el dinero perdido y probablemente igualmente molesto por el deshonroso comportamiento de su hijo, llevó a Francisco a casa, lo encadenó por los pies y lo dejó encerrado hasta que su madre lo liberó. Más furioso aún, Bernardone presentó públicamente cargos contra Francisco. Insistía en que su hijo debía devolverle el dinero que le había robado o renunciar a su herencia y regresar a su casa.

El 10 de abril de 1206, después de que el obispo le ordenara que diera cuenta de sus acciones, Francisco compareció ante una multitud de la ciudad en la plaza de Asís, no lejos de la casa de su padre. El obispo le dijo a Francisco que devolviera el dinero y confiara en Dios. Francisco hizo lo que le decía y "con su usual literalidad", como dice el libro de *Butler*, Francisco agregó lo siguiente: "Las ropas que llevo también son suyas. Se las devuelvo".

Al decirlo, se despojó de su ropa y la puso a los pies de su padre, quedando desnudo en medio de la plaza.

El gesto resultaría igualmente escandalizador hoy en día. El obispo lloró, conmovido por la fuerza de las acciones de Francisco, y cubrió al joven con su capa. El simbolismo fue así completo: Francisco renunciaba a la fidelidad a su padre (y, de paso, a su negocio como vendedor de telas) y era·cubierto con la protección de la Iglesia. Se había puesto enteramente en manos de la providencia de Dios. Había abandonado el orgullo de su juventud. Había abrazado una vida de pobreza radical, a imitación de Cristo. "La Hermana Pobreza", sería "la prometida más hermosa de todo el mundo, a imitación de Cristo". Así se comprometió con lo que en aquel momento probablemente se consideró un acto de penitencia pública.

Pero había más que eso. Como hace notar Julien Green en su biografía, "la renuncia en presencia de la muchedumbre fue en sí misma, de acuerdo con la mentalidad medieval, un acto jurídico. De ahora en más, Francisco, sin nada a su nombre, pasaba a formar parte de los marginados y desheredados".

El ministerio del hermano Bill estaba dedicado a esa misma gente. En el auto, aquella primera tarde, comenzó a contarnos acerca de cada uno de los miembros de los Señores del Vicio y los Discípulos Pandilleros que estaba en problemas. Éste está en la cárcel. Éste tiene problemas con su novia. Aquél consume drogas. Éste participó anoche en un tiroteo.

En el asiento trasero de su enorme Buick, con el lago Michigan a nuestra izquierda y la abigarrada silueta de Chicago a nuestra derecha, lo escuché mientras nos desplazábamos a gran velocidad en dirección a los barrios de viviendas públicas. Y comencé a sentirme inquieto acerca del ministerio que había elegido; también me sentí tonto por mi apariencia: llevaba una sotana para trabajar con pandilleros y estaba asustado por todo lo que estaba oyendo.

Los vecindarios eran cada vez menos atractivos y en pocos minutos nos detuvimos en un estacionamiento lleno de basura frente a las Casas Cabrini-Green, uno de los peores complejos de viviendas públicas de la ciudad. Antes de que saliéramos del auto, unos jóvenes nos vieron:

—Hey, hermano Bill, ¿qué tal? —gritó uno de ellos.

—Hola —contestó Bill—. Éstos son mis amigos Jim y Dave.

Nos dimos la mano con un grupo de jóvenes de apariencia ruda y los escuchamos conversar con el hermano Bill. La conversación era por momentos amistosa (preguntándose por sus respectivas familias), amable (preguntando sobre nosotros), divertida (haciendo bromas sobre nuestros hábitos y sobre el suyo) y seria (comentando a quién le habían disparado recientemente, quién había perdido su trabajo y quién estaba buscando uno).

Después de la breve charla, los jóvenes se dispersaron y Bill, Dave y yo visitamos a uno de los pandilleros en su apartamento de Cabrini-Green. Aunque yo ya había trabajado con gente pobre en diversos ambientes, me sentí sorprendido por el estado en que se encontraban las viviendas del vecindario. El elevador con el piso pegajoso apestaba a orina, los sucios pasillos estaban abiertos por el lado que daba a los patios internos, pero cercado internamente con alambre, y a través de las paredes se oían ruidos ensordecedores. Las televisiones estaban a todo volumen y la gente gritaba y discutía; se oía el ruido de cubos de basura derribados y el llanto de bebés. Pensé en lo difícil que tenía que ser vivir en ese sitio y criar hijos pequeños.

Dentro del apartamento del joven (de su madre, en realidad), nos invitaron a sentarnos en un gastado pero limpio sillón y nos ofrecieron tazas de café mientras escuchábamos sus problemas. El joven no encontraba trabajo porque no había terminado su educación básica. Su madre y su hermana luchaban para llegar a fin de mes a pesar de los dos trabajos de su madre. No sabían nada de su padre. A lo largo de los meses siguientes oiríamos historias similares y casi todas terminarían con la promesa del hermano Bill de que haría lo que pudiera.

En realidad, había pocas cosas que Bill pudiera hacer además de brindarles su amistad y, como había dicho, "amarlos". Ese amor tomaba muchas formas. Algunos días, especialmente durante los helados días invernales en Chicago, llevábamos a los miembros más jóvenes de las pandillas a pasear en el auto de Bill, algo que ellos disfrutaban mucho. Un brillante día de diciembre llegamos hasta el lago Michigan y un adolescente, que había vivido toda su vida en Chicago dijo de pronto:

—Nunca había visto el lago.

Los miembros de las pandillas comenzaron a sentirse gradualmente más cómodos con Dave y conmigo (en un interesante giro histórico, nos llamaban los "túnicas negras", el mismo término que los indígenas norteamericanos habían empleado con Isaac Jogues y sus compañeros en el siglo XVII). Nos preguntaban por nuestras vidas, de dónde éramos y cómo nos iba en los estudios. También nos preguntaban, con frecuencia, algo que parecía una especie de examen: "¿Tienen miedo de venir aquí?". Hacia el final del semestre, pedí permiso para que algunos de los jóvenes fueran a cenar a nuestra comunidad jesuita. Una tarde, fuimos en auto hasta el campus de la Universidad Loyola. Los jóvenes, de poco más de veinte años, conocían bien Chicago y no parecían deslumbrados con el viaje.

Dentro de la Casa Arrupe, mi comunidad jesuita, las cosas fueron distintas. Los miembros de las pandillas nos preguntaron cómo vivíamos, se quedaron en silencio cuando les mostramos la capilla de casa y se echaron a reír cuando vieron toda la comida que teníamos. Les expliqué que allí vivíamos treinta personas, pero siguieron pensando que de todos modos era demasiada comida. En el comedor, mis hermanos jesuitas fueron impecablemente amables y se esforzaron para que los jóvenes se sintieran en casa. Pero como ellos aún así se sentían nerviosos, separamos una mesa para nosotros: el hermano Bill, Dave, yo y nuestros invitados.

Esa noche también visitaba la Casa Arrupe un religioso ugandés de una orden llamada Hermanos de Carlos Lwanga en honor a uno de los mártires ugandeses asesinados en el siglo XIX. Los amigos del hermano Bill se asombraron de conocer a alguien de África. Cuando el religioso los saludó con el elegante acento de África oriental, los jóvenes comenzaron a reír. No podían entenderle; y el religioso tampoco les entendía a ellos. Así que terminé haciendo de intérprete entre las dos partes.

No dejaban de hacerle preguntas.

—¿Cazas leones? ¿Vives en una choza?

—Vivo en Kampala, una de las ciudades más grandes de África —explicó él—. Muy lejos de los leones.

Ellos se echaron a reír, no muy convencidos.

Con el tiempo, Dave y yo nos fuimos sintiendo más cómodos en nuestro trabajo con el hermano Bill y las pandillas. Normalmente, veía a Bill dos veces por semana; él siempre me esperaba fuera de la Casa Arrupe, con su enorme auto ruidoso. Si llovía o nevaba, normalmente había pocos jóvenes cerca de las viviendas y entonces Bill y yo nos quedábamos en el auto hablando sobre lo que habíamos visto o experimentado el día o la noche anterior. A veces me parecía que hablaba más con Bill que con los miembros de las pandillas, pero no me importaba. Me gustaba oír sus historias y él parecía disfrutar de mi compañía.

—Parte de tu ministerio —me explicó mi superior jesuita— es atender a Bill.

Pero siempre había sorpresas. Una soleada tarde de noviembre, cuando estaba en medio de una conversación con un amable pandillero, Bill anunció abruptamente que era hora de irnos. Alguien acaba de avisarle que estaba empezando una pelea entre pandillas cerca de donde nos encontrábamos. Corrimos al auto y nos apresuramos hacia una barriada que se encontraba a pocos minutos de distancia. Por el camino, el hermano Bill miraba atentamente por la ventanilla, como esperando detectar problemas.

Cuando llegamos a la esquina en cuestión, Bill parecía saber instintivamente adónde ir. Caminó rápidamente hacia un pequeño grupo de hombres reunidos junto a una señal de tráfico. Mientras nos acercábamos, noté que algunos llevaban cadenas y tablas de madera. Bill habló brevemente con ellos y les dijo que íbamos a interponernos entre los dos grupos. Fue entonces cuando noté que en la esquina de enfrente había otro grupo de jóvenes de origen asiático, que también iban armados con garrotes y cadenas. ¿Armas? No estaba seguro.

¡Ups!, pensé, *¿qué estamos haciendo aquí?*

Estábamos haciendo lo mismo que había hecho Francisco de Asís cuando visitó al sultán durante las Cruzadas. Y lo que había hecho Dorothy Day cuando protestó contra la Primera y Segunda guerras mundiales. Y, para el caso, lo mismo que había hecho Jesús cuando se interpuso entre la multitud y la mujer sorprendida en adulterio. Es decir, usar nuestros cuerpos como signo de paz, tratando de encarnar el mensaje de reconciliación de Cristo.

Así que, aunque estaba asustado y aunque debe haber parecido extraño observar a un hombre corpulento con un hábito de parches de tela vaquera y a uno flaco con una antigua sotana negra en medio de una calle de Chicago, sabía que estábamos haciendo lo correcto.

—Ahora rezamos —dijo Bill.

Permanecimos unos pocos minutos incómodos bajo el cielo azul, hasta que los dos grupos se acercaron y comenzaron a gritarse insultos. Sin previo aviso, una botella vacía voló silenciosamente sobre nuestras cabezas y se estrelló en la calle. Desde el otro lado, la respuesta fue otra botella que también se estrelló y los gritos aumentaron de intensidad.

Pero poco a poco fueron disminuyendo y los dos grupos simplemente se alejaron. Bill y yo quedamos solos en medio de la calle. Todo estaba extrañamente tranquilo, sin autos a pesar de que era mediodía. El Hermano Bill sonrió.

—Les hemos dado una excusa para no pelear —me explicó—. Al tenernos aquí, ninguno de los dos grupos quedó como un cobarde por abandonar la pelea.

Esa noche durante la cena conté lo que nos había pasado.

—Está loco —dijo uno de los escolásticos.

Quizás. Pero Bill sabía lo que hacía. Después de todo, se había involucrado en situaciones como ésa docenas de veces y, como siempre explicaba, su presencia no violenta daba a aquellos hombres la excusa que necesitaban para evitar derramar sangre. Su locura parecía provocar mejores reacciones que las provocadas por las reacciones habituales de la mayoría de los estadounidenses: culpar a los pandilleros, mostrar indiferencia o resignarse a la situación. Aún más, su locura probablemente había salvado muchas vidas: las vidas de sus "amigotes".

Desde mi ingreso en los jesuitas, he conocido a unos pocos "locos por Cristo", como los llama San Pablo: personas con el mismo carisma y temeridad que Francisco de Asís. Pero sólo unos pocos. En Kenya, por ejemplo, pocos años después de Chicago, trabajé codo a codo con una hermana dominica alemana, la hermana Luise.

Estaba a cargo del programa de escolarización del Servicio Jesuita a Refugiados en Nairobi. Al menos ésa era la descripción oficial de su trabajo. La hermana Luise, sin embargo, había fundado una casa para los refugiados sudaneses, que había financiado con una complicada red de donaciones personales y el apoyo de innumerables organizaciones internacionales. En aquel momento, Sudán estaba en medio de una sangrienta guerra civil y los sudaneses del sur del país llegaban en masa a los campos de refugiados en Kenya y en la capital. La hermana Luise trataba de encontrarles casa, trabajo y comida a todos los que podía. Y en la oficina del Servicio Jesuita a Refugiados donde trabajaba se las había ingeniado para dar empleo a cinco refugiados (aunque en realidad sólo había trabajo para dos). Un grupo de refugiados sudaneses me dijo una vez que el único nombre que conocían al dejar su poblado en Sudán era "hermana Luise".

Un día la acompañé al pequeño pueblo donde vivía, Juja, a pocos kilómetros al norte de Nairobi. En medio del pueblo se levantaba un complejo de apartamentos habitado enteramente por refugiados sudaneses a los que la hermana Luise había acomodado o a los que había ayudado a conseguir trabajo o a los que planeaba ayudar a asentar fuera del país. Cuando detuvo su pequeño auto frente al edificio, docenas de niños sudaneses corrieron hacia ella. Así como el viejo auto del hermano Bill o su distintivo hábito eran familiares para los residentes de los barrios de viviendas públicas de Chicago, el auto de la hermana Luise y su sencillo hábito (falda y velo azul) eran reconocidos de inmediato. Los niños se aferraron a sus manos y la llevaron hasta el edificio, donde las madres lavaban ropa, cocinaban en pequeñas ollas y cuidaban a los niños en un patio interior descubierto. Cuando entramos, todos se pusieron de pie y nos saludaron.

—¿Cómo es que siempre me encuentran? —preguntó ella echándose a reír.

A la hermana Luise muchos la consideraban loca por aceptar encargarse de tantas personas. La consideraban loca por dirigir lo que en esencia era un pequeño pueblo sudanés. La consideraron loca cuando, pocos años después de mi partida de Nairobi, unos ladrones entraron en su casa y la golpearon gravemente, y ella decidió quedarse de todos modos (cuando ya tenía casi ochenta años), con un brazo roto. Pero al igual que el hermano Bill, ella salvaba vidas con su locura, y como Francisco de Asís, su clase de locura surgía directamente de los evangelios.

Después de su conversión, San Francisco de Asís vivió su vida conforme al ejemplo de Jesús y, como señala Lawrence S. Cunningham, ofreció su vida "como regalo para los demás".

En la primavera de 1208, durante una misa en Asís, Francisco escuchó el pasaje del evangelio en el que Jesús les pide a sus discípulos que "no lleven nada para el viaje". Tomándolo como un mensaje personal, se deshizo de sus zapatos, su túnica y el resto de sus cosas y vistió la ropa típica de los pastores, lo que se conocería más tarde como el familiar hábito franciscano con capucha, atado con una cuerda en la cintura. Al cabo de un año tenía doce compañeros que se hicieron conocidos como los *Fratres Minores* ("frailes menores" en latín), más conocidos como franciscanos.

En 1210, Francisco presentó ante el papa Inocencio III una petición formal para fundar una orden religiosa. Algunos consejeros del Papa se mofaron de los sencillos planes de Francisco para su Regla, considerando idealista y poco práctico su énfasis en la pobreza radical. Pero el Papa quedó tan impresionado con él que le concedió su aprobación rápidamente.

Francisco regresó a Asís y se instaló con sus hermanos en una pequeña capilla en la campiña. Desde allí recorrieron todo el centro de Italia predicando, pidiendo limosna y realizando trabajos manuales. En 1212 se fundó la rama femenina bajo el liderazgo de la joven Clara, amiga de Francisco. Él mismo le cortó el cabello como señal de la vida de pobreza que había elegido. El grupo comenzó a ser conocido como las Damas Pobres de San Damián y hoy en días son llamadas Clarisas.

En 1219, en medio de las Cruzadas, Francisco viajó a Egipto y fue recibido por el sultán Malik al-Kamil. Esa visita fue la expresión del deseo de Francisco por la no violencia, la paz y la reconciliación en una época en que la "violencia sagrada" era defendida incluso por los líderes religiosos. Como el hermano Bill en las viviendas públicas, Francisco se puso en grave peligro y usó su propio cuerpo como instrumento de paz. Su esperanza de convertir al sultán no se hizo realidad, pero al-Kamil escuchó de buena gana a Francisco. Al final de su larga discusión, se cuenta que el sultán exclamó: "Me convertiría a tu religión, que es hermosa, pero no puedo: ambos seríamos masacrados".

Después de su regreso a Italia, el número de frailes creció y también lo hicieron las tensiones entre los nuevos franciscanos, que tenían distintas ideas sobre lo que significaba llevar una vida religiosa. Sintiendo que no estaba preparado para el desafío que suponía dirigir una orden en tan rápido crecimiento, Francisco renunció y entregó la dirección del grupo a otro hermano.

Con su salud debilitada (sufría virulentas infecciones oculares y padeció tuberculosis durante sus últimos años), pasaba cada vez más tiempo en oración. Durante uno de sus retiros, en el Monte La Verna, Francisco tuvo una profunda experiencia mística durante la oración y sintió una total identificación con los sufrimientos de Cristo. Durante ese retiro, se convirtió en la primera persona en recibir los estigmas: las heridas de la Pasión de Cristo aparecieron misteriosamente en sus manos, en sus pies y en su costado. Avergonzado, las ocultó durante el resto de su vida cubriéndose las manos con el hábito y llevando calcetines y zapatos. A partir de allí pasó casi todo el tiempo en oración.

Los últimos años de Francisco estuvieron llenos de dolor e incomodidades, tanto por sus ojos como por los estigmas. Aún así, en ese tiempo compuso el alegre "Cántico a las creaturas", durante su última visita a San Damián. Fue la expresión definitiva de su amor de toda la vida por la creación y su sentido innato de la sacramentalidad, o santidad, de todas las cosas animadas e inanimadas.

Cuando ya agonizaba, Francisco pidió que lo tendieran en el suelo cerca de su capilla preferida en el bosque, y que le pusieran su viejo hábito gris. El 3 de octubre de 1226 recibió a la "Hermana Muerte". Aunque pidió que lo enterraran junto con los criminales, al día siguiente de su muerte sus hermanos, que lo amaban mucho, contradijeron sus deseos y llevaron su cuerpo en solemne procesión a la iglesia de Asís. Allí permaneció hasta 1230, dos años después de su canonización, cuando fue trasladado a la basílica donde se encuentra en la actualidad.

:::::::::::::::::::::::::

Sabía muy poco acerca de Francisco cuando conocí al hermano Bill e incluso cuando conocí a la hermana Luise. Pero al regresar de África, permanecí unos días en Roma y los jesuitas me insistieron que visitara Asís.

Tenía sólo un día para hacerlo, pero es fácil llegar hasta Asís desde Roma en autobús. Una vez allí, en la pequeña ciudad de la campiña de Umbría, rodeado de peregrinos, mientras caminaba por las angostas calles, en los mismos lugares en los que había estado Francisco, me sentí abrumado por la santidad del lugar. Todo Asís me parecía una iglesia: hasta los mismos adoquines de las calles me parecían sagrados. Aunque sólo me quedé unas pocas horas, pasé la mayor parte del tiempo en la enorme basílica, contemplando los espléndidos frescos sobre la vida de Francisco pintados por Giotto y, especialmente, rezando cerca de su tumba. Uno de los retratos de Francisco, de Cimabue, es casi de tamaño real y los pies de Francisco están pintados cerca del suelo. Contemplando los ojos luminosos de la pintura, me pregunté cómo habría sido encontrarse con él en Asís.

Francisco está enterrado en la iglesia inferior y el área que rodea su tumba ha sido abierta y convertida en una pequeña capilla, con bancos de madera para los peregrinos. Incluso es posible tocar las frías y húmedas piedras que rodean sus restos.

Cuando regresé de Roma, comencé un largo recorrido (que aún no he concluido) por las biografías de San Francisco; cada una de ellas presenta un retrato suyo en diferentes colores: la historia objetiva de Adrian House; el vívido relato que hace Nikos Kazantzakis de un hombre vibrante; la historia llena de afecto de G. K. Chesterton; la narrativa poética de Valerie Martin y la consideración más teológica que hace Lawrence S. Cunningham sobre el santo más popular del mundo. Además de todas ellas, leí una serie de historias populares acerca de Francisco, algunas auténticas, otras probablemente legendarias, llamadas *Las florecillas de San Francisco de Asís*. Una de mis biografías favoritas es la que escribió Julien Green y que combina hechos, leyenda, teología y experiencia personal. Fue publicado originalmente en francés con el nombre *Frère François*. Pero me gusta más el nombre en inglés: *Fool for God* [Loco por Dios].

···:::::::::::::::::::::···
···:::::::::::::::::::::···

Desde que dejé Chicago no he vuelto a encontrarme con el hermano Bill. Hace poco, la hermana Luise visitó por primera vez Estados Unidos. Hacía diez años que no la veía; había cambiado, por supuesto: estaba un poco más corpulenta (aunque seguía vistiendo el mismo hábito de siempre) y caminaba un poco más lentamente (debido a problemas en sus rodillas), pero seguía llena de vida.

Acompañaba a un grupo de refugiados sudaneses a los que se les había dado asilo en Estados Unidos.

—No sabían cómo usar los baños del avión, así que vine con ellos —dijo.

Muchos de sus antiguos estudiantes sudaneses de Nairobi, que ya hacía tiempo se habían instalado en Estados Unidos, ayudaron a pagar su viaje. Su largo viaje por el país la llevó desde Nueva York a Siracusa, de Kansas City a Denver y Dallas y luego de regreso a Nueva York, donde se hospedaba con los frailes dominicos. No dejó de reírse mientras me contaba las experiencias de su viaje. Anciana, con problemas en las rodillas, lejos de casa, con catarro, tras un viaje cansador, la hermana Luise seguía de buen humor.

Al final de nuestra conversación, le pregunté algo que siempre me había intrigado en Nairobi: ¿Cómo tenía energía para hacer todas esas cosas?

—Gracias a la oración de la gente —me contestó de inmediato.

Cuando nos despedimos, me dio un gran abrazo y me sorprendió con una pregunta:

—¿Volveremos a vernos?

Me sentí demasiado conmovido para responder, pero sabía lo que quería decir. Con casi ochenta años, era probable que no regresara a los Estados Unidos, y quién sabe si yo volveré alguna vez a Kenya.

—¡Seguro! —respondí, sin querer admitir la verdad.

Ella sonrió y volvió a abrazarme. Cuando la puerta del monasterio dominico se cerró, pensé una vez más que los santos de Dios surgen en todas las épocas; y que yo había sido muy afortunado por haber conocido a algunos de ellos.

14

Vidas ocultas

José

¿No es éste el hijo del carpintero?

MATEO 13, 55

Después de terminar los estudios de filosofía, los jesuitas pasan dos o tres años trabajando a tiempo completo en un ministerio pastoral. Cuando me llegó el momento de "discernir" con mis superiores adónde ir, se me ocurrieron dos posibilidades. La primera era el Nativity Mission Center, una escuela para niños pobres en Nueva York, donde ya había trabajado como novicio. La segunda opción, indudablemente más exótica, era el Servicio Jesuita a Refugiados.

Ya había leído mucho acerca del Servicio Jesuita a Refugiados, una organización fundada en 1980 por Pedro Arrupe cuando era el superior general de la Compañía de Jesús. Todo lo que oía sobre el JRS (por sus siglas en inglés) me atraía: el trabajo con los refugiados en las situaciones más desesperadas, el modelo de jesuitas viviendo y trabajando con sacerdotes diocesanos, laicos y miembros de otras órdenes religiosas, el compromiso con un estilo de vida sencillo y el deseo de poder moverse siempre con facilidad para poder llegar adonde lo requiriera una situación con refugiados. Parecía exactamente la clase de trabajo que un jesuita debía hacer.

Después de algunas semanas rezando y meditando, sentí que ambas opciones eran adecuadas: tanto permanecer en los Estados Unidos para trabajar en una escuela con niños de hasta 12 años o ir al extranjero con el Servicio Jesuita a Refugiados. Como nos gusta decir a los jesuitas, me sentía "indiferente" a las dos opciones. Aunque la expresión parece conllevar un tono negativo, se trata de un término importante de la espiritualidad ignaciana. Según la perspectiva jesuita, la indiferencia implica tener la libertad interior para ir adonde más nos necesitan y hacer lo que hacemos mejor; significa estar abierto para seguir la voluntad de Dios, nos lleve adónde nos lleve. La indiferencia, como la disponibilidad, es una especie de meta en la vida jesuita. A veces, sin embargo, la indiferencia puede parecer una meta distante. Cuando estaba a mitad del proceso de discernimiento, un amigo jesuita bromeó:

—¿Estás indiferente? ¡Disfrútalo mientras dure!

Pocos meses antes de terminar los estudios de filosofía, me reuní con mi superior y le dije que estaba dispuesto a aceptar cualquiera de los dos trabajos.

—¿Te resulta indiferente? —me preguntó, mirándome atentamente.

Asentí, vacilante, con la cabeza, porque comenzaba a comprender la importancia de la palabra.

—En ese caso —continuó—, irás al JRS.

—¿En serio? —Me sentía asombrado por la velocidad de una decisión que normalmente era el resultado de un largo proceso.

—Completamente —dijo—. Si realmente te resulta indiferente, sería bueno que trabajaras con el JRS y adquirieras la experiencia de trabajar en otro país. La necesidad más grande es evidentemente el trabajo con los refugiados, y el tiempo que pases en el extranjero te resultará de gran valor para tu entrenamiento como jesuita.

Mi superior, recuerdo ahora, había trabajado unos cuantos años en Brasil y hablaba de aquel tiempo como uno de los más felices de su vida.

Tragué saliva al pensar en estar dos años lejos de casa. De pronto no me sentía tan indiferente.

—¿Por qué no averiguas dónde te necesita más el JRS y volvemos a hablar? —añadió, dando por terminada la conversación.

Una vez que se me pasó la conmoción de ser enviado al extranjero, me sentí entusiasmado ante la perspectiva de trabajar con el Servicio Jesuita a Refugiados. Y cuando descubrí que dónde más falta hacía era en África Oriental, me sentí aún más emocionado. En pocos días reservé el vuelo (un viaje de veintiséis horas sin escalas), llené mi maleta de repelente para mosquitos (es gracioso, porque los mosquitos parecen sentirse atraídos en vez de repelidos por él) y me despedí de mis padres (que no sentían tanta indiferencia como yo acerca de mi partida). Viviría en Nairobi, Kenya, donde ayudaría a los refugiados de la ciudad a comenzar "actividades generadoras de ingresos", es decir, pequeños negocios para que pudieran ganarse la vida.

A los pocos meses de mi llegada, un jesuita etíope visitó nuestra comunidad de Nairobi. En aquel tiempo Groum trabajaba como director auxiliar del noviciado en Arusha, Tanzania, a pocas horas de Nairobi. Era un hombre amigable y locuaz, que cimentó nuestra amistad al llevarme a un restaurante etíope local (y explicarme pacientemente el menú) en momentos en los que mi espíritu no estaba particularmente alegre.

A punto de terminar su visita, Groum me pidió un pequeño favor. Cerca de nuestra casa vivía un grupo de religiosas católicas, las Hermanitas de Jesús, cuya comunidad incluía a dos mujeres etíopes. Groum les había traído a las dos hermanas una Biblia en amárico, pero no había tenido tiempo de llevársela. ¿Me importaría hacerlo yo? *Para nada*, le aseguré.

Antes de partir para Tanzania, me indicó cuál era la casa: resultó estar directamente enfrente del restaurante etíope, bien oculta detrás de una alta reja de metal oscuro.

La Biblia, con tapas negras cubiertas por letras amáricas formadas por filigranas doradas, permaneció como en actitud de reproche sobre mi escritorio durante algunos días. Después de una semana, pensé en esas dos hermanas sin Biblia y decidí que era hora de hacer el favor. Una soleada mañana (la verdad es que casi todas las mañanas en Nairobi lo son), recorrí el polvoriento camino que conducía a las Hermanitas de Jesús.

Golpeé la alta puerta que rodeaba la casa y pronto escuché un ruido de pisadas sobre la grava. La puerta se abrió y dejó ver a una mujer africana vestida con lo que uno podría llamar colores marianos: una blusa azul pálido, una falda azul oscuro y un pañuelo azul marino cubriéndole la cabeza. Lo único que se salía de la gama del azul en su vestimenta eran las chancletas verde claro.

—¡Hermano! —dijo sonriendo—. ¡Eres muy bienvenido! ¡Qué alegría que hayas venido! ¡Pasa! ¡Pasa!

Su recibimiento me sorprendió y me dejó encantado, porque estaba seguro de que no sabía quién era yo. Groum había mencionado que las hermanas no tenían teléfono, así que no había forma de que supiera que pasaría a verlas. Aunque no eran hermanas benedictinas, su hospitalidad me recordó una de las líneas de la monástica *Regla de San Benito*: "Todas las personas que lleguen al monasterio deben ser recibidas como si se tratara de Cristo".

Mientras seguía a la Hermanita de Jesús por el camino de grava, noté que su pequeña casa verde y blanca estaba rodeada por un hermoso jardín: lirios blancos, arbustos de bungavillas magenta, plantas de sisal, erguidos pinos de Norfolk, arbustos de rosas chinas con hermosas flores rojas, gardenias fragantes y lirios de la mañana naranjas, cuyas corolas dormitaban bajo el ardiente sol.

La hermana me condujo hasta un fresco porche y, antes de que pudiera abrir la puerta, la comunidad de nueve hermanas (de Malta, Tanzania, Kenya, Nigeria y Etiopía) salió de la casa para saludarme. La superiora era la hermana Monique, una sonriente religiosa francesa que me dio la mano y me condujo al interior de la casa. Cuando saqué la Biblia de Groum me prodigaron toda clase de alabanzas por mi enorme acto de caridad (que había consistido en caminar unos pocos cientos de metros).

La hermana Askalemariam, una de las hermanas etíopes (su nombre, me dijo, significa "don de María"), me mostró la casa. Fue un recorrido corto. En el pequeño salón había unos pocos artículos de artesanía local en madera. Detrás de esa habitación había una pequeña despensa que también funcionaba como cocina. Las ollas estaban colgadas en la pared y una pequeña cocina a querosén silbaba en medio de la habitación. El resto de la casa, sin embargo, quedaba fuera de los límites; era la zona donde las hermanas compartían habitaciones dobles. Me sentí asombrado de que allí pudieran vivir nueve personas, sin electricidad y con muy poca agua.

Detrás de la casa, en medio del pequeño patio, había una pequeña capilla: una estructura baja de madera con techo de chapa. Sobre la capilla se arqueaba un gran árbol cuyas bayas, que caían de gran altura, golpeaban el techo y producían un sonido parecido al de disparos. En el interior había un sencillo altar de madera rodeado por bancos bajos también de madera. Delante del altar se encontraba una estatua de terracota sin pintar, que representaba al niño Jesús acurrucado y dormido. La hermana Askalemariam se inclinó con reverencia delante del altar y me explicó que la comunidad en Roma hacía aquellas imágenes con el fin de recaudar fondos para la Orden.

Cuando regresamos a la casa, las hermanas me pidieron que me quedara a "visitarlas", como ellas decían. Para convencerme, una tetera y un plato de galletas se materializaron frente a mí. Todas las hermanas de la comunidad, dejando a un lado sus tareas, se sentaron conmigo y comenzaron a charlar, preguntándome por mi trabajo con los refugiados, por la comunidad de los jesuitas, por mis padres, mi salud y otros temas durante un buen rato. Su interés y preocupación por mí, un extraño, me resultaron tan sorprendentes como emocionantes.

Más sorprendente aún me resultó su alegría. Nunca antes había conocido gente tan alegre. Las hermanitas se reían todo el tiempo (o así me parecía a mí), y se reían de todo, haciendo bromas sobre su comunidad, sus estudios (la mayoría de las hermanas estudiaban en una facultad de teología jesuita cercana), sus debilidades, sus ropas e, incluso, su superiora. La hermana Monique era la que más y más alto reía cuando las hermanas bromeaban sobre su estilo de cocina (que, imagino, resultaba desconcertante para las hermanas de África oriental). La suya era una alegría contagiosa y yo me sentía más animado a cada momento.

Al terminar mi visita, la hermana Monique me tendió la mano y me anunció alegremente: "Hermano, nos visitarás a menudo".

Fascinado por su alegría, acepté la invitación de la hermana Monique y las visité a menudo (aproximadamente una vez al mes), ya fuera para un saludo rápido, una taza de té o una cena larga y llena de risas.

Ésa fue mi introducción a las Hermanitas de Jesús, una extraordinaria congregación religiosa fundada en 1939 por Magdeleine Hutin en Argelia. Los primeros miembros buscaban vivir una vida sencilla de contemplación y servicio entre las tribus nómadas del Sahara. Su inspiración fue la vida de un hombre notable llamado Charles de Foucauld, un noble y soldado francés que abandonó su vida de lujo en 1886 para pasar el resto de sus días en extrema pobreza.

La perspectiva engañosamente simple de Charles de Foucauld se basaba en la idea de que Jesús de Nazaret (antes de ser bautizado en el río

Jordán, antes de reunir a sus discípulos, antes de realizar sus milagros, y antes de sufrir su Pasión, muerte y Resurrección) fue un hombre pobre que trabajaba como carpintero en su pueblo natal. De hecho, ese período en la vida de Jesús, tradicionalmente llamado "vida oculta", duró mucho más que sus tres años de ministerio activo. Para Charles de Foucauld, la invitación a la santidad llegó a través del deseo de imitar la vida oculta de Jesús; en su caso, en el desierto entre las tribus Tuareg de Argelia.

Charles deseaba fundar una nueva orden religiosa cuyos miembros trabajaran y vivieran entre los pobres, imitando al carpintero de Nazaret. También deseaba llevar el cristianismo a los pueblos nómadas del desierto. Su idea era alcanzar ambas metas no a través de la predicación sino con el ejemplo de su vida. En eso Charles de Foucauld encarnó el espíritu de San Francisco de Asís, quien dijo: "Prediquen el Evangelio. Usen palabras cuando sea necesario".

Aunque era muy respetado por la gente del lugar, Charles fue asesinado en 1916 por una banda de rebeldes Senusi fanáticos. Los seguidores que Charles esperaba reunir no aparecieron durante su vida. Sin embargo, sus escritos y su ejemplo (que se hicieron aún más poderosos con su muerte) desembocaron finalmente en la fundación de los Hermanitos de Jesús en 1933, por René Voillaume y, pocos años más tarde, de las Hermanitas, por Magdeleine Hutin.

Para esos dos grupos, la llamada de Charles de Foucauld significaba vivir la vida de Jesús de Nazaret junto a la gente trabajadora del mundo.

Todo eso suena muy razonable. Pero quedé impresionado cuando la hermana Monique me explicó que su vocación implicaba que las Hermanitas normalmente desempeñaran trabajos poco importantes (en fábricas, hospitales o granjas) porque elegían insertarse en lugares que muchos en la Iglesia descuidaban, y lo hacían con alegría. Era posible que las Hermanitas que estudiaban diligentemente en Nairobi trabajaran un día como obreras en una fábrica, como criadas, como jornaleras o como ordenanzas en un hospital.

En un principio, rechacé ese concepto de la vida religiosa, que parecía tan alejado de la idea jesuita. Pero a medida que conocí mejor a las Hermanitas, la idea de la vida oculta me fue pareciendo cada vez más atractiva. Después de todo, ¿por qué no vivir como lo había hecho Jesús durante la mayor parte de su vida adulta? ¿Por qué no experimentar la clase de trabajo que realizan tantas personas en todo el mundo? Quizás la vocación de las Hermanitas no estuviera tan alejada del ideal de San Ignacio de Loyola de "encontrar a Dios en todas las cosas". Su énfasis en la pobreza no estaba tan alejado del consejo de San Ignacio en los *Ejercicios Espirituales*: que uno debe desear seguir al Cristo pobre no sólo porque la pobreza en sí misma es buena, sino porque ésa había sido la manera de vivir que Jesús eligió en la tierra.

En muchas de las notas en sus diarios, Charles de Foucauld imagina lo que Jesús de Nazaret podría decirle, mediante consejos e inspiración. Éste es un hermoso pasaje, escrito con las palabras de Jesús, extraído de la colección *Charles de Foucauld* de Robert Ellsberg:

Después de mi presentación y mi huida a Egipto, me retiré a Nazaret. Allí pasé los años de mi infancia y juventud hasta que cumplí treinta años. Como siempre, fui allí por ti, por amor a ti. ¿Cuál fue el significado de esa parte de mi vida? Enseñarte. Te enseñé ininterrumpidamente durante treinta años, no con palabras sino con mi silencio y mi ejemplo. ¿Qué te enseñaba? Te enseñaba principalmente que es posible hacer el bien a los hombres (un bien grande, infinito, divino) sin usar palabras, sin predicar, sin grandes aspavientos, sino con el silencio y dándoles un buen ejemplo. ¿Qué clase de ejemplo? El de la devoción de cumplir amorosamente el deber hacia Dios, el de la bondad hacia todos los hombres, el del amor a todos los que me rodean y el de las tareas domésticas realizadas con santidad. El ejemplo de

la pobreza, de la modestia, del recuerdo, de la renuncia: la
oscuridad de una vida oculta en Dios, una vida de oración,
penitencia y renuncia completamente perdida en Dios, ente-
rrada profundamente en él. Te enseñaba a vivir con el trabajo
de tus propias manos, para no ser carga para nadie y para
tener algo que dar a los pobres. Y le estaba dando a esa
vida una belleza incomparable: la belleza de ser una copia
de la mía.

Después de pasar más tiempo con las hermanas y de leer acerca de
Charles de Foucauld, comencé a reflexionar sobre la vida oculta de
Jesús. También comencé a leer tanto como pude acerca del "Jesús
histórico", es decir, el Jesús que vivió en la Palestina del siglo I, para
comprender mejor sus años de formación. En la biblioteca de la casa
en Nairobi había un pequeño libro llamado *Jesús antes del cristianismo*,
de Albert Nolan, que describía brevemente el contexto histórico en el
que Jesús nació, trabajó y en donde más tarde predicaría.

La vida oculta invadió pronto mi oración. Y, quizás, la parte
más fascinante de meditar sobre esos años en la vida de Cristo es que
existen pocos límites para nuestra imaginación. Los evangelistas, al
omitir información sobre la juventud de Jesús, le han dado a nuestra
imaginación un cheque en blanco.

La vida oculta era para mí una idea irresistible. ¡Y tan misteriosa!
Eran muchas las preguntas que me hacía: ¿Cómo era Jesús de joven?
¿Tenía rutinas en su vida cotidiana de Nazaret? ¿Quiénes eran sus amigos? ¿Se enamoró alguna vez? ¿Qué lo hacía reír? ¿Cómo comprendió
que estaba llamado a realizar su particular ministerio? Meditar sobre
su vida oculta me ayudó a entender que, aunque había pasado mucho
tiempo reflexionando sobre su ministerio activo, sabía muy poco sobre
el período más largo de la vida de Jesús, el que había pasado como
carpintero en Nazaret.

Gradualmente, todas esas meditaciones me llevaron a una de las influencias más importantes sobre Jesús de Nazaret: José.

:::::::::::::::::::::::::::::::

Como sucede con muchos santos cuyo linaje se rastrea hasta los primeros tiempos de la Iglesia, es muy poco lo que se conoce sobre San José, además de las pocas líneas escritas sobre él en los evangelios. Pertenecía a la descendencia del rey David y estaba comprometido con una joven de Nazaret. María, de modo inesperado, quedó embarazada. Pero José, que "era un hombre justo y no quería difamarla", como nos cuenta el evangelio de Mateo, planeó disolver el compromiso discretamente. Así que, incluso antes de que naciera Jesús, quedaron de manifiesto la compasión y el corazón indulgente de José.

Pero Dios tenía otros planes. Como ya había hecho con otro preocupado José (un patriarca del libro del Génesis), Dios usó un sueño para revelar al carpintero de Nazaret sus planes de salvación. En el sueño un ángel le contó a José el secreto de María: "José, hijo de David, no temas llevar a María, tu esposa, porque el hijo que espera fue concebido por el Espíritu Santo." El mismo ángel, después del nacimiento del hijo de María, aconsejó a José que llevara al niño y a su madre a Egipto para escapar del asesino Herodes. Y José le hizo caso.

Unas pocas historias más acerca del niño Jesús (se pierde durante un viaje y lo encuentran predicando en el templo) y entramos en el período de la vida oculta. Lo único que dice sobre esos dieciocho años el evangelio de Lucas es esto: "Y Jesús crecía en gracia y sabiduría".

Ése es el tiempo de José. Un tiempo que pasó cuidando a su hijo (o, para ser más precisos, a su hijo adoptivo) y enseñándole el oficio de carpintero (la palabra griega usada en los evangelios de Marcos y Mateo es *tekton*, que puede ser traducida como "artesano" o "trabajador de la madera", pero se la deja tradicionalmente como "carpintero"). Es probable que Jesús haya aprendido en el taller de José los principios básicos de su oficio: qué madera era la más adecuada para sillas y mesas y cuál lo era para yugos y arados. El experimentado José debe haberle enseñado a su aprendiz la manera correcta de clavar los clavos con un martillo, de hacer un orificio limpio y profundo en una tabla y a nivelar un estante o un dintel.

Sin duda, José habrá pasado a Jesús los valores necesarios para ser un buen carpintero. Se necesita paciencia (para esperar a que la madera esté seca y lista para trabajarla), discernimiento (para asegurarse de que la plomada está derecha), honestidad (para cobrar un precio justo por el trabajo) y perseverancia (para lijar la madera hasta que quede lisa). Junto a su maestro, el joven Jesús habrá trabajado y construido, contribuyendo mientras tanto al bien común de Nazaret y los pueblos vecinos. No es difícil imaginar que las habilidades que Jesús aprendió de su maestro (paciencia, discernimiento, honestidad y persistencia) lo ayudaron mucho durante su posterior ministerio. José ayudó a que Jesús se convirtiera en lo que el teólogo John Haughey, SJ, llama "el instrumento que más se necesitaba para la salvación del mundo".

Como padre, José fue también uno de los principales maestros de su hijo en lo que respecta a la fe religiosa: él le presentó a los grandes hombres y mujeres de las Escrituras, le enseñó las plegarias hebreas, lo preparó para su *bar mitzvah* y lo alentó a escuchar a los rabinos y líderes religiosos del pueblo. Y le hablaba de Dios. Los niños y los adolescentes suelen tener muchísimas preguntas acerca de Dios. Es probable que José fuera la persona a la que se dirigía Jesús con sus preguntas. De modo que la comprensión que tenía de su Padre Dios estaba basada no sólo en la vida de José sino también en sus respuestas a las preguntas. La fe de José fue una de las bases de la fe de Jesús.

Pero aproximadamente cuanso Jesús comienza su ministerio, José desaparece (al menos en la narrativa evangélica). ¿Qué le sucede al custodio de Jesús? La tradición sostiene que, para cuando Jesús comenzó a predicar, José ya había muerto. Significativamente, no se nombra a José entre los invitados a las bodas de Caná, el acontecimiento que marcó el comienzo del ministerio público de Jesús. Pero ¿murió antes de que su hijo llegara a la edad adulta? ¿Cómo habrá llorado Jesús la muerte de su padre?

Hace algunos años, en una exhibición de arte en la catedral de San Juan el Divino en Nueva York, encontré una pintura llamada *La muerte de José*, un tema raramente abordado por los artistas. En la enorme pintura del artista español Francisco Goya, José, enfermo, yace en la cama. Junto a su lecho aparece un Jesús joven, quizás de dieciséis o diecisiete años, sin barba, vestido con una larga túnica roja, que mira con toda atención a José. María está sentada en la cama. Se trata de una escena poco común de la sagrada familia que capta la tristeza por la temprana muerte de José.

Los católicos invocan tradicionalmente a José como el patrón de la "buena muerte". En su libro *Hermanos del alma*, Richard Rohr se pregunta: "¿Cómo podía no ser buena? Sabía que había obedecido lo que Dios le había pedido en sueños. Obedeciendo esos sueños había viajado hasta Egipto, como el primer José, y luego había regresado para instalarse en un nuevo pueblo, en el que seguramente tuvo que volver a iniciar su vida por tercera vez". Es cierto. Pero no pudo haber sido una buena muerte para Jesús o María. Cómo habrán deseado que José hubiera podido ver u oír el trabajo de su hijo entre el pueblo de Israel. Cuánto habrán necesitado el consejo de José durante los períodos confusos y dolorosos del ministerio público de Jesús. Y cuánto habrá necesitado María su apoyo durante la Pasión y muerte de su hijo.

Aunque no sabemos cuándo ocurrió la muerte de José, no se lo menciona más que en los primeros pasajes de la Escritura. Después de eso, es la vida de José la que transcurre de manera oculta.

Es precisamente esa parte de su vida la que me conmueve. José aparece brevemente en los evangelios no pronuncia palabra y lleva una vida tranquila de servicio a Dios, que resulta prácticamente desconocida para nosotros. Tiene que haber sido necesariamente una vida de humildad, y una vida que vi reflejada en las vidas de muchos otros en Nairobi: en los kenyanos de la ciudad y en las Hermanitas de Jesús.

La vida de José también se reflejaba en la de los refugiados que conocí. Mientras trabajaba con el Servicio Jesuita a Refugiados, visitaba con frecuencia a muchos de ellos en sus pequeñas casas, verdaderas casuchas, en las barriadas de Nairobi. Un día visité a una mujer a la que le habíamos dado una pequeña máquina de coser para ayudarla en su negocio de arreglar las ropas de sus vecinos. Vivía en una única habitación oscura, atiborrada con sus pocas posesiones: un viejo colchón en el que dormían sus cuatro hijos, una pequeña y ruidosa cocina de querosén, un cubo de plástico con agua y una caja de cartón con ropa. ¿Quién lleva una vida más oculta que una refugiada, escondida en una casucha en medio de una enorme barriada, inclinada sobre su máquina de coser mientras intenta ganar un poco de dinero para su familia? Muchas veces me parecía que los refugiados, despojados de su conexión con el país, privados de amigos, sin dinero y con las perspectivas económicas más sombrías, vivían sumergidos en un mar de miseria, escondidos de la vista del mundo.

Esa vida oculta la comparten muchas personas, incluso en las áreas más ricas del mundo. La mujer soltera de mediana edad que cuida a su madre anciana, pero cuyo sacrificio es apenas conocido por sus vecinos. Los amorosos padres de un niño autista que lo cuidarán toda su vida y cuyo dolor y tristeza no conocen ni sus amigos. La madre soltera que tiene dos trabajos para poder proporcionar a sus hijos una buena educación y cuyos agotadores turnos de trabajo nocturno son todavía, después de muchos años, desconocidos para sus compañeros laborales diurnos. Infinitas vidas ocultas de amor y servicio a los demás. El darse de uno mismo cada día por Dios.

Me asombra descubrir cuántas de esas personas aceptan sus vidas ocultas de servicio con alegría. Durante los primeros meses de noviciado trabajé en el Hospital Youville, en Cambridge, Massachusetts, dirigido por las "Monjas Grises" (Hermanas de la Caridad), una pequeña congregación católica que se dedica a atender a los enfermos graves. Los que vivían en el hospital padecían una gran variedad de enfermedades: cáncer, demencia, enfermedades musculares degenerativas. Muchos de ellos eran sorprendentemente jóvenes; por ejemplo, jóvenes con daños cerebrales como resultado de accidentes de automóviles o motocicletas. Había una madre que visitaba todos los días a su hijo de veintidós años para alimentarlo, leerle y sentarse junto a su cama. La suya era una vida completamente oculta para el mundo, en un hospital solitario que pocos conocían, ni siquiera los que vivían cerca ("Youville? ¿Dónde queda?", me preguntaban bostonianos de toda la vida). Una tarde de invierno encontré a la madre peinando cuidadosamente el cabello de su hijo.

—¿No es cierto que hoy está muy guapo? —me dijo con una sonrisa radiante.

Esa clase de vida oculta me resulta muy atractiva porque está completamente alejada de los objetivos de mis propios deseos egoístas. En una cultura que ensalza los gestos audaces, las proclamaciones públicas, el acontecimiento para los medios de comunicación, me siento constantemente atraído a hacer cosas para que los demás las vean. Hacer una buena obra parece insuficiente: ¡es necesario que los demás se enteren de que la he hecho! Por eso, mi apetito por la fama choca con lo que Jesús enseñó: "Cuando des limosna", dice en el evangelio de Mateo, "que tu mano izquierda no sepa lo que hace tu derecha, para que tu limosna quede en lo secreto; y tu Padre que ve en lo secreto te recompensará".

El ardiente deseo de fama es, por supuesto, una manifestación del orgullo; un orgullo que no busca la vida oculta del desierto o la humildad del acto invisible a los demás, sino la adulación de los otros. En definitiva, es una disposición mental destructiva, porque uno nunca podrá recibir suficientes loas como para satisfacer al ansia de atención, fama o notoriedad. Inexorablemente, conduce al desaliento y por eso debemos combatirlo. Como dice Henri Nouwen, uno lucha por alcanzar la libertad de estar "escondido para el mundo pero visible a Dios".

Y me pregunto si cuanto más invisible a los demás es la acción más la valora Dios. Siempre me acuerdo de la leyenda de aquel maestro escultor de una de las grandes catedrales medievales de Francia. El anciano pasó horas y horas esculpiendo la parte de atrás de una estatua de María, realizando con amoroso cuidado las intrincadas curvas y pliegues de su túnica. Alguien le preguntó: ¿qué sentido tiene tanto trabajo? La estatua será colocada en un nicho oscuro de la pared y nadie verá nunca la espalda.

—Dios la verá —contestó él.

Deseo esa clase de santidad. Pero sé que aún estoy lejos de conseguirla.

Sin embargo he visto muchos ejemplos de santidad en vidas ocultas. En mi comunidad jesuita de filosofía, estaba sentado un día a la mesa con un respetado anciano jesuita, cuando junto a nosotros pasó una de las mujeres de la limpieza, una inmigrante de Europa oriental de mediana edad que venía a nuestra casa una vez por semana. Nos sonrió.

El jesuita anciano me dijo cuando ella se marchó:

—¿Sabes que ha trabajado con nosotros durante diez años sin una queja y que ha mandado tres hijos a la universidad? Siempre está alegre y siempre es amable conmigo.

Hizo una pausa y agregó:

—Cuando vayamos al cielo, sé que ella estará mucho más adelante que yo en la fila.

La última noche que pasé en Nairobi, las Hermanitas me dieron una cena de despedida. Una vez más me sorprendió cómo se las arreglaban tan bien con las mínimas y más simples posesiones. A pesar de su pobreza fue una cena deliciosa, llena de esas risas contagiosas que había llegado a identificar con esa comunidad. Y a pesar de mi tristeza por dejar África oriental (y amigos como ellas), fue una noche alegre.

Cuando levantaron los platos de la mesa, la hermana Monique pidió a la comunidad que hiciera una oración de bendición para mí.

Cuando inclinaron la cabeza en silencio, yo sabía que ya había recibido una bendición especial de aquellas mujeres, que siempre llevarían sus vidas ocultas en la pobreza sencilla, cuyo ejemplo demostraba lo que significa predicar el Evangelio y cuyas numerosas risas me mostraban el valor de la alegría cristiana.

—Te pedimos que bendigas a Jim —comenzó la hermana Monique—, que nos ha enseñado a vivir con sencillez.

Y cuando oí aquel cumplido inesperado, espontáneo y nada merecido fue, finalmente, mi turno de echarme a reír.

15

Quien en Dios confía

Los mártires de Uganda

Mwamini Mungu si mtovu.
A quien en Dios confía no le hace falta nada.

PROVERBIO SWAHILI

Una de las muchas ironías de abandonar el mundo empresarial y entrar a la orden jesuita fue que mi experiencia comercial me sería de gran ayuda durante los dos años que pasé en África oriental. Lo que pensé que había dejado atrás para siempre resultó ser especialmente útil en el ministerio con los refugiados.

Mi trabajo con el Servicio Jesuita a Refugiados (JRS) consistía, en esencia, en ayudar a los refugiados que se establecían en Nairobi (los llamados "refugiados urbanos") para que pudieran comenzar pequeños proyectos empresariales. Al ganar dinero ellos mismos, los refugiados indigentes eran capaces de mantenerse mejor a sí mismos y a sus familias.

Cuando llegué a Kenya, JRS ya patrocinaba una docena de pequeños proyectos como restaurantes en las partes traseras de edificios dirigidos por hombres etíopes, cooperativas especializadas en la confección de canastos a cargo de mujeres ruandesas y talleres de carpintería a cargo de hombres ugandeses. La dirección del programa era sencilla. Yo trabajaba con una encantadora y enérgica voluntaria laica austríaca, una mujer de mediana edad que se llamaba Uta. Una vez que completaban una simple solicitud, los refugiados recibían una pequeña cantidad de fondos para comprar los artículos necesarios e iniciar sus proyectos: madera para los carpinteros, platos y vasos de plástico para los encargados de los restaurantes y paja para las que se dedicaban a confeccionar canastos.

Habitualmente, Uta y yo visitábamos los emprendimientos de los refugiados, ubicados en sus casas en las barriadas de Nairobi, para asesorarlos y darles apoyo, ayudarlos a resolver cualquier problema y, en general, asegurarnos que todo marchaba bien. Durante mi estancia en Kenya, el programa creció rápidamente: al final de aquellos dos años ya dirigíamos más de sesenta proyectos.

Por lo tanto, pasaba gran parte de mi tiempo asesorando a los refugiados acerca de marketing, administración y, especialmente, contabilidad. No dejaba de maravillarme la manera en que Dios empleaba mis conocimientos empresariales. Aún más: muchos de los refugiados provenían de regiones francófonas de África: países como Congo, Rwanda y Burundi. Así que incluso mi francés de la secundaria resultó de utilidad. Parecía que Dios lo había planeado así desde el principio. Cuando se lo mencioné a mi director espiritual, sonrió y me recordó el antiguo proverbio: "Dios escribe derecho en renglones torcidos."

La gran mayoría de proyectos eran cooperativas de confección de ropa dirigidas por mujeres de casi todos los países de África oriental. A menudo, esas mujeres pasaban por nuestra oficina y nos dejaban una muestra de su trabajo: vestidos hechos con brillantes telas *kitenge*, camisas para niños bordadas con leones y cebras, grandes trozos de telas batik pintadas con colores vibrantes y hermosas colchas de retazos hechas con restos de telas variadas. Y, también a menudo, los cooperadores que visitaban nuestra oficina descubrían esas muestras y las compraban. Con el tiempo, nuestra pequeña oficina se convirtió en un excelente mercado para los grupos de confección.

Una de esas cooperativas estaba dirigida por una notable mujer llamada Alice Nabwire, una refugiada ugandesa. Alice había emigrado a Kenya ya hacía varios años y se encargaba, junto con dos compatriotas, de un pequeño taller de confección en una de las barriadas de Nairobi.

Como el taller de Alice no estaba lejos de la comunidad jesuita, solía visitarla con frecuencia; con el tiempo nos hicimos amigos. Aunque trabajaba en una de las ciudades más pobres del mundo y tenía que enfrentarse a tremendas dificultades, Alice era siempre optimista. También era una trabajadora incansable y una inteligente mujer de negocios. Si yo quería comprarle un vestido de los que confeccionaba, me proponía que era mejor que comprara dos (y, generalmente, me convencía). Personificaba uno de mis versículos favoritos de San Pablo: "Nos sobrevienen pruebas de toda clase, pero no nos desanimamos; tenemos problemas, pero no nos desesperamos; … somos derribados, pero no quedamos fuera de combate".

Alice también tenía un lacónico sentido del humor y una visión clara de lo que era la vida en África oriental. Un día le conté que otra de las refugiadas ugandesas había decidido ponerle mi nombre a su bebé, lo que para mí era todo un honor. Justo el otro día, comenté, la mujer había llevado al bebé a nuestra oficina. Alice se limitó a asentir. Siguiendo con mi historia, le dije que faltaban pocos meses para el bautismo del niño.

—Hermano Jim —me dijo Alice—, ¿quién va a pagar las ropas de bautismo del niño?

—Bueno —contesté—. Imagino que lo hará la madre.

Alice volvió a asentir con la cabeza.

Pocos días más tarde, la madre del niño volvió a nuestra oficina y me invitó al bautismo. Luego me dijo que no sólo necesitaba dinero para las ropas de bautismo del bebé, sino que tampoco tenía un lugar donde celebrar la fiesta, como era costumbre. Me ofrecí a pagarle la ropa de mi propio bolsillo y acordamos celebrar la fiesta en mi comunidad jesuita. La madre me dio las gracias con entusiasmo. El día señalado me uní a la familia en la iglesia local y presencié cómo el sacerdote echaba agua sobre la cabeza de James Martin Nakyobe. Después, la comunidad jesuita recibió a una docena de miembros de la familia para celebrar con Fanta, galletas y pastel.

A la semana siguiente, otra mujer me anunció que le pondría mi nombre a su hijo.

Lo mencioné cuando volví a visitar a Alice en su taller. Ella sacudió la cabeza.

—Hermano Jim —me dijo, como si estuviera dirigiéndose a alguien particularmente torpe—, ¿no se da cuenta de que si sigue pagando ropas de bautismo y celebraciones, pronto habrá muchos, muchos bebés llamados James Martin en Nairobi?

Como teníamos tanto éxito en nuestra oficina con la venta de artículos hechos por los refugiados, Uta y yo decidimos abrir una pequeña tienda para ampliar la venta a turistas, expatriados y kenyanos adinerados. Allí no sólo podríamos vender productos de los talleres de confección, sino también esculturas de madera, canastos, pinturas y esterillas de caña que hacían los refugiados. Después de buscar un lugar apropiado durante algunas semanas, conseguimos un pequeño bungalow que alquilamos a la parroquia jesuita local. Estaba ubicado en una extensa barriada llamada Kangemi. Por suerte, el local se encontraba justo a las afueras, de modo que nuestros visitantes adinerados no se sentirían asustados de visitarnos.

La tienda fue un éxito instantáneo. En sólo seis meses, vendimos mercadería por más de cincuenta mil dólares, una suma enorme en África oriental. Las ganancias se empleaban en comprar más artesanías para la tienda y en financiar nuevos negocios, por lo que los refugiados estaban felices. La tienda también era un lugar en el que los refugiados podían reunirse para pasar tiempo juntos, contarse noticias y participar en clases gratuitas que ofrecíamos de vez en cuando (aunque pensé que mi Introducción a las Prácticas Comerciales sería la más importante, la Introducción a la Confección de Canastos, de una anciana mujer sudanesa, resultó la más popular).

Uta y yo sabíamos que para atraer clientes necesitábamos aplicar los principios del marketing. La primera cuestión fue qué nombre ponerle a la tienda. ¿Cómo podíamos llamarla? Pensé en el nombre de algún santo africano, pero Uta no estaba muy convencida.

Decidimos pedir consejo a los refugiados. La tienda, después de todo, era para ellos. Una mañana me senté con un grupo que estaba esperando para vernos a Uta y a mí. Frente a la tienda había un amplio porche, cubierto con tejado de pizarra que nos protegía del ardiente sol ecuatorial. Teníamos unos pocos bancos de madera (hechos por las personas que trabajaban en los talleres de carpintería) y los refugiados se habían acostumbrado a pasar allí mucho tiempo. Me alegraba ver mujeres y hombres de diferentes grupos étnicos, tradicionalmente enfrentados, tan tranquilos unos con otros mientras intercambiaban noticias y consejos comerciales, cuidaban de los niños de los demás y, en general, se condolían unos de otros y reían.

Saqué el tema: Uta y yo creemos que deberíamos ponerle un nombre a la tienda, para que sea más conocida y así podamos vender más productos.

—Es una buena idea —dijeron.

—¿Qué les parece si le ponemos el nombre de un santo africano? —pregunté.

Pocas semanas antes, una revista católica local había publicado una breve historia sobre los mártires ugandeses, un grupo de jóvenes y niños asesinados por el *kabaka*, el rey del pueblo Baganda, a finales del siglo XIX. Los jóvenes habían sido bautizados como cristianos poco antes de sus muertes.

—¿Qué les parece Kizito? —pregunté, nombrando al más joven de los mártires que sólo tenía catorce años. Había oído que algunos grupos católicos juveniles habían elegido a Kizito como patrono. Y me gustaba el nombre: era fácil de recordar y, aún más importante, sería sencillo de pronunciar para los occidentales.

Tres mujeres ugandeses, que administraban un taller de confección de colchas, sonrieron y asintieron.

—¡Maravilloso! Kizito es un buen nombre.

Noté que una mujer sudanesa que estaba sentada en otro de los bancos fruncía el ceño.

—Hermano Jim, ¿por qué no ponerle Bakhita? —preguntó. Josefina Bakhita, que había sido esclava y más tarde había formado parte de la congregación de las Hermanas Canossianas, había sido beatificada recientemente—. Bakhita sería mejor.

Como respuesta, esta vez fueron las ugandesas las que fruncieron el ceño. Comencé a darme cuenta de que elegir el nombre de cualquier santo africano significaría, al menos a los ojos de los refugiados, honrar a un país sobre los demás. Así que, para no crear divisiones, no podíamos llamar a la tienda con el nombre de un santo.

Quizás fuera mejor una sencilla palabra en swahili. Busqué un diccionario.

—¿Qué tal *Mwangaza*? —Significa "luz". —Ése es el nombre de una casa de retiros en Nairobi— me recordó uno de los miembros de mi comunidad.

—¿*Tumaini* (esperanza)? —No, ya había sido elegido por una orden religiosa femenina que tenía una pequeña comunidad cerca de la tienda.

—¿*Hekima* (sabiduría)? —El nombre de la escuela de teología jesuita en Nairobi.

Así llegué a *Imani*, la palabra swahili para "fe". El Centro Imani sonaba muy bien. Pero entonces Uta me explicó que el partido político del presidente de Kenya daba ese nombre a infinidad de edificios públicos. Me estaba quedando sin palabras en swahili.

Finalmente, una refugiada sugirió algo más sencillo:

—¿Qué les parece *mikono*? (manos) —Sonaba bien: corto y fácil de recordar, especialmente para oídos americanos y europeos. Lo sugerí a los refugiados algunos días más tarde.

—¿"Mikono"? ¿Por qué van a llamar "manos" a la tienda? —Les expliqué que la tienda sería el escaparate para la obra de sus manos y que todos trabajaríamos en ella de la mano.

—¡Ah! —dijo uno de ellos—. ¡Eso está *muy* bien!

Pero no todos estaban tan contentos con el nuevo nombre del Centro Mikono.

—"Mártires de Uganda" hubiera sido mucho mejor —me dijo una refugiada ugandesa. De hecho, durante el resto de mi estadía, una mujer ugandesa no dejó de repetirme que había sido un error no llamar al Centro "Kizito", porqué Kizito era un santo muy poderoso y así habríamos contado con su intercesión.

Ése fue el primer indicio que tuve acerca de la importancia de los mártires para los cristianos de África oriental.

.:::::::::::::::::::::::.

Los misioneros cristianos, tanto católicos como anglicanos, llegaron al interior de África durante la última parte del siglo XIX. La primera misión católica la establecieron los Padres Blancos, una sociedad misionera fundada por el cardenal francés Charles Lavigerie, el arzobispo de Argel y Cartago (el nombre de los Padres Blancos no se debe al color de su piel, sino al de su larga túnica). Ya en 1878, cuando el papa León XIII le pidió que se encargara de las misiones en África ecuatorial, Lavigerie inició una serie de viajes anuales en caravana hacia el África central, como parte de la evangelización católica de la zona. Al año siguiente, se fundó una misión católica en lo que hoy es Uganda.

El más grande y poderoso de los grupos étnicos locales era el baganda, por el que los misioneros europeos se interesaron particularmente. Edward Rice (a propósito, amigo de Thomas Merton) ofrece una visión general de la importancia de la región y del pueblo baganda en su libro *El capitán Sir Richard Francis Burton*, una biografía del explorador y lingüista victoriano. Rice cuenta que los Baganda se encontraban entre las tribus más ricas y avanzadas de África central. Aún más, tenían una "cierta pátina de civilización que asombraría más tarde a los europeos, con burocracias bien organizadas, una manera de gobernar de orden superior, artes y arquitectura magníficamente desarrolladas y artesanías poco comunes". Sin embargo, la civilización también tenía su lado oscuro, según Rice, y tanto los gobernantes como los súbditos tenían reputación de ser "increíblemente crueles".

Mutesa, el gobernante de los baganda, ejemplificaba esa crueldad. Cuando llegó al trono en 1860, para asegurarse su supervivencia política enterró vivos a sus hermanos: sesenta en total. Sin embargo, adoptó una postura más o menos benigna frente a los misioneros cristianos (la *Vida de los santos* de Butler lo llama "un gobernante no hostil"). En esencia, Mutesa permitió a sus súbditos que eligieran entre los distintos credos que habían llegado a su reino: católico, protestante o musulmán. A su vez, cada grupo intentó asegurar su influencia en la corte real mediante la conversión de funcionarios de alto rango. Mutesa, sin embargo, nunca eligió ningún credo: cuando murió en 1884 aún practicaba las tradiciones religiosas locales.

La conversión al cristianismo entre los baganda significaba el rechazo a las religiones tradicionales. También implicaba dejar de lado modos tradicionales de vida, adherirse a unas nuevas normas religiosas y morales y, a menudo, establecer nuevas alianzas basadas en las creencias religiosas. Como resultado de todo eso, el grupo de nuevos creyentes (llamados *abasomi*, o lectores) comenzó a ser visto con desconfianza por el resto de los baganda, que los consideraban una facción rebelde y peligrosa. Pero durante el reinado de Mutesa, sin embargo, esas sospechas se mantuvieron bajo control.

Con la asención al trono de su hijo Mwanga, la situación cambió de forma dramática. De joven, Mwanga siempre había mostrado algo de simpatía por los misioneros cristianos, pero su actitud cambió en cuanto llegó al trono. De acuerdo con la tradición, el *kabaka* era el centro de toda autoridad y poder en el reino y podía disponer de sus súbditos a voluntad (un viejo proverbio baganda dice *Namunswa alya kunswaze*: "La hormiga reina se alimenta de sus súbditos"). Pero la presencia de los misioneros disminuía gravemente su autoridad entre los conversos. Mwanga practicaba también la pedofilia y, cuando descubrió que los jóvenes que se habían convertido al cristianismo rechazaban sus avances sexuales, se enfureció. Como resultado, el rey decidió eliminar el cristianismo de su reino y comenzó una violenta persecución de los misioneros y de los nuevos cristianos.

En enero de 1885, Mwanga ordenó que tres baganda anglicanos (Joseph Rugarama, Mark Kakumba y Noah Serwanga) fueran descuartizados y quemados. En octubre del mismo año, el recién llegado obispo anglicano James Hannington fue asesinado junto con el resto de su caravana cuando iba de camino a la región. Como respuesta, José Mukasa, un importante consejero del *kabaka* y reciente converso católico, reprochó a Mwanga por haber ejecutado al obispo Hannington sin haberle ofrecido la habitual oportunidad de defenderse. Mwanga, furioso por lo que consideró una insolencia por parte de Mukasa, ordenó que lo decapitaran el 15 de noviembre de 1885. Mukasa se convirtió en el primer mártir católico negro del continente.

Entre los que se encontraban entonces en evidente peligro estaba el ahora jefe de los pajes reales, Carlos Lwanga, que había sido instruido en el cristianismo por los Padres Blancos y sería el sucesor de Mukasa en la dirección de los jóvenes conversos. El día de la muerte de José Mukasa, Lwanga se dirigió a la misión católica junto con otros catecúmenos (que estaban recibiendo instrucción religiosa) y junto con ellos fue bautizado por Simeón Lourdel, uno de los Padres Blancos. Entre los pajes se encontraba Kizito, de catorce años.

Su historia la cuenta un Padre Blanco de nuestros días, Aylward Shorter, de la Universidad católica de África oriental en Nairobi (en la actualidad, la orden vuelve a conocerse con su nombre oficial, Misioneros de África). De acuerdo con el padre Shorter, al día siguiente un furioso *kabaka* llamó a los pajes a la corte. El rey se había enterado de que uno de los pajes jóvenes de la corte, Mwafu, había estado recibiendo instrucción religiosa por parte de otro paje, Denis Sebuggwawo. El rey ordenó que los pajes confesaran su lealtad. Todos los pajes católicos y anglicanos, excepto tres, lo hicieron. Mwanga, aparentemente desconcertado por su solidaridad, pospuso las ejecuciones. En un momento, Carlos Lwanga, imitando la postura de otro mártir anterior, Santo Tomás Moro, confesó su lealtad al reino de Buganda y declaró que estaba dispuesto a entregar su vida por el rey; pero que, sin embargo, nunca abjuraría de su fe.

En febrero se produjo un incendio en el palacio real, por lo que Mwanga mudo su corte a una residencia junto al lago Victoria. Mientras se encontraba allí, Carlos Lwanga protegió a varios pajes contra los violentos abusos sexuales del rey. Para ese entonces, Mwanga ya había obtenido el consentimiento de sus jefes para matar a los baganda cristianos. Al mismo tiempo, Lwanga bautizó en secreto a cinco de sus catecúmenos.

El 26 de mayo se convocó a los pajes en el patio real para escuchar cuál sería su destino. A partir de ese instante, la historia de los mártires de Uganda se parece mucho a la de los primeros mártires cristianos. El padre Lourdel, que había pedido repetidamente audiencia con el rey, se convirtió en testigo involuntario. Todos los hombres se declararon dispuestos a permanecer cristianos hasta la muerte. Finalmente, Mwanga decretó que todos ellos (dieciséis católicos y diez anglicanos) fueran transportados a Namugongo, a poco más de doce kilómetros, donde serían quemados. Durante el camino a su ejecución, atados con sogas y grilletes, pasaron frente al padre Lourdel, que atestiguaría más tarde su actitud notablemente tranquila.

Fueron conducidos a Namugongo donde, con las sogas, grilletes, argollas de hierro y yugos de esclavos aguardaron durante una semana. Durante ese tiempo los mártires rezaron y cantaron himnos; los católicos que había entre ellos rezaban por la mañana, antes de las comidas y recitaban el Ángelus y el Rosario, preparándose para sus muertes. El 3 de junio, antes de la ejecución del resto de los jóvenes, Carlos Lwanga fue ejecutado por la guardia del rey. Lo envolvieron apretadamente en una esterilla de caña, le colgaron un yugo al cuello y lo arrojaron a una pira. Mofándose de sus verdugos, se dice que Carlos gritó: "¡Me queman, pero es como si me arrojaran agua sobre el cuerpo!". Antes de morir, gritó "Katonda": "Dios mío".

Sus compañeros fueron ejecutados de la misma horrorosa manera. Aylward Shorter escribe: "A medida que las llamas se elevaban, podían escucharse sus voces rezando y animándose unos a otros". Las últimas palabras del joven Kizito fueron "Adiós, amigos. Ya estamos en camino".

En total fueron cuarenta y cinco los cristianos martirizados en Namugongo: veintidós católicos y veintitrés anglicanos.

De nuevo vienen a la mente las historias de los primeros mártires cristianos y recuerdo una cita de Tertuliano, el escritor cristiano del siglo III: "Cuanta más sangre derramáis, más numerosos somos; la sangre de los mártires es la semilla". Después de que los Padres Blancos fueron expulsados de la región, los baganda cristianos continuaron el proceso de evangelización, traduciendo el catecismo al luganda, dando instrucción religiosa en secreto y animándose a perseverar unos a otros. Cuando los Padres Blancos regresaron después de la muerte de Mwanga, encontraron quinientos cristianos y más de mil catecúmenos que esperaban más instrucción religiosa.

En 1964, el papa Pablo VI canonizó a los veintidós mártires católicos. Cinco años más tarde, como primer Papa que visitaba el África subsahariana, puso la primera piedra para la construcción de un santuario que se construiría en Namugongo en honor de San Carlos Lwanga y sus compañeros. El santuario fue completado el 3 de junio de 1975, festividad de los mártires de Uganda.

⸺⸺⸺

En los meses que siguieron a su inauguración, el Centro Mikono continuó funcionando bien. Nuestra primera venta de Navidad fue alentadora: vendimos casi la mitad de toda la mercadería. La tienda comenzó gradualmente a hacerse conocida en Nairobi. Pero también resultó un tiempo agotador, porque cuando los refugiados descubrieron que habíamos vendido tantos artículos entendieron que necesitaríamos comprar más artesanías para reponerlas y el número de refugiados que nos visitaban aumentó considerablemente. A veces el porche estaba repleto de docenas de hombres y mujeres que llevaban con ellos toda clase de artesanías y que esperaban vernos.

Después de varios años con el Servicio Jesuita a Refugiados, Uta decidió regresar a Austria. Su reemplazo fue Michael, un joven y trabajador sacerdote jesuita alemán. Un día, después de visitar a cincuenta refugiados (los contamos), Michael sugirió que podíamos tomarnos una semana y viajar a Uganda. Hacía tiempo que el equipo del Servicio Jesuita a Refugiados en un campo de refugiados del norte de Uganda nos pedía que los visitáramos. Y conocer el campo también nos daría una idea de lo que experimentaban los refugiados antes de llegar a Nairobi. Yo también esperaba poder visitar el santuario de Namugongo. Así que Michael y yo compramos los boletos para el tren nocturno Nairobi-Kampala, la capital de Uganda. Desde allí viajaríamos en el avión "Asociación Misionera Aérea", con capacidad para cinco pasajeros, hasta un campo de refugiados cerca de la frontera sudanesa.

A la semana siguiente estábamos en un atiborrado tren de Kenyan Railways en el que avanzamos lentamente a través de las barriadas de Nairobi y las montañas de Kenya, sobre la famosa "fuente del Nilo" en Jinja, Uganda, y llegamos finalmente (veintiséis horas más tarde) a Kampala.

Como el resto de Uganda, la capital había sufrido penosamente bajo la dictadura de Idi Amin y la brutal guerra civil que había seguido a su derrocamiento. Aunque Uganda iba haciendo lentos progresos económicos, las señales de la larga lucha del país frente a la pobreza y a la violencia eran evidentes. La modesta estación ferroviaria de arenisca estaba llena de orificios de bala y sus paredes descascaradas a causa de los disparos.

Los tres jesuitas que nos recibieron en la estación nos condujeron por las polvorientas calles hasta la Casa Xavier, una comunidad de quince jesuitas que trabajaban en diferentes ministerios en Kampala. Un jesuita médico trabajaba en la universidad Makerere, donde dirigía la clínica de pacientes de sida y realizaba investigaciones sobre la enfermedad. A pocos metros de distancia, dos novicios jesuitas trabajaban en el hospital Nsambya, una institución dedicada casi por entero a cuidar a pacientes de sida. A pesar de haber escuchado las historias de cuánto había diezmado esa enfermedad a la población de Uganda, la realidad se veía ampliamente superada por la visión de los vendedores de ataúdes en casi todas las esquinas de Kampala. Sencillos cajones de madera estaban apilados junto a las calles.

El día antes de que Michael y yo partiéramos para el campo de refugiados, uno de los jesuitas nos preguntó si nos gustaría visitar Namugongo. A la mañana siguiente nos acomodamos en su pequeño jeep y nos dirigimos al santuario, ubicado a pocos kilómetros de la comunidad. Nuestro anfitrión nos dijo que muchos jesuitas africanos de todo el continente llegaban a Kampala para visitar el santuario. Cientos de peregrinos laicos caminaban hasta el lugar desde toda Uganda, e incluso desde lugares tan lejanos como Kenya y Tanzania, para la celebración de la festividad de los mártires el 3 de junio. Cada año se le concedía a una de las dieciocho diócesis católicas de Uganda el honor de organizar la liturgia de ese día. Durante el resto del año, miles de católicos ugandeses se acercaban a Namugongo para rezar: jóvenes, grupos carismáticos y grupos misioneros. Aunque Namugongo sigue siendo una pequeña ciudad, tiene un amplio número de escuelas y parroquias católicas, una casa de retiros e incluso un noviciado de los Misioneros y Misioneras Combonianas, una orden católica fundada en Italia.

La basílica de los Mártires de Uganda está construida siguiendo el estilo tradicional *kasiisira*, que imita las chozas circulares y los palacios del pueblo baganda. Es una inmensa estructura cónica, reforzada con vigas metálicas que culmina en lo que parece un enorme gorro de metal decorado con una gran cruz. El efecto general recuerda a una nave espacial gigante que hubiera aterrizado en las verdes colinas ugandesas. Cerca de allí se encuentra un gran anfiteatro a cielo abierto, que rodea una especie de lago: todo eso fue construido para la misa durante la visita del Pablo VI en 1969.

Las puertas de madera del santuario, esculpidas de forma intricada en madera, muestran escenas de los juicios y las muertes de los mártires. El interior de la capilla, escasamente decorado, es fresco. En un lugar prominente está el colorido retrato de los veintidós mártires católicos. Michael y yo nos arrodillamos en un banco y rezamos a Carlos Lwanga y a sus compañeros. Sin embargo, me sentí poco emocionado. Aunque me encontraba casi en el mismo lugar de su martirio, la iglesia me parecía demasiado grande y moderna y no me permitía conectar con los mártires del siglo XIX.

El santuario anglicano, a pocos kilómetros, me impactó más.

La construcción anglicana en Namugongo es mucho más sencilla que la católica. Una pequeña capilla de paredes blancas se levanta en un campo verde. A pocos metros de la capilla, en el centro del campo, una pared circular baja rodea un foso profundo.

Mientras Michael y el resto exploraban la pequeña iglesia, me acerqué al muro. En el fondo del foso había réplicas en arcilla de los mártires africanos. Cada muñeco estaba envuelto en una esterilla de caña y estaba atado a delgadas estacas de madera. Estaban apilados unos encima de otros y me miraban con los ojos muy abiertos.

Aunque había leído la historia de su martirio, la crudeza de la representación me conmocionó. A pesar de que sabía cómo habían muerto, aquella escenificación sencilla me hizo comprender que la muerte de un mártir, aunque suele representarse en estampitas como algo etéreo e incluso hermoso, es algo horripilante, doloroso y físicamente degradante. Fue allí donde pude acercarme a comprender el sacrificio de aquellos africanos y dónde sentí más vivo su espíritu. Fue allí donde pude rezar con ellos y por ellos.

Pocas semanas después visité la Librería Católica en el centro de Nairobi. Ubicada a pocos metros de la catedral católica, la librería ofrece una admirable selección de libros (en swahili y en inglés), además de objetos religiosos y cintas de audio. También era el mejor lugar de la ciudad para encontrarse con otros cooperantes católicos y enterarse de las últimas noticias.

Detrás de una vitrina en la parte de atrás de la tienda, tenían una impresionante exposición de estampitas. El lugar de honor estaba reservado para los mártires ugandeses. Quedé prendado de un póster grande de colores vivos con una imagen similar a la que había visto en Namugongo. Representaba a los mártires católicos con sus vestimentas tradicionales sosteniendo colmillos de elefante, crucifijos y Biblias. En medio del grupo destacaba la alta figura de San Carlos Lwanga. Detrás de ellos había un muro naranja de llamas. Pensé que el póster sería una buena elección para nuestra tienda y que también complacería a mis amigos ugandeses, que seguían decepcionados por el nombre elegido para el Centro Mikono. Desgraciadamente, llevaba poco dinero conmigo y tuve que conformarme con tres estampitas.

Enseguida supe cuáles elegir. En las tres aparecían ugandeses de piel oscura de pie sobre una exuberante vegetación bajo el cielo claro del amanecer. San James Buzabalyawo, representado junto a las llamas y ofreciendo dos trozos de pan, era el "patrón de comerciantes y mercaderes". Perfecto para todos los proyectos de refugiados. San Mugagga, que llevaba una larga túnica naranja y sostenía un adornado cáliz, era el "patrón de los sastres y del desarrollo comunitario". Perfecto para las cooperativas de confección que patrocinábamos, como la tienda de Alice Nabwire. Finalmente, sSn Mbaga Tuzinde, "patrón de las vocaciones clericales y religiosas". Perfecto para mí y para otros jesuitas, sacerdotes y religiosas que trabajaban con el Servicio Jesuita a Refugiados. Compré dos juegos de estampitas, una para mí y otra para dejar en nuestra tienda.

Comencé a rezarles a menudo a los tres santos. Había algo en las imágenes de las estampitas que me conmovía de manera especial. Cada mártir tenía la expresión de calma que había visto tantas veces en los rostros de los refugiados cuando terminaban de contarme la terrible crueldad que habían sufrido en sus propios países, la degradación que habían experimentado en los campos de refugiados o el resentimiento que todavía tenían que enfrentar en Nairobi. Aunque yo no había experimentado ninguna de las humillaciones que habían sufrido los refugiados y los mártires africanos, quería imitarlos a todos ellos no sólo por su valor frente a las más terribles persecuciones y por su fe implacable, sino también por otra razón: lo escondido de sus vidas.

Los mártires ugandeses no son muy conocidos en los Estados Unidos. Si alguien conoce su historia, la conoce sólo en parte; el único nombre que la mayoría de los estadounidenses pueden haber llegado a escuchar es el de Carlos Lwanga. El resto de los que sufrieron tan intensamente por su fe, como Kizito, suelen englobarse en el término "compañeros". Eso hace que su sacrificio sea aún más significativo, más santo, para mí, porque se realizó en la oscuridad. Su santidad pertenece a la clase más profunda: sencilla y escondida.

Veía la misma vida escondida en los refugiados que conocía. Si la historia de las dificultades de aquellos hombres y mujeres se conocía en occidente, era sólo superficialmente. El hecho de que Alice Nabwire y sus compañeras trabajaran en la oscuridad de las barriadas de Nairobi convertía su testimonio de optimismo y su fe en un futuro mejor en algo aún más inspirador.

Así veía la vida de los refugiados reflejada en la de los mártires. Y por eso rezaba frecuentemente a los mártires ugandeses: a Carlos Lwanga, a James Buzabalyawo, a Mugagga, a Mbaga Tuzinde y, especialmente, a Kizito, para pedir que intercedieran en la vida de los refugiados y en la mía también.

16

Mi posesión más querida

Luis Gonzaga

> Era más fuerte de lo que sus admiradores posteriores
> imaginarían; más fuerte y más tierno, enormemente más
> complejo, y ganó su cielo a través de un desvío por el
> infierno.
>
> Daniel J. Berrigan, SJ

Luis Gonzaga necesita que lo rescaten de las manos de los artistas
demasiado piadosos. En estampitas y en incontables reproducciones gráficas, el joven jesuita aparece con una sotana negra y una
sobrepelliz blanca y mira beatíficamente el elegante crucifijo que sostiene en sus delgadas y cuidadas manos. Aún más, en algunos casos es
incluso representado sosteniendo con suavidad un lirio, el símbolo de
su castidad religiosa.

Esas imágenes no tienen nada malo en sí, excepto cuando lo
hacen quedar como alguien delicado y evitan que cristianos jóvenes
(y mayores también) se identifiquen con alguien que, en realidad, fue
una especie de rebelde.

El 9 de marzo de 1568, en el castillo de Castiglione delle Stivieri,
en Lombardía, nació Luis Gonzaga, de una rama de las familias más
poderosas de la Italia renacentista. Su padre, Ferrante, era el Marqués
de Castiglione. Su madre era dama de compañía de la esposa de

Felipe II de España, en cuya corte el marqués también disfrutaba de una importante posición.

Como hijo mayor, Luis era el depositario de las esperanzas de su padre respecto al futuro de la familia. Con sólo cuatro años, Luis recibió como regalo un juego de armas en miniatura y acompañaba a su padre en expediciones de entrenamiento para que el niño aprendiera, según las palabras de Joseph Tylenda, SJ, en su libro *Santos y mártires jesuitas*, "el arte de las armas". También aprendió, para consternación de su noble familia y sin comprender su significado, algunas de las palabras picantes de los soldados. Tan ansioso estaba Ferrante por preparar a su hijo para el mundo de intriga política y hazañas militares que lo vestía con una armadura de su talla y lo llevaba con él a pasar revista a las tropas a su servicio. A los siete años, sin embargo, Luis tenía otras ideas. Había decidido que estaba poco interesado en el mundo de su padre y que se sentía atraído por otra clase de vida.

Sin embargo Ferrante, consciente del potencial de Luis, siguió entusiasmado con la idea de pasar a su hijo el marquesado. En 1577 lo envió junto con su hermano Rodolfo a la corte de la familia de un amigo, el gran duque Francesco de Medici, de Toscana, a fin de que ambos adquirieran el refinamiento necesario para tener éxito en la corte. Pero una vez más, en lugar de sentirse fascinado con la intriga y las puñaladas (literales) del decadente mundo de los Medici, Luis se retrajo en sí mismo, negándose a participar en lo que consideraba esencialmente un ambiente corrupto. A los diez años, asqueado por la situación, hizo el voto privado de no volver a ofender a Dios con el pecado.

Por ese tiempo Luis comenzó las serias y a menudo severas prácticas religiosas que los observadores contemporáneos consideran como mojigatas e incluso bizarras, especialmente para un niño. Ciertamente ésa es la razón principal por la que la vida de San Luis Gonzaga a veces repele incluso a los devotos católicos de hoy en día. Ayunaba tres días a la semana, alimentándose sólo de pan y agua. Se levantaba a medianoche para rezar sobre el suelo de piedra de su habitación.

Se negaba a que encendieran el fuego en su habitación, incluso con las temperaturas más bajas. Y es famosa su preocupación por mantener la castidad y salvaguardar su modestia. *Las vidas de los santos* de Butler señala que ya a partir de los nueve años Luigi mantenía "a sus ojos en custodia", como dicen los escritores espirituales. "Cuentan, por ejemplo, que mantenía la mirada persistentemente hacia abajo en presencia de mujeres y que ni siquiera su criado podía ver sus pies al descubierto".

Semejantes prácticas, tan admiradas por generaciones anteriores, son precisamente las que alejan de Gonzaga a los creyentes de nuestra época y las que le adjudican una piedad casi inhumana.

Pero cuando se consideran esos aspectos de su vida es necesario recordar tres cosas. En primer lugar, la piedad católica predominante en aquella época, que alentaba dichas prácticas, ejerció evidentemente una fuerte influencia en Luis. El joven noble era, como todos nosotros, una persona de su época. En segundo lugar, Luis adoptó esas prácticas cuando aún era un niño. Como algunos niños de hoy en día, se sentía más inclinado al entusiasmo adolescente que a la moderación madura. En tercer lugar, y quizás lo más importante, al carecer de modelos religiosos en su vida, Luis se vio obligado, en cierto sentido, a crear su propia espiritualidad (no tenía adultos cerca que le dijeran: "Luis, ya es suficiente"). Desesperado por escapar del mundo de corrupción y libertinaje en el que se encontraba, Luis se embarcó voluntariosamente y sin ninguna orientación adulta en su búsqueda de la santidad.

Sin embargo, en años posteriores, él mismo admitiría sus excesos. Cuando entró a la Compañía de Jesús se refirió de esta manera a su estilo de vida: "Soy un trozo de hierro retorcido. Entro a la vida religiosa para que vuelvan a ponerme derecho". Ese famoso dicho, según el estudioso jesuita John Padberg, puede haberse referido también al carácter retorcido de la familia Gonzaga.

En 1579, después de permanecer dos años en Florencia, el Marqués envió a sus dos hijos a Mantua, donde se hospedaron con familiares. Pero desafortunadamente para los planes de Ferrante, la casa de uno de sus anfitriones tenía una capilla privada en la que Luis pasaba gran parte de su tiempo leyendo vidas de santos y meditando con los salmos. Fue allí donde al hijo del marqués le vino la idea de ser sacerdote. Al regresar a Castiglione, Luis continuó sus lecturas y meditaciones y cuando el cardenal Carlos Borromeo visitó a la familia quedó muy impresionado por la seriedad y el conocimiento del niño de doce años. Borromeo descubrió que Luis aún no había hecho su primera comunión y lo preparó para eso. Así, un futuro santo recibía su primera comunión de manos de otro.

En 1581, aún con la idea de pasarle a Luis su título y sus propiedades, Ferrante decidió que la familia viajaría con María de Habsburgo, de la casa real española, que pasaría por Italia de regreso a España. María era la viuda del emperador Maximiliano II y Ferrante lo consideró una excelente oportunidad para la educación cortesana de su hijo. Luis se convirtió en paje al servicio del heredero español, el Príncipe de Asturias, y también fue nombrado caballero de la Orden de Santiago.

Sin embargo, todos esos honores no hicieron más que reforzar la resolución de Luis de no llevar ese estilo de vida. Mientras se encontraba en Madrid, encontró un confesor jesuita y finalmente decidió entrar a la orden. Su confesor, sin embargo, le dijo que antes de entrar al noviciado necesitaba el permiso de su padre.

Cuando Luis habló con su padre, Ferrante tuvo un ataque de ira y amenazó con azotarlo. Se produjo una batalla de voluntades entre el fiero e intransigente Marqués de Castiglione y su igualmente determinado hijo de dieciséis años. Esperando hacerlo cambiar de idea, el Marqués lo envió nuevamente al castillo de Castiglione y los embarcó rápidamente, a él y a su hermano, en un recorrido de dieciocho meses por las cortes de Italia. Pero cuando Luis regresó, no había cambiado de idea.

Vencido por la persistencia de su hijo, Ferrante le dio finalmente su permiso. Aquel noviembre, a los diecisiete años, Luis renunció a su herencia, que pasó así a su hermano Rodolfo, un típico Gonzaga con todos sus malos hábitos. Con su vieja vida atrás, Luis marchó a Roma.

Cuando partió para el noviciado, llevaba una singular carta de su padre dirigida al superior general de los jesuitas que decía en una parte: "Baste decir que estoy poniendo en manos de su Reverencia mi posesión mas querida en todo el mundo".

En el Museo Metropolitano de Arte de Nueva York hay una enorme pintura que representa, como una alegoría, el momento de la decisión de Luis. Es poco lo que sabemos de su apariencia según los retratos actuales y esa pintura lo presenta con la nariz larga y el rostro delgado de la familia Gonzaga. De pie bajo un arco de mármol y cubierto por un grupo de querubines y serafines, Luis, vestido con la sotana negra jesuita y el sobrepelliz blanco, mira fijamente a un ángel que se encuentra en el altar y le señala un crucifijo. A la distancia, bajo el cielo azul italiano, el castillo de su padre. A los pies de Luis yace el símbolo de la castidad, un lirio. Detrás de él, en el suelo, está la corona de marqués a la que Luis ha renunciado. Un querubín que revolotea en el cielo sostiene sobre la cabeza del joven una corona diferente: la de la santidad.

La determinación de Luis para entrar a la vida religiosa, enfrentando incluso la feroz oposición de su padre, me llenaba de admiración cuando yo era novicio. Cuando anuncié a mis padres mi intención de abandonar el mundo de los negocios para entrar a la orden jesuita ellos también se sintieron (al menos durante un tiempo) enfadados y me pidieron que no me hiciera jesuita (pero no me amenazaron con azotarme). Después de algunos años aceptaron mi decisión e incluso apoyaron mi vocación. Pero durante el período intermedio, cuando yo me sentía tan decidido como ellos, Luis se convirtió en mi protector.

En su decidida búsqueda de Dios y especialmente en su determinación de renunciar a las riquezas terrenales, Luis encarna perfectamente una de las meditaciones principales de los *Ejercicios Espirituales* llamada la de los "Dos estandartes". En esa meditación San Ignacio pide a la persona que se imagine que sirve bajo una bandera o "estandarte" de uno de los dos líderes: Cristo Rey o Satanás. Si uno elige servir a Cristo, debe necesariamente imitar su vida, eligiendo "la pobreza en lugar de la riqueza; ... los insultos o el desprecio en lugar de los honores del mundo; ... la humildad en lugar del orgullo". Pocas personas han ejemplificado eso tan bien como Luis. Por eso es un gran héroe para mí.

Debido a las severas prácticas religiosas que Luis había adoptado, el noviciado jesuita le resultó sorprendentemente fácil. Como escribe el padre Tylenda: "A Luis le resultó más fácil la vida demandante del noviciado que la que él mismo se había impuesto en casa" (la desaparición de las constantes peleas con su padre también debe haberle sido un alivio). Por suerte, sus superiores lo alentaron a que comiera más, a que rezara menos, a que realizara actividades de ocio y a que, en general, redujera sus penitencias. Luis aceptó esas restricciones. En un ensayo titulado "Comprendiendo a los santos", Richard Hermes, SJ señala que aunque la búsqueda determinada de la voluntad de Dios lo había llevado a practicar penitencias tan extremas, "fue la misma obediencia determinada la que lo llevó a moderar dichas prácticas como jesuita".

"No hay mucho que decir sobre San Luis durante los siguientes dos años", dice Butler, "excepto que resultó el novicio ideal". Hizo sus votos de pobreza, castidad y obediencia en 1587 y al año siguiente recibió las órdenes menores y comenzó sus estudios de teología.

A comienzos de 1591 se desató una epidemia en Roma. Después de pedir limosna para las víctimas, Luis comenzó a trabajar con los enfermos, transportándolos desde las calles al hospital fundado por los jesuitas. Allí lavaba y alimentaba a las víctimas de la peste, preparándolos lo mejor que podía para recibir los sacramentos. Pero aunque se dedicaba por entero a esas tareas, confesó a su director espiritual, el padre Roberto Bellarmino, que se descomponía ante lo que veía y olía en su trabajo; tuvo que esforzarse mucho para sobreponerse a su repulsión física.

En aquel tiempo, muchos de los jesuitas jóvenes se contagiaron de la enfermedad y los superiores de Luis, por lo tanto, le prohibieron que regresara al hospital. Pero Luis, muy acostumbrado a las negativas de su padre, insistió en pedir permiso para regresar y finalmente lo consiguió. Le permitieron que cuidara a los enfermos pero sólo en otro hospital, llamado Nuestra Señora de la Consolación, donde no se admitían pacientes con enfermedades contagiosas. Mientras trabajaba allí, Luis levantó un día a un hombre de su cama, lo atendió y volvió a acostarlo en la cama. Pero el hombre estaba infectado con la peste: Luis enfermó gravemente y tuvo que permanecer en cama a partir del 3 de marzo de 1591.

Luis recobró fuerzas durante un tiempo pero, cuando empezó a padecer fiebre y tos, desmejoró rápidamente durante semanas. Durante sus oraciones recibió una indicación de que podría morir el día de la festividad del Corpus Christi; pero cuando llegó ese día, a sus amigos les pareció que se encontraba mejor. Por la tarde, dos sacerdotes le llevaron la Comunión. Como cuenta el padre Tylenda: "Cuando los dos jesuitas llegaron a su lado, notaron un cambio en su rostro y comprendieron que el joven Luis estaba muriendo. Sus ojos estaban fijos en un crucifijo que sostenía en las manos y trató de pronunciar el nombre de Jesús al morir". Como Juana de Arco y los mártires de Uganda, Luis Gonzaga murió con el nombre de Jesús en los labios.

Tenía veintitrés años.

Su santidad inimitable fue reconocida, sobre todo, por sus confesores jesuitas, incluso durante su vida. Después de su muerte, el cardenal Roberto Bellarmino, cuando dirigía los Ejercicios Espirituales para los jóvenes escolásticos en Roma, solía mencionar una clase especial de meditación diciendo: "Lo aprendí de Luis".

Luis Gonzaga fue beatificado sólo catorce años después de su muerte, en 1605, y fue canonizado en 1726.

Conocí a Luis Gonzaga durante el noviciado. De hecho, habría sido imposible no conocerlo allí: él es uno de los patronos de los jesuitas jóvenes y, junto con San Estanislao Kostka y San Juan Berchmans, forma parte de un trío de jesuitas que murieron a temprana edad. Aparecen con frecuencia juntos en estatuas de mármol en las iglesias jesuitas: Luis con su lirio, Juan con un rosario y Estanislao con las manos juntas y mirando piadosamente al cielo.

De novicio me parecía natural rezarles a los tres, ya que me figuraba que todos ellos comprendían bien las dificultades del noviciado, de la formación jesuita y de la vida religiosa. De hecho, San Juan Berchmans tiene una frase al respecto: *Vita communis est mea maxima penitentia,* es decir, "La vida comunitaria es mi mayor penitencia". Ése *sí* que era un santo al que un novicio podía rezar.

Por otro lado, un amigo jesuita comentó:

—Bueno, me pregunto qué pensaría de él su comunidad.

Pero fue dos años después de terminar el noviciado, cuando comencé a trabajar con los refugiados en África oriental, cuando comencé a rezarle seriamente a Luis. Incluso en ese momento me pregunté por qué lo hacía: mi repentina devoción me sorprendió a mí mismo. A veces pienso que la única razón por la que comenzamos a rezarle a un santo es porque hace tiempo que ese santo reza por nosotros.

En cualquier caso, me encontré pensando en Luis cada vez que la vida en Nairobi se complicaba (lo que sucedía con frecuencia). Cuando me sentía frustrado por la repentina falta de agua por las mañanas, rezaba en silencio a San Luis Gonzaga pidiéndole su intercesión. Cuando el viejo jeep que conducía se negaba a ponerse en marcha (otra vez), le pedía un poco de ayuda a San Luis. Cuando unos ladrones entraron a nuestra comunidad y se llevaron mis zapatos, mi cámara y el poco efectivo que había logrado ahorrar, le pedí a San Luis que me ayudara a mantener la escasa paciencia que me quedaba. Y cuando tuve que permanecer dos meses en cama con mononucleosis y me pregunté qué estaba haciendo en Kenya, pedí su intercesión y aliento. Supuse que sabría algo sobre lo que significa estar enfermo. Durante mis dos años en África tuve la sensación de que San Luis me cuidaba desde el cielo lo mejor que podía. Al menos, yo lo mantenía ocupado.

⁖⁖⁖⁖⁖⁖⁖⁖⁖⁖⁖

Antes de partir para África había decidido hacer el viaje hasta Kenya sin escalas, sin pasar una noche en Europa. La mayoría de mis amigos jesuitas me dijeron que viajar sin escalas resultaría innecesariamente agotador. "Estás loco", me dijo uno de ellos. Pero a mí me parecía que pasar una noche en un hotel europeo era innecesariamente extravagante, en particular para una persona que ha hecho un voto de pobreza y especialmente para un jesuita que planea trabajar con los pobres. ¿Cómo es posible justificar tal decisión en alguien que va a desarrollar su ministerio con refugiados que, al huir de sus países de origen, no habían descansado precisamente en hoteles?

Por desgracia, después de mi viaje idealista de veintiséis horas Boston-Nueva York-Amsterdam-Kilimanjaro-Nairobi sin dormir, llegué sintiéndome un zombie. Pasaron tres días antes de que me recuperara por completo.

Dos años más tarde, en mi viaje de regreso desde Nairobi, decidí hacer escala en Roma durante algunos días y así tomarme unas pequeñas vacaciones. Los amigos jesuitas que vivían allí prometieron llenarme el estómago de pasta y ayudarme a recuperar parte de los casi siete kilos que había perdido durante mi estadía en África. También esperaba poder realizar una especie de mini peregrinación por los lugares jesuitas de la ciudad.

Había estado en Roma sólo una vez, durante aquel agotador viaje de un mes con Eurailpass al terminar la universidad, y entonces no había visitado ni un solo lugar importante para los jesuitas (como en aquel tiempo ni siquiera estaba seguro de lo que quería decir "jesuita", no era consciente de que me estaba perdiendo esos lugares en particular).

Me acuerdo, sin embargo, de haber notado en el mapa una de las principales iglesias jesuitas en Roma: "Il Gesú".

Se lo comenté a la amiga con la que viajaba:

—¿Il Gesú? ¿Qué clase de nombre es ése para una iglesia? ¿El Jesús?

Por mi ignorancia, me perdí una de los mejores ejemplos de arquitectura barroca que pueden encontrarse en Roma y lo que los historiadores de arte han calificado como una de las construcciones más importantes del mundo. Aunque se la conoce como "Il Gesú", su nombre verdadero es Iglesia del Santísimo Nombre de Jesús. Se trata de una magnífica estructura ubicada en una plaza famosa por el viento que sopla en ella. La leyenda dice que el diablo y el viento estaban caminando juntos en la plaza; el diablo dijo que entraría unos momentos a la iglesia y dejó al viento esperando afuera. Desde entonces, el viento sigue allí. Aparentemente, la leyenda pretende decir algo acerca de los jesuitas y sus actitudes diabólicas, o su propensión a hablar. Había oído por primera vez esa historia durante el noviciado y me sentí muy complacido cuando finalmente llegué a la plaza y casi me derriba el viento.

En mi apresurado recorrido post-universitario para ver toda Roma, también me había saltado la sublime iglesia de San Ignacio, y así me había perdido el lugar donde están enterrados San Luis, San Juan y San Roberto Bellarmino. Éste último, un renombrado cardenal, teólogo y erudito, así como uno de los hombres más influyentes y educados del siglo XVI, pidió ser enterrado cerca de la tumba del joven santo al que él había aconsejado.

Además de las iglesias de Il Gesú y de San Ignacio, había muchos otros lugares jesuitas que quería visitar, como las habitaciones de San Ignacio de Loyola (cerca de Il Gesú), que habían sido recientemente renovadas y restauradas para devolverles su apariencia original. Las habitaciones eran austeras y sencillas y el único mobiliario era una silla y el escritorio en el que Ignacio redactó las *Constituciones* jesuitas. También había un pequeño busto de Ignacio, en bronce, sobre un pedestal que reproducía la estatura del santo y que mostraba que era de tan baja estatura como los biógrafos aseguraban.

También visité una pequeña capilla en La Storta, un pequeño pueblo a las afuera de Roma. Fue allí donde San Ignacio tuvo una visión en la que Dios le anunciaba: "Seré propicio para ti en Roma". Y también quise visitar la iglesia de Sant'Andrea al Quirinale, una pequeña joya del barroco diseñada por Gian Lorenzo Bernini y usada como capilla por los novicios jesuitas.

En la parte superior de Sant'Andrea al Quirinale se encuentran las reliquias de San Estanislao Kostka. Su tumba es una representación en mármol del santo reclinado sobre su lecho de muerte, lo que me produjo un sobresalto al entrar a la habitación. Como su sotana está hecha con mármol negro y su rostro y manos en blanco, la estatua tiene una apariencia escalofriantemente realista. El jesuita historiador de arte C. J. McNaspy escribió acerca de la magnífica iglesia: "A la estatua de San Estanislao, en la parte superior del santuario, la encuentro deplorable. Uno creía que el joven santo ya había sufrido suficiente en su vida".

Pero lo que más quería ver en Roma eran las habitaciones de San Luis Gonzaga, en un edificio junto a la iglesia de San Ignacio. Esas habitaciones se encuentran en lo que ahora se conoce como el Colegio Romano, la institución educativa más importante de los jesuitas en Roma; fue fundada en 1551 y se lo considera un hito histórico.

Aquel día me dijeron que le pidiera las llaves de las habitaciones de San Luis a un sacerdote de guardia. Así que me apresuré por la nave de la iglesia de San Ignacio, pero tomándome el tiempo para admirar el asombroso techo *trompe l'oeil* (que literalmente significa "engaño a los ojos") pintado en el siglo XVII por el hermano Andrea Pozzo, SJ. Representa la vida de San Ignacio y deben creerme cuando les digo que los detalles son tan realistas y la perspectiva tan convincente que resulta difícil creer que se está mirando una pintura. El techo parece disolverse en el soleado cielo italiano, junto con las algodonosas nubes blancas, los ángeles de rostros rosados y los santos volando.

Un jesuita calvo leía el breviario de pie en la nave. Hice acopio de mi pobre italiano y logré pronunciar las palabras *scusi, Luigi Gonzaga, camere* y *grazie*.

El sacerdote sonrió, asintió, me entregó un juego de llaves y me señaló la dirección. Después de que un antiguo ascensor me depositara en el tercer piso, atravesé una puerta y me sorprendí al encontrarme fuera del edificio. Una movediza pasarela metálica conducía al edificio contiguo: el antiguo Colegio Romano. Otra puerta se abría a un pasillo interior y allí descubrí finalmente un cartel con pequeñas letras: *Camere di S. Luigi Gonzaga*.

Emocionado, saqué las llaves de mi bolsillo. Finalmente, después de dos años en África rezando a San Luis Gonzaga, experimentando su intercesión y su aliento, iba a visitar el lugar donde podría darle las gracias de forma especial. De pie frente a esa puerta, sentí que mi peregrinación se había completado.

De pronto, una voz gritó:

—¡Hey! ¡Hey! —(o, al menos, su equivalente en italiano).

Con mi mano a pocos centímetros de la cerradura, me di vuelta a tiempo para ver a un jesuita italiano con el rostro enrojecido que se acercaba a mí.

—*¡É chiuso!* —gritó—. ¡Está cerrado!

Me arrebató las llaves de la mano. Intenté explicarle en italiano lo que quería hacer. Me sentí sorprendido y humillado.

El jesuita dio la vuelta y desapareció por la puerta.

Demasiado conmocionado para hacer algo, me quedé frente a la puerta unos cuantos minutos.

Intenté abrirla pero estaba cerrada con llave. Entonces noté que había otras puertas: la de Juan Berchmans estaba a pocos metros. Tampoco iba a poder visitar su habitación.

Apenado, regresé a la iglesia y volví a encontrarme con el sacerdote que me había dado las llaves. Me preguntó si me habían gustado las habitaciones.

Todavía aturdido le contesté en inglés:

—No pude entrar. ¡Alguien me quitó las llaves!

En ese momento, el hombre cruzaba la nave de la iglesia. Se lo señalé.

Luego pregunté al sacerdote:

—¿Es el superior?

El jesuita italiano se levantó y declaró:

—*¡Io sono superiore qui!*

Luego sacó un juego de llaves idéntico de su bolsillo y me lo dio.

Volví sobre mis pasos. Esta vez, cuando llegué a la puerta, nadie me detuvo. Deslicé la llave en la cerradura.

Como ya había visto las austeras habitaciones de San Ignacio, me esperaba una escena similar. Pero las habitaciones de San Luis eran exactamente lo opuesto. La pequeña cámara estaba dominada por un enorme altar barroco de mármol que ocupaba casi toda la pared; sobre él colgaba un oscuro cuadro del santo. Las paredes estaban cubiertas con damasco rojo y decoradas con pequeños cuadros con escenas de la vida de Luis. A un lado de la habitación había un polvoriento armario de vidrio que exhibía la sotana, las ropas y otras posesiones de Luis. A diferencia de las desnudas habitaciones de Ignacio, esta habitación mostraba siglos de piedad y devoción que habían ido construyéndose lentamente, capa a capa.

Solo en la habitación, me arrodillé en el *prie-dieu* frente al altar. Después de dos años agitados trabajando en Nairobi, ésa era quizás la primera vez que me encontraba en un ambiente tranquilo y apartado. Pensé en todas las personas que habían rezado a San Luis a través de los siglos. Como santo patrono de la juventud, sin duda oiría millones de plegarias de estudiantes pidiéndole ayuda con un examen, con una monografía difícil o con un maestro severo. Muchas generaciones de novicios jesuitas le han rezado también. Y, más recientemente, gracias a su trabajo con las víctimas de la peste, había sido adoptado como patrono por las personas con SIDA. Pensé en todos esos hombres y mujeres que le pedían su ayuda. Y recordé los dos años que había pasado en África pidiéndole su intercesión. De pronto, recibí lo que San Ignacio llama "el don de las lágrimas": otra sorpresa.

Me pregunté de dónde vendrían todas aquellas emociones repentinas: quizás por el alivio de haber completado sano y salvo dos años en África, quizás por la tristeza de dejar a mis amigos en Kenya, quizás por gratitud a Luis por su intercesión. Cuando miré mi reloj, había pasado una hora.

¿Por qué se siente una persona atraída a un santo y no a otro? ¿Por qué nos fascinan historias de personas que, al menos en apariencia, tienen tan poco que ver con las nuestras? ¿Por qué me siento inclinado a pedir ayuda a una persona que murió hace siglos? ¿Qué es lo que me conmueve del hijo de un marqués del siglo XVI? En muchos aspectos, la atracción o devoción a un santo es, para recurrir a una expresión muy usada, un misterio. Por eso, dichas devociones deben ser respetadas por lo que son: gracias inesperadas en la vida espiritual y dones del Dios de las sorpresas.

17

María

Llena de gracia

Ave María, llena eres de gracia, el Señor está contigo.

Lucas 1, 28

Como a muchos católicos, me resultaría difícil recordar cuándo conocí exactamente a María debido a lo intricadamente entretejida que se encuentra en nuestra cultura religiosa.

Uno de mis primeros recuerdos es estar arrodillado frente a una pequeña reproducción de la *Pietá* de Miguel Ángel, que estaba sobre el tocador de mi habitación. En 1964, la *Pietá* hizo una visita especial a la ciudad de Nueva York como parte de la Feria Mundial y mis abuelos me compraron una pequeña postal como recuerdo. Contra un fondo azul se destacaba la silueta blanca de una estatua que brillaba en la oscuridad. Pasaron años hasta que vi una fotografía de la *Pietá* auténtica en uno de los enormes libros de arte que mi madre guardaba en los estantes del salón. Y no me resultó fácil conectar la obra en mármol de Miguel Ángel, que representa a María sosteniendo a Cristo muerto, con la imagen que brillaba por la noche en mi tocador. En aquel tiempo, lo único que sabía era que se trataba de una imagen sagrada y que hacía bien en rezar frente a ella.

Nuestra parroquia, la iglesia de la Epifanía de Nuestro Señor, en Plymouth Meeting, Pennsylvania, tenía numerosas imágenes de

María. De hecho, en el santuario había otra reproducción de la *Pietá*, hecha en mármol blanco y más pequeña que el original, que fue reubicada temporalmente en el auditorio de la escuela parroquial. En ese mismo auditorio hice mi Primera Comunión y fui confirmado. En 1966, cuando la parroquia en crecimiento pudo reunir el dinero para construir una iglesia independiente, se levantó un edificio con ventilación y ladrillos oscuros, vidrios de colores vivos y un alto techo similar al de los graneros. La *Pietá* de la parroquia fue transferida a la nueva iglesia y quedó a la izquierda del nuevo altar, sobre una alfombra dorada. A la entrada de la iglesia había una vidriera de colores que representaba la Epifanía: María, vestida de rojo rubí y azul marino, sostenía en sus brazos al bebé Jesús de rostro rosado mientras José, vestido de naranja y rojo, se unía a los tres magos en adoración.

Para celebrar mi Primera Comunión en el auditorio-iglesia, mis padres me regalaron un rosario junto con un librito que explicaba cómo rezarlo. Durante muchos años, el rosario estuvo colgado en mi cama y sus cuentas negras hacían ruido cada vez que daba vueltas por la noche. Cuando no podía dormir, rezaba unos cuantos Avemarías hasta que me venía el sueño. Y cuando saltaba de la cama por la mañana, el rosario quedaba a menudo entre las sábanas revueltas. Como resultado, siempre se caía al suelo cuando mi madre hacía la cama. Un día quedó horrorizada al darse cuenta de que lo había aspirado con la aspiradora, la cual se quejó ruidosamente como si el buen rosario hubiera molestado a los malos espíritus que vivían en su interior.

Cuando lo sacó de las profundidades de la aspiradora, mi madre lo limpió y volvió a colgarlo en mi cama. Durante todo el proceso, sin embargo, se perdieron tres cuentas. Cuando le mostré el rosario "abreviado" a mi hermana, me dijo:

—Ahora no te llevará tanto tiempo rezarlo.

Pero a medida que crecía, mi devoción a María fue disminuyendo. Aunque es parte de la cultura religiosa esencial, nunca tuvo un papel de importancia en mi propia vida o en la de mi familia. En la escuela secundaria, cuando mis amigos judíos comenzaron a llevar medallas *chai* con las palabras en hebreo para "vida", pedí a mis padres una Medalla Milagrosa, porque había notado que otros niños católicos las llevaban también. La medalla tenía a María rodeada de las palabras "Oh María sin pecado concebida, rogad por nosotros que recurrimos a Vos". No estaba seguro de lo que significaba "recurrimos", pero parecía sugerir algún tipo de ayuda y eso sonaba bien.

Aquella Navidad recibí la medalla plateada y me la puse de inmediato. Sólo me la quitaba para las clases semanales de natación. Algunas noches, cuando daba vueltas en la cama, se enrollaba alrededor de mi cuello y me despertaba. Me sentía orgulloso de llevar la Medalla Milagrosa y de mostrársela a mis amigos, pero todo eso no surgía de una devoción a María sino de mi deseo de hacer lo mismo que mis compañeros de colegio. Más tarde descubriría que se supone que la Medalla Milagrosa protege de los pensamientos impuros a quien la lleva. (Conmigo no había funcionado).

Sin embargo, cada vez que rezaba por algo, lo hacía con un Avemaría. Si quería aprobar un examen, le pedía el favor a Dios y, como prueba de mi deseo, le ofrecía una decena de Avemarías. Cuánto más quería algo, más Avemarías rezaba.

Mirando al pasado, me pregunto por qué no rezaba Padrenuestros, la "oración perfecta" que nos enseñó Jesús. Quizás se deba a que, con su cadencia rítmica, el Avemaría era más fácil de rezar. La mañana antes de un examen importante, solía rezar decenas de Avemarías camino a la escuela. Mis pies golpeaban la acera al ritmo de la oración:

> *Dios* te salve, María,
> *llena* eres de gracia,
> el *Señor* es contigo…

Recé mis Avemarías caminantes a lo largo de la escuela primaria, la secundaria, la universidad y aún después.

Pero a pesar de las oraciones en su honor, María siguió siendo una presencia distante en mi vida. Ella era, sin dudas, a quien rezaba para pedir favores, cuyo rosario me ayudaba a dormirme plácidamente por las noches y quien me hacía compañía en la calle. Pero no asimilaría la idea de María como una persona real, como alguien que podría ofrecerme un modelo para vivir mi vida (en lugar de un personaje casi mágico), hasta muchos años después, cuando entré al noviciado jesuita.

Uno de los pocos efectos personales que llevé conmigo al noviciado fue el maltrecho rosario que tenía desde la Primera Comunión. Aunque no estaba seguro de para qué podría necesitarlo, parecía un objeto razonable para llevar: era, una vez más, expresión de mi deseo de encajar. Sin embargo, me preguntaba si los otros novicios no me considerarían extremadamente piadoso, anticuado o incluso supersticioso.

No necesitaba preocuparme. La mayoría de los novicios habían llevado con ellos sus rosarios y todos comprendían mejor que yo el papel de María en la historia de la salvación y en la vida de los creyentes. Y a medida que avanzó el año litúrgico, aprendí mucho sobre María en las misas diarias en la capilla de nuestra comunidad.

Todas las homilías sobre María me sorprendían. En lugar de presentarla como una presencia fría y distante, la revelaban como un ser humano. En una homilía consideramos a María como la "primera discípula", la primera en recibir la Palabra de Dios, Jesús, y la primera en anunciar la buena noticia del nacimiento, a su prima Isabel. En otra, María ofrecía el Magníficat, su cántico de alabanza, y al hacerlo actuaba como voz profética que anunciaba la liberación de los pueblos. En otra homilía hablamos sobre la persona orante: la María contemplativa que "atesoraba todas aquellas cosas en su corazón", como dice el evangelio de Lucas. Y en otra, María era la mujer llena de recursos que tuvo un hijo de joven, huyó con su familia a otro país, crió a su hijo en medio de circunstancias difíciles y vivió con sorpresa, incertidumbre y misterio; y fue capaz de hacer todo eso a causa de su fe.

En mis propias lecturas descubrí otros modelos teológicos en María, y todos ellos se desprendían del papel de su hijo en su vida: María como modelo para todos los que quieren "traer" a Jesús al mundo; María la que nos "señala" a Jesús (sus últimas palabras en la Escritura son "Hagan todo lo que él les diga"); María como signo de la continua liberación que obra en el mundo y María la que, como dice la teóloga Elizabeth Johnson, simboliza "el amor inquebrantable de Dios por el pueblo de la alianza".

Pero por alguna razón, fue la historia de la Anunciación en el evangelio de Lucas (que cuenta la visita del ángel Gabriel a María) la que me condujo a una auténtica devoción por la madre de Jesús.

Ya había oído la historia muchas veces antes de entrar al noviciado, pero nunca le había prestado mucha atención. Cuando estaba en la secundaria y en la universidad, la historia de Lucas me parecía un poco fantasiosa, difícil de creer y más difícil aún de aplicar en mi vida. Pero la primera vez que la oí en misa durante el noviciado, fue como si la oyera por primera vez. Tenía una especie de urgencia asombrosa. De pronto, la historia del Evangelio inundó mi oración de la mañana, invadió mis pensamientos durante el día y se convirtió en el centro de mi meditación vespertina.

Durante mucho tiempo me pregunté por qué la Anunciación resultaba tan fascinante para mí y para tantos creyentes.

¿Por qué, por ejemplo, este breve pasaje del evangelio de Lucas es tema de más representaciones artísticas (cuadros, esculturas, mosaicos, frescos) que casi cualquier otro momento del Nuevo Testamento, excepto la Natividad y la Crucifixión?

Uno podría afirmar que existen otros acontecimientos de la vida de Jesús que tienen mayor peso *teológico*: las historias de los milagros, las curaciones físicas, los sermones y otros por el estilo. En el Nuevo Testamento hay pasajes con más relevancia para la vida de la Iglesia:

el nombramiento de Pedro como líder de la Iglesia o el milagro de los panes y los peces. Se podría afirmar que los evangelios contienen historias de mayor significado para la vida espiritual de los creyentes: sólo hay que pensar, por ejemplo, en el Sermón de la Montaña. Entonces, ¿por qué esos breves versículos del primer capítulo de Lucas (1, 26-38) fascinan de tal manera a tantos creyentes? ¿Y por qué me fascinaban tanto a mí?

Quizás se deba a que el acontecimiento describe la dramática entrada de lo divino en nuestro mundo cotidiano: Dios saluda a la joven mujer en su sencillo hogar, en un pueblo pequeño. Quizás se deba a que el pasaje destaca el papel especial de la mujer en el plan divino: María consigue algo que ningún varón podría haber logrado. Quizás María sea alguien a quien muchos creyentes desean imitar: humilde, obediente, llena de amor y de confianza.

Pero la Anunciación me fascinaba por una razón diferente: en la historia del Evangelio, María ejemplifica maravillosamente el papel del creyente de la vida real. La Anunciación describe perfectamente el crecimiento de una relación personal con Dios, algo que yo comenzaba a descubrir durante aquellos primeros meses como jesuita. Y al hacerlo, la historia nos ofrece un microcosmos de la vida espiritual.

Para empezar, la iniciativa es absolutamente de Dios. Es Dios, a través del ángel Gabriel, quien inicia el diálogo con María ("Ave María, llena eres de gracia"), como también lo hace en nuestras propias vidas. Dios empieza la conversación. Dios nos habla y a menudo lo hace de maneras inesperadas. Cuántas veces nos sorprendemos al notar que se nos llenan los ojos de lágrimas al ver una espectacular puesta de sol en lo que hasta ese momento había sido un día frío y nublado, o cuando recibimos la inesperada llamada de un buen amigo o al escuchar un perdón largamente esperado. En todas esas cosas, y en nuestras respuestas emocionales a ellas, nos vemos sorprendidos por la experiencia de la presencia de Dios. Experimentamos algo que "no sabemos" lo que es. Algo que está fuera de nosotros mismos. Algo trascendente.

Pero es siempre Dios el que toma la iniciativa y el que nos sorprende con su presencia, como hizo con María.

Cuando María siente por primera vez la presencia de Dios, se siente atemorizada o "perpleja", según algunas traducciones. ¡Cuán a menudo nos ocurre lo mismo a nosotros! Cuando nos empezamos a preguntar si puede ser Dios que quiere comunicarse con nosotros, nos sentimos asustados o confundidos. A menudo nos sentimos indignos ante la prueba del amor de Dios, porque la presencia de lo divino ilumina nuestras propias limitaciones humanas.

Muchas figuras en ambos Testamentos experimentaron esa sensación de indignidad personal. Consideremos a San Pedro en el evangelio de Lucas. Después de que Pedro y sus compañeros han pescado toda la noche sin éxito, Jesús les pide que vuelvan a arrojar sus redes al agua. Cuando éstas se llenan milagrosamente hasta casi reventar, Pedro comprende de pronto quién se encuentra frente a él. En presencia del Mesías, Pedro experimenta de forma intensa su propia falta de mérito.

—Aléjate de mí —le dice—, porque soy un pecador.

Quedamos sobrecogidos frente a la majestad de Dios, el *mysterium tremendum et fascinans*, como lo llama el teólogo Rudolf Otto: el misterio tremendo y fascinante que nos atrae y atemoriza a la vez.

Una vez, durante un retiro, me cuestionaba mi vocación como jesuita. Caminando por una playa de Nueva Inglaterra, me pregunté cómo podría llegar a experimentar el amor con un voto de castidad. ¿Me sentiría solo? ¿Estaba llamado a la castidad?

De pronto me sentí inundado por recuerdos de mis años como jesuita: amigos que conocía y quería, atentos directores espirituales, amistosos miembros de la comunidad, sacerdotes, hermanos, hermanas y laicos santos; y a todos ellos los había conocido durante mi vida como jesuita, y precisamente *porque* era jesuita. Entendí aquello como una clara respuesta a mis dudas: mi vocación no es sólo la forma en que amo a Dios, sino también la forma en la que Dios me ama. Comprender eso fue un resonante "sí" de parte de Dios.

Me sentí, como es de esperar, abrumado por la gratitud. Al mismo tiempo, la sensación de que el Creador se estaba comunicando conmigo de forma directa me inquietó y atemorizó. Resultaba difícil combinar el sentimiento de gratitud con el de miedo.

El miedo, esa experiencia humana por excelencia, se repite con frecuencia en las Escrituras. Es la experiencia de los pastores en la narrativa de Lucas. "La gloria del Señor los rodeó de claridad y ellos se sintieron asustados".

A la vista de ese miedo humano, el ángel anuncia a los pastores el mensaje de Dios para todos aquellos que se sienten confundidos: "No tengan miedo". Jesús, en la barca con un asustado y avergonzado Pedro, dice lo mismo: "No tengan miedo; de ahora en adelante serán pescadores de hombres". Dios ve y entiende nuestro miedo.

En la Anunciación Dios comprende también las reacciones de María. Por eso Gabriel le dice: "No temas".

De manera significativa, el ángel ofrece a María una explicación más detallada de lo que Dios quiere de ella. (La palabra *ángel*, a propósito, está tomado del griego *angelos* y significa "mensajero"). "Has encontrado el favor con Dios", dice Gabriel. "Concebirás en tu seno y darás luz a un hijo". Una vez más podemos ver la similitud con nuestras vidas. Cuando reflexionamos sobre nuestra experiencia con Dios, poco a poco empezamos a ver lo que Dios nos pide que hagamos. Para los padres, sostener en brazos por primera vez a su hijo recién nacido es una experiencia viva de Dios. Muchos padres me han contado que su primera reacción tras el nacimiento de un hijo, después de la gratitud, es sorprendente: miedo. ¿Cómo podré cuidar a este niño? ¿Qué haré si enferma? Con el tiempo resulta claro qué es lo que Dios les pide que hagan: Amen a su hijo.

Después, según Lucas, oímos las preguntas de María. Esta joven, probablemente analfabeta, de un pueblo perdido, presiona al mensajero de Dios en busca de más explicaciones. "¿Cómo puede ser esto si yo soy virgen?", pregunta la práctica María.

Ésa es probablemente la faceta de la historia que más familiar nos resulta: ¿quién no ha cuestionado alguna vez la voluntad de Dios en sus vidas? ¿Quién no ha cuestionado el plan de Dios al verse enfrentado a cambios dramáticos?

¿Quién no hay dicho a Dios "¿Cómo es posible?"? ¿Quién no ha dicho "¿Por qué a mí?"?

Gabriel le responde de la misma manera en que Dios nos suele responder a nosotros. El ángel le recuerda a María que mire los signos de las promesas cumplidas de Dios en otras vidas. Señala a su prima: "Tu prima Isabel está esperando un hijo en su vejez; la que no podía tener familia ya está en su sexto mes", le dice. "Para Dios nada es imposible". Mira lo que Dios puede hacer y lo que ya ha hecho.

En la dirección espiritual a menudo me encuentro con personas que dudan que Dios las acompañe durante tiempos difíciles. Quizás alguno ha perdido el trabajo. O un amigo o un padre ha enfermado. O una relación ha terminado. Incluso los más piadosos comienzan a dudar de que Dios esté presente en sus vidas. Y por lo general, lo único que necesitan para reparar su confianza es una sencilla pregunta: "¿Acaso no ha estado Dios contigo en el pasado?". Suelen pensarlo unos momentos y luego dicen algo como: "Ahora que lo dice, cada vez que sentí que no podía continuar, algo o alguien me ayudó a hacerlo. Realmente sentí que Dios estaba conmigo en ese momento".

Hace algunos años edité un libro llamado *¿Cómo puedo encontrar a Dios?* para el que invité a un número de personas a que respondieran a la misma pregunta: si alguien le preguntara cómo encontrar a Dios, ¿qué le diría? La respuesta que me pareció más inesperada fue la del superior general de la Compañía de Jesús, un jesuita holandés llamado Peter-Hans Kolvenbach. Lo que él respondió me recordó mucho la historia de María y el ángel.

Desde su oficina en Roma, el padre Kolvenbach recordó la historia de un santo abad que solía hablar con frecuencia a sus monjes sobre cómo buscar a Dios, cómo encontrarlo y cómo encontrarse con él. Un día, uno de los monjes preguntó al abad si él se había encontrado alguna vez con Dios. Después de un embarazoso silencio, el abad admitió que nunca había tenido una experiencia directa de Dios. Sin embargo, dijo, no había nada sorprendente en ello: Dios mismo dijo a Moisés en el Éxodo: "Verás mi espalda". Así que, reflexionando sobre sus muchos días, el abad veía claramente "cómo Dios había pasado" en su vida.

El padre Kolvenbach concluía su meditación de la siguiente manera:

> En ese sentido, es menos importante buscar a Dios que dejarse encontrar por él en todas las situaciones de la vida por las que él no deja de pasar y en las que permite que lo reconozcamos una vez que ya ha pasado: "Verás mi espalda".

Muy a menudo es más fácil encontrar a Dios cuando miramos hacia atrás en nuestra vida, o a la semana pasada, o al día que termina, y decimos "Sí, *ahí* estaba Dios". Encontrar a Dios es frecuentemente cuestión de ser conscientes o simplemente de recordar.

Gabriel le dice básicamente lo mismo a María. Mira lo que Dios ya ha hecho. Y mira lo que Dios está haciendo. Mira a Isabel: "Está esperando un hijo en su vejez; la que no podía tener familia ya está en su sexto mes". La erudita Jane Schaberg explica: "La revocación de la humillación de Isabel demuestra que nada es imposible para Dios".

Cuando María reflexiona sobre su propia experiencia y sobre lo que le ha pasado a Isabel, es finalmente capaz de decir "sí" a la extraña petición de Dios. "Que se haga en mí según tu voluntad".

María responde desde una perfecta libertad. Como lo hacemos nosotros. Dios nos invita a unirnos a él, a seguirlo, a crear con él: pero la decisión siempre depende de nosotros. Somos libres para decir sí o no.

Al decir sí, María se une al Todopoderoso y se le da el poder de traer a Cristo al mundo. Ese "sí" que cambió al mundo es de lo que habla San Bernardo en uno de sus sermones sobre María: "Responde con una palabra, recibe la Palabra de Dios. Di tu propia palabra, concibe al Verbo divino. Susurra una palabra pasajera, abraza al Verbo eterno".

Cuando damos nuestro "sí" a la voz de Dios en nuestras vidas también se nos pide que alimentemos la Palabra en nuestro interior y que traigamos a Cristo al mundo, ciertamente no de la misma manera en que lo hizo María sino cada uno en nuestras propias situaciones. Somos llamados a llevar a Cristo a la vida de los demás usando nuestros talentos individuales.

Al describir el arco de conversación de Gabriel con María, el evangelio de Lucas describe perfectamente el arco de la vida espiritual: Dios inicia la conversación; nosotros al principio nos sentimos dubitativos y asustados: tratamos de entender la obra de Dios en nuestras vidas; Dios nos recuerda nuestra experiencia; y si decidimos decir "sí" a Dios, somos capaces de traer nueva vida al mundo.

Pero ésa no es toda la historia. Hace algunos meses discutí ese pasaje con una amiga, la hermana Janice. Al terminar nuestra charla, ella me dijo:

—Si crees que la Anunciación sólo se relaciona con la vida espiritual, ¡te estás olvidando de la parte más importante de la historia!

No tenía idea de a qué podría referirse Janice.

—¡El ángel *se alejó*! —dijo y se echó a reír—. ¿Acaso no es eso lo que siempre ocurre con nosotros? Después de esos encuentros con Dios, sea como sea que ocurran en nuestra vida, nos deja solos para realizar lo que nos ha pedido. Aunque Dios sigue con nosotros, a menudo nos sentimos solos. ¿Quién sabe si María volvió a experimentar la presencia de Dios tan fuertemente como lo hizo antes del nacimiento de Jesús?

Tenía razón. Ésa es la parte más difícil: confiar en lo que Dios nos ha dicho. La parte de la fe.

Hablando de fe, es difícil saber cómo se desarrolló verdaderamente ese encuentro entre María y Gabriel. De hecho, la historia de la Anunciación subraya un importante desafío para el creyente adulto: la lucha por comprender no sólo algunas de las más increíbles historias de santos sino también algunos difíciles pasajes del Antiguo y Nuevo Testamentos.

Está, por ejemplo, la encantadora historia que cuenta cómo San Agustín intentaba comprender el misterio de la Trinidad. Un día, cansado por su largo estudio, decidió dar un paseo junto al mar para aclarar su mente. En la playa Agustín encontró a un niño que echaba pacientemente agua con las manos dentro de un hueco hecho en la arena. Agustín lo observó durante un rato mientras el niño corría hasta el mar, echaba el agua al pozo y repetía el proceso una y otra vez.

Después de un rato, le preguntó al niño qué estaba haciendo.

—Estoy tratando de llenar este pozo con el océano —cuenta la historia que le respondió el niño.

—¡Pero eso es imposible! —le dijo Agustín—. ¡Nunca podrás llenar ese pequeño pozo con el océano!

—Y tú tampoco podrás entender nunca el misterio de la Trinidad —contestó el niño.

Y Agustín comprendió que estaba hablando con un ángel.

¿Qué podemos sacar de esta historia? ¿En verdad habló un ángel con San Agustín? ¿Alguna vez sucedió algo parecido? ¿Importa si pasó o no?

Quizás sucedió exactamente así. Es más probable, sin embargo, que se trate de una leyenda piadosa. Por otra parte, también es posible que esté basado en una parte de realidad: quizás un amigo de Agustín le dijo algo similar acerca de su búsqueda por comprender a la Trinidad. Ciertamente conlleva una importante verdad acerca del misterio trinitario y la lucha de Agustín por comprenderlo. Pero la pregunta sigue en pie: ¿qué es leyenda y qué es realidad?

En las tradiciones judía y cristiana, la Escritura es una de las maneras esenciales a través de las cuales Dios se nos revela: en las historias del Antiguo Testamento sobre la actividad de Dios con el pueblo judío y en las del Nuevo Testamento, en las que Dios vive entre nosotros como Jesucristo. Como dicen los teólogos, la Escritura nos cuenta nuestra "historia de la salvación". En el Nuevo Testamento las historias sobre la vida, muerte y Resurrección de Jesús están contadas por cuatro editores (Mateo, Marcos, Lucas y Juan), divididas en cuatro evangelios. Cada *evangelista* (la palabra viene del griego "buena noticia") emplea un material levemente diferente para enfatizar distintos aspectos de Jesús, como lo harían cuatro personas que contaran una misma historia: resaltarían distintas cualidades y se centrarían en acontecimientos diferentes. Gran parte de las variaciones de las historias son indicaciones de la complejidad de la persona y no del deseo del narrador por confundir.

Los cuatro evangelios nos ofrecen una descripción (casi) completa de Jesús. Uno de mis profesores de teología solía decir que el Nuevo Testamento nos proporciona un "perfil general de la vida de Jesús".

Pero no se trata de un perfil totalmente completo o exacto. En los evangelios existen grandes problemas de continuidad. En algunas partes, los evangelistas (quienes, después de todo, no eran historiadores profesionales) no se ponen de acuerdo sobre detalles importantes. Uno de los más notables son los cinco viajes que realiza Jesús a Jerusalén en el evangelio de Juan, mientras que en los otros tres sólo hace uno. ¿Cuál es el correcto? En los evangelios de Lucas y Mateo se incluyen extensos relatos acerca del nacimiento de Jesús, pasajes que suelen denominarse "narrativas de la infancia", mientras que los evangelios de Juan y Marcos no los mencionan para nada. ¿Por qué esa ausencia? En algunos evangelios Jesús cuenta las parábolas sin explicación, a pesar de la incapacidad de sus discípulos para entenderlas. En otros, parece compadecerse de ellos y explica un poco más las cosas. ¿Qué hacía Jesús en realidad? Basándonos en los cuatro evangelios, es difícil de saberlo.

El Nuevo Testamento puede ser difícil de comprender, incluso para los cristianos devotos. Por lo tanto, es importante que cuando leamos las Escrituras lo hagamos con fe.

Eso es especialmente cierto en el caso de la historia de la Anunciación. Durante muchos años me pregunté cuánto tenía de exacta la historia que Lucas nos cuenta al comienzo de su evangelio. ¿Cómo fue todo *en realidad*?

En este caso, casi todos los estudiosos de la Escritura señalan que las fuentes de este pasaje del Evangelio son especialmente difíciles de precisar. Para empezar: ¿quién más que María pudo haber revelado la historia de su encuentro con el ángel? Esto es lo que John Meier, el renombrado estudioso del Nuevo Testamento, dice al respecto en *Un judío marginal*, su estudio del "Jesús histórico" en varios volúmenes:

> Aunque María podría ser teóricamente la fuente principal de algunas tradiciones en las narrativas de la infancia, la suposición de que ella sea la fuente directa de las narrativas como ahora las conocemos presenta graves problemas. Para empezar, María no pudo haber sido la fuente para todas las tradiciones de la infancia en Mateo y Lucas, porque, como ya veremos, ambos difieren o incluso se contradicen uno al otro en ciertas partes esenciales.

Por otra parte, quizás sea Lucas el que lo cuenta de manera exacta, ya que fue el que lo oyó directamente de María, o quizás de Jesús. Quizás, entonces, haya sucedido justo como está descrito. (¿Por qué no? Nada es imposible con Dios). Quizás sucedió de manera algo diferente como, por ejemplo, en un sueño (Repito: ¿por qué no? ¿Por qué no podría Dios comunicarse de esa manera?). Quizás la historia del ángel fue la mejor manera que encontró María para comunicar su inexplicable encuentro con lo divino. O quizás el drama del embarazo de María se desarrolló gradualmente, a lo largo de varios meses, y ella fue comprendiendo lo que Dios le pedía a medida que el bebé crecía dentro de ella. O quizás la comprensión de María acerca de su papel final en la historia de la salvación se profundizó con la ayuda de amigos y familiares, su esposo José, su prima Isabel y sus padres. Todos ellos la ayudaron a meditar sobre la obra de Dios en su vida.

En su libro *Verdadera hermana nuestra*, Elizabeth Johnson hace referencia a otro gran estudioso de la Escritura y concluye que "el ángel no responde a la objeción de María con una descripción satisfactoria sobre cómo 'puede ser posible'. La conclusión de Joseph Fitzmyer sobre lo que ocurrió históricamente es la base sobre la cual deberían construirse todas las hipótesis teológicas: '¿Qué sucedió en realidad? Nunca lo sabremos'".

Después de meditar durante tantos años sobre el pasaje de Lucas, he llegado a creer que, o bien Gabriel visitó a María (más o menos como cuenta el pasaje), o ella tuvo un dramático y exclusivo encuentro con lo divino que sólo podía expresarse haciendo referencia a un mensajero celestial, basado en la tradición judía de los ángeles y los mensajes santos. Esa experiencia, que María atesoró en su corazón como dice Lucas, la comunicó a los discípulos después de la muerte y Resurrección de su hijo, cuando todo podía entenderse más plenamente. Esas historias pasaron oralmente de persona a persona, pero fueron especialmente atesoradas por la comunidad para la que Lucas escribía y por eso las incluyó en su evangelio.

Pero aunque mi razón no pueda decirme exactamente cómo sucedió todo, mi fe me dice que la historia es esencialmente cierta. Nuevamente estoy de acuerdo con lo que dice Elizabeth Johnson: "No tenemos acceso a la experiencia religiosa de María, pero podemos decir simplemente que por el poder del Espíritu encontró el misterio del Dios vivo, al Dios de su vida, a la Sabiduría salvadora de su pueblo. En ese encuentro se echaron los dados para la venida del Mesías".

Ésta es la historia de la Anunciación, como la cuenta Lucas en su evangelio:

Al sexto mes, el ángel Gabriel fue enviado por Dios a una ciudad de Galilea, llamada Nazaret, a una joven virgen que estaba comprometida en matrimonio con un hombre llamado José, de la familia de David. La virgen se llamaba María. Llegó el ángel hasta ella y le dijo: "Alégrate, llena de gracia, el Señor está contigo". María quedó muy conmovida al oír estas palabras, y se preguntaba qué significaría tal saludo. Pero el ángel le dijo: "No temas, María, porque has encontrado el favor de Dios. Concebirás en tu seno y darás a luz un hijo, al que pondrás el nombre de Jesús. Será grande y justamente será llamado Hijo del Altísimo. El Señor Dios le dará el trono de su antepasado David; gobernará por siempre al pueblo de Jacob y su reinado no terminará jamás". María entonces dijo al ángel: "¿Cómo puede ser eso, si yo soy virgen?" Contestó el ángel: "El Espíritu Santo descenderá sobre ti y el poder del Altísimo te cubrirá con su sombra; por eso el niño santo que nacerá de ti será llamado Hijo de Dios. También tu parienta Isabel está esperando un hijo en su vejez, y aunque no podía tener familia, se encuentra ya en el sexto mes del embarazo. Para Dios, nada es imposible". Dijo María: "Yo soy la servidora del Señor, hágase en mí tal como has dicho". Y el ángel se alejó.

Como consecuencia de mi meditación sobre la Anunciación, me sentí cada vez más atraído por María y comencé a descubrirla en mi ministerio. Así sucedió en mi trabajo durante el noviciado y también sucedería en mis futuros ministerios. La encontraba en la devoción de tantos que sufrían: una anciana que luchaba con su enfermedad en un hospital de Cambridge y que aferraba su rosario durante los ataques de dolor; un hombre sin techo de Boston que decía que María era su "única madre"; una joven sin trabajo de Chicago que le rezaba todas las noches pidiéndole un empleo.

Aún más especialmente vería reflejado su espíritu en los rostros de los pobres. La mayoría de las personas con las que trabajé durante mi trabajo en Nairobi con refugiados de África oriental eran mujeres. Ellas me recordaban de infinitas maneras la historia de María. Vi a María huyendo a Egipto en las mujeres ruandesas que cuidaban a sus hijos en medio de enormes dificultades. Vi a María de Nazaret en las mujeres ugandesas que trataban de ganarse la vida en una ciudad pobre y en medio de la opresión. Y vi a María en el Calvario en las madres etíopes que lloraban las muertes de sus hijos por el sida, la disentería, la malnutrición o la violencia.

Hacia el final de mi formación como jesuita, volvería a encontrarme con María en un ministerio muy diferente.

Durante los estudios de teología, los seminaristas jesuitas dedican unas diez horas a la semana a trabajar en un ministerio fuera del salón de clases. El propósito era no sólo prepararnos para el ministerio a tiempo completo sino también animarnos a considerar los problemas de la vida real mientras reflexionábamos sobre cuestiones teológicas tales como el problema del mal, la naturaleza de Dios y el misterio de la gracia. El ministerio activo ayuda a los jesuitas (y a los estudiantes laicos) a conectar la teología con la realidad.

Algunos estudiantes optaban por cumplir el requisito trabajando a tiempo completo algunas semanas durante el verano. Unos pocos trabajaban en una ajetreada casa de retiros en Appalachia, adonde las parroquias enviaban autobuses cargados de familias para retiros de fin de semana. Un jesuita de mi comunidad dirigía el campo de básquet de un vecindario pobre en una parroquia cercana. Pero la mayoría elegía completar los requisitos ministeriales durante el año académico. Algunos estudiantes trabajaban en parroquias; otros colaboraban con escuelas primarias católicas de la zona.

A comienzos de año decidí trabajar como capellán en la prisión local. Uno de mis amigos jesuitas, George, había ejercido ese ministerio desde hacía varios años. George era el admirador de Dorothy Day del noviciado; llevaba intacto su compromiso con la justicia social desde los días de noviciado hasta su trabajo en la cárcel.

Aunque ya había trabajado en varios ministerios, la prisión me conmovió. El Correccional del Condado de Suffolk se encuentra en un edificio de cemento y ladrillos no lejos del centro de Boston. Técnicamente se trata de un lugar donde se mantiene a los prisioneros durante poco tiempo o hasta que comienzan los juicios. Si se los encuentra culpables, se los traslada a una cárcel. Las personas encarceladas en el Condado de Suffolk County cumplían condenas por gran variedad de crímenes: asesinato, robo, violación, abuso sexual infantil pero, sobre todo, por delitos relacionados con las drogas. Durante mi primera mañana encontré muchísimas mujeres (blancas, afroamericanas, hispanas: todas pobres) reunidas en la oscura entrada de cemento y azulejo, esperando para ver a sus maridos o novios durante las horas de visita. George me acompañó a la oficina de empleo de la prisión, dónde llené un largo cuestionario y me tomaron una foto. Pocos días más tarde, después de que completaron la verificación de mis antecedentes, me dieron una insignia con mi identificación.

A la semana siguiente comencé a trabajar. Para entrar al edificio tenía que pasar una puerta a prueba de balas y aguardar pacientemente dentro de un pequeño habitáculo mientras un guardia inspeccionaba mi identificación y me estampaba en la mano el sello del día. Otro ruido abría una segunda puerta de vidrio que me daba acceso al interior del edificio.

En su interior el lugar parecía más un hospital frío y estéril que una prisión. Luces fluorescentes arrojaban sus reflejos sobre las blancas paredes y pisos. Cuando nos dirigíamos a la pequeña oficina de George, nos cruzamos con un hombre afroamericano vestido con un brillante mono naranja al que llevaba un oficial del correccional ("No los llames *guardas*", me dijo George. "No les gusta"). El prisionero llevaba las manos esposadas en la espalda. Una vez dentro de la oficina de George, comenzamos a organizar el trabajo que yo haría.

Mi ministerio sería sencillo: celebrar servicios eucarísticos semanales (con homilía incluida), visitar a los hombres en confinamiento solitario y, algunas veces, hablar con los internos de la población general. De vez en cuando dedicaría un tiempo a charlas individuales con los internos, ofreciéndoles consejo o dirección espiritual.

Las visitas a los aislados me parecía la parte más fácil del ministerio. Los internos en confinamiento se sentían solos y recibían con agrado la oportunidad de hablar con alguien. Era un enorme contraste con otras clases de ministerio que había realizado (como el trabajo en hospitales), donde a veces las personas no parecían interesadas o capaces de hablar conmigo.

Como los internos estaban confinados en sus celdas, yo les hablaba desde afuera a través de una grieta en el quicio de la puerta; o me arrodillaba y hablaba a través de la delgada ranura de metal por donde se les pasa la comida. Las celdas estaban dispuestas en forma de V que se abría hacia donde estaba el escritorio del oficial. Yo avanzaba lentamente por un lado de la V, hablando con cada uno de los hombres, y luego continuaba por el otro lado. Generalmente pasaba cinco o diez minutos con cada persona. Exceptuando a los que estaban enfermos o durmiendo, todos esperaban ansiosamente su turno para hablar. Si pasaba mucho tiempo con un interno, los otros se quejaban:

—¿Qué pasa con nosotros, padre? —gritaban detrás de sus puertas de metal cerradas.

Los solitarios hombres en confinamiento hacían cualquier cosa por alargar sus conversaciones conmigo. Un hombre me preguntaba todas las semanas las mismas cosas sobre la Biblia, lo que al principio me sorprendía; luego comprendí que él suponía que las Escrituras eran un tema que me interesaría a mí y, por lo tanto, una buena manera de mantenerme frente a su puerta.

El conocimiento de los internos acerca de las Escrituras a veces sobrepasaba el mío. Una tarde hablé con hombre afroamericano sobre su vida "afuera". En aquel momento yo estaba a mitad del semestre dedicado a la Carta de Pablo a los romanos. El interno admitió con tristeza que por mucho que lo intentara, parecía vivir constantemente una vida de pecado.

—Quiero ser bueno —me dijo—, pero es como si no pudiera lograrlo. Sigo haciendo lo que es malo.

Le dije que su situación me recordaba algo que San Pablo había dicho en alguna parte. En lugar de hacer el bien que quería, Pablo hacía el mal que no quería. Pero no podía recordar dónde lo había leído.

—Es de la carta de Pablo a los romanos —me dijo él—. Capítulo 7.

Me hice la nota mental de prestar más atención en mi clase de Nuevo Testamento.

Esperaba con agrado la celebración eucarística semanal, aunque resultaba difícil de organizar. Si se habían producido problemas de disciplina ese día (peleas, por ejemplo), los guardias prohibían que los internos acudieran a la celebración, así que ésta se cancelaba y yo pasaba más tiempo con los hombres en aislamiento. Pero si los internos se habían portado bien, a la hora convenida se escuchaba gritar al oficial:

—¡Celebración católica! —En pocos minutos, llegaban veinte o treinta hombres de ese piso. Por supuesto, a los que se encontraban en confinamiento solitario no se les permitía asistir.

Como sugiere el rito, antes de dar la comunión decía unas cortas plegarias y pedía a uno o dos internos que leyeran en voz alta un pasaje de la Escritura. Luego les ofrecía una corta reflexión y les preguntaba qué pensaban acerca de la lectura.

Como la Biblia era el único libro que se les permitía tener en sus celdas, y como tenían mucho tiempo libre, los internos solían tener mucho que decir. Comprendían muy bien las Escrituras, especialmente (como los hombres en aislamiento) a San Pablo y sus palabras sobre el pecado y la redención. Muchos mostraban una comprensión intuitiva del lado oscuro de la naturaleza humana y de la necesidad del arrepentimiento y la gracia para que nos ayuden en el camino. De igual modo, muchos de ellos parecían entender la inherente humanidad de las figuras de la Biblia. Quizás debido a que pasaban mucho tiempo en sus celdas con Juan el Bautista, Jesús y Pablo, los internos los veían más reales de lo que los ven muchos otros cristianos. Y quizás pasar tanto tiempo solos hacía que los internos se volvieran más conscientes de su propia humanidad y sus propios pecados.

Una tarde durante el Adviento discutíamos un pasaje del evangelio de Juan centrado en Juan el Bautista. "Es necesario que él crezca y que yo disminuya", dice Juan de Jesús. Les pregunté a los hombres si pensaban que había sido difícil para Juan decir eso. ¿Fue difícil para Juan ser humilde?

Se levantaron varias manos.

—No —dijo uno—. No le fue difícil. Juan el Bautista era un hombre de Dios y un hombre de Dios sabe cómo ser humilde.

Otro hombre contestó:

—Le *fue* difícil. Él era como todo el mundo: quería ser importante. ¡Todo el mundo quiere ser importante!

—¿Quién tiene razón? —me preguntó un tercer hombre.

Para mí, los dos la tenían. Comprendimos que habíamos llegado a dos de los principales requisitos de la vida espiritual: humildad y confianza. Juan el Bautista tenía confianza en la misión que Dios le había encomendado, pero era lo suficientemente humilde como para ver que su lugar estaba al servicio de Jesús de Nazaret. Tenía confianza *en* Dios y humildad *ante* Dios.

Otras preguntas resultaban menos reveladoras.

—¿Pueden hablar las serpientes? —preguntó uno de los internos un día, repentinamente.

—¿A qué te refieres?

—Bueno, está esa parte del libro del Génesis en la que la serpiente les habla a Adán y a Eva.

Antes de que pudiera contestar, otro interno respondió:

—¡Por favor, no puedes creerte esa tontería!

Finalmente, un tercer hombre dijo:

—Creo que si Dios *quisiera* que una serpiente hablara, ¡podría hacerla hablar!

Todos asintieron de acuerdo.

Muchos internos disfrutaban hablando sobre María. Algunos llevaban coloridos rosarios de plástico al cuello, aunque era difícil saber si lo hacía por devoción, superstición o alguna razón totalmente diferente. Años antes había trabajado en Kingston, Jamaica, con las Misioneras de la Caridad. Mientras pasaba por las barriadas camino al trabajo cada mañana, me asombraba la cantidad de jóvenes pobres que me pedían rosarios. Con el tiempo, aprendí que los distintos colores de los rosarios eran marcas de identificación para los miembros de las pandillas. Así funcionaba también entre algunos internos.

Pero no para todos. Un joven irlandés católico que cumplía condena por tráfico de drogas me dijo, vacilante, que rezaba a María porque no había conocido a su madre.

—María me entiende —me dijo.

Otro guardaba un rosario debajo de la almohada para rezarlo todos los días. Tuvimos una larga conversación sobre los "misterios" del Rosario, es decir, las meditaciones sobre la vida de Jesús que conforman la tradicional oración del Rosario.

Después de uno de los servicios eucarísticos, un interno que debía medir unos dos metros y pesar más de 130 kilos me confesó que creía que no estaba rezando bien el Rosario.

Le dije que no existían las maneras "buenas": todas las oraciones complacían a Dios. Le pregunté si le gustaría aprender algo más sobre la manera tradicional de usar el rosario.

—Sí —me dijo—. Los otros compañeros me dicen que les lleva media hora rezarlo, pero a mí solo me lleva un minuto.

¿Un minuto? ¿Cómo lo conseguía?

Sacó el rosario de su bolsillo y comenzó a pasar las pequeñas cuentas.

—Rezo un Avemaría por cada una de estas pequeñas —me explicó—, y un Padrenuestro por cada una de las grandes.

Lo hacía bien, por supuesto, pero me pregunté como podía rezarlo tan rápido.

—¿Por qué no me muestras como lo rezas?

—Claro —contestó.

Cerró los ojos y comenzó a pasar rápidamente las cuentas.

—Ave María, Ave María, Ave María, Ave María, Ave María…

Comprendí su dilema.

—¿Sabes? —le dije—. Cada Avemaría va acompañada de una *oración* entera: Dios te salve María, llena eres de gracia, el Señor es contigo… —y recité la oración completa.

Su expresión se ensombreció.

—Maldición, ¡eso me llevará todo el día!

A medida que se acercaba la Navidad y el resto del mundo se preparaba para las fiestas, pocas cosas cambiaban dentro de la prisión. De hecho, diciembre era un mes especialmente triste para los internos porque pensaban en sus familias o en las pocas Navidades felices que habían pasado. Sin embargo, para algunos internos María representaba un punto de luz durante el mes.

Casi al comienzo del semestre inicié unas clases de Biblia para las mujeres internas de Suffolk County. A las mujeres se las dejaba salir de sus celdas por la tarde y podían acudir a un área abierta de recreación, y entonces yo les ofrecía la oportunidad de leer y discutir el Antiguo y el Nuevo Testamento. Las clases no eran más que unas pocas personas sentadas en sillas de plástico rotas alrededor de una mesa. Durante nuestros encuentros, las otras mujeres se sentaban en el suelo o se acomodaban en la cercana sala de estar y miraban cualquier programa en la televisión que colgaba en lo alto de la pared.

Un día, cerca de Navidad, se me ocurrió proponer dos historias del evangelio de Lucas: El encuentro de María con el ángel y su posterior visita a Isabel, en la que proclama su Magníficat ("Proclama mi alma la grandeza del Señor y se alegra mi espíritu en Dios, mi Salvador..."). La noche anterior había preparado unos apuntes para usar si a las mujeres les parecía que los pasajes eran poco interesantes o difíciles de comprender. Mientras preparaba mi presentación, recordé que durante un retiro reciente había reflexionado sobre esas historias de una manera completamente nueva.

Generalmente pienso en María como modelo de paciencia y confianza, que aceptó el mensaje de Gabriel después de un breve momento de duda. Pero mientras meditaba sobre los pasajes de Lucas en el retiro de aquel año, mi oración me llevó a comprenderlo de manera diferente. Cuando el ángel la saluda es posible que María no hubiera reaccionado de forma paciente y confiada, sino asustada y confundida. Incluso después de que el ángel le explicó las cosas, el significado del mensaje puede haberla dejado asustada y con más preguntas: ¿Qué significa todo esto? ¿Qué va a pasar conmigo? Sin embargo, a pesar de toda esa incertidumbre, María hizo lo que tenía que hacer. Aunque no tenía idea de lo que le pasaría a ella o a su familia, aceptó. Eso me ayuda a comprender que, a veces, lo único que podemos hacer es vivir la vida día a día, incluso en medio del miedo y de la confusión. Y que a veces, incluso en la vida espiritual, está bien sentirse un poco asustado.

Y también me proporcionó una nueva perspectiva sobre la historia de la Visitación, que sigue a la Anunciación. El evangelio de Lucas dice que "María tomó su decisión y partió sin demora" a visitar a Isabel. La visita de María a Isabel suele interpretarse como consecuencia de su deseo de proclamar la buena noticia a su prima. Pero en mi oración, la rápida partida de María se debía a que tenía *miedo*, a que necesitaba desesperadamente el consejo y la sabiduría de una mujer mayor para saber qué hacer.

Recordando eso, revisé el diario de mi retiro y preparé con cuidado mis notas para la clase de Biblia, dispuesto a compartir mis pensamientos con las internas.

Para empezar la clase al día siguiente dije una corta oración. Luego comencé a leer el evangelio de Lucas. Las cinco mujeres presentes, todas nuevas en clase, empezaron a reír por lo bajo. Una, en un inglés con fuerte acento, me dijo:

—¿Habla español?

Con horror, comprendí que ninguna de esas mujeres hablaba inglés (y mi español era muy elemental). Mi primera reacción fue de decepción por todo el tiempo que había pasado la noche anterior preparando la clase: ¡ellas no oirían mis fantásticas reflexiones!

Lo único que pude hacer, con un español vacilante, fue explicarles cuáles eran los pasajes que íbamos a leer. Como respuesta, una de las mujeres abrió su Biblia en español y comenzó a leer en voz alta, firme y clara las historias de la Anunciación y la Visitación. "En el sexto mes, el ángel Gabriel..."

Cuando terminó, sólo hice una pregunta (en español):

—¿Qué piensan ustedes de la Virgen María?

Durante una hora entera se produjo una animada conversación sobre María. Por lo que podía entender (por momentos la conversación era rápida, emotiva y jalonada por risas), las mujeres hablaban sobre los peligros de dar a luz en medio de la pobreza, las dificultades de criar a los hijos, de lo difícil que debe haber sido para María ver morir a su hijo. En su mayor parte hablaron de cuánto la amaban y cómo sentían que, entre todos los santos del cielo, María era quien mejor las comprendía. También hablaron sobre Isabel: sobre lo bueno que es tener una mujer mayor en la familia a la que se puede pedir consejo, que las mujeres mayores siempre eran sabias (más sabias que los *hombres* mayores, dijeron) y de lo afortunada que fue María al tener a alguien que la cuidara en un momento tan difícil. Una de las internas conocía incluso a una mujer mayor que había tenido un hijo después de intentarlo durante mucho tiempo y nos contó lo feliz que estaba.

Aunque estuve ahí sentado, con mis notas cuidadosamente preparadas sobre la mesa frente a mí, no dije nada en toda la hora. Escuchando a esas mujeres, recordé a las mujeres de África oriental que había conocido, y comprendí una vez más que me encontraba en presencia de personas que comprendían a María mucho mejor de lo que yo jamás llegaría a entenderla. Así que sólo escuché. En realidad ¿qué podría haber agregado?

·········||||||||||||||||·········

Mi devoción a María, a la mujer de la Anunciación, a la mujer que trajo a Jesús al mundo, se centra en la persona que fue. En cómo respondió a la invitación de Dios. En cómo nos enseña a vivir con fe en medio de lo imposible, en cómo perseveró y confió en las circunstancias más difíciles. En cómo amó. Mi devoción a María se centra, en gran parte, en la *mujer*, Miriam de Nazaret.

Pero también es la devoción a la madre de Dios, a la Santísima Virgen, la mujer que ahora disfruta de una vida nueva con su Hijo, la mujer que escucha nuestras oraciones e intercede por todos nosotros. Y es la devoción a la mujer del Rosario, aquel primer rosario (que todavía tengo) y que me recuerda mi fe: a veces rota y gastada, frecuentemente imperfecta, pero al mismo tiempo entera, con firmes raíces en la infancia y crecimiento continuo en el presente, a la luz del amor creador y renovador de Dios.

18

Santos de manera diferente

Conclusión

De los santos debo tomar la sustancia, no los accidentes, de sus virtudes. No soy San Luis Gonzaga, ni debo buscar la santidad de la manera particular en que él lo hizo, sino que he de hacerlo según los requisitos de mi propia naturaleza, mi propio carácter y las diferentes condiciones de mi vida. No estoy llamado a ser la copia seca y sin vida de un modelo, aunque sea uno perfecto. Dios quiere que sigamos los ejemplos de los santos absorbiendo la savia vital de sus virtudes y convirtiéndola en nuestra propia vida, adaptándola a nuestras capacidades individuales y circunstancias particulares. Si San Luis hubiera sido como soy yo, habría llegado a santo de manera diferente.

PAPA JUAN XXIII
DIARIO DE UN ALMA

Durante los estudios de teología tuve como profesor de Historia de la Iglesia a John O'Malley, un distinguido estudioso y autor jesuita. Al terminar una conferencia larga y erudita (por ejemplo, sobre el papado medieval o la historia del monaquismo occidental), el padre O'Malley a menudo hacía una pausa, se dirigía a la clase y preguntaba:

—Y entonces, ¿qué?

Luego explicaba de qué manera el desarrollo histórico que acababa de describir había afectado a la Iglesia de su tiempo y cómo continuaba influenciando a la Iglesia actual y al mundo. Ésa era su manera de resumir el material y de demostrarnos su relevancia en nuestras vidas.

"Y entonces, ¿qué?" es una buena pregunta para hacer ahora que hemos llegado al final de este viaje con los santos. Han leído cómo conocí a algunos hombres y mujeres santos a lo largo de mi vida, cómo pasé por unas cuantas experiencias interesantes, sentí emociones fuertes e incluso aprendí algunas lecciones.

Entonces, ¿qué?

Bueno, en primer lugar espero que hayan descubierto algunos santos a los que les gustaría conocer mejor. Como ya mencioné, creo que una de las razones por las que nos sentimos atraídos a un santo en primer lugar es porque ese santo ya está rezando por nosotros (aunque admito que se trata de una hipótesis imposible de comprobar). Quizás se hayan sentido impresionados por los santos contemporáneos en este libro, como Dorothy Day o Pedro Arrupe o Juan XXIII. Quizás han comenzado a verlos como modelos para sus vidas.

Ésa, para mí, es una función importante que tienen los santos: los veo como modelos y me beneficio con sus experiencias. Todos los santos se vieron enfrentados a alguna clase de sufrimiento, y cuando nosotros experimentamos dificultades semejantes resulta consolador saber que no sólo hubo otros cristianos que atravesaron momentos similares, sino que, unidos a Dios, esos santos pueden rezar por nosotros cuando sufrimos.

Por ejemplo: Teresa de Lisieux y Bernardita Soubirous padecieron enfermedades graves en sus cortas vidas, al igual que Pedro Arrupe en su larga vida. Cuando nos enfrentemos al desaliento de la enfermedad es posible que nos consuele saber que incluso Teresita admitió sentirse desanimada, o quizá nos consuele la resuelta confianza de Bernardita, o lo haga el deseo de Pedro Arrupe de ponerse en "las manos de Dios". Al conocer sus vidas podemos beneficiarnos de la sabiduría de los santos. Al igual que un viajero experimentado, un santo puede guiarnos por el camino del sufrimiento. La posibilidad de aprender de sus vidas es una de las razones por las que deberíamos leer vidas de santos.

Otro ejemplo: para todos aquellos que tienen dificultades con su iglesia, sea católica o no, es bueno recordar que lo mismo le ocurrió a algunos santos. A Dorothy Day, la devota apóstol de la Iglesia, le gustaba citar la incisiva frase de Romano Guardini: "La Iglesia es la cruz sobre la que Cristo está crucificado hoy". Thomas Merton, cuando sus superiores religiosos lo obligaron a guardar silencio, escribió a un amigo con rabia indisimulada porque no se le permitía a un monje hablar contra la guerra: "Creo que eso podría salvar la última hebra de la reputación de una institución que muchos consideran muerta…" Santa Catalina de Siena, durante un tiempo de escándalos en la Iglesia del siglo XIV, escribió a un grupo de cardenales de Roma diciéndoles: "Ustedes son flores que no desprenden perfume sino un hedor que vuelve fétido al mundo entero". Incluso los santos (o, quizás, *especialmente* los santos) experimentaron decepciones, frustración y rabia frente a la religión organizada.

Eso me ha resultado siempre muy útil. En la pared de mi habitación tengo colgadas estampitas de mis santos preferidos (básicamente los que están en este libro). Y a veces, cuando me siento desanimado acerca de la Iglesia católica, recuerdo que a pesar de todos sus problemas con la Iglesia, gente como Day, Merton y Catalina de Siena permanecieron firmes dentro de la comunidad católica. Durante los momentos de frustración, puedo decirme: "Bueno, ellos eran más listos y más santos que yo y lo soportaron".

Los santos nos ofrecen aliento, como el corredor que va delante de nosotros en la carrera, instándonos a continuar y recordándonos que debemos medir nuestros pasos. Eso no sólo es válido para los momentos en que estamos enfermos o nos sentimos desanimados, sino también cuando disfrutamos de vidas saludables y activas. Cuando estoy ocupado, por ejemplo, recuerdo a Tomás de Aquino, quien en el siglo XIII era capaz de ocuparse de varias tareas al mismo tiempo; el hombre que empleaba a tres escribas para que apuntaran sus palabras simultáneamente me recuerda que la oración es tan importante como el trabajo. Cuando escribo, pienso en Thomas Merton, porque el famoso escritor me recuerda que la fama no es la razón por la que uno escribe. Cuando trabajo con personas marginadas, pienso en la Madre Teresa; la sierva de los pobres me recuerda que en realidad estoy sirviendo a Cristo. Cuando lucho por algo que creo que es justo, tengo presente a Juana de Arco; la luchadora incansable me recuerda la necesidad de confiar en Dios, no en los resultados.

Los santos son modelos de lo que nuestras vidas podrían llegar a ser. Siguiendo el ejemplo de sus vidas, podemos ser modelados por ellos. Como dice Lawrence S. Cunningham: "Esperamos ser lo que ellos son".

También siento su amistad. Cuanto más los conozco, más siento que esos hombres y mujeres que disfrutaron de la vida con Dios me dan fuerza, que están a mi lado, que quieren que triunfe en mi vida cristiana, que quieren que sea un buen jesuita y un buen sacerdote. Es imposible probarlo pero, desde que los conocí, tengo la certeza de que rezan por mí. "No te rindas", me dicen. "No te preocupes", me recuerdan. O, como dijo Juliana de Norwich, "Todo estará bien, y todo será para bien, y todas las clases de cosas estarán bien".

También recurro a los santos en busca de su protección. Como dice Elizabeth Johnson en su libro *Amigos de Dios y profetas*, los cristianos siempre se han relacionado con los santos de dos maneras: como compañeros y como patronos.

Pero esos dos modelos se solapan en mi vida. Me dirijo a un santo (patrono) porque identifico su historia con la mía y busco su compañía (compañero). Así que cuando busco la compañía de Teresa de Lisieux durante una enfermedad o de Thomas Merton durante mis luchas con la Iglesia o de Pedro en busca de fe en tiempos de oscuridad, también les pido su intercesión.

¿Cómo funciona esa intercesión? Algunos cristianos la consideran una creencia supersticiosa, con todas esas velas, estatuas y medallas y oraciones que se parecen sospechosamente a conjuros mágicos. Otros consideran que la intercesión es una de las bases de nuestra fe. El Credo de los apóstoles dice en una parte: "Creo en… la comunión de los santos", lo que incluye la creencia de que rezan por nosotros. Para mí, la ayuda de los santos tiene sentido en el nivel práctico y en el teológico: ¿Por qué no querrían ayudarnos los que ya están con Dios? ¿Por qué no querrían interceder por nosotros? A mí me parece muy natural. Pero es imposible de probar.

Lo único que sé es que cada vez que recibo algo por lo que he rezado, y para lo que he pedido intercesión a un santo, primero me siento agradecido a Dios, pero también siento gratitud por cualquier ayuda extra que me haya prestado el santo.

Hace poco tiempo, por ejemplo, estuve colaborando con una compañía de teatro que representaba una obra *Off-Broadway* basada en la vida de Judas Iscariote. La obra presenta a Judas en el purgatorio, en juicio por sus acciones, para examinar si merece la condenación eterna. En la obra se incluyen testimonios de "testigos expertos" como San Pedro, Santo Tomás, San Mateo, la Madre Teresa e incluso Thomas Merton. Como resultado, pasé buen tiempo discutiendo con el elenco algunos de los santos en este libro. Incluso les pasé borradores de algunos capítulos para que los actores pudieran comprender sus vidas.

El autor de la obra, llamado Stephen, era un católico no practicante que, sin embargo, comprendía de forma instintiva las cuestiones más importantes de la fe. En su obra, por ejemplo, tenía un papel importante Santa Mónica, la madre de Agustín, el santo del siglo IV. En la vida real, Mónica rezó fervientemente pidiendo la conversión de su joven y díscolo hijo, y suele ser considerada la patrona de la oración insistente. En la obra, que Stephen escribió con lenguaje de jerga callejera, una vehemente y joven Santa Mónica se describe a sí misma como una molesta, cuya famosa insistencia con Dios fue lo único que ayudó a salvar a su hijo.

—¿Saben algo? —dice al público—. ¡*Soy* una molesta! Y si no fuera una molesta, no habría llegado a ser santa, ¡y la Iglesia no tendría un Padre de la Iglesia llamado San Agustín!

Incluso alienta al público a buscar su intercesión:

—No dejen de llamarme si necesitan ayuda porque soy Santa Mónica, la madre de San Agustín y, ¿saben una cosa? ¡Doy resultado!

Después de una de las representaciones, un joven jesuita me dijo:

—Estoy pensando que debería rezarle a Santa Mónica más a menudo.

Un domingo, cuando acabaron las representaciones, yo iba a celebrar misa a una iglesia jesuita local y había invitado a algunos de los miembros del elenco. Esperaba que Stephen pudiera ir, porque sabía que hacía tiempo que no participaba en misa. Por la mañana, sin embargo, Stephen me llamó con malas noticias:

—Jim, creo que no voy a poder ir. Tengo un *río* de agua que gotea en mi apartamento y el encargado no puede venir hasta las diez.

Le dije que iba a rezarle a Santa Mónica. Así que, cuando colgué el teléfono en mi habitación, me arrodillé, encendí algunas velas para asegurarme y le dije una oración:

—Aquí estoy, Mónica, pidiéndote ayuda: haz que Stephen pueda llegar a misa.

De camino a la iglesia llamé a Stephen desde el taxi y le dije que estaba rezando para que ocurriera un milagro.

—Bueno, no sé —me dijo—. No se ve muy bien; aún no ha llegado el encargado.

Dentro de la iglesia encendí otra vela frente a la estatua de San Luis Gonzaga.

Cuando llegué a la sacristía, volví a llamarlo.

—¿Algún milagro? —pregunté.

—Creo que todo va a salir bien —me dijo—. Era un radiador que estaba goteando arriba. Yo mismo acabo de apagarlo.

Cuando empezó la misa, Stephen no estaba por ningún lado. Pero cuando me puse de pie para leer el Evangelio, vi que se abría la puerta de la iglesia. Stephen entró y se sentó en la última fila. Minutos más tarde se acercó, en el momento de la Comunión.

¿Creo que Mónica y Luis tuvieron algo que ver con eso? ¿Quién puede estar seguro? Para mí, la respuesta es que sí.

Me recuerda a una frase de la versión fílmica de *La canción de Bernadette*. Cuando una persona pide pruebas de la visión de Bernardita y de los milagros que se produjeron, un personaje afirma: "Para los que tienen fe, no hace falta ninguna explicación; para los que no la tienen, ninguna explicación basta".

¿Cómo me siento acerca de las diferentes formas en que las personas se relacionan con los santos? ¿Qué opino sobre la aparentemente bizarra piedad que rodea al culto a los santos? ¿Qué me parece la tradición de enterrar estatuillas de San José en el suelo para lograr vender una casa? ¿O esas capillas para santos que se ven en los jardines, construidas a veces en bañeras de esmalte? Hace pocas semanas, mientras caminaba por un barrio italiano en Brooklyn, quedé sorprendido por la cantidad de santuarios caseros en honor de María, San Antonio y San Judas, cuyas estatuas estaban decoradas con flores multicolores de plástico y lucecitas.

Como católico, estoy acostumbrado a eso; forma parte de la cultura católica. Es posible que moleste a algunos católicos progresistas, y ciertamente a muchos protestantes, pero es justo darles a esas personas el beneficio de la duda en lo que respecta a su fe. Si esas prácticas los ayudan a acercarse a su santo preferido y, por lo tanto, a sentirse más cerca de Dios, es estupendo; siempre y cuando recuerden que a quien rezan en realidad es a Dios y que la devoción a un santo no debe cegarlos a la centralidad de Jesús en sus vidas.

Pero como ocurre con los amigos, no debe considerarse a los santos simplemente desde un punto de vista utilitario; es decir, no debemos verlos sólo como modelos, intercesores o personas que nos alientan. Eso es simplificar demasiado el concepto de los santos. Demasiado a menudo reducimos su papel al de hacer cosas para nosotros. O, aún peor, a *conseguirnos* cosas.

Hace poco una amiga me contó que le reza a la Madre Cabrini (hermana Francisca Javier Cabrini), la religiosa italiana canonizada por su trabajo con los inmigrantes en la ciudad de Nueva York, cuando quiere conseguir un sitio para aparcar. Aparentemente, las simpatías urbanas de la Madre la convierten en la mujer a la que acudir para los conductores frustrados. La oración es una variación de la oración a San Antonio:

> *Madre Cabrini, Madre Cabrini,*
> *encuéntrame un lugar*
> *para aparcar.*

Es gracioso imaginar a la Madre Cabrini buscando sitios para aparcar. Pero si reducimos a los santos puramente a su papel *funcional*, pasamos por alto la invitación a disfrutar de la variedad de dones que nos revelan en el reino de Dios. Los santos no son meros instrumentos útiles: son personas a las que celebrar. Debemos estar agradecidos por el sentido de sus vidas en la tierra, como si se tratara de una obra de arte. Alguien escribió alguna vez que los santos son como actores en una obra y que el guión de esa obra es el Evangelio.

Y citando otra metáfora, esta vez de Teresa de Lisieux, amar a los santos es como disfrutar de la maravillosa variedad de un jardín. Uno no ama a una flor por lo que hace, sino por lo que es. Sé que probablemente la imagen más conocida de los santos sea la "nube de testigos" que menciona San Pablo. Y aunque me gusta esa imagen porque transmite la idea de que los santos son una presencia que flota a nuestro alrededor, también me resulta un poco fría e impersonal. Prefiero mucho más la imagen del jardín, donde cada uno de los santos nos muestra la belleza de Dios de una manera distinta.

Sin duda, ése es el aspecto más importante de los santos para mí: me enseñan a ser quién soy. Cada uno de los santos ha sido, como dijo Juan XXIII, "santo de manera diferente". Cada uno vivió una situación y en un tiempo distinto. Cada uno tuvo una personalidad diferente y vivió de manera distinta. Y cada uno se relacionó con Dios de manera un poco diferente.

Pensemos en la variedad de hombres y mujeres santos que aparecen en estas páginas. No sólo vivieron en tiempos y lugares diferentes y hablaron idiomas diferentes, sino que también tuvieron sus propias personalidades y siguieron sus propias llamadas específicas a la santidad.

Algunos ejemplos: aunque sus vidas estuvieron enraizadas en Dios, Thomas Merton y Luis Gonzaga enfocaron la vida de formas diferentes. Merton cuestionó permanentemente su voto de estabilidad, su lugar en el monasterio y su vocación como trapense, casi hasta el final de su vida. Luis, por otro lado, parece haber sabido exactamente lo que quería (es decir, ser jesuita) desde su infancia.

O pensemos en Teresa de Lisieux y Dorothy Day. Teresa comprendió que Dios la llamaba a pasar su vida detrás de los muros de un convento carmelita, mientras que Dorothy Day entendió que Dios la invitaba a pasar su vida "afuera", trabajando entre los pobres y los marginados de las grandes ciudades. Ambas comprendieron sus respectivas llamadas. Pero ambas apreciaron estilos de santidad que se diferenciaban mucho de los suyos. Teresa, por ejemplo, admiraba mucho a los misioneros católicos que trabajaban en Vietnam. Y Dorothy Day admiraba a Teresa y escribió un pequeño libro sobre ella.

El ejemplo más antiguo que demuestra las muchas maneras de ser cristiano puede encontrarse en el llamado de los primeros discípulos. En el capítulo dedicado a San Pedro mencioné a William Barclay, especialista en Escritura, quien ofrece algunas ideas provocativas acerca del motivo por el que Jesús de Nazaret eligió a pescadores como sus primeros discípulos: los pescadores son pacientes, saben cómo elegir el cebo para los peces, saben cómo mantenerse fuera de la vista, etc.

Pero eso sólo explica por qué Jesús eligió a los cuatro discípulos que eran pescadores. ¿Qué sucede con los demás? ¿Por qué eligió Jesús a un recolector de impuestos, a un zelote religioso y, en el círculo más amplio de discípulos, a una prostituta?

Es posible que una de las razones sea que Jesús vio cómo cada discípulo contribuía de manera única a la comunidad. La unidad de la Iglesia, tanto entonces como ahora, abarca una tremenda diversidad. Como dice San Pablo en su primera carta a los Corintios: "Hay diferentes dones espirituales, pero un mismo Espíritu… La manifestación del Espíritu que se da a cada uno es para provecho común… Las partes del cuerpo son muchas, pero el cuerpo es uno; todas forman un solo cuerpo. Así también Cristo".

Cada uno de nosotros lleva algo a la mesa y cada uno de nosotros, con nuestros dones, manifiesta una forma personal de santidad que aviva a la comunidad. Ayudamos a construir el reino de Dios de un modo en que los demás no pueden. La Madre Teresa lo expresa en su famosa frase: "Tú puedes hacer algo que yo no puedo. Yo puedo hacer algo que tú no puedes. Hagamos juntos algo hermoso para Dios".

·····························
·····························

Esta diversidad es consecuencia del deseo humano, cuyo lugar en la vida espiritual fue aclarado por Ignacio de Loyola en sus *Ejercicios espirituales*. Para decirlo sencillamente, los santos tienen deseos diferentes y esos deseos los llevan a servir a Dios de diferentes maneras. Esos deseos marcaron no sólo lo que hicieron, sino también en quiénes se convirtieron. Esas inclinaciones naturales son medios con los que Dios realiza su trabajo en distintos lugares y de diversas maneras. Cuando estudiaba teología, mi comunidad jesuita tenía un pequeño cuadro en el salón que decía:

Bernardus valles,
Colles Benedictus amavit,
Oppida Franciscus,
Magnas Ignatius urbes.

Es decir:

Bernardo amaba los valles,
Benito las colinas,
Francisco los pueblos pequeños
e Ignacio las grandes ciudades.

Cada uno de ellos encontró su lugar en sitios adecuados a sus propios deseos y de ese modo se vio impulsado a conseguir su objetivo particular. Sus deseos dieron forma a sus vocaciones. Es probable que los ambiciosos planes de Ignacio se hubiesen visto dificultados en una ciudad pequeña. ¡Y Francisco de Asís se habría vuelto loco tratando de dirigir una enorme orden religiosa desde una oficina en Roma!

Dios despierta nuestras vocaciones principalmente a través de nuestros deseos. En el nivel más básico, un hombre y una mujer se enamoran a consecuencia del deseo y así descubren su vocación al matrimonio. A consecuencia del deseo, un esposo y una esposa crean un hijo y descubren así su vocación como padres. El deseo actúa de manera similar en las vidas de los santos, llevándolos a realizar distintas clases de trabajo que dieron lugar a vocaciones especiales y los guiaron hasta una clase individual de santidad. Ángelo Roncalli se hizo sacerdote porque lo deseaba. Dorothy Day entró a la Iglesia Católica porque lo deseaba. Charles de Foucauld abrazó una vida de pobreza en el desierto porque lo deseaba. En última instancia, nuestros deseos más preciosos nos conducen a Dios y al cumplimiento de los deseos de Dios para el mundo.

Ésa es la perspectiva que subyace en uno de mis pasajes favoritos de *La montaña de los siete círculos*. Poco después de su bautismo, Thomas Merton está hablando con su buen amigo Lax. Merton le dice que quiere ser un buen católico. "Lo que deberías decir", le contesta su amigo", "es que quieres ser santo". Merton cuenta el resto de la historia:

> ¿Santo? La idea me pareció un poco extraña. Dije:
> —¿Cómo esperas que llegue a ser santo?
> —Deseándolo —dijo simplemente Lax…— Lo único necesario para llegar a ser santo es querer llegar a serlo. ¿No crees que Dios te hará ser aquello para lo que te creó, si dejas que lo haga? Lo único que necesitas es desearlo.

Al día siguiente Merton habla con su mentor, Mark Van Doren, el estimado profesor de inglés de la Universidad de Columbia, y menciona la conversación que había mantenido con Lax y lo perplejo que lo había dejado. La respuesta de Van Doren es directa y cautivadora:

> —Lax dice a todo el mundo que lo único que necesitamos para ser santos es desearlo.
> —Por supuesto —le dijo Mark.

Cada santo alcanzó su especial clase de santidad siguiendo sus deseos individuales. La gracia se construye a partir de la naturaleza, como decía Tomás de Aquino. Ignacio de Loyola renunció a su carrera militar para seguir a Dios, mientras que Juana de Arco inició una. Dorothy Day trabajó en un periódico para difundir el Evangelio, mientras que Bernardita Soubirous sentía horror ante la idea de que su historia fuera publicada. Y Tomás de Aquino pasó su vida rodeado de libros, mientras que Francisco de Asís dijo a sus frailes que no tuvieran ni uno solo para no volverse presumidos. La multiplicidad de deseos conduce a una multiplicidad de caminos hacia Dios.

Pero existe un problema con esa variedad. Es todo un desafío tratar de apreciar el camino de otra persona cuando es muy diferente al nuestro. Si somos personas activas, es posible que nos preguntemos acerca del significado de la vida sedentaria de los contemplativos ("¿Tanta oración cuando hay tanto para hacer?"). Si somos contemplativos, es posible que cuestionemos la frenética vida del activista ("¿Tanta actividad cuando lo único que Dios nos pide es que estemos junto a él en la oración?"). Es fácil imaginar a Pedro mirando a Pablo y preguntándose: ¿Se supone que tengo que trabajar con un ex-fariseo?

Puede resultar especialmente difícil aceptar otra forma de discipulado cuando no estamos seguros de la nuestra. El consiguiente malentendido puede conducir al desacuerdo y al enfrentamiento dentro de la comunidad cristiana.

Pero es bueno recordar que incluso los santos discrepaban entre ellos... y a menudo con vehemencia. Los enfrentamientos entre los santos tienen una venerable tradición en la Iglesia cristiana, tradición que se remonta a Pedro y Pablo.

¿Qué mantiene todo unido en medio de tal diversidad? ¿Qué hace que la comunión de los santos se mantenga?

La unidad de los santos cristianos se basa en su compromiso con Jesucristo. Al igual que los primeros discípulos, que confiaron en el juicio de su maestro, nosotros también debemos confiar en las razones que tiene Dios para llamar a personas muy diferentes a nosotros, incluso cuando esas razones sean un misterio. Como jesuita, me he encontrado a menudo con personas que alaban a otro jesuita a quien yo había juzgado precipitadamente como demasiado tranquilo o demasiado cerebral o demasiado terco como para ser capaz de algo bueno. Es un recordatorio de la sabiduría de Aquel que nos llama a todos y nos envía en una misión.

Quizás lo que mantuvo unidos a los diferentes discípulos fue el mismo Jesús: no tanto para que resolviera sus discusiones, sino por la fundamental confianza que le tenían. Es posible que hayan rezado diciendo:

—De acuerdo, Señor, no me gusta mucho ese hombre y verdaderamente no lo entiendo; pero si tú dices que es parte de nuestro grupo, eso me basta.

························
························

Incluso en este punto es posible que ustedes todavía sigan pensando: "Bueno, yo no soy como *ninguna* de las personas de este libro. No soy un activista social como Dorothy Day o un contemplativo como Thomas Merton o un gran académico como Tomás de Aquino o un líder visionario como Pedro Arrupe; y por supuesto, no soy una *auténtica* vidente como Bernardita Soubirous. La santidad me supera".

No estoy de acuerdo. Creo que la santidad es el objetivo que tiene Dios para cada uno de nosotros, nuestra meta final. Como dijo la Madre Teresa: "La santidad no es un lujo para unos pocos. Es la tarea de todos: la suya y la mía".

A pesar del reciente énfasis acerca de la llamada a la santidad que recibe cada persona, algunos cristianos todavía creen que la santidad está reservada sólo para los santos que han muerto hace muchos años, como Pedro o Juana de Arco o, de vez en cuando, para las personas religiosas de profesión: un sacerdote, una religiosa o religioso, Ignacio de Loyola o Juan XXIII; y aquellos como los mártires ugandeses o Charles de Foucauld, que murieron por su fe. Y quizás, sólo quizás, para laicos extraordinarios: los padres desconocidos que dedican toda su vida a cuidar de los pobres, o la más conocida Dorothy Day. Pero, para la mayoría de la gente, la idea de un santo *en la vida cotidiana* todavía parece un poco rara.

Imaginemos, por ejemplo, una joven esposa con dos hijos pequeños de cuatro y seis años. Cuando suena la alarma del reloj que la despierta temprano por la mañana todavía se siente cansada como el día anterior. Como siempre, sus dos hijos ya están despiertos: uno llora, desconsolado, porque ha tenido una pesadilla; el otro la llama pidiéndole un poco de agua y su peluche favorito que se cayó de la cama durante la noche. E imaginemos que su marido se encuentra de viaje de trabajo y esa mañana no puede ayudarla con los niños. Imaginemos que ella también trabaja y que tiene que preparar el desayuno y llevar a los niños a la escuela antes de comenzar otro día ajetreado en la oficina.

Mientras permanece unos segundos más en la cama, mirando el techo, piensa en todas las cosas que tiene que hacer ese día por su familia, todas las cosas que tiene que hacer para su jefe en la oficina y todas las cosas que no podrá hacer para ella misma. Se pregunta cómo será capaz de lograr incluso la mitad de todo lo que debe hacer ese día. Algunas veces, durante estos momentos a comienzo de la mañana, se lamenta por no tener tiempo para cosas como la oración y la meditación. La joven madre desearía llevar una vida más santa, más *religiosa*. Hace poco leyó en una revista un artículo sobre su santa preferida, la Madre Teresa. Y piensa con tristeza: *nunca seré como ella*.

Pero ése es el problema. No tiene por qué ser como la Madre Teresa: tiene que ser ella misma.

Thomas Merton a menudo hacía la distinción entre el "ser falso" y el "ser verdadero". El ser falso es la persona que presentamos al mundo, el que pensamos que resultará más atrayente para los demás: atractivo, confiado, exitoso. El ser verdadero, por otro lado, es la persona que somos ante Dios. La santidad consiste en descubrir quién es esa persona y en luchar por convertirse en ella. Como escribió Merton: "Para mí, la santidad significa ser yo mismo".

En otras palabras, la madre trabajadora no *tiene* que ser la Madre Teresa. Tiene que ser una mujer que ama a sus hijos, a su marido, a sus amigos y compañeros de trabajo, y que encuentra sentido en su propio mundo. Está llamada a experimentar la presencia de Dios en su vida y en las vidas de las personas con las que vive y trabaja. A veces, eso significa hacer grandes cosas con amor; criar a sus hijos, por ejemplo. Y, a veces, significa hacer también con amor cosas más pequeñas. De eso se trata el Caminito sobre el que escribió Teresa de Lisieux. Para la joven madre trabajadora, eso podría significar controlar su mal humor en el trabajo (por muy justificado que esté).

Parte de este proceso implica que la mujer se desprenda de su deseo de ser otra persona. Porque, en realidad, es posible que fuera desastrosa realizando el trabajo que hacía la Madre Teresa. Para subrayar este punto, ¡es justo aclarar que es posible que la Madre Teresa hubiera resultado desastrosa tratando de realizar el trabajo que hace la madre trabajadora!

La invitación de Dios a vivir nuestra propia y exclusiva vocación es parte de lo que vuelve tan rico al mundo. "Cuán gloriosamente diferentes son todos los santos", escribe C. S. Lewis. Los problemas surgen cuando comenzamos a creer que debemos ser *otra* persona para ser santos. Tratamos de usar el mapa de otro para llegar al cielo, cuando Dios ya ha puesto en nuestra alma todas las instrucciones que necesitamos. Así ignoramos nuestra propia llamada a la santidad. Cuando los admiradores de la Madre Teresa la visitaban en Calcuta, ella solía decirles:

—Encuentren su propia Calcuta.

Eso no significa que no debamos emular a los santos o, aún más, a Jesús. Leer los evangelios y las vidas de los santos es una buena manera de descubrir nuevos caminos hacia la santidad. Forma parte del proceso de descubrimiento del que habla Merton. Después de todo, fue al leer su viaje cuando descubrí en parte cómo debía ser mi propio viaje. A través de la lectura, la conversación y la oración, me convierto gradualmente en la persona que estoy llamada a ser. Mi vida con los santos me ayuda a ver con más claridad y a aceptar con más entusiasmo lo que Dios tiene pensado para mí.

Para continuar nuestro propio viaje hacia la santidad no debemos aferrarnos a las interpretaciones que otros hacen de ella. No sólo eso, sino que una vez que dejamos a un lado la idea de que tenemos que ser otra persona, debemos comenzar el largo proceso que nos llevará a descubrir quiénes somos en realidad y qué estamos llamados a hacer.

Para alcanzar esa comprensión es fundamental que aceptemos quiénes somos ante Dios. "Pues eres tú el que me tejió, tú me formaste en el seno de mi madre", dice el Salmo 139. "Te doy gracias por tantas maravillas, admirables son tus obras". La santidad comienza cuando nos amamos por ser creaciones de Dios. Y eso significa amar *todo* lo que somos, incluso esas partes que desearíamos que no estuvieran ahí, las partes que desearíamos que Dios no hubiera creado, las partes que lamentamos. Dios nos ama como un padre ama a su hijo: y un padre a menudo ama a su hijo más por sus debilidades, sus luchas y sus equivocaciones. Esas debilidades, con frecuencia, son el camino más importante a la santidad porque nos recuerdan que dependemos de Dios.

"Me preciaré de mis debilidades" escribe Pablo en la Segunda Carta a los Corintios, "para que me cubra la fuerza de Cristo. Por eso acepto con gusto lo que me toca sufrir por Cristo: enfermedades, humillaciones, necesidades, persecuciones y angustias. Porque cuando me siento débil, entonces soy fuerte".

Comprender que Dios quiere que seamos nosotros mismos ha resultado muy liberador para mí. Aunque me pide que continúe creciendo, Dios sólo quiere que sea yo, sin importar la situación. Así que cuando escucho a un amigo que me cuenta sus problemas, o cuando oigo la confesión de una persona, o me detengo en la calle junto a un hombre sin hogar, no necesito decir: "¿Qué harían Pedro o Francisco o Teresa o Juan XXIII?". Ciertamente, ellos son modelos de acción cristiana para mí. Pero Dios no los ha puesto en esta situación en particular. Dios, con su misteriosa sabiduría, me ha puesto *a mí* aquí, con mis talentos y habilidades, mis debilidades y limitaciones. La pregunta más adecuada, por lo tanto, es: "¿Qué debería hacer *yo*?"

Como escribió Gerard Manley Hopkins,

> Porque Cristo está en diez mil lugares,
> encantador en extremidades y encantador en ojos que no
> son los suyos.

En otras palabras, en *nuestros* ojos y en *nuestras* extremidades.

La seguridad de que todos nosotros estamos llamados a ser santos tiene profundas consecuencias en la vida cotidiana. La aceptación de lo que el Concilio Vaticano II llamó "la llamada universal a la santidad" permea incluso los momentos más ocultos de nuestra vida con una gracia especial.

La llamada universal a la santidad es una invitación a ser nosotros mismos. También es una invitación para recordar la sacramentalidad de la vida cotidiana y para comprender el gran proyecto que Dios tiene para nosotros: la santidad. Es lo que los santos comprendieron, algunos en un instante, otros a lo largo de muchos años, tanto si nacieron en la Palestina del siglo I, la Francia del siglo XIII o los Estados Unidos del siglo XX; tanto si vivieron en la silenciosa clausura de un monasterio en Lisieux, en una tienda en el desierto de Marruecos o en el gran palacio vaticano; tanto si trabajaron junto a los más pobres entre los pobres de Calcuta, con las víctimas de la peste en Roma o con los gentiles en Asia Menor; tanto si sucumbieron a la enfermedad cuando eran jóvenes, fueron martirizados a mitad de su vida o murieron después de una larga vida de perfecta salud.

La llamada a la santidad es una invitación a la amistad con Dios. Es una llamada que transformó la vida de los santos en dones para Aquel que los creó por amor. La invitación a la santidad es una llamada para toda la vida a acercarnos a Dios, quien no desea otra cosa que encontrarse con nosotros como las personas que somos y los santos que estamos llamados a ser.

Aunque hemos llegado al último capítulo, no creo que este libro esté terminado. Todavía hay muchos santos que recién estoy empezando a conocer. Hace pocos años tenía pegada en mi pared la estampita de Santa Katharine Drexel, que renunció a una enorme fortuna en la Filadelfia del siglo XIX para trabajar como religiosa misionera con los afroamericanos y los nativos americanos. Le recé mucho durante la enfermedad terminal de mi padre (él se sentía enormemente orgulloso porque ella no sólo era una santa estadounidense, sino una *de Filadelfia*). Y hace pocos meses, cuando regresaba en avión de Lourdes, volví a ver la película *Un hombre para la eternidad* y recordé cuánto me gustaba leer sobre Tomás Moro cuando estaba en el noviciado. Y hay un santo sobre el que sé muy poco, aparte de que era un hombre alegre al que le gustaba mucho reír: San Felipe Neri (también era amigo de San Ignacio).

Me gustaría conocer pronto a cada uno de esos santos. Así que, en cierto sentido, este libro marca un nuevo comienzo para mí.

Espero que también marque un comienzo para ustedes y que los aliente en su propio viaje con los santos. Los santos de este libro son aquellos a los que tengo más cariño, los que me han dado valor y los que creo que han rezado por mí en los momentos difíciles. Espero que algunos de ellos también se conviertan en sus compañeros. Entonces un día, unidos en el cielo, podremos agradecer a Dios por estos hombres y mujeres que han sido nuestros modelos, nuestros intercesores y nuestros amigos.

═══ SUGERENCIAS DE LECTURAS ═══

Espero que las reflexiones de este libro animen a los lectores a leer más sobre los santos, beatos y compañeros. Existen pocas cosas más satisfactorias, creo, que leer las vidas de los santos y descubrir cómo la gracia de Dios se manifiesta de diferentes maneras y en diferentes vidas. Con ese fin, he confeccionado una lista que puede resultar útil para comprender y apreciar a estos hombres y mujeres santos. Yo me basé en ellos para escribir este libro y agradezco a sus autores su trabajo.

La referencia más común para las vidas de los santos canonizados (es decir, oficialmente reconocidos por la Iglesia) sigue siendo *Vidas de los santos de Butler*. Su versión original es una colosal obra en numerosos volúmenes organizados según los santos de cada día (un volumen por mes). También existe una versión corta, llamada *Butler's Lives of the Saints: Concise Edition*, editada por Michael Walsh de Heythrop College, en Londres, y en español por Libsa. Aunque, al igual que la obra original, está muy orientada a los santos ingleses (como San Miguel de Wyche, obispo de Chichester y San Cuthbert, obispo de Lindisfarne), sus concisas descripciones son modelos de claridad.

La más reciente *Lives of the Saints: From Mary and St. Francis of Assisi to John XXIII and Mother Teresa* [Vidas de santos: desde María y San Francisco de Asís a Juan XXIII y la Madre Teresa] de Richard McBrien (HarperSanFrancisco, 2001), resulta igualmente lúcido, útil y amplio, sin ser tan anglocéntrico. Se trata de un digno sucesor de las

Vidas de Butler, e incluso mejora al original incluyendo capítulos sobre la historia de la espiritualidad cristiana y los detalles de los procesos de canonización. Es también, como la versión editada por Walsh, más agradable de leer que el original.

Todos los santos: reflexiones diarias sobre santos, profetas y testigos de nuestro tiempo de Robert Ellsberg (Buenos Aires, Lumen, 2001) es un rico compendio de santos tradicionales (Teresa de Lisieux, Juana de Arco) y personas menos conocidas como santos (Mozart, Gandhi), organizado día por día: resulta una compañía perfecta para la oración y la meditación. También lo es *Blessed among All Women: Women, Saints, Prophets, and Witnesses for Our Time* [Benditas entre todas las mujeres: mujeres, profetas y testigos de nuestro tiempo], del mismo autor (Crossroad, 2005).

The Meaning of Saints [El significado de los santos] de Lawrence S. Cunningham (HarperSanFrancisco, 1980) ofrece una perspectiva más teológica sobre el lugar de los santos en la vida de fe. Y es posible que su *A Brief History of Saints* [Breve historia de los santos] (Blackwell, 2005) sea la mejor introducción breve al desarrollo histórico de la devoción a los santos. El fascinante libro de Kenneth Woodward, *Making Saints: How the Catholic Church Determines Who Becomes a Saint, Who Doesn't, and Why* [Haciendo santos: cómo determina la Iglesia católica quién se convierte en santo, quién no y por qué] (Touchstone, 1996) ofrece una mirada detallada a la canonización en la Iglesia católica.

A continuación, ofrezco una lista de otros libros sobre santos individuales. Los santos están ordenados alfabéticamente por su primer nombre:

BERNADITA SOUBIROUS

Existen al menos tres magníficos libros sobre Santa Bernardita y lo que sucedió en Lourdes. El primero es *Lourdes: Body and Spirit in the Secular Age* [Lourdes: cuerpo y espíritu en la era secular], un estudio fascinante de la historiadora de Oxford Ruth Harris, que analiza la vida de Bernardita, la historia de las apariciones, las tradiciones religiosas de la región, la documentación detrás de las curaciones y los factores sociológicos y eclesiásticos que contribuyeron a popularizar las peregrinaciones a Lourdes a finales del siglo XIX. Se trata de un estudio completo, académico y comprensivo. *Vie de Bernadette* (1978), de René Laurentin está ampliamente reconocido como la mejor biografía individual de un santo. Laurentin emplea numerosos documentos originales para presentar un retrato exacto de su vida. Y, por supuesto, *La canción de Bernardette* de Franz Werfel (St. Martin's, 1989): es un libro conmovedor (aunque un poco sentimental) que acercó la historia a millones de personas e inspiró la película del mismo nombre.

CHARLES DE FOUCAULD

La biografía más completa es *The Sands of Tamanrasset: The Story of Charles de Foucauld* [Las arenas del Tamanrasset: la historia de Charles de Foucauld], de Marion Mill Preminger (Linden Books, 2002) y de J. F. Six, *El Testamento de Charles de Foucauld* (San Pablo, Madrid 2005). Para sus propios escritos, pueden leer *Al hilo de los días. Nueva antología de los escritos esenciales,* editado por Desclee de Brower. Existe también otro hermoso libro escrito por uno de los seguidores más actuales de Charles de Foucauld, Carlo Carretto, llamado *Cartas desde el desierto* (San Pablo, 2002). En la década de los sesenta, el italiano Carretto abandonó una prominente carrera como activista católico por una vida en el norte de África con los Hermanitos de Jesús. Es un libro magnífico, profundamente conmovedor, que ilustra perfectamente la noción de "espiritualidad del desierto".

DOROTHY DAY

La larga soledad, la autobiografía de Dorothy, es la mejor manera de conocer a a una de las católicas más extraordinarias del siglo XX. Su libro *On Pilgrimage* [En peregrinación] es también encantador y llena alguno de los huecos de *La larga soledad*.

Dorothy Day: A Radical Devotion [Dorothy Day: una devoción radical], de Robert Coles, ofrece una introducción personal llena de admiración acerca de la cofundadora del Movimiento del Trabajador Católico por alguien que la conoció bien. La edición más completa de su obra, disponible en inglés, incluye artículos del *Trabajador católico*, y es *Dorothy Day: Selected Writings* [Dorothy Day: escritos seleccionados], editado por Robert Ellsberg (Orbis, 2005). También *The Life You Save May Be Your Own: An American Pilgrimage* [La vida que salves puede ser la tuya: una peregrinación estadounidense] de Paul Elie (Farrar, Straus & Giroux, 2003), es una historia brillantemente narrada sobre las vidas entrecruzadas de Dorothy Day, Thomas Merton, Flannery O'Connor y Walker Percy. Es una buena manera de conocer mejor a estos cuatro estadounidenses católicos, y hay pocos libros que describan mejor lo que significa vivir una vida santa en el mundo moderno.

FRANCISCO DE ASÍS

Es probable que existan cientos de libros sobre San Francisco. *Las florecillas de San Francisco de Asís* es un compendio de las historias más queridas sobre el santo (predicando a las aves, convirtiendo al lobo de Gubbio, etcétera) reunidas por sus primeros admiradores. *Francisco de Asís*, de Adrian House (Plaza y Janes, 2002), es una efectiva narración que considera tanto los hechos como la ficción acerca de su vida. Niko Kazantzakis, en *San Francisco* (Lohlé-Lumen), ofrece un retrato conmovedor (aunque novelado) del santo, presentándolo como un joven alegre e intrépido. *Redención: escenas de la vida de San Francisco*, de Valerie Martin, es una maravillosa y poética narración de su vida. Finalmente, *Hermano Francisco*, de Julien Green (Barcelona, Destino), para mí, el más exitoso a la hora de captar el encanto general de Francisco así como su radiante personalidad. Por desgracia, el libro de Green es difícil de encontrar, pero el esfuerzo de buscar uno usado vale la pena (¡y Francisco, sin duda, estaría mucho más contento si compráramos libros usados!).*

IGNACIO DE LOYOLA

En lugar de los áridos libros que tuve que leer durante el noviciado, ojalá hubiera leído primero *Los primeros jesuitas*, de John O'Malley, SJ (Sal Terrae, 1995). Es la mejor introducción a los primeros jesuitas, y se concentra especialmente en San Ignacio. Demuestra cómo, a pesar de la creencia popular, la Compañía de Jesús no fue fundada para "contrarrestar" la Reforma Protestante sino con el objetivo de "ayudar a las almas". El libro es el detallado trabajo de un famoso especialista, está inmejorablemente escrito y resulta incluso ingenioso en ciertos pasajes. Para leer un trabajo más especializado en Ignacio, el libro de Philip Caraman *Ignatius Loyola: A Biography of the Founder of the Jesuits* [Ignacio de Loyola: biografía del fundador de la Compañía de Jesús] (Harper & Row, 1990) es una buena elección. *La autobiografía de San Ignacio de Loyola* es la historia del santo tal como se la contó a su compañero jesuita Gonçalves da Câmara (pero recuerden que, en lo referente a la prosa, Ignacio no es un Thomas Merton).

Para comprender mejor la espiritualidad jesuita y las "tensiones" inherentes a la vida jesuita, no hay mejor referencia que un librito llamado *Contemplativos en la acción*, de William A. Barry, SJ y Robert G. Doherty, SJ (Sal Terrae, 2002). *Eyes to See, Ears to Hear: An Introduction to Ignatian Spirituality* [Ojos para ver, oídos para oír: una introducción a la espiritualidad ignaciana], de David Lonsdale (Orbis, 2000), es un trabajo mucho más largo pero un libro excelente para comenzar el estudio de la espiritualidad ignaciana. Un libro más

---

* N. del E. Entre los libros en español, sobresalen: de Ignacio Larrañaga *El hermano de Asís*, de Eloi Leclerq, *Sabiduría de un pobre*, y de Chesterton, *San Francisco de Asís*.

práctico sobre el mismo tema, que incluye los temas de contemplación, meditación y examen de conciencia, es *Inner Compass: An Invitation to Ignatian Spirituality* [Brújula interior: una invitación a la espiritualidad ignaciana], de Margaret Silf (Loyola Press, 1999).

Existen muchos buenos textos sobre los *Ejercicios Espirituales*. Es preciso recordar, sin embargo, que para comprender los Ejercicios es necesario hacerlos. Un libro excelente y breve acerca de la espiritualidad de los Ejercicios es *Letting God Come Close: An Approach to the Ignatian Spiritual Exercises* [Dejar que Dios se acerque: una aproximación a los ejercicios espirituales ignacianos], de William A. Barry, SJ (Loyola, 2001). Para los interesados en dirigir los Ejercicios, un manual adecuado es *Understanding the Spiritual Exercises* [Comprendiendo los Ejercicios Espirituales], de Michael Ivens, SJ (Gracewing, 1998). Finalmente, Paul Mariani escribió un emocionante diario durante su retiro largo en la casa jesuita de retiros en Gloucester, Massachusetts, llamado *Thirty Days: On Retreat with the Exercises of St. Ignatius* [Treinta días: un retiro con los Ejercicios de San Ignacio] (Viking, 2002).

JUANA DE ARCO

Juana de Arco, de Vita Sackville-West (Siruela, 2001), publicado originalmente en 1936, es un relato vivo y a menudo ingenioso de la historia de la Doncella de Orléans que se basa en una sólida investigación histórica. *Jeanne D'Arc*, la clásica biografía en francés de Régine Pernoud y Marie-Véronique Clin, fue escrita por dos distinguidos especialistas franceses y es un modelo de cuidadosa investigación histórica y contiene muy buenos apéndices. *Joan of Arc: The Image of Female Heroism* [Juana de Arco: la imagen del heroísmo femenino], de Marina Warner (Knopf, 1981), tiene un enfoque más moderno. Y nadie debería perderse *Joan of Arc: In Her Own Words* [Juana de Arco: en sus propias palabras], compilado por Willard Trask (Books & Company, 1996), un libro excepcional que toma el testimonio que hizo Juana en el juicio y lo ordena cronológicamente para que el lector sienta como si ella estuviera contando la historia de su vida, desde el comienzo inspirador hasta el conmovedor final*.

JUAN XXIII

Profundamente conmovedora en algunas partes (aunque lenta en otras), la autobiografía de Juan, *Diario del alma: la autobiografía del papa Juan XXIII*, es un compendio de las anotaciones en su diario desde sus días en el seminario hasta sus años como Papa. Igualmente conmovedora (e incluso emocionante en algunos pasajes) es la biografía de Peter Hebblethwaite, *Juan XXIII. El Papa del Concilio* (Madrid, PPC), que resulta muy fácil de leer y ofrece no sólo una perspectiva acerca del hombre sino también de su influencia en la Iglesia y en el mundo†.

Pope John XXIII: A Spiritual Biography [Papa Juan XXIII: una biografía espiritual] de Christian Feldman (2000) ofrece un panorama sobre su espiritualidad. *A Retreat with John XXIII* [Un retiro con Juan XXIII], editado por Alfred Mc Bride (St. Anthony Messenger, 1996), usa los escritos para estimular la oración y reflexión.

El librito que me acercó en un principio a Juan es *Wit and Wisdom of Good Pope John* [Ingenio y sabiduría del papa bueno Juan], editado por Henri Fesquet (P. J. Kennedy & Sons, 1964). Está agotado, pero vale la pena intentar encontrarlo.

JOSÉ

Dado que es poco lo que se sabe sobre la vida de José, no resulta sorprendente que existan relativamente pocos libros acerca del santo. Para una exégesis de sus breves intervenciones en el Nuevo Testamento, no hay

---

* N. del E. En una atrapante versión novelada sobresale en español: *Juana de Arco, la chica soldado*, de Louis de Wohl (Palabra, 2005).

† En español sobresale *Juan XXIII: anécdotas de una vida*, por José Luis González-Balado y Loris F. Capovilla (PPC, Madrid) y la reciente biografía *Juan XXIII en el recuerdo de su secretario Loris F. Capovilla*, una entrevista de Marco Roncalli (Palabra).

nada mejor que la notable obra de Raymond E. Brown *El nacimiento del Mesías: comentario a los relatos de la Infancia* (Cristiandad, 1982). También existe una descripción de lo que pudo haber aprendido Jesús de José sobre carpintería en Nazaret en el primer volumen de estudio magistral de John Meier sobre el "Jesús histórico" *A Marginal Jew: Rethinking the Historical Jesus* [Un judío marginal: un nuevo examen del Jesús histórico].

Existen, sin embargo, dos libros breves que intentan construir un retrato aproximado de José y rastrean la historia de la devoción cristiana hacia su persona: *Saint Joseph: Shadow of the Father*: [San José: la sombra del Padre] de Andrew Doze (Alba House, 1992) representa el enfoque más serio y piadoso, y *Saint Joseph: His life and His Role in the Church Today*, [San José: su vida y su papel en la Iglesia actual], de Louise Bourossa Perrotta (Our Sunday Visitor, 2000) libro escrito en estilo más accesible.

JUDAS

Jude: A Pilgrimage to the Saint of Last Resort [Judas: una peregrinación hasta el santo del último recurso], de Liz Trotta (HarperCollins, 1998), relata el viaje personal de la autora (literalmente: viaja al supuesto lugar de su nacimiento) para intentar conocer a quién podríamos llamar el "Judas histórico".

MADRE TERESA DE CALCUTA

Madre Teresa de Kathryn Spink (Plaza &Janes, 2003) es una lectura fascinante y cuenta con detalle las primeras luchas de la Madre Teresa para fundar la congregación de las Misioneras de la Caridad. Sin embargo, como fue publicado poco después de su muerte, no incluye una de las informaciones más recientes publicadas sobre la Madre Teresa acerca de la "llamada dentro de la llamada" y sus luchas con la oración. Para eso, puede leerse el artículo de Carol Zaleski "La noche oscura de la Madre Teresa", publicado originalmente en la revista

First Things (mayo 2003), basado en la investigación del Padre Brian Kolodiejchuk, MC. El libro *Something Beautiful for God: The Classic Account of Mother Teresa's Journey into Compassion* [Algo hermoso para Dios: el relato clásico del viaje de la Madre Teresa a la compasión], de Malcolm Muggeridge (HarperSanFrancisco, 1986), aunque fue publicado por primera vez en 1971, sigue proporcionando una mirada llena de luz a su ministerio y, de paso, sobre su efecto en los no creyentes como el autor. Un libro muy útil es *Mother Teresa: In My Own Words* [La Madre Teresa: con mis propias palabras] compilado por José Luis González Balado (Liguori, 1996).

MARÍA

El libro de Elizabeth Johnson *Verdadera hermana nuestra: teología de María en la comunión de los santos* (Herder, 2005) es una magnífica reflexión teológica sobre la madre de Dios hecha por una de las principales teólogas, particularmente sensible acerca del lugar de María en el mundo católico. Después de la publicación de *Verdadera hermana nuestra*, la autora seleccionó ensayos de su libro sobre los episodios de María en las Escrituras y los reunió en un pequeño libro llamado *Dangerous Memories: A Mosaic of Mary in Scripture* [Recuerdos peligrosos: un mosaico de María en la Escritura], (Continuum, 2004). En el libro *María a través de los siglos: su lugar en la historia de la cultura* de Jaroslav Pelikan (Madrid, PPC)), un especialista luterano analiza cómo ha cambiado y crecido la imagen de María a través de los años. *In Search of Mary: The Woman and the Symbol* [En busca de María: la mujer y el símbolo], de Sally Cunneen (Ballantine, 1996) resulta de igual ayuda a la hora de rastrear la influencia de María y su devoción a lo largo de la historia cristiana. *Meditations on Mary* [Meditaciones sobre María], (Viking, 1999), es una colección de fascinantes ensayos de Kathleen Norris, ilustrado con reproducciones a todo color de retratos hechos por grandes pintores sobre María.

MÁRTIRES UGANDESES

Como muestra de lo poco que se conocen en occidente, es difícil encontrar libros sobre los mártires ugandeses. *African Saints: Saints, Martyrs and Holy People from the Continent of Africa* [Santos africanos: santos y mártires del continente africano], de Frederick Quinn (Crossroad, 2002), incluye una breve descripción de su historia, como aparece también en muchos otros libros generales sobre santos. La historia de Mutesa, el gobernante de Buganda, puede leerse en *Captain Sir Richard Francis Burton* de Edward Rice (Scribners, 1990).*

PEDRO

Quizás el mejor estudio reciente sobre Pedro sea el libro *Peter: Apostle for the Whole Church* [Pedro: apóstol para toda la Iglesia], de Pheme Perkins (Augsburg Fortress, 2000), una investigación sobre el "Pedro histórico" con énfasis sobre su papel en la primera comunidad cristiana. El libro *Lives of the Popes: The Pontiffs from St. Peter to John Paul II* [Las vidas de los Papas: los pontífices desde San Pedro a Juan Pablo II], de Richard McBrien (HarperSanFrancisco, 2000), ofrece un buen resumen de la vida del "primer Papa". Finalmente, *Soul Brothers: Men in the Bible Speak to Men Today* [Hermanos del alma: los hombres de la Biblia hablan a los hombres de hoy], de Richard Rohr (Orbis, 2004), ilustrado con retratos de Louis Glanzman, incluye una conmovedora meditación acerca de cómo Pedro llegó hasta Dios no por hacer lo que era correcto, sino "haciendo lo que estaba mal".

PEDRO ARRUPE

Una excelente introdución al padre Arrupe es *Pedro Arrupe: Essential Writings* [Pedro Arrupe: escritos esenciales], seleccionados por Kevin

---

* Difíciles de conseguir son los libros de E. Cyprien, *Los venerables Carlos Luanga, Matías Murumba y sus compañeros* (Buenos Aires, 1915) y de M. A. Du Sacré Coeur, *Uganda, tierra de mártires* (Madrid, 1964).

Burke, SJ (Orbis, 2004), que también incluye una corta introducción biográfica. Igualmente recomendable es el libro publicado por el Instituto de Fuentes Jesuitas, *Viaje espiritual de un jesuita: conversaciones autobiográficas con Jean-Claude Dietsch, SJ* (1986), una serie de entusiastas y conmovedoras entrevistas. En *Pedro Arrupe. Así lo vieron* hablan jesuitas que lo conocieron y estuvieron junto a él (Sal Terrae). Si el lector desea profundizar su conocimiento sobre el pensamiento de Arrupe acerca de la justicia social, la vida religiosa, la educación, la cultura y muchos otros temas, el Instituto de Fuentes Jesuitas ofrece una colección de sus principales charlas, ensayos y cartas en *Challenge to Religious Life Today* [Reto para la vida religiosa de hoy en día] (1979), *Justice with Faith Today* [Justicia con fe hoy en día] (1980), y *Other Apostolates Today* [Otros apostolados hoy en día] (1981)*.

TERESA DE LISIEUX

Historia de un alma es la fascinante historia de Teresa de Lisieux contada por ella misma, desde el sencillo comienzo de su vida hasta su difícil final. También pueden leerse dos biografías fundamentales para comprender mejor a la "florecilla": *Thérèse of Lisieux*, de Monica Furlong (Orbis, 2001) y *Saint Thérèse of Lisieux*, de Kathryn Harrison (Penguin, 2003). Dorothy Day también escribió un libro cálido y lleno de afecto, titulado *Thérèse* (Templegate, 1979). El libro de Kathryn Harrison dedica una gran parte a las prácticas ascetas de Teresa y explora qué fue lo que la llevó a una vida de austeridad. Cuando le pregunté recientemente a un especialista carmelita cuál era su biografía favorita, me sugirió *Así era Teresa de Lisieux*, de Guy Gaucher (Monte Carmelo)†.

---

* En español también está disponible, de E. Martín Clemens, *Testigo creíble de la justicia* (Paulinas, Madrid) y de M. Berzosa Martínez, *Arrupe* (Mensajero, Bilbao, 1996).
† También hay un bonito reciente estudio sobre su espiritualidad preparado por Thomas Keating: *Teresa de Lisieux. Una transformación en Cristo* (Buenos Aires, Lumen).

TOMÁS DE AQUINO

Santo Tomás de Aquino, la cariñosa biografía de G. K. Chesterton, es una estupenda introducción a la vida del doctor angélico. Más centrado en la teología tomista es *Knowing the Love of Christ: An Introduction to the Theology of St. Thomas Aquinas* [Conocer el amor de Dios: una introducción a la teología de Santo Tomás de Aquino], de Michael Dauphinais y Matthew Levering (University of Notre Dame Press, 2002). Y *Discovering Aquinas: An Introduction to His Life, Work, and Influence* [Descubriendo a Aquino: una introducción a su vida, su obra y su influencia], de Aidan Nichols (Eerdmans, 2003), ofrece exactamente lo que sugiere su título.

También existe una breve y excelente introducción en inglés a Santo Tomás y la filosofía tomista en *La enciclopedia HarperCollins del catolicismo*, editada por Richard McBrien (Harper Collins, 1995). El gran especialista jesuita, Frederick Copleston, autor de una enorme *Historia de la filosofía* en varios volúmenes (Image, 1993), dedica un largo capítulo a Aquino y sus escritos en el segundo volumen de su obra magna. Ese capítulo también puede obtenerse como una obra individual, titulada *Aquinas: An Introduction to the Life and Work of the Great Medieval Thinker* [Aquino: una introducción a la vida y la obra del gran pensador medieval], (Penguin, 1955). Otra obra erudita sobre Aquino es *El tomismo. Introducción a la filosofía cristiana de Santo Tomás de Aquino*, de Etienne Gilson (EUNSA, 2002)*.

La principal obra de Santo Tomás, la *Summa Theologica*, aunque extensa, resulta sorprendentemente accesible gracias, en parte, al estilo claro y fácil de leer de su autor.

---

* Entre las biografías noveladas sobresale: *La luz apacible. Novela sobre Tomás de Aquino y su tiempo,* de Louis de Wohl (Madrid, 1984).

THOMAS MERTON

La popular autobiografía de Thomas Merton, *La montaña de los siete círculos* (Sudamericana, 1998), conduce al lector desde el nacimiento de Merton en Francia hasta sus primeros años en el monasterio. *El signo de Jonás* (1979) puede resultar, por muchas razones, incluso más cautivadora para el lector; continúa la historia de los primeros años de Merton como trapense. Pero los diarios y cartas de Merton, que en gran parte se encuentran traducidos al español, proporcionan el resto de la historia, en las propias palabras de Merton. Entre las biografías, *Thomas Merton, Brother Monk: The Quest for True Freedom* [Thomas Merton, hermano monje: la búsqueda de la auténtica libertad], (Continuum, 1997), es un espléndido enfoque acerca de las raíces monásticas de la espiritualidad de Merton y está escrito por un compañero (y escritor) trapense M. Basil Pennington, OCSO. *Merton: A Biography* [Merton: una biografía] (Ligouri, 1995) de Monica Furlong constituye también una buena y breve introducción. Henri Nouwen, el escritor espiritual contemporáneo, ofrece una serie de meditaciones perspicaces en su corto libro *Encuentros con Merton* (Bonum, 2005). Finalmente, para un estudio más completo y especializado (pero no menos interesante), el lector debería leer *The Seven Mountains of Thomas Merton* [Las siete montañas de Thomas Merton], la absolutamente fascinante biografía escrita por Michael Mott (Harcourt Brace, 1993). Es muy larga pero vale la pena*.

---

* En español también puede accederse a Thomas Merton leyendo *Vivir con sabiduría*, de Jim Forest (PPC) y a *Un viaje de siete días con Thomas Merton*, un libro para meditar y orar de la mano de Merton (Buenos Aires, Lumen).

═ AGRADECIMIENTOS ═

Este libro fue un largo proyecto que no podría haberse llevado a cabo sin la intercesión de los santos y la ayuda de muchos amigos que están físicamente un poco más cerca, aquí en casa.

Como no soy académico, me preocupaba que, a pesar de mis esfuerzos de investigación, pudiera cometer inadvertidos errores al narrar las vidas de los santos (¡me sentí más seguro, sin embargo, al contar historias de mi propia vida!). Así que cuando estaba por finalizarlo, envié por correo electrónico cada capítulo a un "experto" sobre cada santo para pedirles una opinión más especializada. Las cartas y comentarios que recibí rápidamente como respuesta (en las que corregían, de hecho, algunos errores) estaban repletas de los comentarios y sugerencias más perspicaces. Así que me siento enormemente agradecido por su tiempo y esfuerzo a mis siguientes expertos sobre santos: Janice Farnham, RJM (Juana de Arco, Bernardita Soubirous); Steven Payne, OCD (Teresa de Lisieux); Lawrence S. Cunningham (Thomas Merton, Francisco de Asís); Daniel J. Harrington, SJ (Pedro); John Padberg, SJ (Ignacio de Loyola, Luis Gonzaga, Pedro Arrupe); Robert Ellsberg (Dorothy Day, José); Kathryn Spink (Madre Teresa); John W. O'Malley, SJ (Juan XXIII); Joseph Koterski, SJ (Tomás de Aquino); Aylward Shorter, MAfr (mártires de Uganda); y Elizabeth Johnson, CSJ (María). No habría podido completar este libro sin su generosa ayuda y sus eruditos comentarios. Soy muy afortunado por conocerlos y tenerlos por "amigos de Dios y compañeros".

Además, John Donohue, SJ, y Janice Farnham, RJM, leyeron un primer borrador del libro y me ofrecieron sugerencias y consejos que me ayudaron a determinar cuál era el camino que el libro debía seguir. Y a medida que el manuscrito iba tomando forma, Richard Leonard, SJ, me proporcionó una detallada lista de comentarios que mejoraron completamente el punto central del libro. También estoy profundamente agradecido a George Lane, SJ, Jim Manney y Joe Durepos de Loyola Press por su entusiasmo acerca de este libro, así como a Vinita Wright por sus increíblemente astutas correcciones, y a Heidi Hill por su excelente control de los datos (un esfuerzo colosal para un libro como éste). Suelen escucharse muchas quejas de escritores hoy en día acerca del supuestamente perdido arte de la corrección y el control de datos: yo no tengo ninguna. Vinita y Heidi han sido excepcionalmente buenas.

Agradezco de todo corazón a todo el equipo de Loyola Press, mi maravillosa editorial, que ha hecho posible esta edición en español. Primeramente, un millón de gracias a Miguel Arias, quien promovió incansablemente esta edición es español para Estados Unidos y quien me apoyó tremendamente a lo largo del proyecto (y con quien practico mi español). También extiendo mi agradecimiento a Santiago Cortés-Sjöberg, quien editó muy cuidadosamente esta nueva edición y se aseguró de que resulte una lectura placentera. La Editorial Lumen, de Argentina, fue la primera en publicar el libro es español y agradezco a Anabel Cañón, la traductora original, los meses que dedicó a este largo proyecto. Gracias también a Robert Casilla por la bella ilustración de los santos de la portada, la cual refleja maravillosamente a "la comunión de los santos". Finalmente, me gustaría agradecer a Colleen Fahey y Karin Kurtz por sus alegres esfuerzos a la hora de promover este nuevo libro. Sin los esfuerzos de todas estas personas, trabajadores incansables, o sin el apoyo de los magníficos editores y personal de

Loyola Press, este libro nunca habría salido a la luz. Como con cualquier otro proyecto de gran envergadura, este libro es el resultado de no sólo una sola persona, sino de toda una comunidad.

Gracias también a todos los que contribuyeron en partes muy específicas del manuscrito: Michael Hilbert, SJ, de la Universidad Pontificia Gregoriana en Roma, leyó el capítulo sobre San Luis Gonzaga y se aseguró de que mis recuerdos acerca de los sitios ignacianos en Roma fueran correctos. Julie Sosa Meta corrigió mi pobre español. Peggy Pennacchi, que viajó conmigo por Europa hace tantos años, llevó un diario de nuestro viaje y me recordó muchos detalles que yo había olvidado (y es cierto que llegamos a Orleáns el día de Todos los Santos, aunque cueste creerlo). Tony Wach, SJ, en Kampala, Uganda, me ayudó a refrescar la memoria sobre el diseño físico del santuario de los mártires en Namugongo. James Carr, SJ, que entonces era el director auxiliar de novicios jesuitas en Boston, Massachusetts, rastreó los títulos de las (numerosas) biografías de Ignacio que leímos en el noviciado. Drew Christiansen, SJ, de la revista *America*, me ayudó con los comentarios sobre la encíclica *Pacem in Terris* de Juan XXIII. Gracias también a Kevin O'Brien, SJ, y Dave Nantais por acompañarme alegremente durante el fin de semana más caluroso del año a la Abadía de Getsemaní, en Kentucky, durante el verano de 2003. Y a George Williams, SJ, y Brian Frain, SJ, por su compañía durante la peregrinación a Lourdes el verano siguiente, así como a Rob Lively de la Orden de Malta por su amable invitación.

Muchas otras personas leyeron el libro en diferentes momentos o aportaron valiosas sugerencias, o alentaron el proyecto. La lista de jesuitas que me han acompañado durante todo este tiempo es muy larga, así que agreguen un "SJ" después de cada uno de los siguientes nombres, que presento sin ningún orden en particular: David Donovan, Bill Barry, Damián O'Connell, George Williams, Kevin White, Jim Hayes, Myles Sheehan, Dave Godleski, Ross Priby, Jim Bowler, Bill Clarke, Bob Reiser, Chris Derby, Mike Bayard, Jim Keegan, John

Long, Dennis Linehan, Roger Haight, George Collins, Rick Curry, Chris Devron, Steve Schloesser, Howard Gray, Jim McDermott, Dan Berrigan, Bob Levens, Matt Malone, Jim Keane, Phil Ganir, Brad Schaeffer, David McCallum, Richard Leonard, Steve Katsouros, Matt Cassidy, Tom Reese, Walter Modrys, Cardinal Avery Dulles, Jack McLain, Kevin O'Brien y Rick Deshaies. A ellos y a todos mis hermanos jesuitas dedico este libro. También estoy muy agradecido a James Allison, Joan Chittister, monseñor Tom Gumbleton, Robert Ellsberg, Jeremy Langford, Bill McNichols, John Jones, Frank Oveis, Joe Durepos, Paul Elie, Paul Mariani, Ron Hansen, Maddie Tiberii, Dave Gibson, Bill McGarvey, Tim Reidy y Grant Gallicho por sus consejos y oraciones. Gracias también a mi familia (mi madre, hermana, cuñado y sobrinos) por su constante amor y apoyo.

Durante el período en que escribí este libro pasaron cinco internos editoriales por la revista *America*, y todos ellos ayudaron con la corrección y el proceso de mecanografiar (y remecanografiar). Así que me gustaría dar las gracias a Joseph McAuley, Shaila Dani, Brian Pinter y Jackie Finlan por su ayuda siempre alegre y su buena voluntad para leer mi desastroso manuscrito. Un agradecimiento especial a Casie Attardi, que me ayudó muchísimo cuando el manuscrito estaba casi terminado haciendo, entre otras cosas, interminables copias para enviar a los otros lectores.

Finalmente, gracias a todos los hombres y mujeres santos sobre los que he escrito en estas páginas: gracias por sus vidas, sus ejemplos y, especialmente, sus oraciones.